教育法学导论

Introduction to Educational Law

任海涛 等/著

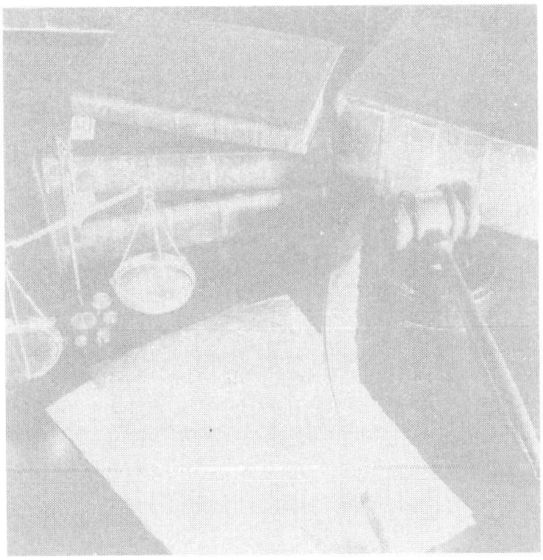

法律出版社
LAW PRESS·CHINA
北京

图书在版编目(CIP)数据

教育法学导论 / 任海涛等著. -- 北京 : 法律出版社, 2022
ISBN 978-7-5197-6470-8

Ⅰ. ①教… Ⅱ. ①任… Ⅲ. ①教育法-法的理论-中国-高等学校-教材 Ⅳ. ①D922.161

中国版本图书馆CIP数据核字(2022)第033661号

教育法学导论
JIAOYU FAXUE DAOLUN

任海涛 等 著

策划编辑 解 锟
责任编辑 解 锟
装帧设计 李 瞻

出版发行 法律出版社
编辑统筹 重大项目办公室
责任校对 晁明慧
责任印制 吕亚莉
经 销 新华书店

开本 710毫米×1000毫米 1/16
印张 20.75 字数 368千
版本 2022年7月第1版
印次 2022年7月第1次印刷
印刷 三河市兴达印务有限公司

地址:北京市丰台区莲花池西里7号(100073)
网址:www.lawpress.com.cn
投稿邮箱:info@lawpress.com.cn
举报盗版邮箱:jbwq@lawpress.com.cn

销售电话:010-83938349
客服电话:010-83938350
咨询电话:010-63939796

书号:ISBN 978-7-5197-6470-8
定价:88.00元

作者简介

学术指导委员会

张维平:辽宁沈阳人,教育学博士,二级教授,博士生导师。沈阳师范大学教育法学科的奠基者和带头人,1981 年在《外国教育资料》上发表论文。1983 年在沈阳师范学院开设教育法学课程。1990 年撰写出版了《教育法学》。1995 年在中央教育电视台讲授教育法学课程和教育法律案例分析。曾担任全国教师继续教育专业委员会理事长、中国教育学会教育政策与法律研究分会副理事长、全国中小学校长培训专家组成员。曾担任全国教育科学规划办教育管理专家组成员、辽宁省教育法学会理事长、辽宁省比较教育学会副理事长。参与《教育法》《教师法》《学位条例》等法律起草工作。主要撰写和主编著作 30 余部,发表学术论文 30 余篇。荣获国家级、省市级各类奖项 9 项。

谭晓玉:新疆石河子人,教育学博士,上海市教育科学研究院研究员。兼任中国教育学会教育政策与法律研究分会常务理事,教育部教育立法研究基地(北京师范大学基地)专家委员会委员,中国教育发展战略学会安全教育专业委员会特聘专家。先后主持和承担联合国教科文组织、世界银行、国务院学位办公室、教育部以及上海市委托立项课题 20 余项,在《教育研究》《高等教育研究》等核心期刊发表论文 180 余篇,撰写和主编各类著作 15 部。荣获上海市第八届哲学社会科学优秀成果(著作类)二等奖。

姚建龙:江西永丰人,法学博士。上海社会科学院法学研究所所长、研究员,博士研究生导师,《政治与法律》主编。兼任中国预防青少年犯罪研究会副会长,上海市法学会未成年人法研究会会长、禁毒法研究会会长,上海市预防青少年犯罪研究会会长。近年来,主持近 10 项国家级、省部级课题,并承担有关部委、省市各类委托课题近 30 项,发表论文 200 余篇。

管　华:河南光山人,法学博士,广西大学法学院教授,博士研究生导师。教育部—西北政法大学共建"教育立法研究基地"执行主任。兼任中国宪法学会理事、中国立法学会理事、中国教育学会教育政策与法律研究分会常务理事、陕西省第十三届人大常委会教科文卫咨询专家、陕西省委政法委特约研究员。在《中国法学》《教育研究》等核心期刊发表论文数十篇,被《新华文摘》《人大复印资料》《高等学校文科学术文摘》转载 10 余篇。获陕西省哲学社会科学一等奖 2 项。

编辑委员会

序　一

2022年新春伊始,《教育法学导论》即将出版。我认真拜读了这本著作,感觉这是一部力作。这本书被一些法学院确认为教材,这是教育法学科的荣耀。我受邀为此著写一篇序言,我深感荣幸,欣然从命。

教育法学是一门新兴学科。在1976年之后,这门学科的发展过程大致可以分为五个阶段。

第一阶段是教育法学科的筹备阶段。大约是1976年至1980年。这一阶段的特点是对教育立法的必要性、作用、意义进行探讨。

第二阶段是教育法学科的孕育阶段。大约是1980年至1986年。这一阶段,我国教育行政机关开始注重运用法律手段对教育事业进行管理。1980年我国第一部教育法律颁布,即《中华人民共和国学位条例》。之后,又颁布了《中华人民共和国义务教育法》(1986)。为了贯彻实施《中华人民共和国学位条例》《中华人民共和国义务教育法》,开始出现《教育法学》。这时的《教育法学》内容比较零散、肤浅。

第三阶段是学科的成型阶段。大约是1995年至2002年。1995年我国全面规范教育行为的第一部教育法律颁布,这就是《中华人民共和国教育法》,标志着我国的教育管理进入全面依法治教的新时期。《教育法》的颁布为教育法学科的形成奠定了基础,提供了依据。为了全面贯彻落实《教育法》,教育法学研究更加全面系统。这一阶段的主要特点是教育法学成为师范院校独立系统的课程。

第四阶段是深入发展阶段,形成教育法学科群。这一阶段大约是2003年至2016年,教育部2003年颁发了《教育部关于大力加强依法治校工作的通知》(教政法〔2003〕3号)。后来,教育部2012年11月22日颁发了《全面推进依法治校实施纲要》,随之,教育部于2016年1月7日颁发了《依法治教实施纲要(2016－2020年)》。教育法学在教育学科内部发展壮大,教育法史学、教育法治比较研究、教育法治思想研究、教育法治制度研究、民办教育法治研究、高等教育法研究、义务教育法研究、职业教育法研究等,都有了丰硕的研究成果。随着国家明确提出依法治校、依法治教的方针,教育法学科也随之深入发展。

第五阶段是教育法学科的扩展阶段。大约是从2022年《教育法学》被华东师范大学法学院等一批大学的法学院列为法学课程开始。教育法学科已不满足于局限在教育学科内部发展,而要寻求在教育学科以外的学科领域得到发展。特别是在法学领域,教育法学成为重要的研究领域。《教育法学导论》就是这一阶段的标志性代表著作。这本著作被采用为法学院的教材,是教育法学科得到法学学科确认的标志之一。

教育法学科的发展有外部的推动力量。概括起来有这样一些外部力量推动教育法学学科的发展:其一是党的领导。最主要的是党确立的依法治国、依法治教的方针,直接决定教育法学科的发展方向和发展速度。其二是教育立法的状况。每一部教育法的颁布,都对教育事业的发展产生重大影响,从而影响教育法学科的发展内容。其三是教育理论的变化。教育理论影响着教育法学科的一些基本概念。其四是教育实践的变化。教育实践决定教育法学科发展的深度和广度。其五是与教育相关的法律的颁布和修改,对教育法学科的发展起到了丰富和充实的作用。《刑法》《行政法》《民法典》《未成年人保护法》《预防未成年人犯罪法》等都对教育法学科的发展产生了重要影响。其六是教育法律案例的确立。尤其是最高人民法院确立的指导性案例,其中与教育相关的案例对教育法律的解读和实施具有重要的指导作用。外部推动教育法学科不断发展的力量,其中非常重要的组成部分是法学学科参与的力量。这本书就起到了推动教育法学科发展的作用。

现在,教育法学科发展到第五阶段,其中一批典型的带头人可能就是《教育法学导论》的作者团队。他们思维敏捷,作风踏实,善于发现问题,待人宽厚,具有很强的组织和研究能力,完全具备学科带头人的基本素质。英雄造时势,时势造英雄。教育法学科的带头人发展了教育法学科,教育法学科的壮大,又促进了教育法学科带头人的成长。

本书开辟了认识教育法学的新视角,让人们耳目一新。作者在内容结构上不同于以往教育法学的划分,作者根据法学结构的逻辑,把其分为学科论、范畴论、主体论、权利保护与学校管理。这种划分更具法学的韵味。

《教育法学导论》具有鲜明的特点:

第一个特点是时代性。时代性是指历史上以经济、政治、文化等状况为依据而划分的某个时期。《教育法学导论》的出版反映了时代的要求。正如文中所说:"这些草案出台和征求意见,是新时代各教育领域工作开展的迫切要求和及时部署,是自由、平等、社会主体权利等法律价值在中国教育法治领域的实现,昭示我国教育立法正大步沿着科学与民主之路前行。"本书正是对这一社会现实需求的理论回应。

第二个特点是创新性。创新是以新思维、新发明和新描述为特征的一种概念化过程。它有三层含义:发明;更新;改变。本书的创新性表现在很多方面,如本书的结构、观点等,多处显现这些因素。

第三个特点是实践性。实践性是指人们的思想认识产生于实践,思想认识必须通过实践得到进一步发展,必须通过实践来检验思想认识的正确性。书中所列举的案例,都是现实中发生的、人们关注的、具有代表性的案例。

第四个特点是跨学科性。教育法学科主要是教育学和法学等学科的交叉。本书更注重从法学的视角阐述教育法。

第五个特点是专业性。专业性一般是指具有专门的行业要求,需要从业人员掌握高深的专业知识和技能。书中大量引入法学专业术语,使教育法学的研究更加深化,更具专业性。

本书的出版预示着教育法学科进入了一个新阶段,随着教育法学在法学院开设专业课,必将扩大教育法学科的影响,会吸引越来越多的热爱教育法学的学者,从事教育法学的研究和教学,从而使教育法学的队伍越来越壮大,成果越来越丰硕。

祝愿《教育法学导论》在教育教学中不断发展完善!祝愿本书作者的新作出版!

张维平[*]

2022 年 3 月 28 日

---

* 张维平,沈阳师范大学教授。

序　二

一

开展教育法学研究,是我国教育学和法学研究的重大课题之一。我国教育法学的研究与探讨始于20世纪80年代初期。迄今,这方面的进展引人瞩目,极大地丰富了我国教育学和法学理论,促进了我国教育法学学科的发展,推进了我国教育法制现代化进程。进入新时期,我国教育法学面对教育改革实践出现的新情况、提出的新问题,以教育领域中的法律问题为导向,创新教育法学理论,建构教育法学学术话语,提高教育法学理论解释与实践指导能力,为教育改革提供了丰富的学术资源。

"何谓"教育法学——教育法学是什么?可以从两个角度给出解释:一是作为一门学科的教育法学;二是步入教育法治视野的教育法学。

教育法学"何为"——教育法学做什么?同样可以从两个角度作出回应:既要研究文本中的教育法,更要研究行动中的教育法。

教育法学的理论研究,应密切联系我国教育法治实际,教育法学的研究课题,应源于教育法治实践中产生和提出的问题;教育法学的研究成果,要为教育法治实践提供指导。教育法学研究者应当通过理论联系实际的研究与探讨,试图回答中国教育法治现实中面临的困惑,并通过不断的探索,为教育法治实践提供理论指导,解决现实问题。这是我国教育法学研究当前和未来面临的重大课题。

当代法律科学从规范重心转到行为重心,由"法即规则"转向"法即行为",将行为作为法律科学的中心概念,并通过考察法律行为来阐释法律现象。我国的教育法学研究,需要超越传统意义上的研究范式——注重规则、强调体系、将教育法学看作是一个封闭的、固定的规则体系,而应看作一个开放、操作的体系;在教育法学的"何谓"与"何为"关系处理上,不仅要探究"教育法学是什么",更应注重"教育法学做什么",在为我国教育法治实践提供理论指向和实践指导中有所作为。

教育法学应从不同角度、不同层面对教育活动中的法律现象加以探讨。从法哲学(法理学)层面上,侧重于教育法的本体论方面的研究,需要探讨教育法的起源、本质、特征、功能;从法社会学层面上,侧重于教育活动中的法的运作,需要研究的是动态的教育法的活动——立法、执法、守法、法律监督、法制建设;从规范法学层面上,研究教育法律规范的内在结构、逻辑体系、教育法的体系和教育法学的学科体系框架。真正意义上的教育法学研究,是静态的教育法律规范与动态的教育法两者有机的结合,是对教育法律价值体系、规范体系、内容体系的整体研究,是加深对教育与法律之间内在关系的认知、繁荣教育法学学科建设、促进教育法制健全发展的重要环节。我国教育法学的理论研究与实践,需要做到价值体系、内容体系、规则体系的协调与统一。这既是当前我国教育法学理论研究之必需,也是教育法制实践的呼唤。

我国教育法学研究重心转向教育相关主体的权利义务,就认识论而言,这是教育法学研究价值取向的重大转变,从学科发展史而论,则是法律科学发展的客观规律在教育法学领域的必然反映,符合当代法律科学发展规律。法学理论中基本的、核心的要素是权利和义务。当我们将教育法学研究视野从探讨教育法律法规的规则体系、探讨教育法学本身的学科体系和结构,转向探讨教育法律活动中的法律行为,探讨教育法律相关主体的权利义务,进而转向教育实际中的种种法律纠纷时,这一研究价值取向的转变是教育法学发展到较高阶段的重要标志。

教育法学研究教育领域中的法律问题,实质是探讨教育与法律的关系,探讨教育活动中的法律现象,探讨作为调整教育社会关系的教育法是如何创制、运行、实施的,是如何从静态的作为规则体系的教育法(文本中的教育法)转化为动态的作为一种活动的教育法(行动中的教育法),作为贯穿这一过程的行为——教育法律关系主体的活动,始终是影响着教育法律关系产生、发展、变化的基本要素。因此,“教育法律行为”是教育法学研究的逻辑起点。

从教育法律行为出发,是认识教育法律现象的基点。行为是法律调整的直接对象,是法律实现其价值功能的着眼点,是法律运行的“驱动器”,是法律规范转化为法律关系的中介。只有通过对特定主体法律行为的推动和所有主体法律行为的接受(运用或遵守),自在状态的法律规范才能转化为自在行为的法律关系,法律效力、效果、责任以及立法目标的最终实现,都离不开特定的行为。将“行为”引入教育法学研究,将改变人们对“教育法”观念的传统认识。传统意义上的“法律”概念,是围绕法律规范(规则体系)展开。自法社会学的观点和方法引入法学研究中后,改变了以往总体上把法律解释为一个封闭、固定的规则体系或命令体系的观点,而是将法律理解为一个开放的操作体系,为教育法学研究注入生机与活力。

教育法学理论之思与教育法治实践之问应同向同行。教育法学实践性很强,回应和解决教育法律实践中的问题非常重要。教育法学既具有理论法学的性质,又具有应用法学的性质,更应侧重于应用法学。教育法学研究要着眼于解决我国依法治教进程中的重大问题。当前,我国教育改革正处于走向深水区的重大变革时期,无论是教育立法、执法还是法律监督,都遇到了新情况、新问题。加强对依法治教进程中重大问题的研究,提出解决问题的思路和办法,是教育法学的使命使然。

教育法学理论研究应适当超前于制度实践,给出中国语境下的智慧方案。教育法学研究应聚焦加强基础理论建设和围绕"问题意识"推进重大实践这两大主题。以现有"领域法学"所搭起的教育法学理论为基础,进一步深入研究"教育法学核心范畴"的基础理论,为制度实践提供教育改革和法治建设方案。以问题意识主导学术创新、理论创新和制度创新是教育法学发展繁荣的重要基础和必然选择。

教育法学理论的形成与深化是教育法学实践的结果,教育法学理论源于实践;教育法学理论唯有在教育法治实践中接受检验并不断修正,才能更准确地发挥解释法律现象和指导实践的功能。教育法学研究应围绕实践去发现问题、解决问题并在教育法治实践中得到检验和发展,增强服务法治实践的针对性、实效性。

目前,教育法学在我国尚处于学科建设与发展的成长阶段。未来,我国教育法学研究的发展将呈现以下态势:

第一,教育法学的中国问题意识更加凸显,主体性逐渐增强。客观上要求实现教育法学理论的中国化,积极开发具有中国特色的教育法学理论与解决教育法律现象的研究方法,使教育法学成为能够正确描述和解释中国教育法律现象的知识体系,为中国教育改革与发展提供价值观基础和最重要的法律资源。

第二,教育法学的研究视野更加开阔,实现教育法学研究的开放性。随着我国教育法制建设的不断推进,教育法学的研究视野更加开阔,并实现教育法学学科内部、教育法学与相关学科、教育法学与国外教育法学的沟通。特别是教育法学与部门法学之间的对话与沟通必将有利于教育法学研究的综合化。

第三,教育法学研究方法更加多元,教育法学研究成果趋于深刻与精细化。对教育法学方法论的讨论、对传统的教育法学研究方法的反思,对于教育法学研究方法的研究本身已经成为教育法学研究领域一个重要的学术增长点。教育法学的研究方法将更加多元,逐渐形成多元、成熟的教育法学方法体系。

第四,教育法学的学术成果的实践功能增强,更好地推动教育法治建设的发展。随着教育法学研究意识、研究视野与研究方法的进步,学术成果的实践功能不断增强,教育法学研究成果能够实际应用于教育法治实践中的比例也会越高,教育法学对中国教育改革与发展进步所作出的贡献会越大。

第五,教育法学的学科独立品性最终将确立。随着我国教育法学理论研究的不断深化和教育法治建设的不断推进,教育法学将会拥有自身研究目的、研究方法体系、研究视野和研究价值,不断反思并传承中国教育学和法学的学术传统,成为具有强大生命力和包容性的专业化、规范化的新兴学科。

二

《教育法学导论》一书是集体智慧结晶,总结和吸收了近年来作者团队在教育法学领域的最新研究成果,试图从以下方面展开对教育法学的研究与探讨:

第一,从本体论角度明确教育法学的学理概念和学科定位。通过对教育法学历史与现状的展现、对教育法学在国内外形成与发展的梳理,明确了教育法学的学科定位,并从教育法学的演变中揭示了教育法学的学科定位,为教育法学的研究与学习提供了规范性术语与依据。

第二,从认识论角度考察教育法地位的变迁。通过对国内外教育法地位的发展历史和相关理论分析,揭示了教育法学主体地位的形成过程,寻求规范教育行为的法律规范的法理、效力的阐释方法,使人们从更广阔的视野中认识教育领域以及各级各类学校的法律地位和法律关系。

第三,从价值论角度揭示教育法治以及依法治教、依法治校的价值。通过教育法治构建教育法律秩序以及促进人的全面发展的分析,为教育法治成为我国教育法理以及学校管理的必然模式提供了坚实的价值基础,同时也为依法治教、依法治校是否真正实现提供评判标准。

第四,从实践论角度阐释教育领域侵权行为与法律救济。立足于我国依法治教、依法治校现状,通过近年来教育领域违法案件的个案分析,运用教育法学基本原理提出教育依法行政和学校依法治校的推进方向和具体制度设计,健全责任机制和救济制度,保障教育相关主体的权益。

本书作为高等院校法学本科生、研究生专业课程教材,体例新颖、结构清晰、言简意赅、重点突出、易学实用。体例打破了以往教材学科体系的束缚,以"学科论、范畴论、主体论""三论"为主体的专题形式赋予全书新的面貌,使其更具有理论性和实用性;结构上一目了然,清晰可辨,寓意深刻,为学习者留有很大思考空间;内容上重点突出教学中急需熟悉和掌握的理论知识与实践问题。

本书坚持基础知识与理论探讨相结合。针对教育法学课程教学的实际需要,从学习者现有知识水平和接受能力考虑,突出内容的基础性,内容丰富且精练,概念简明且扼要,同时强化理论与实践紧密相结合。在教学体例安排上,学习目标明确,概念术语清晰,典型案例分析严谨。本书通过解读教育法学领域中的焦点、难点、热点问题,呈现最新研究成果,助力学生理解与学习,是一本值得阅读的好书。

是为序。

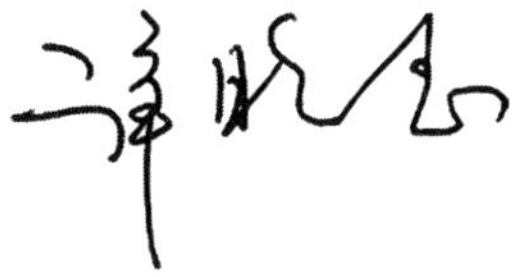 *

2022 年 3 月 20 日

* 谭晓玉,上海市教育科学研究院研究员。

前　言

“推进教育法典化立法研究”是我国推动教育事业发展的一项重要举措。编纂《教育法典》需要一支研究能力超强的学术研究队伍，而教育法学人才培养则是首要任务。我国法学、教育学本科专业学生培养的现状是：国内大部分教育学院会为教育学本科生开设《教育法学》课程，而国内为本科生开设《教育法学》的法学院则寥寥无几。这对于培养高质量的教育法学人才队伍是不利的。

随着《教育法典》研究和编纂工作的推进，上述格局一定会发生根本改变。国内具有教育法学研究基础的单位在未来的学科布局、新文科建设等方面一定会突出“教育法学”教学和科研的重要性。因此，为法学院的本科生、研究生编写一部既有理论深度，又能反映学科前沿的教材，则显得尤为重要。本书就是为了回应以上时代需求而编写的。本书各章节都是作者最新的研究成果，既有传统理论的梳理借鉴，又有创新思维的尝试突破。本书的写作分工如下：

第一章：任海涛、张玉涛；

第二章：余华、孙华丽；

第三章：刘宁；

第四章：聂圣；

第五章：朱军；

第六章：叶强、段斌斌；

第七章：马涛；

第八章：冯铁拴；

第九章：管华；

第十章、十三章、十七章：刘旭东；

第十一章：任海涛、杨兴龙；

第十二章、十八章：任海涛；

第十四章：姚建龙、刘悦；

第十五章：晋涛；

第十六章：晋涛、杨金科。

参与案例编写的有肖登辉、王思杰、雷槟硕。还有多位作者为本书编写作出了贡献，在此一并表示感谢。他们是：河南大学法学院讲师杨金科；浙江大学光华法学院博士研究生刘宁；中国人民大学法学院博士研究生张玉涛；鲁东大学教育科学学院博士研究生刘悦；华东师范大学法学院硕士研究生杨兴龙；四川师范大学硕士研究生孙华丽。

教育法学是一门新兴的交叉综合性领域法学，学科体系尚未最终确立，许多理论问题还颇具争议。在这种背景下，尝试编写一本《教育法学导论》自然会有许多不足和缺憾。敬请各位专家学者批评指正。

最后，应该诚挚感谢法律出版社领导和本书编辑老师解锟博士，在他们的鼎力支持下本书才得以出版。

任海涛

2022 年 3 月 13 日于上海

目　　录

第一编　学　科　论

第二编 范 畴 论

第三编　主　体　论

第四编 权利保护与学校管理

第一编　学　科　论

第一章　领域法学视野下的教育法学

新中国成立以来，我国的教育法治建设取得了辉煌的历史性成就，有力推动了教育立法、行政、司法、普法的协同发展。不过，我国真正严格意义上的教育法学研究，则主要是自改革开放，尤其是1980年《学位条例》颁布之后才逐步展开的。[①] 教育法学发展至今，已经实现了全方位、多层次的突破，研究范围不断拓宽、理论深度不断提升、研究方法的多样性及研究内容的实践性持续增强。但不可否认的是，教育法学作为一门新兴学科、交叉学科，早期主要是依托于行政法学的学术范式而建立的，其自身的基础理论研究较为薄弱，始终未能形成独具特色的学科理论分析框架与研究范式。[②] 基于此种考虑，笔者尝试突破传统的学科独立思维与部门主义观念，借助领域法学的研究范式，以问题意识为中心，对教育法学的理论定位展开细致分析，并针对教育法学的体系建构提出系统性对策建议。

第一节　领域法学：回应新兴交叉学科的一种创新研究范式

一、领域法学的演进历程

我国对领域法学的探索，最早可追溯至改革开放之初。在彼时推进经济体制改革的历史背景下，经济法应运而生，并与民法形成了鲜明的学科对立。二者进行了旷日持久的学界论战，其中虽不乏意气之争，但在某种程度上仍产生了双赢的效果。此种沟通大大加深了各方对于财产法律关系的认识，并引出了对传统部门法划分理论尤其是调整对象论的深刻反思。[③] 此后，随着经济社会的快速发展，长期以来形成的专业化分工逐渐出现互相融合、重整的趋势，传统部门法学科面临着既有的知识系统

---

① 参见湛中乐：《教育法学研究的问题、范围与方法》，载《中国高等教育》2014年第17期。

② 参见陈亮、陈恩伦：《我国教育法学研究的困惑与展望——基于文献之思》，载《内蒙古社会科学(汉文版)》2016年第3期。

③ 参见刘剑文等：《领域法学：社会科学的新思维与法学共同体的新融合》，北京大学出版社2019年版，第1～2、54页。

与新型复杂问题之间的割裂矛盾。为了回应社会现实的紧迫需求，各种各样的新兴学科、交叉学科层出不穷，教育法学、金融法学、财税法学、体育法学、海洋法学、军事法学、互联网法学等学科不断涌现，对传统的部门法学体系造成强烈冲击。

部门法以“调整对象”和“调整方法”作为基础的划分依据，依此，教育法学等交叉学科难以被划分到任何一个既有的法律部门。面对此种理论困境，各个学科的研究者展开了学科独立性之争，力图论证特定新兴学科存在与发展的合理性。但实质上，于此争论耗费大量的精力和资源，并不利于该领域内相关问题的有效解决及学科本身的良性发展，或许更多是基于知识权力背后利益的争抢。[①] 那么，究竟应当如何妥当回应新兴学科的发展需求，并助益于解决新兴领域的复杂问题？如何在维持现有部门法学基本格局的基础上，有力推进新兴学科的理论体系创新？为了回应法学研究遭遇的此种挑战，以问题和领域为基本定位的领域法学应运而生。

在我国，领域法学的概念最早为财税法学界所倡导。刘剑文教授于 2013 年明确提出，财税法学并非隶属于经济法部门下的学科分支，而是一门以财税为领域、兼具理论性和应用性特质的“领域法学学科”。[②] 在此基础上，诸多财税法及其他新兴学科的研究者纷纷尝试借助领域法学的研究范式，进一步推进新兴学科的深入研究。

二、领域法学的基本理念

所谓领域法学，就是指“以问题为中心、目标为导向，以特定经济社会领域全部与法律有关的现象为研究对象，融经济学、政治学和社会学等多种研究范式于一体的交叉性、开放性、应用性和整合性的新型法学学科体系、学术体系和话语体系”[③]。具体而言，领域法学作为一种回应新兴学科的研究范式，尤其注重推崇“问题意识”“综合视角”“创新思维”的理念。

1. 问题意识

人类从事的任何科学研究，归根结底是要服务于经济社会中的现实需求。法学研究亦是如此。如果理论分析脱离了对法治实践的关照、对社会问题的反思，就必然沦为无源之水、无本之木。季卫东教授曾指出：“关于国家治理现代化和法治中国建

---

① 参见杨文德：《领域法学崛起因应新兴学科挑战》，载《中国社会科学报》2018 年 11 月 21 日，第 5 版。

② 参见刘剑文等：《领域法学：社会科学的新思维与法学共同体的新融合》，北京大学出版社 2019 年版，第 2 页。

③ 刘剑文：《超越边缘和交叉：领域法学的功能定位》，载《中国社会科学报》2017 年 1 月 4 日，第 5 版。

设的理论构想，不是抽象的玄思，须以现实存在的问题为导向。”①而领域法学的核心理念就是坚持以问题意识为逻辑起点，以服务实践为价值追求。基于此种导向，在领域法学的研究视野中，逻辑是否完全自洽并非核心要点，最为重要的是，须因循发现问题、解决问题的路径，从问题中总结规则、提炼方案，从而有效应对各种各样的现实挑战。② 正是由于贯彻了突出的问题意识，领域法学相较于传统法学而言，具有鲜明的实用主义品性。

2. 综合视角

领域法学的综合视角主要体现为跨学科的资源复合性。面对各种新兴领域的复杂社会现象，领域法学充分认识到单一学科视角的局限性，因此强调须将各种理论资源加以融合。具体而言，在法学视域下，综合运用多个部门法的专业知识，尤其是在法律责任的框架内，须将民事、行政与刑事责任形成一套相互贯通的体系，从而为解决特定问题提供全面的制度举措；在跨学科的视域下，领域法学强调在一定情形下跳出传统部门法学固有的思维范式，贯通法学与教育学、金融学等其他学科的知识系统，以提出解决问题的可行思路。

3. 创新思维

在领域法学的研究范式中，不存在稳定不变的体系架构，其总是跟随时代不断发展变化，基于对相关领域问题的思考而逐步改进。回顾领域法学的生成与发展历程，其大体上经历了“从观念到方法”“从社会关系到主体行为”“从类型到范式”的不同阶段。③ 时至今日，领域法学虽然尚未形成完善成熟的理论框架，但其在法治实践中的不断“调试”，已然充分彰显出不拘一格的创新思维。值得一提的是，当前我国正在全面推进新文科建设，致力于构建世界水平、中国特色的文科人才培养体系。④ 而此种新文科的本质特征即在于“创新”，并注重跨学科的资源互动。⑤ 显然，领域法学的立场与此种政策指引高度契合。

综上，领域法学的创新思维、问题意识、综合视角这三种特质实际上是一脉相承、相互贯通的。正如学者所指出的那样，领域法学思维的基本特征就是：“实事求是地

① 季卫东：《问题导向的法治中国构思》，载《法制与社会发展》2014 年第 5 期。

② 参见熊伟：《法学现代化背景下领域法学之契机》，载《中国社会科学报》2017 年 1 月 4 日，第 5 版。

③ 参见李大庆：《法学范式竞争与领域法学的知识创新》，载《江汉论坛》2019 年第 4 期。

④ 2020 年 11 月 3 日，由教育部新文科建设工作组主办的新文科建设工作会议在山东大学（威海）召开，会议发布了《新文科建设宣言》，对新文科建设作出了全面部署。2021 年 3 月 2 日，教育部办公厅发布《关于推荐新文科研究与改革实践项目的通知》（教高厅函〔2021〕10 号）。

⑤ 参见田晓明、黄启兵：《论我国“新文科”建设之中国特色》，载《苏州大学学报（教育科学版）》2021 年第 3 期。

面对新兴领域的利益交叉，打破原来部门法学条线分割的状态，创造一切合生活和市场实际的跨部门法律理论，以问题为导向，回答和解决新兴的综合领域的法治问题。”①

三、领域法学与部门法学的辩证关系

在对领域法学的基本理念作简要介绍之后，尚须进一步厘清领域法学与传统部门法学之间的关系。前已述及，领域法学正是基于部门法学在应对新兴学科时的力有不逮而产生的。那么，二者之间究竟有何差异？是否存在功能上的排斥隔离？

1. 差异比较

大体而言，部门法学与领域法学之间的差异性主要体现在以下三个方面：第一，从体系结构来看，部门法学较为稳定，领域法学相对灵活。就划分标准而言，部门法学已经形成以调整对象为主、以调整方法为辅的固定模式；而领域法学则充分考虑到社会现象的复杂性，形成了以法律规范、社会经验、价值取向等为依据的多元划分标准，具有明显的灵活性与开放性。第二，从思维模式来看，部门法学较多主张法教义学的研究思维，偏重工具性、技术性，通常强调立足于现行法秩序，通过法律解释来弥补法律漏洞、追求法体系之融贯；领域法学则坚持问题主义导向，秉持实用主义的研究立场，这与起源于古罗马思想家西塞罗的论题学方法有诸多相似之处。第三，从价值取向来看，公平正义作为法的普适性价值目标，对于部门法学与领域法学皆得适用。但相较于前者而言，后者更加侧重于追求实质正义，强调深入问题本身以谋求符合实质正当性的对策，而不完全拘泥于对形式正当性的严格遵循。②

2. 互补相融

需要进一步强调的是，虽然领域法学与部门法学具有诸多不同，但二者绝非相互排斥隔离。领域法学的生成初衷是弥补部门法学的局限，而非将其完全替代、继而彻底重构法学研究的范式。事实上，在日新月异的现代社会中，任何一种独立的研究范式都无法有效应对越来越复杂、多元的法律现象。换言之，在新时代的法治视域中，部门法学与领域法学缺一不可、互补相融，共同隶属于中国特色社会主义的法学理论体系。

一方面，两者各有优劣，恰能长短互补。传统部门法学的优势在于因抽象概括而

---

①　杨大春：《从部门法学到领域法学——〈大明律〉转型的历史启示》，载《辽宁大学学报（哲学社会科学版）》2019 年第 1 期。

②　参见刘剑文：《论领域法学：一种立足新兴交叉领域的法学研究范式》，载《政法论丛》2016 年第 5 期；吴凯、汪劲：《论作为领域法的环境法：问题辨识与规范建构》，载《辽宁大学学报（哲学社会科学版）》2019 年第 1 期。

具有较强的涵摄力,劣势则是单一性质的制度难以应对综合性质的问题;而领域法学虽然缺乏逻辑的圆满连贯、类型化抽象能力不足,但其"问题中心主义"的思维导向恰好能够综合多重知识和规范来促进疑难问题的解决。① 另一方面,两者作为不同进路的法学研究范式,已然呈现相互渗透、相互融合的发展趋势。具言之,部门法学在既有的体系框架基础上,进一步加强了对新兴领域的研究探索;领域法学则以部门法学的研究成果为基础,进一步吸纳多学科知识,强化对特定领域的细化研究。

四、领域法学在新兴交叉学科中的理论尝试

近年来,领域法学的理论优势越来越受到学界的高度重视,在诸多新兴交叉学科中,不少学者均已展开了领域法学的理论尝试,以下举例加以说明。

1. 财税法领域

作为国内领域法学的首倡者,刘剑文教授长期深耕于此,他最早在讨论财税法学的学科定位时引入领域法的理念,并进一步对其理论内涵进行了深入展开,总结出"问题界定—规范提炼—调整适用"的逻辑方法,对领域法学的发展做出了突出贡献。② 此外,王桦宇博士研究指出,财税法学具有综合领域、交叉研究和新兴学科的现代特征,是领域法学的典型例证和重要组成;以问题意识为中心,须将财政模式、税制设计等财税要素事项和行政行为、法律责任等法学概念要素进行综合研究。③

2. 环境法领域

汪劲教授和吴凯博士以领域法学的问题意识为立论起点,系统阐述了我国环境法发展过程中的问题辨识与对策形成技术,即"准确定位法律问题并将其从部门法体系中相对剥离、保持与特定领域专业知识的适当张力、凝练法治共识与基本原理以矫正专业信息偏差"。④ 此外,还有学者进一步尝试在领域法学的视野下推进环境法与其他新兴交叉学科之间的理论互融。譬如,王文婷博士坚持大气污染治理的

---

① 参见李大庆:《法学范式竞争与领域法学的知识创新》,载《江汉论坛》2019 年第 4 期。

② 参见刘剑文:《作为综合性法律学科的财税法学——一门新兴法律学科的进化与变迁》,载《暨南学报(哲学社会科学版)》2013 年第 5 期;刘剑文:《论领域法学:一种立足新兴交叉领域的法学研究范式》,载《政法论丛》2016 年第 5 期;刘剑文、胡翔:《"领域法"范式适用:方法提炼与思维模式》,载《法学论坛》2018 年第 4 期。

③ 参见王桦宇:《论领域法学作为法学研究的新思维——兼论财税法学研究范式转型》,载《政法论丛》2016 年第 6 期。

④ 吴凯、汪劲:《论作为领域法的环境法:问题辨识与规范建构》,载《辽宁大学学报(哲学社会科学版)》2019 年第 1 期。

问题导向，在综合财税法与环境法理论的基础上，阐明了“环境国家”与“财政国家”治理耦合的必然性，并指出政府主导的环境治理须在公共财政的轨道中有序运行。①

3. 金融法领域

洪治纲教授基于客观动因、根本原因这两个层面的考量，深刻意识到传统的部门法学在应对金融法学复杂问题时的力不从心，而领域法学的理论内涵则能够契合金融法学的综合性和开放性要求；并明确指出，金融法学已经是一门以金融领域问题为中心的独立法学科。② 刘博涵博士则以环境金融法学、福利金融法学、科技金融法学为例，阐明了现代金融法学的体系拓展趋势，并指出领域法学的研究范式为金融学的未来发展提供了广阔的理论空间。③

4. 体育法领域

廉睿博士等系统分析了体育法学所面临的内生理论建构不足与外在制度实践困局，阐明了领域法与体育法在精神意涵层面上的高度契合性，并明确提出应当将领域法作为我国体育法学学科理论建构的未来面向。④ 赵毅教授则进一步将领域法学的研究范式应用到更为细致的体育法领域——“足球法”之中，立足于本土的足球发展环境，同时借鉴意大利语和英语世界的足球法制经验，为我国足球体制改革的良性发展建言献策。⑤

除了运用领域法的研究范式推进学科领域的问题解决，还有学者更进一步，径行尝试借此来重构本学科的人才培养模式。⑥ 而领域法学的蓬勃发展态势，也让我们深刻反思，同样是作为新兴交叉学科的教育法学，是否也能够充分汲取领域法的智识资源，从而有效服务于本学科的发展？

---

① 参见王文婷：《领域法学视野下破解大气污染危机的财税法之道》，载刘剑文主编：《财税法论丛》(第17卷)，法律出版社2019年版，第34～47页。

② 参见洪治纲：《论领域法学理论在金融法学中的应用》，载《辽宁大学学报(哲学社会科学版)》2019年第1期。

③ 参见刘博涵：《论金融法学体系的建构、重塑与拓展——基于领域法学视角的考察》，载《经济法论丛》2019年第2期。

④ 参见廉睿、李广、王亮、丁玥：《中国体育法学：“场域”调适、规范集成与方法自觉》，载《天津体育学院学报》2019年第2期。

⑤ 参见赵毅：《足球法：一个新兴的领域法学》，载《体育成人教育学刊》2018年第1期。

⑥ 参见杨东、臧俊恒：《领域法学视野下经济法学培养模式之重构》，载《中国大学教学》2017年第10期。

第二节 教育法学的理论定位：以教育问题为导向的领域法学

一、明确教育法学理论定位的必要性

20世纪80年代以来，我国的教育法学研究经历了初创期、强化期、快速发展期等不同发展阶段，研究主题从早期单一的教育立法拓展为当前的立法、行政、司法、守法多元并存，研究重点从宏观层面的教育法基本原理转变为中观层面的教育制度，对于相关教育法律主体的权利保障问题越发重视。从形式上看，我们已经具备了构建具有中国特色的教育法学理论体系的基础条件，但实质上，难以突破的发展“瓶颈”仍然横亘在前。如学者所言，当前的教育法学学科边界模糊，对研究问题、研究对象、研究范围的界定尚不清晰，严重阻碍了教育法学学科理论体系的形成。[①] 周彬教授更是言辞犀利地批评指出：“与教育法律功能的重要性和规范发展的紧迫性相比，我国教育法学研究的现状无法让我们感到乐观，既看不到教育法学研究的系统性，也看不到教育法学研究的规范性。”[②]

换言之，进一步加强教育法学学科的理论体系建设、推进教育法学的系统性研究，已然成为理论界的共识。而明确教育法学的理论定位，则是实现这一目标的关键前提。从更为宏观的视野来看，在理论层面对教育法学的学科性质进行清晰界定、加快该学科的体系构建，既是回应我国教育法治实践、加强教育治理体系和治理能力现代化的必然要求，也是培养教育法治人才、全面推进依法治教的迫切需要。[③]

二、对教育法学独立学科定位的路径反思

基于教育法学理论定位的重要价值，不少学者纷纷力倡教育法学的学科独立性，否定过去仅将其作为一种学科研究方向的思路。大体而言，主要有两种论证路径：第一，认为教育法学隶属于教育学体系，宜将教育法学视为与教育哲学、教学论、德育论、教育史、教育管理学、教育政策等相并列的二级学科；第二，认为教育法学是法学中的一个独立法律部门，与民法学、刑法学、行政法学、诉讼法学等传统的部门法学相

---

① 参见陈亮、陈恩伦：《我国教育法学研究的困惑与展望——基于文献之思》，载《内蒙古社会科学(汉文版)》2016年第3期。

② 周彬：《论教育法学研究的困境与出路》，载《国家教育行政学院学报》2008年第9期。

③ 参见程雁雷：《诉求与回应：构建教育法学学科的若干思考》，载《中国高等教育》2014年第17期。

并列。[①] 由于教育法学本身就是融合法学与教育学的交叉学科，因此，以上两种分析皆有理论依据，而且在部分高等学校（以下简称高校）的教学实践中也已然展开了不同路径的制度尝试。例如，北京师范大学于 2012 年在教育学部设置了"教育政策学与教育法学"的教育学二级学科，华东师范大学于 2018 年在法学院设置了"教育法学"的法学二级学科。

然而，细究之下，上述两种理论分析均值得商榷。首先，在教育实践中，北京师范大学与华东师范大学的教学尝试只是个例，当前绝大多数高校仍未将教育法学设置为一门学科，而仅将其视为具体的研究方向，并且《普通高等学校本科专业目录》和《授予博士、硕士学位和培养研究生的学科、专业目录》均未明确将教育法学设置为法学或教育学体系内的二级学科。其次，学界对于教育法学学科独立性的倡导，多是以其研究内容的特殊性或教育法治建设的必要性等为依据，并未真正落实到教育法学独特的理论范式。再次，当前教育学学者与法学学者各行其是，分别将教育法学拉拢进本学科领域的做法，造成了两种学术资源的撕裂，严重忽视了教育法学的综合性与交叉性。最后，从体系逻辑来看，无论是将教育法学视为教育学的分支，还是将教育法学视为法学的分支学科，都存在对固有学科体系的悖反与疏离。一方面，教育学旨在研究教育现象，揭示教育规律，而教育法学则主要研究包括教育法律关系、教育法律规范、教育法律制度等在内的教育法律现象及规律，[②]二者的研究对象虽有一定交叉，但存在本质差异，后者更不能被前者所包含。另一方面，在法学体系中，教育法学长期被视为行政法学的一部分，若在理论上将其从中抽离、形成与行政法学相并列的独立法律部门，将面临严重的论证障碍；至少在现有的部门法划分标准下，教育法学的独立属性难以得到有效证成。

在上述两种路径均存在诸多弊端的情况下，领域法学则为教育法学的理论定位提供了一个可行范式。领域法思维着重强调多种知识谱系的融通、不同思维方式的整合，主张打破不同部门、不同学科之间的藩篱，避免"削足适履"地将某一新兴学科归入单一的部门或学科项下，而是将特定领域的学科建构为具有相对独立性的自洽体系。[③] 教育法学作为一门兼具教育学与法学属性的交叉学科，虽无法被任何一个单一的学科体系完整接纳，但恰好能够与领域法学的研究范式相契合。由此，笔者认为，以教育问题为导向的领域法学，应当成为教育法学的理论定位。

---

① 参见孙绵涛：《教育法学学科理论研究的若干方法论问题》，载《高等教育研究》2015 年第 1 期。

② 参见许晓东、阎峻：《论中国教育法学学科建设》，载《高教发展与评估》2015 年第 5 期。

③ 参见侯卓：《领域法思维与国家治理的路径拓补》，载《法学论坛》2018 年第 4 期。

三、教育法学的领域界定

在明确教育法学的上述理论定位之后，即须进一步阐明，在问题意识的理念下，究竟应当如何对教育法学的领域进行合理界定？笔者认为，应当从以下几个方面入手，合理划定教育法学的领域范围。

首先，教育法学的基本范畴是与教育现象相关的法律问题。在这一交叉学科的体系中，“教育”与“法律”缺一不可。但由于二者关系极为复杂，欲将其妥当嵌套于教育法学的研究领域，殊为不易：若将同时涉及教育、法律的所有内容都纳入教育法学之中，则该学科将变得漫无边际；反之，将其范围限定过窄，又难以全面深入研究教育法学的实际问题。[①] 综合考量之下，笔者认为，教育法学研究领域的确定须符合以下两个标准：一方面，教育法学问题必须与教育事业的某类现象有所关联，其中尤其需要强调学校、教师、学生等教育主体的中心性。另一方面，有关教育问题必须具备法律的可调整性，或者需要运用法学资源作为必要的分析工具。无论是对教育法历史渊源的探索，还是对教育法现行规范的解读，抑或对教育实践问题的法律规制研究，均不能脱离“法”的范畴。就本质而言，教育法学的中心论题就是综合性特质突出的教育法律关系；围绕国家、社会、家庭与受教育者等主体所发生的各种教育关系，构成了教育法学研究的基本框架。[②] 至于纯粹的教育学、法学问题，仅能够为教育法学的研究提供论证依据或者分析素材，而无法被划入该学科的领域范畴。

其次，教育法学强调以开放的法规范视野来解决教育问题，其无法被任何单一的传统部门法所涵盖。从宏观层面而言，教育法学研究教育立法、教育执法、教育司法、法治教育等教育法治的一系列运行过程，这四个层面环环相扣、相辅相成，构成了依法治教视域下教育法学研究的核心规范体系。从微观层面而言，无论是校园欺凌、校园性骚扰，还是教育惩戒等问题，均可能会同时涉及教育民事法律关系、教育行政法律关系、教育刑事法律关系，需要协同运用民法、行政法、刑法等多个部门法的规范手段加以解决。例如，若行为人实施校园欺凌行为造成他人损害，即应承担侵权损害赔偿等民事责任；同时，以上行为还往往意味着对治安管理等行政秩序的违反，行政机关可依法给予行政处罚；若欺凌行为造成受害人轻伤等严重后果，则行为人还需进一步承担因触犯故意伤害罪等所产生的刑事责任。此外，考虑到教育与保护未成年人的特殊需要，国家立法针对该类主体的法律责任又作出了一系列减免规则，此种例外

---

① 参见谭晓玉：《教育法学的何谓与何为——中国教育法治的困惑与教育法学的使命》，载劳凯声主编：《中国教育法制评论》第6辑，教育科学出版社2008年版，第62页。

② 参见周光礼：《反思与重构：教育法学的学科建构》，载《高等工程教育研究》2007年第6期。

同样在民事、行政及刑事法律体系中均有体现，如《民法典》第1188条、《行政处罚法》第30条、《刑法》第17条等。换言之，在面对校园欺凌等实践中频发的教育问题时，任何单一的部门法均难以有效解决。而领域法学主张的跨学科路径，恰恰构成了解决教育法实际问题的必由之路。

最后，教育法学重视运用以法学和教育学为基础的多学科资源来解决实践问题，其无法被任何一个单一学科甚至两个学科所涵盖。兼具“教育”与“法律”的双重特质，是教育法学领域的必要条件，但非充分条件。换言之，教育法学以教育学和法学为基础，但并不完全局限于这两个学科范畴之内，与此相关的经济学、政治学、社会学问题都是广义的教育法学所能容纳的内容。例如，政治经济学专业的博士生曾专门立足于经济学的角度，对义务教育及其相关的财政制度展开了较为详尽的理论探讨与实证分析，并提出了完善我国义务教育财政管理制度的改革思路。[①] 另有学者则以社会学视角切入，针对《义务教育法》的立法理念及贯彻思路进行了深刻解读，指出必须以教育资源的均衡分布为保障基础，方能实现义务教育阶段受教育权利的平等。[②] 以上所列研究成果分别为经济学、社会学的学科内容，但以“问题”“领域”的视角观之，因其针对的是与教育相关的法律问题，故而，其同样归属于教育法学的研究领域。

综上而言，“领域法学”概念的提出，能够妥当解决新兴学科、交叉学科的定位与归宿问题。[③] 以“领域法学”作为教育法学的应然理论定位，不但能够充分弥补传统部门法学体系封闭的局限，而且也能广泛调动多学科的智识资源，有效回应我国教育法治迅速发展的实践需求。

第三节　教育法学的体系建构：价值、内容与方法

传统部门法的建立以均质化的现象假设为前提，通过构建高度抽象的制度框架，涵摄各异的具体情形。此种严整的内在规范体系，在某种程度上也是传统部门法学发展较为成熟的标志之一。而以领域法学为基本理论定位的教育法学，则由于多学

---

① 参见周金玲：《义务教育及其财政制度研究》，浙江大学2005年博士学位论文。

② 参见黄永红：《坚持社会公平原则，均衡配置教育资源——对新〈义务教育法〉的社会学解读》，载《云南行政学院学报》2007年第3期。

③ 参见刘剑文：《超越边缘和交叉：领域法学的功能定位》，载《中国社会科学报》2017年1月4日，第5版。

科知识系统的交叉、多元价值的融合，蕴含着明显的异质性特征，因此，在调整教育法律关系时存在“具体规制”的明显倾向。但这并不意味着在领域法学的视角下，教育法学的结构必然是具体的、零散的；相反，这仅仅是新兴学科必须经历的阶段性现状。秉持类型化思维，通过各层次的范畴提炼，构建一套逻辑自洽的教育法学理论体系，应当始终是我国教育法学研究的重要目标。如学者所言：“能否在具体化基础上实现体系化，是衡量特定领域法学成熟与否的重要标准。”①笔者认为，应当重点从价值、内容、方法三个方面着手，深入推进我国教育法学的体系建构。（见表1－1）

表1－1　教育法学体系

教育法学体系	价值体系
	内容体系
	方法体系

一、夯实教育法学的研究基础：价值体系

教育法的价值目标是教育法律效果预先的观念模型和超前反映，是调整教育利益关系的基本准则，兼具法学和教育学的双重价值理念。明确教育法的价值体系，是进行教育法学体系建构的基础和前提。大体而言，这一体系主要由教育效能、教育自由、教育公平、教育效率、教育秩序构成，各个价值目标相辅相成、辩证同构。对于教育法学者而言，无论是围绕教育立法、行政、司法，还是法治教育的系统研究，均应将这五个价值目标统筹考量，设计妥当可行的对策方案。有学者认为，教育法的终极理想是“促进人的自由而全面的发展”，这决定了教育效能和教育自由是教育法价值体系的核心目标，其处于整个体系的相对优位层级，且构成了衡量其他目标的尺度。②但笔者认为，在理念上不宜将教育法的价值体系划定为一套层次分明的优先顺位格局，因为各类价值属性均有其存在和发展的必要性，难言何者更为重要、何者相对次要。实际上，教育自由与秩序、教育公平与效率分别构成了两组辩证统一的矛盾体，而教育效能则是教育法价值目标的一种整体上的抽象体现，五者缺一不可，须全面平衡推进。

除了在静态层面上明确教育法价值体系的内部构成，我们尚须在动态层面上认识到，由于各主体价值主张的多元化、转型社会中的价值失调以及教育活动的复杂性

① 侯卓：《“领域法学”范式：理论拓补与路径探明》，载《政法论丛》2017年第1期。

② 参见褚宏启：《教育法的价值目标及其实现路径——现代教育梦的法律实现》，载《教育发展研究》2013年第19期。

等原因,教育实践中必然面临着诸多教育法的价值对立,具体可表现为国家教育权与公民受教育权、学校办学自主权、教师学术自由权等多类权能的冲突。[①] 以高校自治的典型形式——校规为例,在制定环节,高校既需要确保校规内容严格符合国家法律法规,又需要在此基础上充分发挥能动性,以激发教育事业的创新与活力;为保障正常的教学秩序,校规必须对学生的言行作出必要的约束,同时也需避免学生的自由受到过度干涉。即便在校规的实施环节,不同价值的比较衡量仍然至关重要。例如,高校依据校规对从事越轨行为的学生进行处罚时,在面对规范文字所呈现的多元解释空间时,仍需对学校的办学自主权与学生的受教育权进行权衡,以得出最为妥当的解释结论。在学理层面上,主观解释与客观解释、形式解释与实质解释、严格解释与灵活解释等不同解释方法的对立统一,[②]背后实则蕴含着规范价值的衡量博弈。

显然,如何在夯实教育法价值体系的基础上,妥当合理地消解、整合此类冲突,从而追求教育法价值实现的最大化,应当是我国教育法学者的重要使命。正如谭晓玉所指出的那样:"开展教育法律价值的理论研究,是促使教育法学向理性化推进的突破口,将导致整个教育法学理论体系的理性升华。"[③]

二、深化教育法学的核心范畴:内容体系

厘清教育法学的各层次研究范畴,构建一套完善的学科内容体系,是推进教育法学体系化的重心。大体而言,教育法学的内容体系可以分为"总论—分论"两个部分。其中,"总论"至少应当包含教育法的"本体论""主体论"与"责任论"等模块。"本体论"主要涉及教育法的概念、特征、法律渊源、历史沿革、法理基础、理论定位等内容;"主体论"是教育法学"总论"体系中的核心内容,重点围绕学校、教师、学生、教育机关等主体展开,剖析各个主体的法律地位,以及不同主体之间所形成的权利义务关系;"责任论"则从权利救济的层面入手,分别对教育民事法律责任、教育行政法律责任、教育刑事法律责任展开研究,同时须兼顾对教育法律程序的介绍与阐释。

至于教育法学的"分论"体系,首先,从横向维度来看,通过不同的划分标准可以形成不同的逻辑架构:若以教育法律关系为依据,则可将教育法学"分论"大致划分为教育行政法学、教育合同法学、学术评价法学等部分;若以教育形式和阶段为依据,

---

① 参见陶琳、陈鹏:《我国教育法的价值冲突及其整合》,载《高教发展与评估》2014 年第 6 期。

② 参见晋涛、张玉涛:《高校惩戒权解释规则研究》,载《复旦教育论坛》2020 年第 1 期。

③ 谭晓玉:《深刻反思当代中国教育法学研究的价值取向》,载《华东师范大学学报(教育科学版)》1999 年第 3 期。

可以将教育法学“分论”划分为学前教育法学、义务教育法学、高级中等教育法学、高等教育法学、职业教育法学、特殊教育法学、终身教育法学等领域。① 其次,从纵向视角来看,每一个特定的教育法学领域都具有多层延展。并且,无论是高等教育法学还是义务教育法学,其内部体系的基础结构都具有一定同质性,均至少包含教育制度、教育政策、教育理念、教育法律主体、教育法律关系等几个基础模块。进一步而言,以高等教育法学为例,其中的教育制度,具体又需要包括高等教育的基本形式、学位制度、高校的设置和分类、高校的内部治理结构等内容;而围绕“高校的设置”,则应当继续贯彻类型化思维,分别对普通公立高校、民办高校、独立学院的设置规则及理念等进行详细阐明。总而言之,教育法学的内容体系实际上就是呈现这样一种立体化的学科格局。

当然,须强调的是,以上基于理论划分所形成的各个模块,决非彼此疏离、各自封闭。实质上,在体系化的基础上注重各模块之间的研究融合,才是领域法学所追求的真谛。以“教育惩戒”为例,其作为教育法学体系中的具体制度,自身即构成了一个体系庞大的制度体系。② 以惩戒针对的失范行为之性质为依据,可将教育惩戒分为学术性惩戒和纪律性惩戒。显然,无论是何种惩戒,其所适用的范围均不仅仅局限于某一个特定的教育阶段。学理上,既有针对高校教育惩戒制度的运行现状开展的立法论研究,③也有以中学教育惩戒为例所进行的系统思考。④ 换言之,无论是“高等教育法学”“高级中等教育法学”还是“义务教育法学”,均无法将“教育惩戒制度”完整囊括。因此,基于学科内容体系化的需要,可以考虑在教育法学“总论”和“分论”的基础上,另增设一个“教育法领域特殊问题”,将具有高度综合性特质的“教育惩戒”“校园性骚扰”等纳入其中,以保障整个教育法学内容体系的高度严整。(见表1-2)

---

① 参见湛中乐、苏宇:《教育法学的理论体系与学科建设初论》,载《北京师范大学学报(社会科学版)》2016年第2期。

② 参见任海涛:《“教育惩戒”的概念界定》,载《华东师范大学学报(教育科学版)》2019年第4期。

③ 参见胡裕岭:《美国高校性侵防治校园裁判立法的经验与启示》,载《青少年犯罪问题》2020年第1期;刘旭东、张玉涛:《我国高校教育惩戒制度的运行现状及其完善路径》,载《思想理论教育》2019年第8期。

④ 参见申素平、周航:《惩戒造成学生伤害事故,学校是否要担责?——以某学生家长诉某中学案为例》,载《中小学管理》2018年第8期。

表1－2 教育法学内容体系

教育法学内容体系	教育法学总论	(1)本体论(教育法的概念、特征、法律渊源、历史沿革、法理基础、理论定位等) (2)主体论(学校、教师、学生等教育法主体的法律地位、法律行为、权利义务关系) (3)责任论(教育民事法律责任、教育行政法律责任、教育刑事法律责任)
	教育法学分论	学前教育法学、义务教育法学、高级中等教育法学、高等教育法学、职业教育法学、特殊教育法学、终身教育法学等
	教育法领域特殊问题	校园欺凌、校园性骚扰、教育惩戒、校园贷、中外合作办学、外籍教师管理、外国留学生法律地位、市场培训机构规制、科研成果与学位论文知识产权保护、科研成果市场转化法治保障等

三、拓展教育法学的研究工具:方法体系

领域法学中的“领域”一词,不仅意指研究对象的范围,同时也指向了一种方法论的立场。甚至有学者认为,“领域法学的本质就是方法论”①,研究方法的重要性可见一斑。综合各类知识系统的理论资源,进一步发散研究思维、拓展研究工具,形成具有高度综合性、交叉性、多样性的方法体系,是建构教育法学研究系统的重要保障。如彭宇文教授所言:“只有建立了多样化的调整方法,教育法才能够真正适应新教育形态构建新型教育法律关系的实践需要。”②从普适的意义而言,哲学社会科学中常用的一般性研究方法,如历史方法、规范分析、系统科学方法、逻辑学方法、伦理学方法、诠释学方法等,在教育法学的研究中皆有广阔的适用空间。不过,结合教育法学的学科特性及研究现状,笔者认为,当前我国的教育法学界还应当重点关注并改善推进以下几类研究方法的运用。

1. 比较研究方法

我国的教育法学早已经摆脱了封闭研究的阶段,越来越多的学者选择向教育法发展较为成熟的国家寻求理论及实践资源,从而为本国教育法问题的解决提供启示与借鉴。但同时,现有的比较研究也暴露出不少弊端,需要进一步改善。首先,研究参照的域外国家范围有待拓展。有学者通过对1998～2015年的137份博士学位论文进行系统梳理后发现,有近2/3的论文针对美国的教育法律问题进行研究,但对其

① 王桦宇:《领域法学研究的三个核心问题》,载《法学论坛》2018年第4期。
② 彭宇文:《教育法地位再探——兼论教育法学学科建设》,载《教育研究》2020年第4期。

他域外国家、地区的借鉴则极为有限。① 从近年的科研成果来看,虽然部分学者已经逐渐尝试对日本、英国、澳大利亚等国的教育法制展开研究,②并给我国的教育法学提供了一定知识增量,但相关成果的数量尚无法充分满足当前的研究需求。其次,研究的精细度有待提高。现有的比较研究侧重于对域外法律规范的直观分析,而缺乏对相关制度在该国的功能价值、历史文化背景、现实运作状况等内容的系统分析,且对于域外制度的本土适应性阐释不足。③ 综上而言,在未来的教育法学比较研究中,须进一步拓展研究范围,并重视加强域外经验与本土国情的结合论证。

2. 案例研究方法

领域法学强调以问题为导向,而纯粹的理论往往难以有效助益于实际问题的解决,因此,加强理论与实践的统一性、重视案例研究方法的运用便颇为必要。2019 年发布的“推动教育法治进程十大行政争议案件”,即一种发挥典型案件引领作用的有益尝试,此种“以案说法”的模式能够有效促进教育法治精神的传播和教育法律知识的普及。④ 该活动不仅在理论与实务界引起热议,更是受到社会各界的广泛关注,而这也恰恰反映出教育法的实践问题与民众的利益需求息息相关。然而,必须承认的是,就目前的科研现状而言,我国的教育法学研究仍然存在“重逻辑推导、轻案例分析”的倾向;而且,在为数不多的案例研究中,也存在“选取的案例缺乏代表性”“案例研究的理论深度不够”等问题。⑤ 因此,学界应当进一步强化案例研究方法在教育法学领域中的应用,尤其要充分利用最高人民法院指导性案例这一资源,通过案例解释与论证形成能够有效指导司法实践的研究成果,从而对教育诉讼中司法裁判的统一性与稳定性做出贡献。

3. 实证研究方法

领域法学视域下的教育法学,是一门秉持实用主义研究立场的交叉学科。随着

---

① 参见刘昕鹏:《我国教育法学博士的培养现状与研究关注——基于 1998—2015 年 137 篇博士学位论文的分析》,载《中国高教研究》2018 年第 2 期。

② 参见任海涛、闻志强:《日本中小学校园欺凌治理经验镜鉴》,载《复旦教育论坛》2016 年第 6 期;王小光:《英国青少年反社会行为控制体系的形成及反思》,载《青少年犯罪问题》2020 年第 5 期;应品广、张玉涛:《澳大利亚教育惩戒的理念变迁、实践经验及其启示》,载《湖南师范大学教育科学学报》2020 年第 1 期。

③ 参见余雅风、劳凯声:《改革开放 30 年中国教育法学研究的回顾与展望》,载《教育研究》2009 年第 2 期。

④ 参见《“推动教育法治进程十大行政争议案件”评选揭晓》,载北京市教育委员会,http://jw.beijing.gov.cn/jyzx/ztzl/bjjypf/fzzx/fzyw/201905/t20190530_536853.html,最后访问时间:2021 年 8 月 25 日。

⑤ 参见周彬:《论教育法学研究的困境与出路》,载《国家教育行政学院学报》2008 年第 9 期。

教育法学的深入发展，早期注重基本原理的思辨性研究取向已逐步转变为面向实践、重视应用的立场。由此，法律实证研究的方法走入了教育法学的视野。所谓法律实证研究，就是以法律实践及其治理问题为研究领域，通过对法律现象的观察、调查和实验，获取客观材料，归纳出法律现象的本质属性和发展规律。① 尤其是在科技迅速发展的当下，随着裁判文书网等司法大数据平台的上线与逐渐完善，传统的实证研究方法还在继续发展进步，正在迈向问题域更为广阔的大数据研究。② 不过，值得反思的是，相较于刑事诉讼法、民商法等传统部门法学科对于实证研究方法的广泛青睐和深度应用，我国的教育法学界则对此鲜有关注。因此，在未来的研究中，我们需要充分适应信息时代的发展需求，在坚持规范研究的基础上，通过进一步发展和完善基于大数据的教育法学实证研究，③及时回应日新月异的教育实践需求。

结　　语

2014 年 10 月 23 日，中共十八届四中全会通过《中共中央关于全面推进依法治国若干重大问题的决定》，明确提出要"加强重点领域立法""加大关系群众切身利益的重点领域执法力度""推进多层次多领域依法治理"。由此可见，领域法的思维在我国的法治建设顶层设计中已然有所展现。而在理论层面，领域法学的研究范式也越来越广泛地应用到财税法、环境法等各类新兴交叉学科的研究之中。整体而言，当前我国的领域法学研究正在呈现方兴未艾、星火燎原之势。④ 然而，我国的教育法学界却未能与时俱进，至今仍对这一创新范式缺乏足够重视。虽有个别教育法学者已经初步认识到领域法学的学术价值，并提出"以现有'领域法学'所搭起的教育法学理论为基础，进一步深入研究'教育法学核心范畴'的基础理论，为制度实践提供教育改革和法治建设的方案"⑤，但尚未有针对领域法学开展的系统思考与研究。基于此种现状，笔者尝试作此突破，借助领域法学的研究范式，为教育法学的理论定位提

---

① 参见陈柏峰：《法律实证研究的兴起与分化》，载《中国法学》2018 年第 3 期。

② 参见左卫民：《实证研究：正在兴起的法学新范式》，载《中国法律评论》2019 年第 6 期。

③ 参见王工厂：《基于司法大数据的高校纪律处分实证研究——兼论教育法学研究范式的拓展》，载《复旦教育论坛》2018 年第 6 期。

④ 参见吴凯：《论领域法学研究的动态演化与功能拓展——以美国"领域法"现象为镜鉴》，载《政法论丛》2017 年第 1 期。

⑤ 谭晓玉：《提升我国教育法学自身理论》，载《社会科学报》2019 年 12 月 19 日，第 5 版。

供智识资源，并在此基础上对教育法学的体系建构提出系统性的可行思路，以此求教于同仁。

思考题

1. 请用一句话概括领域法学的含义。
2. 试简述教育法学内容体系。
3. 试举例领域法学在新兴交叉学科的理论尝试。

第二章　教育法和教育法学的历史

现代意义上的教育法是在机器大工业和现代工厂制度基础上产生的。19 世纪中期,随着经济和教育的发展,许多国家都通过法律手段加强对教育的全面干预和控制,大量与教育有关的法律法规被制定出来,法律调整范围不断扩大、功能日趋扩张,强力推进了各国教育的普及与发展。换言之,现代教育的发展离不开法律的保护、促进和协调。一部现代教育发展史在一定程度上就是一部教育立法的历史。教育法学是教育立法发展到一定水平的结果,许多国家有了教育立法的基础及新的论证需求,随之就有了以审视和思考教育法的制定、实施及其理论依据等为主线的科学研究活动,教育法学应运而生并日趋成熟。对教育法进行的理论探究始于 19 世纪。20 世纪 50 年代,德国、美国、日本等国开始出现系统的教育法学著作,教育法学产生并逐步发展。我国教育法学是在 20 世纪 80 年代伴随着我国教育法制建设和发展而出现的一门年轻的新兴学科,经过四十余年的探索,教育法学从无到有,现已进入相对成熟的阶段。

第一节　教育法的历史发展

从世界各国的教育立法实践来看,正是通过国家强制力来普及和发展教育的做法和经验,极大推动了教育法的发展。梳理国内外教育法的历史沿革,因历史传统与现行体制不同,各国教育法律制度的确立、实施各有侧重和特点。

一、国外教育法的历史发展

国外教育法于 12 世纪就已初显端倪,“牛津、剑桥大学成立后,教会在学校教育方面的规定,便是办学过程中最早的法律依据”①。16 世纪,德国普鲁士开始试行在教育问题上中央集权的办法。17 世纪初,德国政权机关进一步扩大对教育的控制。18 世纪,英国政府开始用法律来规范和管理教育。

---

① 郝维谦、李连宁主编:《各国教育法制比较研究》,人民教育出版社 1999 年版,第 43 页。

(一)国外教育法的历史发展

从19世纪开始,西方主要资本主义国家愈益认识到教育与国家根本利益的紧密联系,都进行了卓有成效的教育立法活动,以此体现国家对教育的干预和管理,保证和促进本国教育的发展。

1.19世纪:各国聚焦初等义务教育进行立法

19世纪,德、法、英、美、日等国的教育立法多聚焦初等义务教育而对其他领域关注甚少,其目的在于以法律形式保障每个公民接受教育的基本权利。

1802年第一帝国教育法律的颁布标志着法国拿破仑中央集权教育制度的建立,并规定教育一律由国家开办。《基佐法案》颁布于1833年,规定初等学校正式由国家管理,实行6~13岁儿童的义务教育制度,推动了法国公立初等教育的发展。1881年的《费里法》,确立国民教育制度及其义务性、免费性和世俗性三原则,着力提高国民整体素质。

1833年英国议会通过《工厂法草案》,马克思对此特别指出:“尽管工厂法的教育条款整个说来是不足道的,但还是把初等教育宣布为劳动的强制性条件。”[①]1862年的《修正法典》规定了小学阅读、书写、算术的教学内容和要求。1870年《初等教育法》规定5~12岁为义务教育年龄等内容,这是“奠定英国国家教育制度和实行普及初等教育的第一个法案,此后,英国……进入了初等教育发展的新阶段”[②]。后数次对该法进行补充,促进了义务教育发展。

1852年,美国马萨诸塞州通过《强迫义务教育法》,成为美国历史上第一个实行义务教育的州。南北战争后,美国各级各类学校迅速发展,形成了具有美国特点的教育制度。日本分别于1872年和1879年颁布了《学制》和《教育令》,奠定了日本现代教育制度的基础。

2.20世纪:各国开展广泛的教育立法

20世纪上半叶,各国教育立法的技术与手段较之以前更成熟和复杂,立法重心在中等教育。再往后,因高等教育的地位有所提升,各国制定一系列的高等教育法律法规,使高等教育得到前所未有的发展。同时,终身教育在此时备受关注,教育民主、机会均等的信念深入人心。

英国于1902年制定《巴尔福法案》,这是英国进入帝国主义阶段后颁布的第一

---

① 中共中央马克思恩格斯列宁斯大林著作编译局编译:《马克思恩格斯选集》第2卷,人民出版社2012年版,第230页。

② 滕大春主编:《外国教育通史》第4卷,山东教育出版社1992年版,第137~138页。

个重要的教育法案,意在促进中等教育的发展。1904 年《中等学校规则》规定了中等学校的性质、目的、课程等,1926 年《哈多报告》明确提出"建立适合于所有青少年的中等教育"①。1944 年《巴特勒法案》规定中等教育应扩至所有青少年。20 世纪 60 年代,英国政府致力于重组和扩充中等教育、继续教育和高等教育,提出著名的"罗宾斯原则",即"为所有在能力和成绩方面合格的并愿意接受高等教育的人提供高等教育课程"。② 1983 年《雷弗休姆报告》旨在重新思考和规划英国高等教育的发展前景,四年后英国完成了由精英高等教育向大众高等教育的转型。1997 年《迪尔英报告》对高等教育的目的、结构、拨款等作了说明和规划,并提出多项英国高等教育改革建议,该报告被认为是 20 世纪 60 年代以来第一个全面回顾和反思英国高等教育并对未来发展作出战略构思的纲领性文件。

1902 年,法国开始实施中等教育课程改革方案。1919 年《阿斯蒂埃法》使法国的职业技术教育成为一种由国家管理的事业。1947 年《郎之万 – 瓦隆教育改革方案》对法国教育的整体结构和组织提出全新的设想和建议,其思路及原则一直影响之后法国的教育改革,如首次提出"教育民主化"思想并被认为是第一个"以儿童为中心的改革方案"③。1959 年《教育改革法》将义务教育延至 16 岁,开始把以往作为平民子弟终结性教育的小学补充班改造为实施普通教育的初中,纳入正规的中等教育系列。1984 年的《高等教育法》进一步重申 1968 年《高等教育方向指导法》确定的大学办学"三原则"(自治、参与和多科性),并强调要发挥高校教师的积极性和创造性,加强高校的自主权。1989 年的《教育方针法》进一步扩大了地方和高校的自治权,而《教育指导法》特别强调教育是国家优先发展的事业和 21 世纪教育的发展战略。

自 1926 年起,美国国会即已进行官方法典汇编活动并制定包括全部联邦法律的《美国法典》,教育法律作为单独主题也被吸纳进该法典。美国 1958 年的《国防教育法》,以其规范具体、目标明确成为教育立法的典范;1965 年的《高等教育法》是美国历史上第一部高等教育立法,后经多次修改,促进了美国高等教育的国家化、政治化;1976 年《终身学习法》(也称为《蒙代尔法》)提出了公民教育权应受到终身保障的理念;1984 年的《卡尔 · D. 帕金斯职业和技术教育法案》奠定了美国职业教育的基础;1994 年的《2000 年教育目标法》,确定了全国统一的教育标准,旨在提高教育质量、

① 滕大春主编:《外国教育通史》(第 5 卷),山东教育出版社 1993 年版,第 173 页。
② 滕大春主编:《外国教育通史》(第 6 卷),山东教育出版社 2005 年版,第 152 页。
③ 吴文侃、杨汉清主编:《比较教育学》,人民教育出版社 1989 年版,第 246 页。

促进公民的终身学习。

此外，日本于1947年制定了《教育基本法》作为其教育法律体系的基本法律规范，规定日本的教育方针、目的、内容以及“教育机会均等”诸多内容，并以其为指导和依据制定了《学校教育法》《私立学校法》等单行法。1990年，日本颁布《终身学习振兴法》，意在建立终身学习体系，以改变过往偏重于学校教育的单一封闭的教育体系。

3. 21世纪初至今：教育立法迅速发展，教育法典陆续出台

进入21世纪，各国教育立法更为迅速和深入，一些国家实现了教育法法典化，目的在于提高本国教育质量、适应公民终身学习的需要。

2001年英国教育与技术部提出《植根于成功之上的学校》教育方案，提出英国初等教育进入21世纪后要让小学生接受全方位、丰富的教育等三个目标；2005年制定《为了全体学生：更高的标准、更好的学校》，指出英国将推行激进的教育改革并发展激进的新学校制度以改善教育，确保为每一位学生提供卓越的受教育机会。2017年4月完成《高等教育与科研法》的立法，该法被视为英国高等教育最重要的立法，规定政府设立学生事务办公室，对高等教育统一监管；将国际留学生纳入净移民统计，以完成减少移民的目标等。

美国2000年的《〈公民和政府〉国家标准》，2001年的《2001－2005年战略规划》都与公民教育相关。“9·11”事件激发了美国人的民族主义和爱国主义情绪，美国联邦政府采取一系列措施加强公民教育，以强化国家认同。《美国历史与公民教育法案2004》由时任美国总统布什签署成为法律，进一步推进政治教育、宪法教育和历史教育的发展，甚至有人说该法案“是美国历史上罕见的针对某学科教育的专门立法，可见21世纪以来以国家精神教育为核心的爱国主义教育在美国的重要地位”①。为激励更多人参与志愿服务，2009年通过了《服务美国法》，该法是对1990年《国家和社区服务法案》的进一步改进。2008年通过的《高等教育机会法》，因规定美国高等教育财政改革措施等，成为美国又一部重要的里程碑式的高等教育立法。2010年的《改革蓝图》是对2002年《不让一个孩子掉队法》的继承与改进，希望每个儿童在幼年时期都能获得平等的教育。2018年的《加强21世纪的职业与技术教育法案》，旨在全面更新、升级美国的职业教育系统，提高职业技术教育水平以适应美国经济战

---

① 刘梦慈、余玉花：《21世纪美国爱国主义教育改革特点及其新理念——基于国民教育法案的考察》，载《比较教育学报》2021年第1期。

略需要,该法案的实施标志着美国职业技术教育迈入新时代。[①]

2006 年 2 月,日本全面修正了颁行 60 年一字未改的《教育基本法》,其目标理念在原来的"个人尊严"、"人格的完整性"与"和平"的基础上,追加了"公共精神的尊重"和"传统和文化的继承"。此次修正,使日本开始了新一轮的教育法制建设和教育改革,但也被各界诟病有推动宪法修改的意图。随后数年间,《学校教育法》《地方教育行政的组织运营法》《教育职员许可证法》《教育公务员特例法》也进行了部分修订。

2000 年 6 月,法国编纂了统一的教育法规规范体系——教育法典,明确"教育是国家的第一要务",学校除了传播知识,首要的是培养学生共和国价值观。该法典系法国教育治理法治化、规范化的结晶,是法国教育法法典化的重要法律文本。

至 2006 年,包括教育领域已有法律汇编的《美国法典》已编辑出版 50 卷(外加 4 个补充卷),同时进入 21 世纪以来,基于美国联邦政府与州的教育分权原则,州这一层级的教育法典在数量上不断增长、覆盖范围不断扩大,且各具特色。2012 年,俄罗斯修订了《俄罗斯联邦教育法》,并与《高等教育法》等法律法规合并,全面涵盖教育法律关系,在体例、内容上呈现典型的教育法典特征。2013 年,摩尔多瓦也批准了《教育法典》。

(二)国外教育立法的基本态势

为更积极主动地适应经济和社会的发展需要,各国教育立法从无到有,逐渐深入到教育的各领域、各层次,愈加重视立法的科学性与针对性,且教育法律法规内容随着教育关系发展变化的实际情况及时进行调整和完善。

第一,义务教育是现代教育立法的肇端。分析西方各国早期颁布的教育法,可知各国早期教育立法行为是零散的、个别的,其内容多聚焦于义务教育。

第二,成文的教育法和判例法相互补充,前者逐渐占据主体地位。进入 20 世纪,原以判例法为主的英美法系国家,在教育法制建设的过程中,日益重视成文法的制定,成文法和判例法相互补充。当前,成文教育法逐渐成为世界各国教育法的主要形式。

第三,立法保障终身学习趋势明显。教育立法从教育制度、教育形式等方面建立起新的制度和规范,满足公民多层次、多形式的终身学习需要。

第四,普遍重视教育法典的编纂。从历史上看,法典始终是大陆法系国家的主要

---

① 参见王梦钰:《〈加强 21 世纪职业技术教育法〉开启美国职业技术教育新纪元》,载《世界教育信息》2019 年第 16 期。

立法形式，成为各个部门法的立法目标。但各国教育立法的法典化具有普遍性，不仅在大陆法系国家受到重视，甚至在美、英等以判例法为主要法律渊源的普通法系国家也备受关注，各国在编纂教育法典上呈借鉴、吸收和融合态势。

此外，随着全球化、现代化、一体化进程加快，教育与经济、社会发展密切联系，各国涉外教育活动的规范和管理也提上日程，合作办学、国际教育中的法律问题得到关注。

二、我国教育法的历史发展

在我国漫长的封建社会，朝廷也颁发了一些皇帝“钦定”的教育文本，根本目的是维护封建等级特权。自19世纪60年代开始，清政府决定“废科举兴学校”，标志着封建旧教育逐渐崩溃，资产阶级“新教育”开始兴起。清政府1902年颁布的《钦定学堂章程》是近代中国第一个教育法规；1904年的《奏定学堂章程》规定学校系统、管理体制、设置办法等，对推行新教育、统一学制有重要影响；1906年《强迫教育章程》拟以法律手段推行初等教育。1912年南京临时政府颁发《普通教育暂行办法》《普通教育暂行课程标准》《学校系统令》等系列文件，对学校名称、教育内容、课程设置、教学要求、课程标准等作了明确规定。1931年，国民党政府颁布《中华民国训政时期约法》，设国民教育专章，规定教育之根本原则、男女教育机会平等、义务教育等。新民主主义革命时期，中国共产党在抗日根据地、陕甘宁边区、各解放区对教育的积极探索，为新中国建立社会主义教育制度、进行教育立法奠定了基础。

（一）新中国教育法的历史发展

中国有着不同于西方国家的国情、传统，因而教育立法有不同的发展路径。新中国成立七十多年以来，教育立法历经由浅入深、科学发展的嬗变，大致可分为三个阶段。

1. 1949～1978年：我国教育立法的启航阶段

新中国成立之初，我国尚未出台专门的教育实体法，除宪法性文件外，颁行了一系列教育类规章、规程和办法，以加强对教育的制度化管理，但在探索中历经曲折和徘徊。

1949年的《中国人民政治协商会议共同纲领》，规定了教育的基本性质、方向及如何普及教育，亦涉及中高等教育、业余教育和在职干部教育的相关问题。同年12月，中央人民政府教育部召开了第一次全国教育工作会议，认为新中国教育应以老解放区的教育经验为基础，吸收旧中国教育的有用经验，学习苏联教育的经验。20世纪50年代初，又相续发布《政务院关于改革学制的决定》《关于接办私立中、小学的指示》，以及幼儿园、小学、中学、中等专业学校、专科学校和高等学校的暂行规程，有力配合了学制改革，对完善教育制度、提高教育质量起到重要作用。1954 年新中国第一部《宪法》明确了国务院管理教育的职权、公民受教育的权利等，对新中国成立初期教育体制的建立起到推动作用，有力配合了学制改革、院系调整等各项教育工作。

1956 年“三大改造”完成，我国进入全面建设社会主义新阶段，但恰从此时起，我国教育法制建设进入曲折发展期。1958 年颁布《中共中央、国务院关于教育工作的指示》，开启了一场以勤工俭学、教育与生产劳动相结合为中心的教育革命，一定程度上纠正了学习苏联经验中出现的不切实际的做法，但因“左”的错误的影响，教育法规制度遭到破坏，直到 1961 年国家对教育进行调整、巩固、充实、提高，发布《教育部直属高等学校暂行工作条例（草案）》《全日制中学暂行工作条例（草案）》《全日制小学暂行工作条例（草案）》，总结新中国成立以来的正反两方面经验，各级各类学校工作渐入正轨。1966 年“文化大革命”开始，教育法制遭到破坏，处于停滞或倒退的状态，直到粉碎“四人帮”后，1978 年教育部重新修订颁发了大、中、小学“工作条例”，在拨乱反正的基础上日渐恢复学校的教学秩序。

2. 1979～2016 年：我国教育立法的蓬勃发展阶段

1978 年 12 月，中共十一届三中全会的召开，标志着我国民主法制建设进入一个崭新的历史时期，教育立法重新走上正轨并蓬勃发展，逐步建立起以宪法确立的基本原则为基础，包括教育基本法、教育部门法、教育行政法规、部门教育规章和地方性教育法规、地方政府教育规章在内的教育法律体系，以及颁布实施与教育密切相关的《国防教育法》《未成年人保护法》《预防未成年人犯罪法》等其他部门法，实现了教育领域的“有法可依”。

1980 年第一部教育领域成文法——《学位条例》诞生；1982 年全国人大通过并颁布《宪法》，规定我国教育的基本指导思想、教育立法的基本原则等，为制定教育法和依法治教提供了宪法依据。1985 年，中共中央颁布了《关于教育体制改革的决定》，指出“要加强教育立法的工作”。1986 年的《义务教育法》以法律形式规定国家实施九年义务教育；1993 年的《教师法》是第一部以教育主体命名的法律，明确了教师在我国社会主义现代化建设中的地位、作用，推进了我国教师队伍建设制度化、法制化；1995 年《教育法》的颁布是我国教育法制建设进程中里程碑式的事件，该法是各级各类教育立法的母法，从总体上规范了我国各级各类教育的实施与开展；1996 年的《职业教育法》、1999 年的《高等教育法》、2002 年的《民办教育促进法》，体现了分阶段进行教育立法的态势,教育立法领域不断扩大。2010 年 7 月,《国家中长期教育改革和发展规划纲要(2010—2020 年)》提出“六修五立”的教育立法计划,即修订《教育法》《职业教育法》《高等教育法》《学位条例》《教师法》《民办教育促进法》,制定有关考试、学校、终身学习、学前教育、家庭教育等法律。迄今为止部分法律已进行修订和完善,这为我们不断丰富和完善我国教育立法体系,推动我国依法治教、依法促教奠定了坚实的基础。

3. 2017 年至今:我国教育立法的科学深化阶段

2017 年 10 月,中共十九大上《决胜全面建成小康社会　夺取新时代中国特色社会主义伟大胜利》将“推进科学立法、民主立法、依法立法,以良法促进发展、保障善治”作为全面依法治国、厉行法治的重要抓手;2018 年 9 月召开全国教育大会,习近平强调要加快推进教育现代化、建设教育强国、办好人民满意的教育,这为教育改革、依法治教确定了法律基线。同年 11 月,全国教育法治工作会议在北京召开,与第一次全国教育法制工作会议时隔近二十年,会议体现的教育法治理念,充分表明包括教育立法在内的教育法治建设步入了新阶段和新轨道。2019 年 2 月,中共中央、国务院印发《中国教育现代化 2035》,要求“提高教育法治化水平,构建完备的教育法律法规体系,健全学校办学法律支持体系”,这为教育法治建设提供政策保障。

2018 年 12 月,第十三届全国人大常委会进行《义务教育法》《高等教育法》的第二次修正及《民办教育促进法》的第三次修正。2021 年 4 月,第十三届全国人大常委会为落实习近平总书记关于教育的重要论述,根据 2018 年《宪法修正案》和 2018 年全国教育大会精神,对《教育法》进行第三次修正,修改和调整的内容集中于教育指导思想、地位、教育方针、内容四个方面。2020 年 12 月,教育部制定了《中小学教育惩戒规则(试行)》(以下简称《惩戒规则》),系统规定了教育惩戒的属性、适用范围以及实施的规则、程序、措施等,旨在把教育惩戒纳入法治轨道。此外,2020 年 9 月至 2021 年 6 月,教育部先后发布《学前教育法草案(征求意见稿)》《学位法草案(征求意见稿)》,《家庭教育促进法(草案)》①《职业教育法(修订草案)》提请第十三届全国人大常委会审议,并向社会征求意见。这些立法活动是新时代各教育领域工作开展的迫切要求和及时部署,是自由、平等、社会主体权利等法律价值在中国教育法治领域的实现,昭示我国教育立法正大步沿着科学与民主之路前行。

(二)中国教育立法的基本态势

回望新中国成立以来七十余年的教育立法历程,从学习西方开始并逐步走向本

① 《家庭教育促进法》于 2021 年 10 月公布,2022 年 1 月 1 日施行。

土化,立法领域广泛拓展,立法质量不断提高。总体来看,发展的基本动向或态势大致如下。

第一,从“依政策治教”、“依人治教”到“依法治教”的转变。新中国成立以来,我国教育管理活动才逐渐从人治状态觉醒,并有意识地将国家教育领域的各种关系和行为纳入法律规范的视野,打破了单纯依赖行政干预手段管理和调整教育的局面。

第二,从“教育法制”向“教育法治”的嬗变。教育法制强调教育实体法的制定,强调法律形式及意志,以保证有法可依;而教育法治以凸显法治价值为根本,强调教育立法、执法、司法和守法全过程。教育法制是教育法治的前提和条件,教育法治是教育法制的目标和归宿。改革开放以来,我国历经从教育法制向教育法治的嬗变,新时代要紧抓科学立法、教育行政执法体制改革、依法治校、普法教育等,努力把习近平总书记关于依法治教的明确要求转化为教育法治工作的生动局面。

第三,从“教育单行法”向“教育法典”的转变。改革开放以来,我国陆续出台多部单行教育法律法规,教育立法初具规模,基本实现教育事业有法可依。但问题同样突出,比如立法模式虽然条块分明,但过于松散;具体法律规范的重复、交叉、疏漏、割裂、矛盾与冲突时有出现。只有通过法典编纂中的“废改立”技术,才能制定出原则统一、内容协调一致的教育法典,因而教育法典是我国教育法律制度的统一化、规范化、体系化的必然趋势。

第二节　教育法学的历史发展

教育法学是人们认识教育法律现象和问题不断深化的结果,反过来又指导教育实践活动依法而行。对教育法进行理论探究始于19世纪,德、英、美、日等国自20世纪50年代就开始对教育法进行比较系统的研究,历经数十年的发展而逐步深入。我国的教育法研究始于20世纪80年代,经历了从偏重学理意义的、应然的教育权利思辨到注重实践意义、实然的教育权利探究的转向。

一、国外教育法学的历史发展

国外的教育法律思想早在古希腊时期就有出现,柏拉图在其《理想国》中主张“全部教育公有”,教育由国家负责。启蒙运动时期,爱尔维修提出国家应该办公民教育。狄德罗认为人人有受教育的权利,因而应该普及初等义务教育。孟德斯鸠在《论法的精神》中讲到:“教育的法律应该是我们最先接受的法律。”19世纪,德国学者施泰因首倡国家运用法律对教育事业进行干预,并从法理学上对此进行论证。1904年法国巴黎大学迪尔凯姆教授开设了教育法方面的专题讲座,讨论教育法的制定、实施和基本内容等,后整理出版《教育思想的演进》一书。

(一)国外教育法学的历史发展

20世纪50年代以来,各国的教育立法领域日益宽泛,教育法在调整对象、基本原则和实施方式等方面的特点越来越突出,在许多国家产生了一门以教育法作为研究对象的学科——教育法学,并取得了让世人瞩目的进展。

1.20世纪五六十年代:教育法学的创立

德国教育法学创立初期,主要围绕教育法律关系主体的权利与义务进行论述,从理论上为国家的教育立法提供可行性依据。1957年,黑克尔教授与希普教授合著《学校法学》,系统阐述了教师的法律关系、学生的权利与义务、学校的权利与职责等方面的法律与法理,被认为是"世界上最早的,成体系的教育法学著作"①。60年代后,受学制改革和立法实践的推动,德国出现了一批教育法学专著,如黑克尔的《学校法与学校政策》(1967年)、克莱因与他人合著的《教育权利以及在人口稠密地区的实现》(1969年)等,对一系列教育法律问题进行了广泛研究,涉及国家的教育行政责任、教师的教育自由、儿童受教育权等。

在此期间,教育法学在美国被列为高等院校的正式课程,约有80%的教育学院开设这门课。爱德华兹的《法院与公立学校》是最早研究学校判例法的著作之一。诺尔特和林恩于1963年编写出版了《学校法教师手册》,该书以教育判例为主要素材编写,奠定了美国研究学校法学的基本理论体系。日本于1954年规定了解教育法是获得教师普通许可证的必要条件之一。20世纪60年代初,宗像诚出版的《教育与教育政策》、星野安三郎出版的《宪法与教育》,主要涉及教育的国家管理原则、教育行政的法治主义、学校的自治权利等内容。1963年,兼子仁出版《教育法》一书,详述教育法的基本概念、教育法学基本理论、教育法律规范的存在形式、公民的学习权、教师的权利、家长的权利等,是日本第一部阐明教育法学基本原理的权威著作,标志着作为独立学科的日本教育法学真正建立。

除了教育法学著作,教育法学专业学术组织、会议和杂志的出现也推动了教育法学的发展。美国1954年成立全美教育法问题研究会(NOLPE),现更名为美国教育法学会(ELA),是世界上最早的教育法学研究机构。此外,1967年,联邦德国的《青

---

① 胡文斌:《国外教育法学发展概述》,载《教育研究》1986年第11期。

少年法》杂志开始刊登有关学校法的文章，并因此改刊名为《青少年法与教育法》，成为发表教育法研究论文的专业性杂志。

2. 20 世纪 70 年代至 20 世纪末：教育法学的发展

20 世纪 70 年代以后，教育法学的研究更加全面和深入，出现了诸多名著名篇，如联邦德国学者亨内克的《国家与教育》（1972 年）、瓦伦特的《学校法》（1980 年）等，集中讨论国家、学校、教师、学生及家长的权利与义务，系统论述了法律、政治与教育之间的关系等。美国涅尔达、玛莎、斯蒂芬的《公立学校法——学生和教师的权利》（1981 年），科恩、戴维的《美国公立学校法》（1985 年），都对学生的权利、能力缺失学生的权利、教师的权利和自由等问题进行论述。1980 ~ 1981 年，日本教育法学会总结近十年学会的研究成果，组织编写了 10 周年纪念著作《讲座教育法》丛书，包括《教育法学的课题和方法》《教育权和学习权》《教育内容和教育法》《教育条件整顿和教育法》《学校自治》《教育的地方自治》《世界与日本教育法》7 册，是日本第一套完整的教育法学集大成之作。这些著作对学生权利、教师权利、学校制度、责任与救济等方面的探讨，反映了教育法学研究的前瞻性，这些问题至今仍是教育法学研究的核心问题。

除著作外，有关教育法学的会议、组织机构和学术杂志在此阶段也"百花齐放"。美国杰斐逊法律图书公司于 1972 年出版了《法律与教育杂志》，促进了教育工作者与法律工作者的合作研究。1972 年 1 月，美国《教育和法律季刊》发刊词指出，随着教育判例和立法大量增加，教育家要学习法律，法律家要学习教育，并指出处分学生的适当手续、学生可否蓄长发、教师罢工权等新的教育法问题亟须深入探究。为了使教育法的研究能够组织化、规模化，日本多名学者在 1970 年 8 月 29 日牵头创立教育法学研究会。首任会长由仓辽吉教授担任，兼子仁、永井宪一等都是第一届学会的骨干成员。从 1972 年开始，日本教育法学会每年发行一期《日本教育法学会年报》，至 2020 年已发行 49 期，成为日本教育法学界最重要的学术期刊之一。

这一阶段的教育法学发展迅速，很多专题研究开展得比较充分，也加强了对教育法学微观课题的研究，如关于校车接送、学生早餐、学生结婚怀孕与生育、家长教育权的理论与实践等。①

3. 21 世纪至今：教育法学的深化

进入 21 世纪，全球经济一体化和教育国际化成为教育发展的内生动力，教育法

---

① 参见余中根编著：《外国教育史研究》，云南大学出版社 2008 年版，第 214 ~ 215 页。

学亦突破教育学和法学分支学科的限制,教育法学问题明显区别于教育学问题和法学问题,教育法学呈现鲜明的学科特色和独立学科属性。

2003 年,英国教育与技能部(2001 年由“教育与就业部”更名而来)出版《卓越与快乐——英国初等教育策略》,强调初等教育的重要性;2004 年又发布《与学校形成一种新关系》,借此减少学校的纷乱和不确定性,以推动学校教学质量的提高和教育改革。

2001 年,日本教育法学会出版的《讲座现代教育法》系列,是 20 世纪 80、90 年代日本整个教育法学成果的总结之作。其中一册以《孩子、学校与教育法》为题,专门讨论学校内部的法律问题,这也印证了教育法学产生的新变化。日本教育法学会在此阶段积极关注教育立法的民主化、终身学习的意涵,从历年学会主题即可看出,如“教育立法与学校自治、参与”(2000 年)、“教育基本法改正的动向”(2006 年)、“教育的国家责任与最低保障限度”(2012 年)、“教育的政治化与孩子、教师的危机”(2014 年)等,目的在于维护师生权益,促进教育权利的实现。2003 年颁布施行《日本国立大学法人法》和《日本地方独立行政法人法》,2006 年公布新《日本教育基本法》等,一系列教育立法与政策的变化引发日本学界深刻讨论和热议,学界普遍认为其淡化了宪法与旧《日本教育基本法》的精神,是一种开历史倒车的行为,学者们做了大量的相关研究工作,尤其是关于日本国立大学法人的研究成为教育法学的研究热点。①

这一阶段的教育法学研究具有鲜明的独立性,紧扣社会实践的需求,在案例裁判、教育实务和教育法治中汲取营养,形成教育法学不断发展的健康机制,推动教育法学体系自成一派。

(二)国外教育法学的发展趋势

国外教育法学的研究集中在受教育权利、国家教育权力分配、“教育自由”原则、学生权利与义务等方面。② 其中,教育法学的著作、组织、杂志相互交融、相互促进,既反映研究的迫切需要,也印证了教育法学发展的足迹与方向。国外教育法学的未来发展,呈现以下趋势。

第一,教育法学日益细化,形成比较完善的教育法学学科体系。随着教育法律问题领域的扩展、研究基础和模式的多样化,教育法学发生学科分化,曾经只是教育法学的某个研究领域将会成为教育法学的分支学科,如学前教育法学、基础教育法学、

① 参见湛中乐、黄宇骁:《日本教育法学发展回顾与评析》,载《中国高教研究》2016 年第 10 期。

② 参见顾明远主编:《中国教育大百科全书》第 1 卷,上海教育出版社 2012 年版,第 719 页。

高等教育法学、教育侵权行为法学等。这将更多地吸收各个部门法学的知识,以完善教育法学学科体系。

第二,教育法学研究与教育实践改革的关系更加密切。教育法研究源于对教育实践的反思,未来教育法学将更加关注教育法治实践过程中亟待解决的问题。如依法治校和依法治教如何落实、学校管理权的正当行使、学生的人格权和财产权的保护、教师权益如何得到切实实现和保障等。

二、中国教育法学的历史发展

我国教育法现象早在西周时期的“凡三王教世子,必以礼乐”就内隐存在。西汉时期董仲舒提出“罢黜百家,独尊儒术”“兴太学以养士”“选贤任能”三项建议,朝廷采纳并将其作为三大文教政策进行贯彻。但直到20世纪70年代末,我国虽有零星的教育法律思想,却无系统的教育法律理论。

(一)中国教育法学的历史发展

中共十一届三中全会以后,几部教育专门法先后颁布,教育行政法规和规章也陆续问世,教育法学有了明确的研究对象,加之教育法制建设中亟待解决的问题和挑战,为教育法学课程建设和理论研究提供了契机。

1. 1981～1994年:我国教育法学的起始阶段

1984年10月,全国人大教育科学文化卫生委员会召开教育立法座谈会,大力推动了教育法的理论研究。同年12月18日,《中国教育报》刊登《抓紧教育立法　开展教育法学研究》一文,提出“具有中国特色的社会主义教育法体系”,论述了教育立法的重要性、迫切性和我国教育法学研究的基本范围,并对教育法学的学科性质作出界定。1986年《义务教育法》颁布,掀起了教育立法、教育法学研究热潮,我国教育界与法律界真正开始关注教育立法问题,教育法理论研究滞后状况开始得到改善。《教育研究》于1986年第11期刊载了《国外教育法学发展概述》一文,“这是作为一门学科的教育法学首次见诸我国学术报端”①,开启了我国教育法学学科建设的先河。

1987年北京师范大学教育系率先开设《教育法学讲座》课程,作为选修课对本科生开放,后改为《教育法学》必修课。1988年春,北京教育行政学院开设《教育法概论》课程。1991年,我国第一篇教育法学博士论文《教育立法的实践、理论与问题》(劳凯声)经答辩通过,提出了教育法学的一些核心概念与范畴,如教育法体系、教育

---

① 谭晓玉:《我国教育法学研究的回顾与反思》,载《教育研究》1995年第8期。

行政的法律形式、受教育权利、学校事故等，使教育法学不再停留在个别概念的提出与分析层面，成为教育法学理论研究走向深入和体系化的重要发端。此外，何瑞琨的《中外教育法知识》(1987 年)、李晓燕的《教育法学》(1992 年)、劳凯声的《教育法论》(1993 年)等教育法学著作出版面世。这一阶段的教育法学教材、教辅资料、著作和论文，整体探讨教育法学的形成与发展、学科特点与性质等问题以及国内外教育立法的实践与理论。此外，1994 年全国教育学研究会的教育管理专业委员会在天津市研讨全国教育法学研究会的成立事宜，以推进教育法学体系的建设。

2. 1995 ~ 2016 年：我国教育法学的快速发展阶段

1995 年《教育法》的颁布，标志着我国教育工作进入全面依法治教的新时期。来自法律实践领域的新问题是促进教育法理论研究持续活跃的一项新动力，比如有关教育的民事、行政、刑事案件逐年增加，提出教育法制建设的一些新课题，开辟了教育法理论研究的新领域。发生在 2000 年前后的“田某诉北京科技大学拒绝颁发毕业证、学位证案”(以下简称指导案例 38 号或田某案)、“刘某文诉北京大学案”、“齐某苓案”、“青岛考生诉讼教育部案”等，为教育法学的研究提供了大量素材。① 2000 年全国教育政策与教育法规专业委员会在国家教育行政学院成立并召开了第一次全国学术年会，2001 年在沈阳市召开了主题为“改革开放中我国教育政策与法制建设的基本问题”第二次学术年会，2009 年该专委会改名为“中国教育学会教育政策与法律研究分会”，从而有了专门研究教育法律问题的专业学术团体。2001 年，中国教育学会还成立了实体性质的教育政策与法律研究所，该所的一些研究成果和立法建议先后都转化为教育立法与政策参考的重要依据。2005 年，北京大学宪法学与行政法学研究中心主办海峡两岸高等教育法学术研讨会。2011 年北京大学教育法研究中心主办大学治理与大学章程学术研讨会，这次研讨会对大学法律文化、现代大学制度、大学法制建设以及推动大学自治具有非常重要的意义。② 2013 年，中国教育发展战略学会教育法治专业委员会成立并定期召开年会和高层论坛，这使全国性和地方性学术团体的活动和影响范围得到进一步拓展。

一些高校还专门成立了教育法学研究团队、开设相应课程进行学科建设和学科理论研究。2000 年，中国人民大学公共管理学院教育研究所试办教育法学专业，以“教育法学”名称招收硕士研究生。2007 年，教育法学在沈阳师范大学被确立为二级学科，2009 年获得硕士学位授予权。2012 年，北京师范大学自主增设二级学科“教育

① 参见尹力主编：《教育法学》(第 2 版)，人民教育出版社 2015 年版，第 37 页。

② 参见尹力主编：《教育法学》(第 2 版)，人民教育出版社 2015 年版，第 25 ~ 26 页。

政策学与教育法学”,招收教育法学方向博士研究生。此外,2002年劳凯声主编的《中国教育法制评论》定期出版,该刊2007年入选CSSCI来源集刊,这是我国迄今唯一的教育法学专业集刊,为教育法学研究与学术交流提供了重要平台。

这一期间亦有诸多相关论著问世:成有信主编的《教育法学概论》(1996年)、李连宁主编的《教育法制概论》(1997年);邓建华、蒋先福主编的《教育法学基础》(2001年);劳凯声主编的《变革社会中的教育权与受教育权:教育法学基本问题研究》(2003年);申素平独著的《教育法学:原理、规范与应用》(2009年);尹力主编的《教育法学》(2012年);杨颖秀主编的《教育法学》(2014年)等。这些著作体系相对成熟,内容也比较丰富,对教育法的理论与实际问题均有较深入的探讨,反映出我国教育法学研究日趋成熟。

总之,这一阶段我国的教育法学学科建设、理论研究发展及教育法律实践等进入一个前所未有的良好时期。

3. 2017年至今:具有中国特色的教育法学形成阶段

中共十九大以后,教育法学更加受到重视,其在教育学与法学中的“显学”地位日益突出,教育学与法学等不同领域的年轻学者积极投身教育法学研究之中,对教育实践的法律问题有更加全面、细致的关照,理论研究更加深入,研究场域进一步扩展,教育法学专业人才培养有所突破与创新,教育法学作为一个独立学科开始走向成熟。

在高校课程建设及专业人才培养方面,北京师范大学于2017年秋季开始在教育学课程基础上形成面向本科生开设“教育法学”“未成年人法学”和“学校法律实务”课程,面向硕士研究生开设“教育法学专题”“比较教育法学”“教育政策分析”课程,面向教育政策学与教育法学博士生开设“教育政策学与教育法学研究前沿”课程,建立了本硕博贯通、层次递进的教育法学专业课程体系。① 2018年,西南大学开始在法学院法律硕士中设立法治教育方向,以解决各级各类学校法治教育专业教师的培养问题。同时,华东政法大学、杭州师范大学沈钧儒法学院也在法律硕士中设立法治教育方向。华东师范大学法学院获批自主设立法学二级学科“教育法学”并于2018年9月开始招收法学硕士研究生。同时,该学院自2021年9月开始招收“法学+心理学”本科生(双学位)。以上高校在教育法学人才培养方面进行了积极探索与创新。

为进一步加强教育立法研究,推进教育立法的协同创新和集中攻关,2017年,教育部政策法规司设立教育法制研究专项,与北京师范大学、中国人民大学、北京大学、

① 参见余雅凤:《我国教育法学的发展及其对教育法治的回应——基于学术史的视角》,载《教育学报》2021年第1期。

复旦大学等 13 所大学以及中国教育科学研究院合作共建 14 个教育立法研究基地。这些基地追踪国际教育立法动态，借鉴他国教育法治建设经验，聚焦教育实践的重大问题、教育法治领域的热点及难点问题，通过开展具有前瞻性、针对性、储备性的立法调研、评估与咨询工作，对推动教育立法提供专家建议、智力支持，帮助教育法学学科的学术研究、理论创新与教育法治实践相互促进。2017 年和 2019 年，第十、十一届中国教育学会教育政策与法律研究分会分别在陕西师范大学和西南大学进行，从参会人数、提交论文数和学科领域分布来看，许多著名学者开始论及教育法问题，更多年轻学者投身教育法学的研究。2018 年，在首都师范大学举行的中国教育学会教育政策与法律研究分会小年会上，聚焦《民办教育促进法》修订，讨论《〈民办教育促进法〉实施条例》以及民办学校分类管理等教育立法与教育实践重大问题，体现了极高的专业性和学术水平。同时，苗正达和孙芳主编的《教育法学论纲》(2017 年)、祁占勇的《中国教育法学的知识图谱研究(1985－2015)》(2019 年)、余雅风的《教育法学研究》(2021 年)等著作研究中国特色的教育法理论，对教育实践有重要的指导意义。

这一阶段，学者们通过对教育法治理论与现实问题的研究，推动教育法治建设有目的、有计划地进行；同时，不断深化教育法学的学科基础理论研究，促进具有中国特色的教育法学学科逐步形成。

(二)中国教育法学的发展趋势

我国教育法学源于中国教育发展的诉求，发展对于中国教育法治化的回应。现将未来我国教育法学研究的基本态势可概括如下。

第一，着眼于学科基础理论研究的同时，促进交叉学科的复合型研究。教育法学需构建符合自身学科发展的学术根基、知识体系、理论体系及话语体系等基础理论，这是教育法学理论与实践研究不可回避的问题。同时，教育法学是研究教育法现象与规律的学科，要保证教育法学的社会关切，就需要融入更多学科元素加以支撑和完善，如政策学、行政学、管理学、社会学等。

第二，更注重教育法学研究方法的拓展性。教育法学研究能否形成自己独特的理论观点和学术体系，其关键点之一就在于研究方法的独特性。综观我们已有教育法研究成果，研究方法比较单一，甚至基本上都是千篇一律的定性研究，这不仅不利于研究视角的创新，而且会让研究者形成思维定式，怠于方法上的创新。因此，探索具有教育法学特色的研究方法势在必行。①

---

① 参见祁占勇、陈鹏：《中国教育法学研究热点的共词可视化分析》，载《华东师范大学学报(教育科学版)》2016 年第 3 期。

总之，随着教育法所调整的社会关系范围不断扩大，教育立法内容不断丰富，学界同仁需花更大力气探讨教育领域中法律实践和前沿理论问题，使其研究成果更具有专业水平和实践价值的同时，提升教育法学的学术品性与学术价值，形成教育法学独特的品格和思想领地。

思考题

1. 教育法、教育法治、教育法学的区别与联系是什么？依法治教的实质是什么？
2. 国外教育立法的历史发展对我国有何借鉴价值？
3. 我国教育法学发展历程有何启示意义？
4. 教育法学历史发展的内在逻辑是什么？它主要受到哪些因素的影响？
5. 教育法学后期发展可与哪些学科知识进行融合？融合的理路是什么？

第二编　范　畴　论

第三章　教育法律关系

法律关系理论最早可追溯至古罗马的“法锁”概念，最早使用“法律关系”一词的是德国法学家古斯塔夫·胡果。之后，萨维尼将法律关系理论在法学上发展定型，使法律关系成为法学理论的重要概念之一。教育法律关系是对教育主体各种教育活动形成的社会关系的法学描述，指教育法律规范在调整教育主体的教育活动中所形成的教育权利和教育义务、教育权力和教育责任的关系。教育法律关系的特征包括综合性、独立性和规范性。根据不同的分类标准，可以对教育法律关系进行不同的分类。教育法律关系包括主体、客体、内容三要素。教育法律规范和教育法律事实是教育法律关系的产生、变更和消灭必不可少的条件。

第一节　教育法律关系概述

教育法最重要的是对教育主体在各种教育活动中所产生的社会关系进行调整。教育法律关系较为复杂，涉及学校、家庭、社会各个领域。对教育法律关系的理解，首先应确定教育法律关系的内涵及外延，达成基本的学术共识。

一、教育法律关系的演进

中华人民共和国成立后，我国逐步建立起高度集中统一的计划经济体制。与之相对应，国内实行政府举办、统一领导、计划调控的教育管理体制，体现在学校调整、教师待遇、招收学生等均需教育部的审核批准，学校是政府的附属机构，教师的法律身份是国家干部。在这种高度集中的教育管理体制下，教育内部行政关系成为主要的教育法律关系，政府自上而下的命令进行监管，教育自主权相对萎缩，公众的救济渠道相对单一。

改革开放以后，我国教育事业迎来了恢复发展时期。教育立法方面，1980 年我国制定了第一部教育法律——《学位条例》，之后相继制定了《义务教育法》《高等教育法》等多部教育法律法规规章，中国特色教育法律体系初具规模；教育管理方面，政府实行简政放权，民办教育逐渐兴起，学校的办学自主权得以扩大，高校开始去行政化改革,学校、教师、学生、家长等教育主体共同参与到教育治理。这一时期,教育法律关系也开始由内部关系转向外部关系,并由纯粹的公法关系转向公法与私法复合的法律关系。1998 年“田某案”的出现敲开了学生对学校提起诉讼救济的大门,传统特别权力关系得到修正,学校与学生的法律关系开始发生重大变革。

二、教育法律关系的概念

法律关系是法学理论中最为基础且重要的概念之一,指的是以法律规范为基础形成的、以法律权利与法律义务为内容的社会关系。[①] 从法律关系的概念可以推导出,第一,法律关系是一种特殊的社会关系,教育法律关系也不例外,但教育法律关系的基础是人与人之间的教育关系,是法律调整教育关系的结果。第二,教育法律关系以现行教育法律规范为基础,这些教育法律规范不仅包括以《教育法》为核心,《义务教育法》《高等教育法》等多部教育单行法为支柱的狭义教育法律体系,还包括其他部门法中的教育法律规范,如《民法典》关于教育侵权行为的规定、《体育法》第三章关于“学校体育”的规定等。第三,教育法律关系的内容既包括私法上的教育权利和义务,也包括公法上的教育权力和责任。综上所述,教育法律关系是指教育法律规范在调整教育主体的教育活动中所形成的教育权利和教育义务、教育权力和教育责任的关系。

三、教育法律关系的特征

学者们对教育法律关系特征的讨论,以下具有一定的代表性:第一,教育法律关系具有三个特征:教育法律关系是一种综合性的法律关系、教育法律关系中的权利义务具有教育性、教育法律关系设定要反映教育规律。[②] 第二,教育法所规范和调整的教育法律关系日益显示出新的特殊性,体现在主体结构的多边性、主体地位的交叉性、主体资格的限定性、客体构成的多样性、内容的多元性。[③] 第三,教育法律关系的特点包括教育法律关系的广泛性、教育法律关系权利义务的统一性、教育法律关系的独立性、教育法律关系的规范性、教育法律关系的主体发展性。[④] 除上述学说之外,其他学者还提出了富有价值的教育法律关系特征,在此不再列举。综合来看,教育法律关系具有以下特征。

---

① 张文显主编:《法理学》,高等教育出版社 2018 年版,第 152 页。

② 参见周光礼、刘献君:《政府、市场与学校:中国教育法律关系的变革》,载《华中师范大学学报(人文社会科学版)》2006 年第 5 期。

③ 参见彭宇文:《教育法地位再探——兼论教育法学学科建设》,载《教育研究》2020 年第 4 期。

④ 孙霄军、马雷军:《教育法理学》,教育科学出版社 2017 年版,第 377 ~ 379 页。

(一)教育法律关系的综合性

教育法领域涵盖了教育民事法律关系、教育行政法律关系、教育刑事法律关系等诸多不同类型的法律关系,不同类型法律关系具有不同的性质并外化为教育法律关系的综合性特征。本质而言,教育法学的中心论题就是综合性特质突出的教育法律关系,围绕国家、社会、家庭与受教育者等主体所发生的各种教育关系,构成了教育法学研究的基本框架。①

(二)教育法律关系的独立性

教育法与不同部门法存在不同程度的交叉关系,这是教育法相较于其他部门法的独立性基础。因此,以教育法律关系为中心,确定教育法律核心区域为狭义教育法律关系,借助其他部门法与新兴法领域的调整方法处理教育法与传统部门法重叠的部分,既能保证教育法在教育领域作为独立部门法存在,亦不突破部门法理论,实现确认教育法独立地位的目标。

(三)教育法律关系的规范性

教育法律关系以教育法律规范为基础,这些教育法律规范既包括教育法律、法规和规章,也包括教育法律体系外不同位阶的教育规范性文件。

第二节　教育法律关系的类型

教育法律规范借助教育法律事实,使教育社会关系披上法的外衣,形成教育法律关系。根据不同的分类标准,可以对教育法律关系进行不同的分类。

一、教育民事法律关系、教育行政法律关系和教育刑事法律关系

根据教育法律规范调整对象的不同,教育法律关系可以分为教育民事法律关系、教育行政法律关系和教育刑事法律关系。

(一)教育民事法律关系

教育民事法律关系是由民事法律规范调整的平等主体之间的教育社会关系,包括人身关系、合同关系和知识产权关系。第一,人身关系。人身关系是教育民事法律关系中最重要的法律关系,指社会关系中具有人身属性,以生命健康、隐私、名誉、人格尊严等人身利益为内容的法律关系,可分为人格关系和身份关系。调整人身关系

① 参见周光礼:《反思与重构:教育法学的学科建构》,载《高等工程教育研究》2007 年第 6 期。

的法律规范既包括《义务教育法》《教师法》等专门性教育法律，也包括《民法典》《未成年人保护法》中教育相关的法律条款。例如，《教师法》第 39 条规定，“教师对学校或者其他教育机构侵犯其合法权益的或者对学校或者其他教育机构作出的处理不服的可以向教育行政部门提出申诉”。《民法典》第 1199 条规定，“无民事行为能力人在幼儿园、学校或者其他教育机构学习、生活期间受到人身损害的，幼儿园、学校或者其他教育机构应当承担侵权责任；但是，能够证明尽到教育、管理职责的，不承担侵权责任”。第二，合同关系。此处的合同关系主要区别于行政合同，一般意义上的私法合同关系。教育合同关系是指部分购买教育服务、民办学校聘用教师、公立中小学编外聘用教师、学生与校外培训机构等形成的合同法律关系。教育合同关系适用民法的基本原则和一般规定，如教育合同的订立应遵守自愿、公平、诚信等民法基本原则。第三，知识产权关系。在教育领域常见的知识产权法律关系纠纷主要包括学校强行占用学生或教师参加比赛所获取的奖金、教师占有学生实验数据侵犯学生的著作权或专利权、学生抄袭他人论文或其他成果等发生知识产权纠纷原则上应依照《民法典》加以调整。①

（二）教育行政法律关系

教育行政法律关系是指教育行政主体在对教育实施行政管理的过程中与教育行政管理相对人之间形成的具有教育法权利义务内容的行政关系。② 长期以来，学界倾向于将教育法学视为行政法学的分支，就此而言，教育法中含有大量的教育行政法律关系，包括但不限于以下方面：

第一，基于行政处罚的法律关系。教育行政部门以及其他及法律、法规授权的具有管理公共事务职能的组织，可以依据《教育法》“法律责任”章、《教育行政处罚暂行实施办法》等法律法规规章对学校、教师、学生、家庭等教育主体的违法行为实施行政处罚。第二，基于行政给付的法律关系。《教育法》“教育投入与条件保障”章集中规定了教育行政给付行为。此外，对贫困学生提供助学金、对品学兼优的学生提供奖学金的资助行为也是基于行政给付的法律关系。第三，基于行政许可的法律关系。教育行政机关可以根据《行政许可法》《实施教育行政许可若干规定》等法律法规作出行政许可行为，并形成教育行政许可法律关系。第四，基于教育行政指导监督的法律关系。教育行政职权行使过程中会产生大量事实行为，最常见的就是检查、指导、

① 余雅风、姚真：《论教育法律关系》，载《湖南师范大学教育科学学报》2021 年第 6 期。

② 王景斌、朱翠兰：《论教育行政法律关系及相对人权利救济》，载《东北师大学报（哲学社会科学版）》2005 年第 6 期。

监督和督导。[1] 例如,《教育督导条例》集中规定了教育督导法律关系。除了上述行政法律关系,教育行政机关还可基于行政合同、行政规划等行政行为形成教育法律关系。此外,教育行政活动中存在着大量诸如学区划分、教育评估等行政行为,这些行为也会产生新的教育行政法律关系。

(三)教育刑事法律关系

教育刑事法律关系的内容就是国家根据我国现行刑法和教育法规范的规定对实施犯罪行为的学生、教师等犯罪人认定犯罪、裁量刑罚。[2] 教育刑事法律关系形式多样,最典型的是考试作弊行为产生的法律关系,即《刑法修正案(九)》规定的组织考试作弊罪,非法出售、提供试题、答案罪和代替考试罪。除此之外,教育活动过程中行为主体还可能触及贪污罪、故意伤害罪、猥亵儿童罪、负有照护职责人员性侵罪、重大安全事故罪等,并由此形成新的教育刑事法律关系。

二、纵向教育法律关系和横向教育法律关系

按照教育主体在教育法律关系中的地位及相互关系,可分为纵向教育法律关系和横向教育法律关系。[3] 纵向教育法律关系是指不平等的教育主体之间形成的管理与被管理的关系,主要特点是,第一,法律关系双方主体地位不同。以教育惩戒为例,民事责任双方地位平等,双方是横向法律关系,而惩戒实施者一般对被惩戒者具有管理资格,双方是纵向法律关系。第二,教育主体之间权利义务具有强制效力,既不能随意转让,也不能随意放弃。例如,未成年人的父母或者其他监护人对未成年人的家庭教育是纵向教育法律关系。根据《家庭教育促进法》第 20 条规定:"未成年人的父母分居或者离异的,应当相互配合履行家庭教育责任,任何一方不得拒绝或者怠于履行;除法律另有规定外,不得阻碍另一方实施家庭教育。"

横向教育法律关系是指平等教育主体之间的权利义务关系。横向教育法律关系的双方主体地位平等,权利义务内容具有一定任意性,如基于教育民事契约形成的法律关系。对教育法律关系进行横向与纵向划分的目的是对教育法律关系与传统民事法律关系和行政法律关系相区别,进而厘清上述法律关系背后法律后果之不同以及责任承担的问题。

三、调整性教育法律关系和保护性教育法律关系

依据是否适用法律制裁,法律关系可以划分为调整性教育法律关系和保护性教

① 参见管华:《论教育行政机关的法律地位》,载《华东师范大学学报(教育科学版)》2021 年第 1 期。

② 李婧、朱志峰:《校园刑事案件的法律关系与法律救济》,载《东北师大学报(哲学社会科学版)》2006 年第 6 期。

③ 宋方青主编:《法理学》,厦门大学出版社 2007 年版,第 99 ~ 100 页。

育法律关系。[①] 调整性教育法律关系是指不需要接受法律的制裁，教育主体就能够正常实现权利义务的法律关系。法律确立教育关系中教育主体的权利与义务，建立起正常的法价值秩序，并形成调整性法律关系。绝大多数的教育法律关系都是调整性教育法律关系，如学校招生、学生入学等都是调整性教育法律关系。保护性教育法律关系是指在教育主体权利义务不能正常实现的情况下，通过法律制裁形成的法律关系，如《教育法》“法律责任”章就是调整因制裁而形成的调整性法律关系。法律责任的存在对相关法律主体构成了切实的约束，避免其仅享有权力（权利）而无视义务情况的发生。调整性教育法律关系的承担主体多元，既包括教育行政部门及其工作人员，也包括教育机构及其相关人员，还包括负有教育义务的家庭成员及其他社会组织和个人。区分教育法律关系的调整性与保护性的意义是在法律框架内对教育法律关系进行合法性保护并对违法行为给予相应制裁，实现教育法秩序的稳定。

第三节　教育法律关系的构成

法律关系理论最早应用于私法的体系化，但随着私法向公法的渗透日趋明显，法律关系理论也逐步拓展至公法领域，且理论的外延得到进一步扩张。通说认为，教育法律关系包括主体、客体、内容三要素。

一、教育法律关系的主体

教育法律关系的主体有资格限制，类型相对固定，主要是各级教育行政机关、学校及其他教育机构、教师、家长、受教育者等。

（一）教育法律关系主体的类型

教育法律关系主体的常态是“教育行政机关—学校—学生”的三方构造。在三方构造中，不同法律主体的权利义务关系相互交织，呈现出多元化面貌。譬如，根据《行政许可法》《学位条例》等法律法规的相关规定，教育行政机关赋予高校学位授予的行为是教育行政许可法律关系；高校撤销学生学位的行为通常视为行政处分法律关系，而学生对撤销学位处分行为不服的，可依据《行政复议法》相关规定与教育行政机关形成行政复议法律关系。

① 孙国华、朱景文主编：《法理学》，中国人民大学出版社 2015 年版，第 141 ~ 142 页。

1. 国家

国家作为教育法律关系的主体，体现在国家作为一国最高主权者，享有教育管理权力并履行教育管理责任，如《宪法》第19条、第24条、第45条、第47条之规定。

2. 教育行政机关

教育行政机关是教育行政法律关系中最重要的主体，是指根据宪法和法律设立，享有教育行政权，承担发展教育事业责任的国家行政机关。[①] 教育行政机关形态多样，包括政府、教育行政部门及其他行政部门。

3. 法人和其他组织

教育法上的法人和其他组织既包括学校及其他教育机构，也包括参与到教育法律关系的其他社会组织。其中，学校是教育法律关系的基本主体，根据办学性质之不同，可分为公立学校和民办学校。根据办学阶段不同，可分为幼儿园、中小学、高等学校、职业学校等。

4. 自然人

自然人包括学生、教师、父母等。教师是教育法律关系的重要主体。公立中小学教师的法律地位是国家特殊公职人员，而公立高校教师的法律地位尚不明晰。教师法律地位的不同将使得教育法律关系的性质和内容有着明显差异。学生是教育法律关系的核心主体，在民事、行政、刑事等不同的法律关系中，学生则会具体表现为不同的法律主体，并因此而享有不同的法律权利，承担不同的法律义务与法律责任。例如，教育民事法律关系中学生的法律地位包括完全、限制、无民事行为能力人、合同当事人等。父母是教育法律关系的重要主体之一，尤其是《家庭教育促进法》赋予了父母及其他监护人应有的法律地位。

（二）教育法律关系主体的资格

教育法律关系主体资格是教育法主体得以参与教育法律关系的资格。依此资格，教育法主体在教育法律关系中具备一定的权利能力、行为能力和责任能力，具体包括以下几种方式。

1. 法定取得

法定取得是指教育法主体资格是基于宪法、法律、法规的明文规定而取得。例如，《教育法》第15条规定："国务院教育行政部门主管全国教育工作，统筹规划、协调管理全国的教育事业。县级以上地方各级人民政府教育行政部门主管本行政区域

---

① 管华：《论教育行政机关的法律地位》，载《华东师范大学学报（教育科学版）》2021年第1期。

内的教育工作。”

2. 授权取得

某些情况下，某些国家教育管理职权的组织在法律许可限度内可以授权其他组织参与国家教育管理活动。例如，《学位条例》第 8 条第 1 款规定：“学士学位，由国务院授权的高等学校授予；硕士学位、博士学位，由国务院授权的高等学校和科学研究机构授予。”

3. 参与到教育法保护的教育关系而取得

在特殊情况下，某些主体因参与到教育法保护的教育关系而取得教育法律关系主体资格。例如，消费者与校外教育培训机构缔结的教育合同原本是民法调整的民事关系，接受《消费者权益保护法》的规范。同时，因教育公益性要求消费者与校外教育培训机构之间平等关系被打破，并由教育法调整这种特殊的法律关系。

二、教育法律关系的客体

法律关系的客体通常包括物、智力成果、人身人格、行为、信息等。[①] 主要包括：

第一，物。此处的物是以一定物理形态存在的有形物。教育法律关系中的物可分为动产和不动产。不动产主要是学校占有的土地及用于教育教学的教学楼、图书馆、体育馆等。动产种类多样，既包括教育设备、实验器材等教学仪器，也包括奖助学金等物质利益。

第二，行为。教育法上的行为是指教育法律行为，其定义为教育主体所实施的，能够引发教育法律关系产生、变更或消灭的行为。质言之，教育主体所实施的能够发生教育法律规范层面的法律效力、产生法律效果的行为。根据行为是否要承担法律上的不利后果，可将其分为教育合法行为和教育违法行为。根据不同部门法的调整对象，教育法律行为可分为教育民事行为、教育行政行为和教育犯罪行为。

第三，智力成果。智力成果是指人通过智力劳动创造出来的精神产品，如科学成果、科学发现等。智力成果是教育法的重要客体，主要是非物质利益，包括学术论文、科学发现等科研成果。尤其在以学术自由为核心的高等教育领域，智力成果是教育法律关系重要的保护客体。

第四，其他客体。除此之外，法律关系的客体还包括人身人格、信息等。教育法上的人身人格包括生命权、健康权、隐私权等特定人身人格权。信息包括国家秘密、个人隐私等。例如，《公共企事业单位信息公开规定制定办法》第 11 条规定：“公共

① 张文显主编：《法理学》，高等教育出版社 2018 年版，第 158 ~ 160 页。

企事业单位信息公开规定应当妥善处理好信息公开与国家秘密、公共安全、产业安全、商业秘密、个人信息保护等其他重要利益的关系，注意区分信息公开与业务查询服务事项。”

三、教育法律关系的内容

传统观点认为，法律关系的内容是权利和义务。但霍菲尔德的法律关系理论认为，传统法律关系理论的内容范围过于狭窄，新的法律关系的内容至少包括权利和义务、权力和责任。[①] 相应地，教育法律关系的内容既包括私法上的教育权利和义务，也包括公法上的教育权力和责任。

（一）教育权利与教育义务

权利本位是现代法治的核心要义。教育权利是国家通过法律规定，对教育法律关系主体可以自己决定作出某些行为的许可和保障。在教育权利体系中，宪法权利是母权利，处于最高价值位阶，如《宪法》第46条规定：“中华人民共和国公民有受教育的权利和义务。”法律权利是子权利，是宪法权利派生出的子权利。例如，《家庭教育促进法》规定了父母实施家庭教育的权利。法律权利还可以派生出若干项具体权利，如家庭教育权包括教育内容自主权、在家教育权、学校选择权和参与学校事务权。[②] 上述教育权利共同构筑了我国教育权利的规范体系。

教育义务是教育法律规定的，对教育法律关系主体作为或不作为的约束，典型的教育义务是《宪法》第46条规定的公民有受教育的义务。设定教育义务的目的主要是基于公共利益，可表现为积极作为或消极不作为。积极作为指的是义务人应该按照法律规定或当事人要求积极履行相应地义务。例如，国家对教育事业的保障义务就是积极作为义务。消极不作为要求义务人不得作出某种行为。例如，《教育法》第8条规定：“任何组织和个人不得利用宗教进行妨碍国家教育制度的活动。”总之，教育权利与教育义务是对立统一的，二者相互依赖、不可分割、功能互补、价值平衡，共同促进教育事业的良性发展。

（二）教育权力与教育责任

教育权力是指教育法律规定的，教育法律关系主体在教育管理方面的权力。根据权力作用范围、来源形式、主体等多个要素，教育权力可区分为公权力与私权力两

---

① ［美］霍菲尔德：《基本法律概念》，张书友译，中国法制出版社2009年版，第26～70页。

② 参见叶强：《论作为基本权利的家庭教育权》，载《财经法学》2018年第2期。

种形态。[1] 第一,教育私权力。私权利是一种事实上的支配效力,如教师对学生的学业成绩的评定行为是一种私人权力。此种权力由于行使仅限于特定范围,只要未违反法律的禁止性规定、触犯社会公序良俗、对范围外的成员未造成不利影响或损害的情形,公众与法律一般均不予过问。[2] 第二,教育公权力包括国家公权力、社会公权力。国家公权力是由各级各类教育行政机关行使,如教育行政处罚、教育行政许可等。社会公权力是由一定数量人所构成的组织行使,典型的教育组织是学校。例如学校颁发学历、学位证书以及开除学生学籍的行为就是一种社会公权力。

有权力必有责任是现代法治的基本原则。法律责任的存在对相关法律主体构成了切实的约束,避免其仅享有权力(权利)而无视义务情况的发生。教育责任是指教育主体实施违法行为所应承担的法律上的不利后果。在责任形式方面,教育责任并不是独立的责任形式,其包含了行政法律责任、民事法律责任以及刑事法律责任,呈现出鲜明的综合性特质。总之,权责统一是教育权力与教育责任之间关系运行的理想形态。教育权利和教育责任共同构成教育法律关系内容的新要素。

第四节　教育法律关系的运行

由于教育环境的变动不居,教育法律关系处于持续变化状态,具有动态性。教育法律关系的运行就是教育法律关系的产生、变更和消灭的过程。

一、教育法律关系的产生、变更、消灭

教育法律关系的产生是指教育法律规范在调整教育主体行为过程中形成的权利与义务、权力与责任的关系。例如,民办学校与教师缔结劳动合同的行为即产生劳动法律关系。

教育法律关系的变更是指教育法律关系的主体、客体或内容发生变化,如学校合并造成教育法律关系的主体变更。教育法律关系的变更既可以是教育法律关系部分要素的变更,也可以是全部要素的变更。教育法律关系一经变更,即产生新的教育法律关系。

---

① 参见于浩、郑晓军:《教育权力的法理基础》,载《华东师范大学学报(教育科学版)》2021 年第 8 期。

② 徐靖:《论法律视域下社会公权力的内涵、构成及价值》,载《中国法学》2014 年第 1 期。

教育法律关系的消灭是指教育主体之间权利义务、权力责任关系的终止。例如，学校解聘教师、开除学生学籍的行为即告教育法律关系的消灭。

二、教育法律关系产生、变更、消灭的条件

教育法律关系的产生、变更和消灭需要具备一定的条件，其中最重要的条件有两个：一是法律规范；二是法律事实。

（一）法律规范

法律规范就是教育法律关系产生、变更和消灭的法律依据。法律规范是教育法律关系运行的必要前提，如教育购买服务行为只是一种客观事实，未经教育法律规范的调整，就不是教育法律关系。因此，教育法须保持体系化，即根据一定的标准对现行法律法规中涉及教育内容的原则和规则进行分类归纳，使之成为一个结构完整、层次分明、统一协调的规范体系，否则教育法律关系无法成立。

（二）教育法律事实

教育法律事实是指由法律规定的，能够引起教育法律关系产生、变更和消灭的客观现象的总称。根据法律事实能否依权利主体的意志为转移，可以分为以下两种。

1. 教育法律事件

法律事件是指法律规定的不以人的意志为转移的能够引起法律关系的产生、变更、消灭的客观情况，可以分为社会事件和自然事件。① 例如，社会变革、战争等社会事件以及自然灾害、人的死亡等自然事件都会引起教育法律关系产生、变更和消灭。

2. 教育法律行为

如前所述，教育法律行为是教育主体所实施的，能够引发教育法律关系产生、变更或消灭的行为。根据行为是否要承担法律上的不利后果，可将其分为教育合法行为和教育违法行为。教育合法行为是教育法律规范所允许的行为，既包括一般意义上的法律行为，也包括法律行为之外的事实行为。教育违法行为是指未履行教育法律规定的义务，侵犯其他教育主体的教育法律权利的行为，包括一般教育违法行为和严重教育违法行为。

---

① 杨建军：《法律事实的概念》，载《法律科学》2004 年第 6 期。

思考题

1. 教育法律关系的概念是什么？如何理解教育法律关系的特征？
2. 教育法律关系与民事法律关系、行政法律关系的区别是什么？
3. 教育法律关系的构成要素是什么？
4. 教育法律关系产生、变更和消灭的条件有哪些？

第四章　教育法律责任

加强教育法治建设、推进依法治教，核心是将教育事业改革进程的各个环节纳入法治轨道，充分发挥法治对于教育现代化发展的引领和保障作用。实践中，教育法律责任作为由国家立法设定并由国家强制力保证实现的，用以惩戒和预防教育违法行为的重要法律制度，突出教育法的权威性、强制性和严肃性，对于教育法治建设具有重要的秩序价值和规范意义。理论上，教育法律责任是教育法学重要的基本概念，一直是理论研究关注的热点问题。但是，由于教育法律责任的理论研究还不够深入，导致我国教育法律责任的理论难以为其制度建设提供支撑和指引，教育法律责任制度尚不成熟，成为制约我国教育法进一步发展的障碍。①

第一节　教育法律责任概论

教育法律责任是教育法治系统重要且必要的组成部分，具有惩戒性和预防性双重功能，通过追究实施教育违法行为主体的法律责任，敦促教育关系主体履行义务，保障教育关系主体的权利，确保教育法律秩序，维护教育法的权威。界定教育法律责任的概念和特征，明确教育法律责任的所指与能指，是研究教育法律责任的起点。

一、教育法律责任的概念

教育法律责任是教育责任与法律责任复合而成的概念，是教育责任经过相应的法律创制活动得以确立的，被纳入法律规范体系中的法律责任。② 厘清教育责任和法律责任的概念是界定教育法律责任的前提和基础。

（一）教育责任

所谓“责任”，语义上有两种基本含义：一是指“分内应做的事”，二是指“没有做

---

① 参见张磊：《论我国教育法律责任制度的完善》，载《西南民族大学学报》2018 年第 6 期。

② 参见程雁雷：《论教育法律责任的基本范畴》，载《东方法学》2021 年第 1 期。

好分内应做的事，因而应当承担的过失”①。教育作为影响人身心发展的活动，除了在教育者和受教育者之间直接进行外，还需要家庭、学校、政府和社会共同参与。这些参与主体之间参与教育活动会形成复杂多元的教育关系，并在具体的教育关系中，都有自己分内应做的事，而没有做好自己分内应做的事，则应当承担相应的过失。根据“责任”的含义，我们可以将“教育责任”界定为，在教育活动中，关系主体分内应做的事，以及没有做好分内应做的事而应当承担的过失。

从关系主体来看，以教师为代表的教育工作者和以学生为代表的受教育者是最重要的教育关系主体，当然应当承担进行教育和接受教育的教育责任；家庭作为人生的第一所学校，负有对家庭成员进行人格培养和道德熏陶的教育责任；学校作为教育者有目的、有计划、有组织地对受教育者开展教育活动的专门机构，承担着实施教育活动的教育责任；教育作为国家的一项基础性事业和基本公共服务，政府应当担负对教育活动进行保护和规制的教育责任；良好的社会环境是办好教育的必要条件，社会负有为教育活动提供良好基础条件的教育责任。从责任属性来看，教育责任可以划分为教育政治责任、教育道德责任、教育法律责任等类型。

（二）法律责任

学界对于法律责任的定义并不统一，主要存在不利后果说和义务说两种不同的观点。前者认为，法律责任是指行为人因其违法行为或其他法律规定的事实出现而应当承担的不利后果。② 后者主张，法律责任是由于违反法定义务或约定义务而因引起的，由国家专门机关认定并归结于有责主体的、带有强制性的第二性义务。③ 比较而言，义务说的观点与“责任”的语义相符合，区分出“第一性义务”与“第二性义务”并阐明其逻辑联系，并且强调了法律责任相较于其他责任类型所具有的以法律为依据和国家强制性特征，为我国法学界较为普遍采用。可见，法律责任可作两种理解：在广义上，是法律义务的同位语，与权利相对应使用，指法律上应当为或不为某行为的约束；在狭义上，专指由于违反第一性义务而引起的第二性义务，这种义务主要表现为惩罚、制裁、赔偿等不利后果。

（三）教育法律责任

教育法律责任是教育责任与法律责任复合而成的概念，是教育责任经过相应的

---

① 参见中国社会科学院语言研究所词典编辑室编：《汉语大词典》，商务印书馆 2012 年版，第 1620 页。

② 参见沈宗灵主编：《法理学》，北京大学出版社 2009 年版，第 336 页。

③ 参见张文显：《法哲学基本范畴研究》，中国政法大学出版社 1993 年版，第 122 页。

法律创制活动得以确立的，被纳入法律规范体系中的法律责任。[①] 目前，学界对于教育法律责任因对“法律责任”的理解不同而定义不同，如主张教育法律责任是指“行为人因为实施了违反教育法律法规的行为，依法应当承担的否定性法律后果”[②]或者“教育法律责任是指教育法律关系主体违反了教育法律规定的义务，在法律上应当承担的义务”[③]。其中，定义较为详尽的是“教育法律责任是指教育法律关系主体因故意或过失违反了教育法律法规的规定，实施了教育违法行为，造成了教育权益损害，或违反了教育行政合同或教育民事合同的约定，破坏了法律上或合同中约定的法律关系或道义关系，或者主观上虽无故意或过失，但按照公平原则应当承担补偿性、惩罚性或其他性质的以国家强制力为实现后盾的否定性法律后果”[④]。

在外延方面，教育法律责任是教育关系主体因违反教育法律法规的规定所产生的“第二性义务”，纵向上配置在我国的宪法、法律、行政法规、地方性法规以及行政规章构成的教育法律体系；横向上主要分布于教育行政法中，也存在于民法、刑法和社会法等法律部门中与教育相关的规定。在内涵方面，教育法律责任是教育责任的法律化，本质上是一种教育责任，属性上是一种法律责任。因而，教育法律责任是教育关系主体违反约定义务或法定义务，依据教育相关法律法规的规定，而应当承担的赔偿、惩罚、制裁等不利后果。

二、教育法律责任的特征

基于教育法律责任的概念，不难发现，教育法律责任是一种以“领域”划分为基础形成的教育领域内的法律责任类型，不同于传统部门法意义上的民事责任、刑事责任和行政责任分类，并且与这些责任存在交叉复合关系。这决定了教育法律责任具有以下特征。

（一）责任性质的领域性

教育法律责任是教育领域内各种性质的法律责任的集合，而非一种独立的法律责任形式。法理上，根据引起法律责任的行为性质作为划分标准，法律责任分为民事责任、刑事责任和行政责任等性质上相互独立的法律责任形式。尽管教育法在地位

---

① 参见程雁雷：《论教育法律责任的基本范畴》，载《东方法学》2021 年第 1 期。

② 袁兆春、宋超群：《教育法学》，山东人民出版社 2014 年版，第 94 页。

③ 陈鹏、祁占勇：《教育法学的理论与实践》，中国社会科学出版社 2006 年版，第 442 页。

④ 孙霄兵、马雷军主编：《教育法理学》，教育科学出版社 2017 年版，第 424 页。

上究竟是应当作为独立的部门法、隶属于行政法，还是一个领域法尚存争议①，但不可否认，教育领域内公法关系与私法关系相互交织，教育法律责任具有领域性特征，没有专属于自身的、纯粹的责任形式和制裁方法，是不同法律责任形式在教育领域的体现。根据具体的违反教育相关法律法规情形，教育关系主体可能承担民事责任、刑事责任或行政责任，而不是一种性质上独立于前述责任形式之外的教育法律责任。

（二）责任主体的多元性

教育责任主体的多元性决定了教育法律责任主体的多元性。教育法律责任的承担主体主要包括：以教师为代表的教育工作者、以学生为代表的受教育者、父母或其他法定监护人等家庭成员、学校及其他教育机构、教育行政主管部门等教育管理者、其他相关社会主体。根据责任承担主体的分类，可以将教育法律责任归纳为政府教育法律责任、自然人教育法律责任、法人教育法律责任等类型。由于教育法律责任承担主体的多元性，教育法律责任的追究主体也具备多元性特征，既包括司法机关，也包括行政机关。②

（三）责任方式的综合性

教育法律责任方式综合了民事责任、刑事责任和行政责任的各种承担方式，并且不同法律责任形式之间可以通过“转介条款”有效衔接。其中，教育民事责任是主体因为违约行为、侵权行为或者其他法定事由，而承担的法律责任，实践中较为常见的是学生伤害事故的侵权责任；教育刑事责任是主体的违法行为侵犯刑法所保护的教育法益，构成犯罪而应当的法律责任；教育行政责任主要包括对于教育行政机关及其工作人员、行政相对人的行政处分和行政处罚等。

（四）责任归结的复杂性

教育法律责任的主体多元性和方式综合性决定了其归责具有复杂性。根据责任归结的责任法定、因果联系、责行相当和责任自负等基本原则，教育法律责任应当根据具体的责任类型采取不同的归责原则，保障教育关系主体对于自己行为造成的后果承担相应的教育法律责任。例如，在因为学校的教育设施重大安全事故造成学生伤害事故的情形下，不同主体可能承担不同性质的教育法律责任，应当对不同性质的教育法律责任采取不同的归责原则。对于学校直接责任人员的刑事责任，则应当采

---

① 参见湛中乐：《论教育法典的地位与形态》，载《东方法学》2021 年第 6 期；任海涛、张玉涛：《领域法学视野下教育法学的理论定位与体系建构》，载《湖南师范大学教育科学学报》2021 年第 6 期；雷槟硕：《教育法是独立的部门法》，载《华东师范大学学报（教育科学版）》2021 年第 10 期。

② 参见程雁雷：《论教育法律责任的基本范畴》，载《东方法学》2021 年第 1 期。

取过失责任原则,判断其犯罪主观方面的过失;而对于学校的民事侵权责任,则应当根据具体的侵权责任类型,分别采取过错责任原则、过错推定责任原则或者无过错责任原则。

第二节 教育民事责任

教育民事责任是教育法律责任的简称,是指教育民事关系主体因为实施了损害他人人身和财产的教育侵权行为、违反了教育合同的约定或者其他法律规定的事由,应当承担的法律责任。其中,因其他法律规定的事由应当承担的教育民事责任,是指教育领域内由于无因管理、不当得利以及缔约过失产生的民事责任,主要由《民法典》规定。教育法律法规主要规定因实施了教育侵权行为应当承担的教育侵权责任和违反教育合同约定应当承当的教育违约责任。

一、教育民事责任概论

(一)教育民事责任的概念

教育民事责任,是指教育关系主体在民事性的教育活动中,因为实施了违约行为、侵权行为或者其他法律规定的事由,根据《民法典》以及教育法律法规的相关规定,应当承担的法律责任。教育民事责任是保障教育关系主体民事权利和实现民事义务的重要措施,是违反民事义务所产生应当承担的第二性义务。作为一种民事救济手段,根据《民法典》第179条的规定,教育民事责任的承担方式包括但不限于返还财产、赔偿损失、赔礼道歉以及惩罚性赔偿等。

(二)教育民事责任的特征

1. 教育民事责任是平等教育关系主体之间的责任

虽然教育民事责任与教育行政责任、教育刑事责任均以国家强制力为实现保障,但是教育民事主体之间的平等性决定了,教育民事责任首先表现为不履行民事义务所产生的否定性民事后果,是平等的教育关系一方对另一方的责任。教育关系主体可以在法律规定允许的范围内,约定责任人承担教育民事责任的具体方式,通过“私力救济”实现教育民事责任。例如,根据《教育法》第72条的规定,侵占学校财产的行为人应当承担民事责任,但是行为人与学校可以在不违反国家强制性规定的前提下,自主协商确定承担民事责任的具体方式。

2. 教育民事责任一般为补偿性责任

根据施加于责任主体的不利后果类型及其目的不同,法律责任包括惩罚性责任和补偿性责任。前者主要是剥夺或限制责任主体的人身自由、财产利益或其他利益,以实现对责任主体的制裁;后者则主要是由责任主体防止、填补或赔偿损害,以恢复或弥补权利人的损害。教育民事责任的主要功能是救济教育民事权利,而非制裁教育责任主体,故而一般是补偿性责任。当然,《民法典》或教育法律法规规定了惩罚性赔偿的,责任主体应当依照其规定承担惩罚性教育民事责任。

3. 教育民事责任主要是财产性责任

根据承担法律责任方式是否以支付财产为内容,法律责任可以分为财产性责任和非财产性责任。无论是补偿性还是惩罚性的民事责任,其主要内容都是财产性责任,并体现为补偿或赔偿,教育民事责任亦然。当然,民事责任在财产性责任外,也包括消除影响、恢复名誉和赔礼道歉等非财产性责任形式。教育民事法律责任的形式当然也包括这些内容,如侮辱、殴打教师的,虽然《教师法》第 35 条只明确规定了造成损害的,责令赔偿损失,但是根据《民法典》的相关规定,责任主体还应当承担恢复名誉和赔礼道歉的责任。

二、教育侵权责任

(一)教育侵权责任的概念

教育侵权责任是“教育侵权行为的民事责任”的简称,指民事主体因实施教育侵权行为而应当承担的民事责任。我国民法通说认为,侵权行为,是指行为人由于过错侵害他人的人身和财产依法应当承担民事责任的行为,以及因法律的特别规定应当承担民事责任的致害行为。[1] 在教育实践活动中,行为人由于过错侵害他人人身和财产的行为往往不仅会触发民事性的侵权责任,还会触发行政侵权责任和刑事责任。因而,在使用教育侵权行为和教育侵权责任概念时,应当强调其民事性特征。

(二)教育侵权责任的归责原则与构成要件

归责原则是确定侵权行为人对自己侵权行为所造成的损害是否应当承担民事责任的根本准则。我国学界对于侵权责任的归责原则存在二元说、三元说和四元说等不同认识,本书认为,根据《民法典》第 1165、1166、1186 条规定,教育侵权责任的归责原则包括过错责任原则、无过错责任原则和公平责任原则。过错推定虽然与一般过错在举证责任方面有所区别,但本质上都是以过错作为确定责任的根本依据,因此,

---

① 参见马俊驹、余延满:《民法原论》,法律出版社 2010 年版,第 983 页。

过错推定责任原则应当归属到过错责任原则中。

实践中,校园侵权中学校教育侵权责任的归责原则存在争议,有学者认为应当仅采取过错责任原则,学校无过错就不应当承担教育侵权责任①,有学者则主张应当采用无过错责任原则②。从《民法典》第 1199 条至第 1201 条的规定来看,学校侵权责任采取过错责任原则,体现在学校的"教育、管理职责"中,同时《学生伤害事故处理办法》第 26 条第 2 款则事实上承认了公平责任原则。可见,校园侵权中学校教育侵权归责主要采取过错责任原则,并以公平责任原则为补充的归责原则。

基于上述归责原则,一般教育侵权责任和特殊教育侵权责任的构成要件存在不同。对于一般教育侵权责任,采取过错责任原则,构成要件包括:(1)违法行为,即主体实施了违反法定义务的教育侵权行为;(2)损害事实,即教育侵权行为造成了他人的人身和财产权益受到损害;(3)因果关系,是指违法行为与损失事实之间的因果关系,教育侵权实践中表现为"该违法行为(原因)自然而连续发展期间不受干扰就会产生损害事实(结果),并且,如果没有这个原因就不会产生这种结果";③(4)行为人的过错,是指行为人在实施教育侵权行为时具备故意后者过失的心理状态。对特殊教育侵权责任,采取无过错责任原则的,不以行为人的过错为要件;适用公平原则的,构成要件为双方当事人均无过错、不属于法律规定的适用无过错责任的情形。

（三）学生伤害事故的侵权责任

学生伤害事故,根据《学生伤害事故处理办法》第 2 条的规定,是指"在学校实施的教育教学活动或者学校组织的校外活动中,以及在学校负有管理责任的校舍、场地、其他教育教学设施、生活设施内发生的,造成在校学生人身损害后果的事故"。应当注意:(1)学校包括幼儿园等学前教育机构,小学、中学、大学等学校,少年宫、少年儿童活动中心等其他具有教学设施、生活设施的其他教育机构,但是不应当包括进行线上教育的函授学校、网络学校,或者临时配合开展线下教育活动的其他社会组织;(2)学生包括在学校及其他教育机构参与教育活动的学龄前儿童、在校就读的学生,并且以未成年学生(限制民事行为能力人)作为主要的适用对象;(3)限于学生的人身损害后果,学生的财产受损的情形不属于学生伤害事故的范围;(4)学生伤害事故的侵权责任除了应当适用《学生伤害事故处理办法》外,还应当适用《民法典》《未

---

① 参见朱桂琴:《学校事故民事责任研究》,载劳凯声主编:《中国教育法制评论》(第 1 辑),教育科学出版社 2002 年版,第 304 ~ 305 页。

② 参见方益权等:《校园侵权法律问题研究》,法律出版社 2008 年版,第 189 页。

③ Anselmo v. Tuck, 924 S. W. 2d 798, 802 (Ark. 1996).

成年人保护法》《义务教育法》等上位法的有关规定。

学校的教育、管理职责范围是决定学校教育侵权责任承担的最重要因素。从《侵权责任法》的角度来看,学校的教育、管理职责实为学校对于未成年学生在校园内的人身安全所负有的安全保障义务,主要包括提供足够的监管,进行恰当的指导,维护教学设施、生活设施以及场地的安全,提出危险警告,在事故发生后的及时救助与告知未成年学生监护人等义务。① 判断学校是否尽到教育、管理职责时,注意将时空范围限定在学校的管理和控制范围内,以学校及其教师能否预见学生伤害事故以及适当的教育、管理行为能否阻止伤害事实的发生作为最基本的判断标准。② 特别地,在学校组织或进行具有一定危险性的教学或文体活动时,虽然学生参与具有自甘风险的性质,但是学校及其教师应当提出危险警告、维护设施和场地安全,并进行充分的指导,有效防止并妥善处理学生人身伤害事故。针对逃学学生,学校虽然无法进行监管,但是学校应当及时发现、查找并及时通知监护人。否则,学校也应当承担相应的教育侵权责任。

根据《民法典》第 1199 条至第 1201 条的规定,学校对于学生伤害事故主要承担过错责任,并分类归责:对于无民事行为能力学生在学校的伤害事故,采取过错推定责任;对限制民事行为能力学生在学校的伤害事故,采取一般过错责任;因学校以外人员人身损害的,学校未尽到管理职责的,承担相应的补充责任,并有权在承担补充责任后向第三人追偿。《学生伤害事故处理办法》在第 9 条具体列举了学校应当承担过错责任的具体情形,并在第 10 条列举了学生或者未成年学生监护人由于过错,造成学生伤害事故,应当承担相应责任的情形。若学生对于自己伤害事故发生或扩大有过错的,根据《民法典》1173 条的规定可以减轻学校的责任。此外,根据《学生伤害事故处理办法》第 26 条第 2 款的规定,学校无责任的,可以根据实际情况,本着自愿和可能的原则,对受伤害学生给予适当的帮助。

三、教育违约责任

(一)教育违约责任的概念

民法上,合同是指民事主体之间设立、变更、终止民事法律关系的协议。教育领域内,当事人可以通过合同设立、变更、终止教育民事法律关系。由于教育关系的复

---

① 参见[美]坎布朗-麦凯布等:《教育法学——教师与学生的权利》,江雪梅等译,中国人民大学出版社 2010 年版,第 452 页。

② 参见 Zmitrowitz v. Roman Catholic Diocese, 710 N. Y. S. 2d 453 (App. Div. 2000);中国应用法学研究所编:《人民法院例选》(第 4 辑),人民法院出版社 2003 年版,第 137 页。

杂性，教育合同有广义和狭义之分。狭义上，教育合同限于以实施教育教学为主要内容的民事合同；广义上，教育合同还包括教育领域内，诸多与教育教学活动直接或间接联系的合同，如教师聘任合同、合作办学合同、教育培训合同等。对于狭义上的教育合同，由于教育教学活动具有公益性和人身性特征，教育合同事实上并非实施教育活动的最基本方式，学界的研究还较为薄弱，其性质、内容与方式等诸多基础理论问题还有待厘清。例如，根据《义务教育法》第2条规定，国家实行九年义务教育制度，义务教育并无当事人意思自治订立合同的空间。即使是当事人可以在一定程度上允许当事人意思自治，《高等教育》法中并未涉及高等教育合同，实践中高等教育学校与大学生签订高等教育合同的情形也并不常见。而广义上的教育合同，情况更为复杂，应当根据具体情况，判断教育合同的性质及其违约责任。因此，本书仅从一般意义上界定狭义上的教育合同及其违约责任，以供参考。

教育合同，是指学校或者其他教育机构与其学生订立的，设立、变更、终止教育民事法律关系的协议。教育违约责任，是指因为教育合同一方不履行合同义务、履行合同义务不符合约定、明确表示或者以自己的行为表明不履行合同义务等违约行为，而应当承担的民事责任。

（二）教育违约责任的构成要件与承担方式

教育违约责任的构成要件与承担方式，在一般意义上，与其他合同的违约责任并无不同。教育违约责任的构成要件，包括存在违约行为和无免责事由两个方面。教育违约责任的承担方式包括继续履行、采取补救措施、赔偿损失、支付违约金以及定金责任。但是，应当注意教育关系特殊性对教育违约责任构成要件与承担方式的影响。例如，教育合同具有继续性合同的特征，应当区分定期教育合同与不定期教育合同判断当事人的行为是否构成违约，以及在承担违约责任时继续履行能否适用、赔偿损失的范围等问题。又如，在教育活动中，学校或者其他教育机构在其场所内，基于教育合同关系，对学生负有安全保障义务。若发生学生伤害事故，则会产生教育侵权责任与教育违约责任的竞合，此时受损害的学生有权选择请求学校或者教育机构承担教育违约责任或教育侵权责任。

第三节　教育刑事责任

教育刑事法律责任，简称教育刑事责任，是国家司法机关根据刑事法律规定对教育领域内实施的犯罪及其行为人追究的法律责任。相较于教育民事责任和教育行政责任,教育刑事责任因教育领域犯罪而产生,在接受刑罚或非刑罚的刑事制裁措施后实现,是教育责任中最严厉的一种。

一、教育刑事责任概论

(一)教育刑事责任的概念

刑事责任,是指行为人因实施犯罪行为而所应承受的,代表国家的司法机关根据刑事法律对该行为所作的否定性评价和对行为人进行谴责的责任。① 教育刑事责任是教育领域内的刑事责任,根据刑事责任的概念,可以定义为,行为人因在教育领域实施犯罪行为,而所应承受的,由代表国家的司法机关根据刑事法律对该行为所作的否定性评价和对行为人进行谴责的法律责任。

(二)教育刑事责任的特征

(1)教育刑事责任基于犯罪行为的实施而产生。在罪刑法定原则下,无犯罪则无刑事责任。行为人实施犯罪行为是教育刑事责任产生的根据和前提,教育刑事责任是犯罪行为的必然结果。若行为不构成犯罪,则不产生刑事责任,当然也不可能确认或实现刑事责任。

(2)教育刑事责任是责任主体向国家承担的法律责任。教育领域内的犯罪是一种严重侵犯国家和社会公共利益的行为,破坏了基本的教育社会关系,导致犯罪主体作为“孤立的个人”与国家作为整体一方之间产生严重的法益冲突。而教育刑事责任正是国家设置的、解决教育领域内这种严重法益冲突的刑事制裁措施。因而,国家有权力强制犯罪人向其承担教育刑事责任,接受相应的刑事制裁。

(3)教育刑事责任表现为国家司法机关作出的否定性评价和刑事制裁。教育刑事责任作为教育领域内犯罪行为的必然结果,体现出国家法律对于犯罪行为及犯罪人的基本态度是应受到否定性评价,并承担一定的外在强制制裁。教育刑事责任的实现,以接受刑事法律规定的刑罚和非刑罚的刑事制裁措施为内容,是所有强制措施中最严厉的一种。

(4)教育刑事责任是严格的自己责任。教育刑事责任只能由实施犯罪的行为人自己承担,而不能连累无辜。这一点与教育民事责任制度中的替代责任、补充责任等允许他人代为承担民事责任的责任形式不同。

---

① 参见张明楷:《刑法学》,法律出版社2016年版,第498页。

二、教育领域犯罪

(一)教育领域犯罪的概念

教育领域犯罪,是指教育领域内发生的,具有严重社会危害性、触犯刑事法律规定并应当受刑罚或非刑罚的刑事制裁措施处罚的行为。在我国,不仅《刑法》专门规定了教育领域犯罪,《教育法》《义务教育法》《教师法》等教育法律法规也以附属刑法的形式规定了教育领域犯罪。教育领域犯罪是教育刑事责任产生的法律事实基础,而教育刑事责任的存在是适用刑罚的前提。根据罪责刑相适应原则,教育领域犯罪的轻重决定了教育刑事责任的大小,进而决定了刑罚的严厉程度。

(二)主要的教育领域及其法定刑

(1)教育设施重大安全事故罪。根据《刑法》第 138 条的规定,该犯罪是指明知校舍或者教育教学设施有危险,而不采取措施或者不及时报告,致使发生重大伤亡事故,危害公共安全的行为。该罪的犯罪主体为特殊主体,是学校或者其他教育机构的直接责任人员。犯该罪的,对直接责任人员,处 3 年以下有期徒刑或者拘役;后果特别严重的,处 3 年以上 7 年以下有期徒刑。

(2)负有照护职责人员性侵罪。该犯罪属于侵犯公民人身权利罪的一种,在教育领域内,是指对已满 14 周岁不满 16 周岁的未成年女性负有教育等特殊职责的人员,与该未成年女性发生性关系的行为。犯该罪的,应当依照《刑法》第 236 条之一的规定,处 3 年以下有期徒刑;情节恶劣的,处 3 年以上 10 年以下有期徒刑。并且,犯罪人的行为同时又构成强奸罪的,属于想象竞合,应当依照处罚较重的规定定罪处罚。

(3)冒名顶替罪。《教育法》第 77 条明确规定教育关系主体有冒名顶替行为,构成犯罪的,依法追究刑事责任。根据《刑法》第 280 条之二的规定,冒名顶替罪,是指盗用、冒用他人身份,顶替他人取得的高等学历教育入学资格、公务员录用资格的行为,以及组织、指使他人实施冒名顶替行为的行为。直接实施冒名顶替行为,构成犯罪的,处 3 年以下有期徒刑、拘役或者管制,并处罚金;组织、指使他人实施冒名顶替行为的,从重处罚。国家工作人员有冒名顶替行为,又构成其他犯罪的,应当数罪并罚。

(4)考试违规类犯罪。在《教育法》第 79 条和第 80 条关于考试违规行为构成犯罪应当追究刑事责任的规定基础上,《刑法》第 284 条之一分别规定了组织考试作弊罪,非法出售、提供试题、答案罪,代替考试罪。在判断考试违规行为是否构成该罪时,应当注意考试违规行为是否发生在法律规定的国家考试中,以及该行为的手段和情节是否严重到足以触犯《刑法》的相关规定。在法律规定的国家考试中,组织作弊的、为他人组织考试作弊犯罪提供作弊器材或者其他帮助的、向他人非法出售或者提供试题或答案的,处3年以下有期徒刑或者拘役,并处或者单处罚金;情节严重的,处3年以上7年以下有期徒刑,并处罚金。代替他人或者让他人代替自己参加律规定的国家考试的,处拘役或者管制,并处或者单处罚金。

(5)招收公务员、学生徇私舞弊罪。该犯罪是一种渎职罪,指国家机关工作人员在招收公务员、学生工作中徇私舞弊,情节严重的行为。构成该罪的只能是有招收公务员、学生工作职责的国家机关工作人员,并且徇私舞弊的行为必须情节严重。依照《刑法》第418条,犯该罪的,处3年以下有期徒刑或者拘役。

此外,还有相当数量的犯罪可能发生在教育领域。例如,《教育法》第82条规定,没有颁发学位证书、学历证书或者其他学业证书职权的组织或者个人,制造、销售、颁发假冒学位证书、学历证书或者其他学业证书,构成犯罪的,依法追究刑事责任。行为人有前述行为,可能构成伪造、变造、买卖国家机关公文、证件、印章罪,伪造公司、企业、事业单位、人民团体印章罪,伪造、变造、买卖身份证件罪,或者使用虚假身份证件、盗用身份证件罪,应当分别依照《刑法》第280条、第280条之一的相关规定,处以相应的刑罚。

第四节　教育行政责任

教育行政责任是教育法律责任的简称,是发生在教育领域内的行政责任。由于学界长期将教育法学视为行政法学的分支,教育行政责任是教育法律责任的重要组成部分。理论上对行政责任的界定存在不同观点,教育行政责任的概念尚存争议,但是一般都认为,教育行政责任应当包括教育行政主体因违法行政行为而应承担的教育违法行政责任和教育行政相对人因行政违法行为而应承担的行政违法责任。

一、教育行政责任概论

(一)教育行政责任的概念

行政法学界对于行政责任的概念存在不同认识,存在违反行政法规责任说、行政主体责任说、行政相对人责任说和行政法律关系主体责任说等不同的观点。从行政责任与民事责任、刑事责任相对称的角度来看,行政法律关系主体责任说较为系统、全面,是可取的观点。根据该观点,行政责任是行政法律关系主体因作出了违反行政法律规范的行为,所应承担的法律责任。[1] 具体包括,行政主体因其违法行政行为或不当行政行为而应当承担的行政责任,和行政相对人因为实施了违反行政法律义务的行政违法行为而应当承担的行政责任。并且,行政主体的行政行为必须通过行政公务人员的职权行为才能实现,因而行政主体工作人员的责任也应当纳入行政责任的范围。

本书认为,教育行政责任,是教育领域内的行政责任,指教育行政主体及其工作人员因违法行政行为或不当行政行为,或者教育行政相对人因实施了违反行政法律规范的行为,而应当承担的责任。教育行政责任包括教育行政主体及其工作人员的行政责任和教育行政相对人的行政责任。

(二)教育行政责任的特征

1. 教育行政责任的责任形式具有复杂性

相较于教育民事责任和教育刑事责任,教育行政责任实质上并非单一性质的责任,而是由教育行政主体的行政责任、教育行政主体工作人员的行政责任和教育行政相对人的行政责任构成的集合。例如,根据《义务教育法》的相关规定,政府部门违反法律规定,未履行对义务教育经费保障职责的,由国务院或者上级地方人民政府责令限期改正;情节严重的,对直接负责的主管人员和其他直接责任人员依法给予行政处分。学校违反国家规定收取费用的,由县级人民政府教育行政部门责令退还所收费用;对直接负责的主管人员和其他直接责任人员依法给予处分。这表明教育行政主体及其工作人员、教育行政相对人所应承担的行政责任,在发生原因、归责原则、构成要件、承担方式等维度均有明显差异,使教育行政责任在责任形式上呈现复杂性。

2. 教育行政责任具有“控权”与“管理”的双重功能

设置教育行政责任,一方面是为了救济违法或不当的教育行政行为所造成的权利侵害,保障行政权力合法合理行使;另一方面是保护和恢复国家行政权力管理教育活动所形成的社会公共秩序,保障行政权力有效运行。教育行政主体及其工作人员的行政责任和教育行政相对人的行政责任分别蕴含了教育行政法的“控权法”和“管理法”属性,两相结合体现出教育行政责任的“控权”与“管理”的双重功能。

3. 教育行政责任的惩罚性介于民事责任和刑事责任

相较于教育民事责任,教育行政责任在性质上主要属于惩罚性责任,包括由教育行政相对人承担的警告、罚款、责令停止招生资格、撤销招生资格、吊销办学许可证、

---

① 参见张旭:《民事责任、行政责任和刑事责任——三者关系的梳理与探究》,载《吉林大学社会科学学报》2012 年第 2 期。

行政拘留等行政处罚,由教育行政主体承担的责令限期改正、通报批评、停止违法行政行为、纠正不当行政行为、行政赔偿等行政责任,以及由教育行政主体工作人员承担的警告、记过、开除等行政处分。相较于教育刑事责任,教育行政责任的惩罚严厉程度较低,并与刑事责任存在衔接关系。例如,根据《教育法》第79条的规定,考生在国家教育考试中作弊,构成违反治安管理行为的,由公安机关依法给予治安管理处罚;构成犯罪的,依法追究刑事责任。

二、教育行政处分

(一)教育行政处分的概念

行政处分作为一种行政责任,其承担对象一般限于行政机关的工作人员。因而,有观点认为教育行政处分作为行政处分的一种,是教育行政机关对于工作人员的内部惩戒责任。[1] 也有观点认为,在教育领域,除了教育行政机关对于工作人员的行政处分外,各级各类学校还存在行政法规或行政规章授权的针对教师和学生的行政处分,有必要将这些教育行政处分纳入行政处分。[2] 本书赞成后者,认为教育行政处分是教育领域内的行政处分,是教育行政机关工作人员、教师或者学生因实施了违反行政法律规范的行为,而应当承担的,由教育行政机关或者教育行政法律法规授权主体施加的内部惩戒责任。

(二)教育行政处分的类型

以承担对象为标准,教育行政处分可以划分为对于教育行政机关工作人员的行政处分、对于教师的行政处分、对于学生的行政处分。

1. 对于教育行政机关工作人员的行政处分

教育行政机关工作人员在教育行政管理工作中,存在违法行为或者失职行为的,应当按照《公务员法》《行政机关公务员处分条例》等法律法规的有关规定,给予相应的行政处分。例如,《教育法》第81条规定,举办国家教育考试,教育行政部门、教育考试机构疏于管理,造成考场秩序混乱、作弊情况严重的,应当对直接负责的主管人员和其他直接责任人员给予处分。根据行政处分的严厉程度,对教育行政机关工作人员的行政处分包括警告、记过、记大过、降级、撤职和开除6种。

2. 对于教师的行政处分

我国《教育法》《教师法》等教育法律法规对教师的行政处分作了明确规定,如《教师法》第37条规定,教师存在故意不完成教育教学任务给教育教学工作造成损

---

① 参见陈久奎:《教育法律责任研究》,广西师范大学出版社2007年版,第138页。

② 参见孙霄兵、马雷军:《教育法理学》,教育科学出版社2017年版,第432页。

失、体罚学生且经教育不改等情形的，由所在学校、其他教育机构或者教育行政部门给予行政处分或者解聘。教师属于事业单位工作人员，其行政处分主要适用《事业单位工作人员处分暂行规定》的相关规定。另外，教育部还颁布了《中小学教师违反职业道德行为处理办法》《高等学校预防与处理学术不端行为办法》等部门规章，其中对教师的行政处分也有所规定。对于教师的行政处分主要有警告、记过、降低专业技术职务等级、撤销专业技术职务或行政职务、开出或解除聘用合同等种类。

3. 对于学生的行政处分

我国教育法律法规对于学生的行政处分主要分为对于高等教育学生的行政处分和对于义务教育学生的行政处分。前者主要根据《普通高等学校学生管理规定》的相关规定，包括警告、严重警告、记过、留校察看、开除学籍 5 种。后者主要根据《中小学教育惩戒规则（试行）》以及各地方政府规章的相关规定，种类同样包括警告、严重警告、记过、留校察看，但是义务教育的强制性决定了对于义务教育学生不得开除学籍。对此，《未成年人保护法》第 18 条和《义务教育法》第 27 条均有明确规定。

三、教育行政处罚

（一）教育行政处罚的概念

教育行政处罚，是指享有行政处罚权的行政机关或法律法规授权组织，对违反教育领域行政法律规范，依法应当处罚的教育行政相对人给予的法律制裁。相较于教育行政处分，教育行政处罚的责任主体更加广泛，不以教育行政机关及其工作人员、教师、学生为限，还包括其他教育机构、家长等其他主体。同时，从行政过程的角度来看，教育行政处罚是教育行政主体向行政相对人作出的具体行政行为，因而应当注重行政处罚的正当程序控制和行政相对人的权益救济。

（二）教育行政处罚的类型

我国教育法律法规，除《教育法》《义务教育法》等法律明确设定了少量的教育行政处罚外，一般概括地规定在教育活动中，违反教育法规定的，应当依照教育法的有关规定给予处罚。若教育法律法规未明确设定具体的行政处罚，则应当根据《行政处罚法》《治安管理处罚法》等行政法律法规的相关规定进行相应的行政处罚。为保障和监督教育行政部门合法、有效地实施教育行政处罚，国家还专门出台了《教育行政处罚暂行实施办法》，并在该办法第 9 条明确规定了教育行政处罚的种类。行政法学界根据行政处罚对行政相对人权利义务造成影响的性质和程度不同，将其划分为申戒罚、财产罚、行为罚和人身罚4种。[1] 这4种行政处罚既可以单独实施,也可以合并实施。

一是申戒罚。以损害教育行政相对人的名誉、荣誉、信誉等精神权利为内容,包括警告、通报批评、责令悔过等。如《义务教育法》第56条第2款规定,学校以向学生推销或者变相推销商品、服务等方式谋取利益的,由县级人民政府教育行政部门给予通报批评。

二是财产罚。以侵夺教育行政相对人一定财产为内容,一般表现为罚款、没收违法所得、责令退还所收费用等形式。如《教育法》第75条规定,对于违反国家有关规定,举办学校或者其他教育机构,有违法所得的,应当没收违法所得。

三是行为罚。即能力罚,以限制或剥夺行政相对人从事教育活动的资格或权利为内容,包括责令停止招生资格、吊销办学许可证、责令停止参加相关国家教育考试、撤销招生资格、撤销教师资格、责令撤销入学资格、撤销违法举办的学校和其他教育机构等。如《教育法》第76条规定,学校或者其他教育机构违反国家有关规定招收学生,情节严重的,责令停止相关招生资格一年以上三年以下,直至撤销招生资格、吊销办学许可证。

四是人身罚。即自由罚,以剥夺行政相对人一定期间内的人身自由权利为内容,主要是行政拘留。如《教育法》第72条规定,任何人在国家教育考试中有组织作弊、通过提供考试作弊器材等方式为作弊提供帮助或者便利、代替他人参加考试等作弊行为,情节严重的,处5日以上15日以下拘留。

思考题

1. 简述教育法律责任的概念。
2. 简述教育民事责任的特征。
3. 简述学生伤害事故的侵权责任承担。
4. 简述教育领域内犯罪的主要罪名。
5. 简述教育行政责任和教育行政处分的关系。

---

① 参见刘建平、朱振生:《论行政处罚的分类与分步实施》,载《上海政法学院学报》2011年第2期。

第五章　教育法律救济制度

教育法律制度的核心是受教育权的保障,受教育权的充分实现需要建构一整套富有成效的制度体系,教育法律救济制度就是这一制度体系的关键一环。教育法律救济制度的完善与否也是检验受教育权能否真正实现的核心所在,直接影响教育法治建设水平。

第一节　教育法律救济制度的概念及其类型

教育法律救济制度直接关系着教师、学生权利的实现,是法律救济在教育领域的具体化,具有一般法律救济制度不具备的特点。另外,教育法律救济制度的类型多样,需要从不同视角对现行教育法律救济制度进行类型化分析。

一、教育法律救济制度的概念界定

教育法律救济制度的厘定离不开对法律救济制度范围的确立,法律救济制度本质上是对权利的救济,是公民、法人或者其他组织认为自身权利受到侵犯时,寻求法律程序上的保护,从而使自身利益得以挽回和补救的制度。广义上的法律救济制度所涵盖的内容非常庞杂,除了诉讼制度、复议制度、申诉制度之外,还包括所谓替代性纠纷解决机制(ADR),又可称为多元化纠纷解决机制,如调解、和解、仲裁等。上述法律救济制度在教育纠纷解决过程中都有体现,甚至部分替代性纠纷解决方式正在成为部分国家处理高校内部纠纷的重要方式。① 可见,教育法律救济制度与整体的法律纠纷解决机制密切相关,但教育法律救济制度的具体内容仍需进一步确定。

何谓教育法律救济制度,传统观点认为,"是指通过合法程序裁决教育活动中的纠纷时对受损害者的合法权益依法给予补救的法律保护制度"②。此时强调的是教育法律救济制度的"保护"功能。后来有学者强调教育法律救济主要是指"法律关系

---

① 参见张奂奂、吴会会、张增田:《从对抗走向对话:美国高校替代性纠纷解决机制研究》,载《复旦教育论坛》2021 年第 2 期。

② 郑良信:《教育法学通论》,广西教育出版社 2005 年版,第 474 页。

主体的合法权益受到侵害时,受害者通过申诉、行政复议、诉讼或者调解、仲裁等方式解决纠纷,制止或矫正侵权行为,以使自己受害的权利得以恢复,利益得到补救的法律制度"①。这一定义的特点是将教育法律纠纷解决的具体制度纳入其中,突出了教育法律救济制度的具体内容。

教育法律救济制度的定义从注重法律保护色彩向更为注重教育问题转变,尤其是相关制度对于教育纠纷和教育权益的强调更加凸显教育法律救济制度的"教育底色"。本书认为,教育法律救济制度主要是指通过法律程序,解决教育法律纠纷,保护教育法律关系当事人合法权益的相关制度的总称。

二、教育法律救济制度的典型特征

教育法律救济制度相对于一般法律救济制度和教育纠纷的非法律解决途径而言具有自身的特点,可从"教育""法律制度""权利救济"等层面对其典型特征加以阐释。

第一,教育法律救济制度应以解决教育关系中的教育法律纠纷为宗旨。在社会生活中,各行各业都会产生法律纠纷,教育领域概莫能外,甚至可以说教育法律纠纷更加复杂多样。② 教育法律救济制度最典型特点就在于具有教育属性,而教育属性的体现就是纠纷发生于教育领域。教育法律救济制度的设定目标之一就是解决教育法律纠纷,稳定和恢复教育秩序,保障教育法律关系中主体的权利。

第二,教育法律救济制度应通过发挥法律制度的优势化解教育纠纷。教育纠纷的解决渠道是多元的,而教育法律救济制度就是强调法律制度在化解教育纠纷过程中的优势。法律救济制度相对于道德层面的纠纷解决渠道具有强制性、稳定性、可信赖性和国家保障性等优势,这些优势对于教育纠纷的解决尤为重要。另外,教育纠纷自身具有的主体多元、内容不一等特征,也需要权威性的法律救济制度定纷止争。

第三,教育法律救济制度的功能是为教育法律关系中的当事人提供权利救济渠道。法律救济制度的核心在于权利救济,教育法律救济制度主要围绕教育领域当事人的权利保障和实现而展开。教育法律关系中的权利主体涉及学生、教师、学校等,大致包括受教育权、劳动权、学术自由、高校办学自主权等③,而并非单一的受教育权能够涵盖。因此,教育领域相关权利获得救济需要依赖系统化的教育法律救济制度

---

① 袁兆春、宋超群编著:《教育法学》,山东人民出版社 2014 年版,第 97 ~ 98 页。

② 参见李伟、杨挺:《我国学校法律纠纷案件的特点与规律分析》,载《教育科学研究》2015 年第 10 期。

③ 参见许育典:《学校法制与学校行政》,台北,元照图书出版有限公司 2014 年版,第 21 ~ 45 页。

有效运作。

三、教育法律救济制度的类型化

教育法律救济制度类型众多,不同救济制度彰显不同的作用。为了更好地解决教育法律纠纷,需针对纠纷的具体情况选择合适的教育法律救济制度。通过对教育法律救济制度的类型化可以为具体救济途径的选择提供标准。

1. 内部法律救济制度和外部法律救济制度

根据教育纠纷解决机关的不同,可以将教育法律救济制度分为内部法律救济制度和外部法律救济制度,又可称为对内法律救济制度和对外法律救济制度。

对内法律救济制度是指通过教育系统内部的救济途径来实现对教育法律纠纷的化解,此处的教育法律纠纷也以发生在教育系统内部为主。主要包括学校内部申诉制度、学校内部调解和和解制度等,适用于学生与学校之间、教师与学校之间等。[①] 学校与学校之间以及学校与教育行政管理机关之间的纠纷往往无法适用内部救济制度。对外法律救济制度主要通过教育系统以外的救济方式来处理教育纠纷,主要包括行政申诉制度、行政诉讼制度、行政复议制度等。相对于内部救济制度而言,外部法律救济制度的适用范围更广,即内部教育纠纷和外部教育纠纷都可以选择适用外部法律救济制度。

2. 诉讼法律救济制度与非诉法律救济制度

根据教育纠纷是否诉诸司法救济为标准可将教育法律救济制度分为诉讼法律救济制度和非诉法律救济制度。相对于诉讼法律救济制度而言,非诉法律救济制度更为强调专业化的解决方式,同时能够减轻司法机关压力,节省制度成本,提高救济效率。[②] 当然,诉讼法律救济制度也同样具有不可忽视的优势,如纠纷解决的权威性较高、司法救济的终局裁决属性,司法救济的体系完善等。就教育纠纷当事人而言,选择何种形式的法律救济制度可根据自身需要和具体案情加以判断。

第二节　教育法律纠纷产生的成因及其解决现状

教育法律救济制度的主要目的是解决教育法律纠纷,而教育法律纠纷的产生具

① 参见芮振华:《我国高校内部纠纷解决机制的构成、局限及其克服》,载《东方法学》2020 年第 5 期。

② 参见龙飞:《论国家治理视角下我国多元化纠纷解决机制建设》,载《法律适用》2015 年第 7 期。

有深刻的社会原因、制度原因和学校管理层面的原因。为了解决教育纠纷,我国建立了相对完善的教育法律救济机制,但在运行中显现出相关局限性,需要采取措施加以完善。

一、教育法律纠纷产生的成因分析

欲完善教育法律救济制度首先应分析引发救济制度启动的教育法律纠纷,而解决教育法律纠纷首要的是梳理纠纷产生的原因。事实上,教育法律纠纷产生的原因十分复杂,涉及社会、制度和管理的不同层面。

1. 社会层面的原因

教育法律纠纷的产生具有深刻的社会背景,特别与教育体制改革密切相关。近年来,我国继续深化教育领域综合改革,在人才培养体制、考试招生制度、办学体制、教育管理体制、教育保障机制等层面取得一定实效。① 然而,改革的力度与难度正相关,改革面临的难题既是需要克服的问题同时也是教育纠纷产生的原因之一。教育法治建设能够保障教育改革有序推进,同时法治建设过程中教师和学生的权利意识增强,通过法律渠道维护自身的权益已经成为当今教师与学生的共识。因此,无论是教育体制改革还是教师、学生权利意识的增强都直接或间接地促成教育法律纠纷的增加。

2. 制度层面的原因

教育法律纠纷的产生与教育制度密切相关,传统制度的滞后性更是教育法律纠纷产生的重要来源。首先,教育治理模式单一造成教师、学生的教学管理参与度低,从而引发教育法律纠纷,或者无法将法律纠纷在源头加以解决。其次,教育法律体系不完善导致教师、学生权利保障不充分,同时学校和教育行政管理机关处理纠纷时法律依据不足,纠纷处理结果的说服力不够会诱发新的教育法律纠纷。最后,教育法律监督制度不健全导致教育行政管理机关与相关专门监督机构对于教育问题的解决缺少制度层面的依据,致使教育纠纷的解决无法在监督制度体系内完成。可见,教育治理中存在的“社会参与不够、学校办学自主权不够、政府宏观管理能力不足、学校内部治理结构不完善”②等相关问题都可能导致教育法律纠纷。

3. 学校管理层面的原因

教育法律纠纷的产生也可从微观的学校管理制度层面加以观察。当前学校管理中仍然存在着管理过程中家长、学生和教师的参与度不高,学校自主管理权限较小,

---

① 参见余宇、单大圣:《中国教育体制改革及其未来发展趋势》,载《管理世界》2018 年第 10 期。

② 褚宏启:《教育治理:以共治求善治》,载《教育研究》2014 年第 10 期。

学校管理理念滞后,学校管理的法治化程度较低等问题。以学校管理法治化程度不足为例,学校管理者在处理相关纠纷过程中不能很好地运用法治思维来解决问题,从而导致纠纷激化。因此,学校管理层面存在的问题有可能是教育法律纠纷不断增加的直接原因。

二、我国教育纠纷解决机制的总体状况及其局限

教育法律纠纷的产生是多种原因共同作用的结果。为了有效化解教育法律纠纷,我国建立了相对完善的纠纷解决机制,但是从目前制度的运行来看还存在诸多局限性。

1. 我国教育纠纷解决机制的总体状况

近年来,随着国家整体法治建设的推进,教育法治化进程不断加快,学校治理法治化程度逐步提升,学生、教师等教育法律关系主体权利意识增强,学校、教育行政主管部门、相关社会机构以及司法机关为了更好地适应教育法治的发展也探索出多元的教育纠纷解决机制。当前,教育纠纷呈现有别于以往的特点:诱发纠纷产生的事由增多,纠纷带来的社会影响随着新媒体技术的应用而呈扩大之势,改革深入推进背景下教育纠纷解决难度越来越大。面对教育纠纷的新特征,学校等有关机构纷纷采取不同的措施加以应对。

首先,学校内部管理层面逐步增强学生和教师的参与度。教师层面,学校通过一系列制度设计维护教师的参与权,如设立全体教师大会、教师代表会、教师治理委员会等组织机构。另外,有些学校引入了教师监督机制,成立教师监督委员会来保障教师的参与和监督权。[①] 学生层面,主要体现在大学生参与到高校管理中去。高校为了保障学生参与学校管理渠道的畅通,采取了从信息公开到沟通渠道拓展等不同方式,具体如召开校长见面会、建立校长学生助理制度、多平台征求意见制度、组织听证会等。[②] 这些措施都为学生参与学校治理提供有效路径。

另外,在纠纷解决制度层面,学校和教育行政管理部门以及其他相关机构也通过采取不同维度的措施加以保障。学校层面,高校为了化解学校内部的学生学位申诉、学术纠纷、职称纠纷纠纷,设立了学生申诉委员会、学术委员会、职称评定委员会等机构,保障纠纷解决的权威性。另外,教育行政管理部门加强教育申诉制度改革,从申

① 参见陈振华:《中小学教师管理制度建设:问题与改进策略》,载《教育研究》2015 年第 9 期。

② 参见曹辉:《大学内部治理中的学生参与:动因、路径及其实现》,载《国家教育行政学院学报》2020 年第 2 期。

诉范围、申诉类型和申诉期限等不同层面完善申诉制度。① 除此之外，教育主管部门主导下的行政调解制度也为有效解决教育法律纠纷发挥重要作用。

2. 我国教育纠纷解决机制的局限

教育法律纠纷虽呈现增长趋势，但学校、教育主管部门等通过建立相应的纠纷解决机制能有效地化解部分教育法律纠纷。然而，当前教育法律纠纷解决机制也存在一些局限。

第一，教育法律救济制度运行存在障碍。我国多元化的教育法律救济制度在现实运行过程中无法充分发挥其作用。以高校建立的学生申诉制度为例，很多高校制定了相关的学生申诉办法②，成立了学生申诉委员会，但是我国高校当前的申诉处理机制尚未充分发挥其功能③，甚至有些高校的申诉制度出现“权利救济虚置”和“权力监督困境”④的状态。有学者直言：“教师申诉制度实践层面的实效性不彰，以及理论层面的质疑声不断，也说明教师申诉制度还不够成熟和完善。其核心问题在于，受行政权力主导的高强度影响，教师申诉制度的程序性、中立性、专业性难以得到有效保障，且与复议、诉讼的关系不甚清晰，不利于定纷止争和权利救济的目标实现。”⑤

第二，教育法律救济规则体系化程度较低。我国系统的教育法律救济规则存在于《教育法》第 43 条第 4 项。⑥ 然而该条规定主要针对的受教育者，也即对学生权益提供救济渠道，对于教师等相关主体的权利如何保障，《教育法》并没有直接规定。另外，《教育法》只规定了两种救济渠道，即诉讼和申诉，那么除此之外的诸如复议、调解等制度则没有规定，这就造成上述制度缺少规范依据，制度运行效力存在争议。当然，这些制度虽在《教育法》中没有规定，但在一些法规和规章中却又有明确的列举，如《普通高等学校学生管理规定》《中小学教育惩戒规则（试行）》《事业单位人事管理条例》《劳动人事争议仲裁办案规则》以及部分高校章程等。可见，教育法律救

---

① 参见孔繁华、崔卓兰：《完善我国高等教育申诉制度的思考》，载《华南师范大学学报（社会科学版）》2007 年第 3 期。

② 以《清华大学学生申诉处理办法》为例，其内容就包括总则、学生申诉处理委员会的组成、学生申诉处理程序、学生申诉处理工作规则、附则 5 部分。具体内容的设置可谓较为健全。

③ 申素平、陈瑶：《论非诉讼纠纷解决机制及其在我国教育领域的适用》，载《中国高教研究》2017 年第 1 期。

④ 尹晓敏：《论高校学生申诉制度功能的失落与复归》，载《高等教育研究》2009 年第 3 期。

⑤ 湛中乐、靳澜涛：《教师申诉制度运行的法治困境及其出路》，载《湖南师范大学教育科学学报》2020 年第 4 期。

⑥ 《教育法》第 43 条第 4 项规定了受教育者“对学校给予的处分不服向有关部门提出申诉，对学校、教师侵犯其人身权、财产权等合法权益，提出申诉或者依法提起诉讼”。

济制度的类型并没有统一,适用规则上也散见于部分较低层级的规范性文件,“教育法律救济规则整体呈现出零星、碎片化的特征”[1],因此教育法律救济规则亟待体系化。

第三,部分教育法律救济制度在功能上存在重合。当前因为教育法律救济制度内容多样,且缺乏统一的适用规则,就导致部分教育救济制度在功能上存在重合之处,最典型的莫过于校内申诉和教育行政申诉的适用范围相同,教育行政申诉和教育行政复议功能重叠。[2] 以后者为例,两者存在诸多类似甚至相同之处:首先,两者的受理机构都是教育行政管理部门;其次,两者在受案事项和范围上也存在共通之处,其范围较为固定;最后,处理效果上都不具有终局性,当事人都可以根据《行政诉讼法》的相关规定提起诉讼。这种制度层面的重合不仅不利于教育法律纠纷的解决,而且也造成救济资源的浪费。

第三节 教育法律救济制度建构的理论基础与域外经验

教育法律救济制度是解决教育纠纷的基本制度,构建教育法律救济制度不仅需要建立在已有的法律救济制度基础之上,而且还要结合教育问题基本特征、保障教育权利的实现,促进教育法律救济制度既能与已有法律救济制度相衔接,又能合法高效地处理教育纠纷。

一、教育法律救济制度构建的理论基础

教育法律救济制度的构建需要在教育权利保障、教育秩序维护和教育治理现代化之间实现平衡,同时还要突破传统特别权力关系理论的影响,实现各种教育法律救济制度之间的沟通和衔接。

1. 教育权利保障

教育法律救济制度旨在解决教育主体之间权利争议引起的教育法律纠纷。根据教育法律关系的主体内容的不同,教育权利的内涵也存在差别。

---

① 程雁雷、蒋艳:《教育法典编纂背景下教育法律救济制度的规则探究》,载《青少年犯罪问题》2021年第6期。

② 程雁雷、蒋艳:《教育法典编纂背景下教育法律救济制度的规则探究》,载《青少年犯罪问题》2021年第6期。

(1)学生的受教育权

受教育权是宪法赋予公民的一项基本权利,也是教育法治建设的核心内容。受教育权最核心的内容是义务教育阶段的受教育权和接受高等教育的权利。教育法律救济制度的首要价值就在于保障学生的受教育权益,也即在学生受教育权被侵犯时能够选择有利于自身的权利救济渠道。以高等院校学生的受教育权为例,教育法律救济制度的本质就是为学生的入学、学术研究、获得学位等不同阶段的权利实现提供救济渠道。

(2)教师的教学自由和学术自由

教师作为教育法律关系的重要主体,但却由于其身份的特殊性,很多教师的合法权利被侵犯时无法获得有效的救济。就义务教育阶段以及高中阶段的老师而言,其教育领域的基本权利主要表现为劳动权和教学自由。就高校教师而言,其主要权利类型为劳动权与学术研究自由。教育法律救济制度的设置应为教师的劳动权提供有效救济路径,而教学自由与学术自由因涉及专业问题往往遵循学术自制原则,倾向于内部救济途径,如校内申诉等。

(3)学校的自主管理权和依法自主办学

如果学生和教师的权利保障涉及的是个体利益的维护,那么学校所的自主管理权和依法自主办学则维护的是学校的公共利益。中小学校强调的自主管理是指学校在相关法律规定的前提下,自主确立办学目标、规划学校发展,自主开展教育教学活动,同时在学校人事、财务以及招生事务上拥有一定自主空间的权利或者权力。① 高等学校注重的是依法自主办学②,这里的“自主”是指高校根据相关法律法规具有自我管理、自我治理和自我负责的能力。依法自主办学充分肯定了高校所具有的自治权限,而构建高校纠纷内部解决机制就需要依法自主办学理念作为理论基础,也只有在高校具有自主权限的前提下才能构建纠纷处理的内部机制。

2. 教育治理法治化

新时期教育体制变革的重要表现就是从教育管理走向教育治理。所谓教育治理主要是指“多元主体共同管理教育公共事务的过程,它呈现出一种新型的民主形

---

① 蒿楠:《中小学办学自主权区域实证研究——基于豫中地区的调查分析》,华东师范大学 2017 年博士学位论文,2017 年。

② 《高等教育法》第 32 条至第 38 条则明确规定了大学的 7 项办学自主权,即招生权、学科和专业设置及调整权、教学权、科研与社会服务权、开展对外科技文化交流与合作权、人事权以及财务的管理和使用权。

态"[①]。而教育治理的法治化就是推进教育治理走向规范化、有序化,让教育治理在法治的约束和引导之下,始终坚持公平正义的价值观,确保多元主体在教育治理中有序发挥作用,同时促进教育治理制度的生成。[②] 对于教育法律救济机制而言,教育治理法治化理论提供了方法论支持,同时构建完备的教育法律救济机制也是把教育治理法治化落到实处的具体表现。因此,教育治理法治化是当今教育体制改革的核心内容,为教育法律救济制度的体系化完善提供价值遵循和理念指引。

3. 特别权力关系理论的突破

特别权力关系理论发端于德国,其主要是为了解决公务员、教师以及军人等特殊群体的权利保护问题而产生的。我国学者对照特别权力关系理论审视公务员、教师等群体的权利保障问题,并通过国外对特别权力关系的批判来为国内特殊群体的保障提供理论依据。[③] 具体到教育中,公立高校作为特别权力的拥有者,它对于学生的惩戒行为是有特别权力赋予的,作为相对人的学生是无法进行司法救济的。[④] 然而,随着"重要性理论"的提出,特别权力关系理论逐步消解,在司法救济范围内不在强调教师和学生的特殊地位。从司法实践来看,高等院校成为行政诉讼的被告已司空见惯,其中最典型的案件是"田某诉北京科技大学拒绝颁发毕业证、学位证案"和"甘某诉暨南大学开除学籍案"。可见,特别权力关系理论的突破为制度化的教育法律救济机制扫除了理论障碍,特别是为教师和学生权利的司法救济提供了理论支撑。

二、域外教育法律救济机制的经验借鉴

我国虽已形成颇具本土特色的教育法律救济制度,但具体制度运行制度还有待完善。教育法律救济制度应在本土实践的基础上,借鉴域外国家和地区的相关经验,从而形成完备的制度体系。从域外来看,无论是美国高校常见的非诉讼纠纷解决机制,还是英国教育形成的判例法教育法制与自治传统,以及我国台湾地区完备的申诉机制都有值得借鉴之处。

1. 多元法律救济制度基础上特别强调内部纠纷解决机制的作用

域外教育法律救济制度类型多样,既有兜底的司法救济制度,也强调申诉和调解制度。在多元法律救济制度的基础上,域外教育法律救济制度特别注重内部纠纷解决机制,其优势在于程序流程自主、救济成本低廉、专业性较强等。

---

① 孙东山:《自由与秩序:教育治理法治化的实践逻辑》,载《继续教育研究》2018 年第 7 期。

② 参见陈亮、李惠:《论教育治理法治化》,载《高校教育管理》2016 年第 4 期。

③ 参见刘庆、王立勇:《高校法治与特别权力关系》,载《政法论坛》2004 年第 6 期。

④ 参见韩兵:《德国司法审查学校学生管理纠纷的理论与实践》,载《河北法学》2010 年第 2 期。

2. 教育法律救济制度特别注重程序正义理念的贯彻

虽然域外国家和地区比较注重内部纠纷解决机制，但同样没有忽略纠纷处理中的程序作用。之所以内部法律救济机制获得认可，主要原因在于内部救济机制同样注重正当程序的运用。部分学校对于学生纠纷的程序规定清晰明了，主要包括投诉程序、调查程序、听证程序、申诉程序等。这些程序的运用不仅控制学校以及教育主管部门的权力，而且也保障了学生权利，增强了教育法律救济机制的权威性。

3. 教育法律救济制度运行中强调对学生和教师隐私权的保护

程序正义固然是教育法律救济制度关注的重点，但是这并不妨碍救济程序运行中特别注重保护学生的隐私。[①] 无论是在听证程序中，还是在档案封存中，都对学生的相关隐私进行严格保密，尽量把救济过程是否公开的权利交给学生行使。

第四节 教育法律救济制度的具体构成

教育法律救济机制是多元救济方式构成的整体，救济机制内部由申诉制度、复议制度、诉讼制度、仲裁制度、调解制度等多种制度构成。各种制度在保持自身独立运行的同时，相互之间又需要效衔接与配合。

一、教育申诉制度

申诉制度在各国受到普遍重视，已经逐步发展为一种新型的非诉讼救济机制。[②] 申诉制度因其具有救济成本较低、救济程序较为简易等优势得到认可，成为教师和学生权利救济的有效路径。在我国，无论是《教育法》还是《教师法》中都有申诉制度的相关条款。根据申诉制度建构主体的不同，可以分为校内申诉制度和教育行政申诉制度两种。

（一）校内申诉制度

校内申诉制度主要是指在学校系统内部设置的申诉程序和申诉机构，根据申诉主体的不同又分为校内学生申诉制度和校内教师申诉制度。校内申诉制度一般在高等学校内部设置的较为普遍。

校内学生申诉制度建立在学生申诉权的基础之上，是学生认为自身权利受到学

---

① 参见黄志远、黄宇红：《宾夕法尼亚大学对研究不端行为的处理程序及评析》，载《现代教育科学》2015 年第 1 期。

② 范愉：《申诉机制的救济功能与信访制度改革》，载《中国法学》2014 年第 4 期。

校或者其他相关主体侵犯时向学校申诉部门提出救济请求的制度。在我国,尤其是高等学校,一般都设立了专门的纠纷解决机构,尤其是针对学生和学校的纠纷。这一机构在解决校生纠纷的过程中发挥着重要作用,但是由于一系列观念、制度和操作层面的原因,我国学生申诉制度在实际运行中仍然存在诸多问题,如申诉委员会独立性不够、有关申诉的政策规范不健全、申诉制度没能与其他相关制度有效衔接等。就目前我国校内申诉制度而言,还需要从科学设置申诉机构、完善相应的申诉程序和制度、厘清申诉范围等措施着手加以完善。

校内教师申诉制度主要解决学校和教师之间产生的纠纷,如教师聘用纠纷、教师考核纠纷与教师职称评定纠纷等。在校内教师申诉制度中,申诉人的范围不仅包括狭义的教师,相关后勤人员、行政人员和教学科研辅助人员等在符合条件的前提下也可提起校内申诉。① 校内教师申诉机构一般称之为教师申诉处理委员会,大多设置在学校工会内部,在运行中需要坚持中立性、独立性和民主性,其构成人员也较为多元。

无论是校内学生申诉还是校内教师申诉都在解决教育法律纠纷中发挥重要作用,但现行申诉制度也存在申诉机构独立性不够、申诉决定的说服力不足、申诉程序不健全等问题。要想让校内申诉制度更好地发挥作用,还需围绕申诉制度运行的具体问题加以改革,使之适应新时期教育法律纠纷解决的需要。

(二)教育行政申诉制度

行政申诉主要是指纠纷主体向行政机关提起的申诉,主要是指"对行政机关作出的处理决定,公民、法人或者其他组织不服的,可以向该行政机关的上一级行政机关或者法定机关提出要求复查的请求"②。教育行政申诉制度是行政申诉制度在教育领域的具体化,旨在处理教育法律纠纷。相对于校内申诉制度而言,教育行政申诉制度在申诉受理机构、申诉事项、申诉处理结果等方面具有特殊性。

教育行政申诉制度可分为学生行政申诉和教师行政申诉两种类型。学生行政申诉制度主要是指学生认为自身权益受到侵犯时向教育行政部门提出申诉的制度。但学生校内申诉是否作为学生行政申诉制度的前置程序存在争议。③ 教师行政申诉制度主要是指具有特殊身份的教师在对学校或者其他教育机构作出的处理不服,向教

---

① 参见湛中乐:《论我国高等学校教师申诉制度的完善》,载《中国教育法制评论》2008 年第 7 辑。

② 章剑生:《现代行政法总论》,法律出版社 2019 年版,第 332 页。

③ 《普通高等学校学生管理规定》变相规定了校内申诉作为教育行政申诉的前置程序,而《教育法》规定学生对学校给予的处分不服可以直接向有关部门提起申诉,为规定校内申诉是前置程序。参见姚金菊:《高等学校行政争议非诉解决机制研究》,载《首都师范大学学报(社会科学版)》2017 年第 2 期。

育行政机构寻求申诉救济的制度。相对于学生行政申诉制度,教师行政申诉制度的争议更大,甚至有学者直接提出疑问,“教师申诉制度可以废止吗?”[1]之所以提出这种质疑,主要是因为教师申诉制度在适用过程中存在诸多问题,如申诉程序规则粗疏、申诉机构公正性不足、申诉处理结果约束力不强等。[2] 可见,教育申诉制度现实运行中存在诸多问题,其中最主要的是申诉机构公正性不足导致申诉结果的信服力不强等。除此之外,教育行政申诉制度与其他制度之间存在的功能重合且衔接不通畅等问题也是制约其有效开展的重要原因。

二、教育调解制度

调解制度是我国解决民事纠纷的重要制度之一,也是多元化教育法律救济制度的重要组成部分。广义的教育调解制度主要是指学校或者其他教育机构在其内部设立的针对教育法律纠纷进行调解的一系列制度和活动的总称。在我国,调解制度一般分为教育行政调解和学校内部调解两种:教育行政调解是指在行政机关主持下对教育法律纠纷加以处理;学校内部调解一般多存在于高校之中,即由高校内部设立的调解委员会围绕学生或者教育与学校的纠纷展开调解。教育行政调解与学校内部的调解虽然都旨在解决高校内部纠纷,但两者在机构、组成人员和程序上都存在不同,一般高校内部调解的适用范围较之于教育行政调解要宽。

教育行政调解和学校内部调解对教育纠纷的解决都具有相应的优势。首先,通过调解解决教育法律纠纷能够较好维护教育所具有的伦理性,即采用较为温和的调解方式处理纠纷能够不损及学生、教师与学校的关系。其次,通过调解处理相关纠纷能够把纠纷处理成本降到最低。无论是教育行政调解还是学校内部调解,其程序要求不高,内容相对合理,处理效率较之其他制度要高。最后,通过调解解决的教育法律纠纷说服力更强,并且这种说服力是建基在双方自愿的基础上,这也使调解协议的达成和执行会更为顺畅。

综上可知,通过调解制度来解决教育法律纠纷具有其他制度无法比拟的优势,但是教育行政调解和学校内部调解制度都具有一定的弊端。以学校内部调解为例,在调解过程中存在程序较为随意的问题,在调解协议的执行上则可能出现强制力不足、

---

① 参见管华、余若凡:《教师申诉制度可以废止吗》,载《湖南师范大学教育科学学报》2020 年第 4 期。

② 参见湛中乐、靳澜涛:《教师申诉制度运行的法治困境及其出路》,载《湖南师范大学教育科学学报》2020 年第 4 期。

执行不到位的情况。[①] 另外,教育行政调解与教育行政申诉在功能上相重合,且作为学校的行政管理部门,调解机构的公正性也会受到质疑。以上弊端的存在直接影响着调解制度在教育纠纷解决中的作用发挥。因此,需要从完善调解法律规范、明确调解委员会法律地位、提高调解协议执行力等方面健全教育调解制度。

三、教育仲裁制度

我国现行的仲裁制度根据仲裁当事人之间所发生纠纷的性质不同可以分为民商事仲裁和行政仲裁。我国《仲裁法》规定的仲裁制度为民商事仲裁制度,主要是指双方当事人通过订立仲裁协议,自愿将现在已经发生或者将来可能发生的民商事争议提交约定的非司法机构的第三者居中进行调解并作出有约束力的仲裁裁决的争议解决制度。行政仲裁是指纠纷双方当事人按事先或事后达成的协议,自愿将有关争议提交仲裁机构,仲裁机构以第三者身份对争议的事实和权利义务作出判断和裁决,以解决争议,维护正当权益,当事人有义务履行裁决的一种制度,如劳动争议仲裁制度。教育仲裁制度与行政仲裁中的劳动争议仲裁类似,主要是指学校、教师、学生将其在教育过程中发生的有关教育权利义务关系的法律纠纷提交给依法设立的教育仲裁委员会,由其对纠纷进行处理,并作出对双方具有约束力的裁决,从而解决教育法律纠纷的活动和制度。[②]

相对于其他教育纠纷解决机制,教育仲裁制度具有以下特征:(1)专业性强。教育仲裁制度解决的是教育法律纠纷,而教育法律纠纷具有专业性、学术性突出且法律关系复杂的特点。从教育仲裁制度的运行来看,其实行的是专家组成仲裁员进行裁决的方式,就克服了其他制度专业性较弱的问题。[③] (2)兼具经济与效率原则。教育仲裁施行的一裁终局制能够保障教育仲裁的高效性。另外,仲裁制度的程序简单,期限要求不严格,进一步降低仲裁的经济成本,提高了仲裁效率,方便纠纷的快速解决。(3)公正性和权威性。仲裁实际上是尊重双方当事人的意见,在权威性、专业人士的主持下完成仲裁裁决,具有准司法性,这就保证仲裁本身的公正性和权威性。

虽然教育仲裁制度在解决教育法律纠纷中具有诸多优势,但是在教育仲裁构建中却存在诸多困境。首先,教育纠纷解决机制多样,教育仲裁制度与其他相关制度如何定位是制度构建中的一大难题。教育仲裁与教育申诉、教育调解之间在功能上就

---

① 参见李红雁:《构建教育矛盾纠纷第三方调节机制的难点探析》,载《湖南师范大学教育科学学报》2013 年第 2 期。

② 陈久奎:《我国教育仲裁制度的建构研究——一种解决教育纠纷的新途径》,载《教育研究》2006 年第 5 期。

③ 参见彭俊:《中国公立高校校生纠纷研究》,中国政法大学出版社 2013 年版。

具有重合之处。教育仲裁与教育诉讼和复议之间的衔接也需要从规范层面加以理清。其次,教育仲裁制度与已有的相关仲裁制度的区分在技术上存在困难。教育仲裁制度的设计一般倾向于行政仲裁,但是教育仲裁与现行的劳动争议仲裁、人事争议仲裁之间如何在技术上加以区分对制度设计者提出考验。

四、教育行政复议制度

行政复议制度是指“行政相对人不服行政主体的行政行为,依法向行政复议机关提出申请,请求重新审查并纠正原行政行为,行政复议机关据此对原行政行为是否合法、适当进行审查并作出决定的法律制度”。① 教育行政复议是教育法律纠纷发生以后教育管理相对人诉诸行政复议制度维护自身权益的行为。教育行政复议制度的主要法律依据为《行政复议法》以及相关教育领域的法律规范。作为教育纠纷解决的重要制度,教育行政复议制度能够为师生权利提供救济,也能有效保障高校学术自由和依法自主办学,但却限于传统特别权力关系理论而无法有效发挥作用。②

教育行政复议制度在实施过程中主要存在以下问题:首先,教育行政复议的范围不明确。行政复议制度是一种准司法救济方式,具有严格的受案范围规定,但是教育行政复议的受案范围却存在争议。以高校管理为例,高校对学生开除学籍等非学术型纠纷的复议申请,教育行政部门无法统一处理,有的接受复议申请,有的案件则拒绝。另外,有些典型的学校纠纷,教育行政机关往往以学校不属于其直接下属部门而拒绝受理。除此之外,行政复议与行政诉讼的受案范围高度重合,这也限制了复议制度发挥其特色功能的空间。其次,教育行政复议与教育行政申诉在分工上有所重合。教育行政复议与教育行政申诉在受案范围、审查范围、受理机构、审理结果等方面有相似之处。③ 实践中,申请人既可以先行政申诉再申请行政复议,也可以直接进行行政复议。这就造成两者之间在解决纠纷层面高度重合,失去制度本身的特色。

教育法律纠纷的解决也离不开教育行政复议制度发挥作用。教育行政复议制度需要在明确受案范围和厘清与行政申诉的关系这两个层面加以完善。就受案范围而言,应适当扩大教育行政复议的受案范围,并在《教育法》等教育基本法中予以明确规定,从而保障教育行政复议运行更为通畅。在处理教育行政复议与教育行政申诉的关系上,需要在受案范围、审查程序等方面将两者予以区分,更好地发挥行政复议

---

① 参见胡建淼:《行政法学》,法律出版社 2015 年版,第 740 页。

② 参见张恩学:《教育行政复议制度研究——以高等院校校生纠纷为视角》,载《教育探索》2015 年第 1 期。

③ 程雁雷、蒋艳:《论我国高等教育法律救济制度的优化》,载《湖南师范大学教育科学学报》2021 年第 6 期。

制度监督教育行政机关的作用。

五、教育行政诉讼制度

行政诉讼,是我国三大诉讼制度之一,是指行政相对人对行政主体作出的行政行为不服,依法向人民法院提起诉讼,人民法院对被诉行政行为进行审理和裁判的司法活动。① 教育行政诉讼则主要是由教育行政行为引发的诉讼。行政诉讼的典型特征是"民告官",而教育行政诉讼中能作为"官"出现的主要有两种情况:一是高等学校关于颁发学位和学籍管理等事项引发的教育纠纷;二是教育行政机关在处理有关教育行政申诉等具体问题时引发的教育纠纷。教育行政机关作为被告的教育行政诉讼因为一般都会涉及相关教育纠纷解决机制,如由教育行政复议和教育行政申诉引发的行政诉讼,这类行政诉讼的处理一般依托于相应的救济制度。因此,以高等学校为被告产生的教育行政诉讼,乃成为本书教育行政诉讼制度阐述的重点。

我国高等教育行政诉讼制度历来富有争议,而在"田某诉北京科技大学案"中法官打破了传统的特别权力关系理论禁区,明确了高校作为行政主体被告人的资格,从而推动了我国高等教育行政诉讼的进展,乃至对于整个行政实体法与行政诉讼法都起到推动作用。将高等教育领域的相关纠纷纳入行政诉讼的受案范围内,不仅有助于学生权利的保障,同时也推动着高校法治建设的步伐。但是,高等教育行政诉讼目前面临受案范围不合理、救济标准不明确的问题。在受案范围层面,高等教育行政诉讼主要围绕着高校学位授予和学籍管理两个核心问题展开,对于学生处分、学生奖助政策、高校信息公开等问题则尚未纳入受案范围。而在救济标准层面,则出现了高校依法自主办学权与司法救济权的冲突②,即关于学术问题和非学术问题的审查判断是否都应付诸法院审查成为关键问题。当前我国司法实务中尚无明确的学术纠纷和非学术纠纷的区别标准,也就缺少相应的分类审查方法。

高等教育行政诉讼制度经过长期发展已经为教育行政诉讼积累了丰富的经验,同时实践中提出的高校法律地位、高校与学生和教师的关系、司法审查与高校自主权等问题都需要行政法作出进一步回应。因此,要发挥教育行政诉讼的作用,就必须在制度层面加以改革和完善。首先,应进一步扩大行政诉讼的受案范围,秉承最大限度有利于行政相对人的原则③,将高校管理中相关校生纠纷和校师纠纷纳入受案范围

---

① 参见胡建淼:《行政诉讼法学》,法律出版社 2019 年版,第 3 页。

② 参见秦惠民:《司法应谨慎介入学术纠纷》,载《中国高教研究》2005 年第 11 期。

③ 参见程雁雷、蒋艳:《论我国高等教育法律救济制度的优化》,载《湖南师范大学教育科学学报》2021 年第 6 期。

中,以期更好地保障学生和教师的合法权利。其次,明确司法审查标准,尤其是应在区分学术纠纷和非学术纠纷的基础上建立有针对性的司法审查方法。

思考题

1. 教育法律救济制度与一般法律救济制度的典型区别是什么?
2. 教育法律纠纷的深层次原因是什么?如何从根本上化解纠纷的产生?
3. 特别权力关系理论目前还存在哪些适用空间?是否需要彻底废除该理论?
4. 教育行政复议和教育行政申诉之间存在哪些功能重合之处?
5. 如何建立和完善具有我国特色教育仲裁制度?

第六章　教　育　权

教育是传递社会生活经验并培养人的社会活动。从广义上看,教育泛指影响人们知识、技能、身心健康、思想品德的形成和发展的各类活动,产生于人类社会初始阶段,存在于人类社会生活的各种活动过程中。① 人类诞生伊始,国家还未形成,公共的教育机构也不存在,教育更多自发地产生于父母和未成年子女之间。虽然在他们之间尚未形成明确的权利意识,更不存在法律意义上的权利义务关系,但是父母和未成年子女之间这种基于生物基础而形成的社会关系却是教育权的雏形。然而随着国家的出现,专门的教育机构(学校)和专门的教育职业(教师)的出现,带来了教育职能的转变。历史上最早的学校大约产生于公元前3000年至公元前2000年的中国、埃及、巴比伦、印度、希腊等国。② 学校教育的出现,将原先由家庭履行的教育职能部门委托给学校和教师,但父母、家庭并不是把所有的教育事项都转移出去,仍保留了部分教育职能。由于早期公共的学校教育规模较小,而私立学校教育则较为兴盛,如中国古代的私学,这样就出现了家庭教育、学校教育和社会教育三分的格局,而学校教育则隶属于国家教育。此后,随着国家实在法的介入,如何在国家、社会和家庭之间界定教育行为的权利义务关系,则促成了教育权的实证化。据此,如果说教育权是一个有效的概念装置的话,其应该包括国家教育权、社会教育权和家庭教育权。

第一节　教育权概述

一、教育权的含义与类型

从学术界的研究来看,对教育权通常有广义和狭义的理解。广义的教育权包括受教育权;而狭义的教育权是与“受教育权”相对应的范畴,其是指为了满足和实现公民接受教育的权利而存在的一种“教育”之“权能”(包括权利和权力),主要着眼

---

① 参见顾明远主编:《教育大辞典:简编本》,上海教育出版社1999年版,第204页。

② 参见劳凯声:《教育体制改革与教育权的重构》,载劳凯声、余雅风主编:《中国教育法制评论》第15辑,教育科学出版社2017年版,第2~6页。

于“谁”来管理和实施教育的“教育”立场。[1] 从教育权与受教育权的关系来看，由于受教育权已经被广泛承认为一项基本人权，那么教育权的配置主要是为了实现和促进受教育权。但是，当教育权作为一个独立范畴的概念被提出来时，其也具有了自身独特的价值，而不仅仅是依附于受教育权。

教育权的独特价值在于，根据实施教育行为的主体的不同，由这些主体赋予了教育权的内在价值。通常，实施教育行为的主体包括国家、学校、社会和家庭。国家教育权作为国家权力的一部分，一方面是为了保障学生的受教育权，另一方面也要保障教师的教学自由和学术自由；学校教育权虽然是根据国家教育权而生，但是为了保障学校教育权的实现，办学自主和高校自治也是其中应有之义。而社会教育权则更加复杂，其具有公益性和营利性，如何在保证民办教育机构发展的同时促进教育公益性的实现，是一个重大的现实课题。虽然家庭教育权最为古老，但是其作为权利的定位还有待深入研究。现如今，家庭教育则更多地被理解为父母或者其他监护人应尽的法律义务。

二、教育权的法律地位

由于教育权不是一种单一的权利（或者权力）类型，其有关法律地位的规定散见于《宪法》《民法典》《教育法》《义务教育法》《民办教育促进法》《家庭教育促进法》《义务教育法实施细则》《民办教育促进法实施条例》等法律法规中。

《宪法》（2018 年版）第 19 条架构了国家与教育的一般关系，也初步划定了国家教育权的范围。但是，由于国家的教育职能更多是通过履行教育职责的公共部门来执行，这就使国家教育权的法律地位非常复杂。以教育行政机关的职权为例，通过梳理现有的法律规范发现，其具体包括教育行政立法权或规定权、教育行政许可权、教育行政处罚权、教育行政处分权、教育行政给付权、教育行政指导监督权和其他教育行政权等。[2]

社会教育权更多表现为民办教育机构参与教育事业的权利，例如，《民办教育促进法》第 5 条规定：“民办学校与公办学校具有同等的法律地位，国家保障民办学校的办学自主权。国家保障民办学校举办者、校长、教职工和受教育者的合法权益。”除了举办教育事业，社会还有参与学校管理的权利、监督教育事业发展的权利等。

而家庭教育权则相对特殊，目前现行《宪法》第 49 条第 3 款只是规定“父母有抚养教育未成年子女的义务”，并未明确规定父母的家庭教育权利；但是《民法典》第

---

① 参见尹力主编：《教育法学》（第 2 版），人民教育出版社 2015 年版，第 97 页。
② 参见管华：《论教育行政机关的法律地位》，载《华东师范大学学报（教育科学版）》2021 年第 1 期。

1068条规定了父母有教育、保护未成年子女的权利和义务。《家庭教育促进法》主要是从父母义务和责任的角度来规范家庭教育，如第4条与第14条指出“未成年人的父母或者其他监护人负责实施家庭教育”“承担对未成年人实施家庭教育的主体责任”，但未明确规定未成年人的父母或其他监护人享有家庭教育权利，不无遗憾。

第二节　国家教育权概述

一、国家教育权的含义与内容

（一）国家教育权的含义

“国家教育权”虽不是正式的法律概念，却是教育法学的基本概念，但学界对这一概念尚未达成共识。一些学者倾向于从教育权的角度来界定国家教育权，认为教育权是负有施教责任的主体按照自己的意志对施教对象进行教育和指导的权利，其中国家教育权就是政府代表国家行使的教育权。① 另有学者认为，教育权是为满足和实现公民受教育权而存在的一种“教育”权能，主要着眼于“谁”来管理和实施教育，主体有国家、学校、家庭和社会。② 由此可见，这些界定并未为国家教育权直接下定义，而是通过界定教育权的含义来揭示国家教育权相较于社会教育权和家庭教育权的特征。

当然，也有学者直接界定了国家教育权的含义。秦惠民认为，国家教育权是国家依法对年青一代施教的公权力，包括国家的施教权和对教育的统治权、管理权。③ 彭虹斌认为，国家教育权是统治阶级通过国家机构控制教育的权利，主体是国家机关及其工作人员，实施对象是全体公民。④ 刘大洪认为，国家教育权是国家依照法律规定对国民教育进行统治、发展与管理的公权力。⑤ 笔者认为，国家教育权虽非法律概念，但《宪法》第19条对国家教育职责有相关规定：“国家发展社会主义的教育事业，

---

① 参见劳凯声主编：《变革社会中的教育权与受教育权：教育法学基本问题研究》，教育科学出版社2003年版，第139页。

② 参见尹力主编：《教育法学》（第2版），人民教育出版社2015年版，第97页。

③ 参见秦惠民：《走入教育法制的深处：论教育权的演变》，中国人民公安大学出版社1998年版，第169～170页。

④ 参见彭虹斌主编：《教育法学》，武汉大学出版社2020年版，第69页。

⑤ 参见刘大洪、苏丽芳：《人权视野下的国家教育权理论探析》，载《武汉大学学报（哲学社会科学版）》2012年第3期。

提高全国人民的科学文化水平。国家举办各种学校,普及初等义务教育,发展中等教育、职业教育和高等教育,并且发展学前教育。国家发展各种教育设施,扫除文盲,对工人、农民、国家工作人员和其他劳动者进行政治、文化、科学、技术、业务的教育,鼓励自学成才……”结合宪法规定及学者界定来看,国家教育权,是指国家有教化全体国民及发展、举办和管理教育事业的强制性支配力。

(二)国家教育权的内容

学界从不同维度探讨了国家教育权的内容。一些学者认为,纵向上的国家教育权包括中央教育权和地方教育权,横向上的国家教育权包括教育立法权、教育行政权和教育司法权;①另有学者认为,国家教育权包含确定教育目的、保障机会均等、充实教育经费、合理配置师资等内容。② 结合本书的论述,笔者认为国家教育权包含国家对国民的施教权,以及对教育事业的举办权和管理权。

1. 施教权

国家的发展需要人才的支撑。教育作为有目的、有意识地培养人的活动,是提高人力资本和国际竞争力的重要途径。现代国家无不重视教育的育人功能和战略价值,希冀通过加强国民教育提升国民素质和国家实力。作为国民教育代表人物的拉·夏洛泰指出,教育只能依靠国家,教育的本质就是国家的事务,国家对教育自己的成员有不可剥夺的权利……国家的儿童应由国家加以教育。③ 当然,任何国家开展国民教育都包含为统治阶级培养建设者和接班人的任务,并借助国家立法予以明确和规范。我国《教育法》第 3 ~ 8 条规范了社会主义教育的指导原则、方针政策、阶级属性和培养目标等。需要指出的是,随着学习型社会的来临,全民学习、终身教育成为不可逆转的趋势,国家施教的对象是全体公民,而非青少年。

2. 举办权

为确保施教权落到实处,需借助学校及其他教育机构等组织形式开展国民教育,这就衍生出国家对学校及其他教育机构的举办权。因此,国家举办学校及其他教育机构的重要目的,就是确保国家教育意志得到贯彻落实,培养社会主义建设者和接班人。按照霍菲尔德的法律关系理论,国家举办学校及其他教育机构的相关关系是保障公民受教育权,相反关系则是国家有举办责任。就此而言,国家对教育事业的举办权,既是保障公民受教育权益的需要,也是国家履行教育职权的体现。《教育法》第

① 参见彭虹斌主编:《教育法学》,武汉大学出版社 2020 年版,第 81 页。
② 参见尹力主编:《教育法学》(第 2 版),人民教育出版社 2015 年版,第 109 页。
③ 参见[英]博伊德、金合:《西方教育史》,任宝祥等译,人民教育出版社 1985 年版,第 299 页。

26 条第 1 款规定“国家制定教育发展规划，并举办学校及其他教育机构。”按照《教师法》第 40 条的解释，其他教育机构主要指少年宫、地方教研室、电化教育机构等。当然，国家作为抽象主权的集合体，举办权需由政府机构代为履行，由抽象主权和具体职权构成。

3. 管理权

现代教育形态多样、类型复杂，既有政府举办的公立学校，也有社会力量举办的民办学校，同时网络教育、在家教育、跨国教育等教育形式风起云涌，亟须国家加以管理和规范，以保障教育发展符合国家意志和社会公共利益。为管理日趋繁杂的教育事务，各国的教育管理权有普遍强化的趋势。19 世纪以来，在世界范围内掀起了一场声势浩大的教育立法运动，成文教育法律如雨后春笋般制定出台，为教育管理提供了法律依据。从管理主体上看，各级政府及职能部门、法律法规授权组织是教育管理的重要主体；从管理对象上看，教育管理主要指向学校、校长、举办者、教师、学生、监护人、社会组织与个人等；从管理内容上看，涉及学校举办、校长职权、学位授予、出资人责任等多个方面；从管理方式上看，标准、合同、诫勉谈话等柔性方式得到更多运用。

二、国家教育权的性质

学界通说认为，国家教育权本质上是一项公权力，具备公权力的一般特征。尽管学界对国家教育权的权力性质并无争议，但对权力来源问题却存在分歧。第一种观点认为，国家因享有统治权而拥有教育权，“此说是站在国家的立场，含有国家乃固有教育权主体的意味”[①]。也就是说，依据此种观点，国家教育权被视作国家主权的一部分，是国家主权自然派生出来的权力。第二种观点认为，按照社会契约理论，国家教育权来源于国民权利的让渡，国家教育权相较受教育权来说具有手段意义，最终目的是保障公民受教育权利的实现。[②] 第三种观点认为，国家教育权是一种继受性权力，是由宪法制定权所派生出来的，权力行使必须遵循“法无授权不可为”或“法无规定则禁止”的原则。[③]

笔者认为，第一种观点既与教育权产生和发展的历史不符，也是对主权概念的误读。从教育权产生和发展的历程看，教育最初被视作家庭事务，儿童也被视为父母的

---

① 申素平：《教育法学：原理、规范与应用》，教育科学出版社 2009 年版，第 69 页。

② 参见劳凯声主编：《变革社会中的教育权与受教育权：教育法学基本问题研究》，教育科学出版社 2003 年版，第 142 页。

③ 参见尹力主编：《教育法学》（第 2 版），人民教育出版社 2015 年版，第 122 页。

“财产”,家庭教育权先于国家教育权而产生。即便主权国家出现后,国家也未垄断教育权,而是允许父母和社会参与教育事务,共同推动教育事业的发展。另外,现代国家普遍许可境外力量来本国办学,也允许本国公民出国留学,教育事务并不像领土、领空、领海那样被视作神圣不可侵犯的;相反,敞开国门办学、国际教育交流已成为全球趋势,教育的开放性、融合性、全球性等特征愈益显现,现代国家不可能也没必要关门办教育。因此,将国家教育权视作国家主权的派生性权力乃至等同于国家主权是值得讨论的。

将国家教育权视作国民权利让渡的观点,虽有理论推演的浪漫色彩,但也面临难以自圆其说的尴尬。事实上,无论是社会契约论还是国家教育权让渡说,都只是学者为解释权力来源而进行的理论推演或理论假设,不可避免地忽略或放大了某些方面。从现实层面看,国家(政府)与国民(或其代表)并未签署社会契约,也未约定将教育权转让或委托给国家(政府);相反,国家教育权产生后,家庭教育权和社会教育权并未因此淡出历史舞台,而是继续发挥应有作用并与国家分享教育权,这是让渡说所无法解释的。另外,它还面临另一个难以解释的问题,即国家教育权仅为受教育权服务吗?虽然保障公民受教育权利是国家和政府的重要职责,但国家教育权与公民受教育权又不可避免地存在碰撞和冲突。如国家为提升全民素质和保障教育公平,在义务教育阶段推行强制入学和免试就近入学。但随着教育诉求越来越多元化,这些制度不可避免地与教育选择发生冲突,在家上学、择校等现象就是权力冲突的最好例证。因此,基于让渡说得出的国家教育权相较受教育权具有手段意义的观点,显然忽视了国家的教育意志和主体地位。

事实上,现代国家的国家教育权普遍历经从伦理权力向法定权力的转变。“二战”后,世界主要国家皆把发展和管理教育作为重要职能,并在宪法和法律中确认了国家教育权的法律地位。我国《宪法》第 19 条虽未直接使用“国家教育权”的概念,但明确规定了国家的教育职责,被学界视作国家教育权的宪法依据。另外,将国家教育权定位为宪法制定权派生出来的权力,也有助于规范权力行使,避免陷入权力绝对论和服务论的泥淖,从而在国家教育权、社会教育权、家庭教育权与受教育权之间维持动态平衡。这就意味着国家教育权的行使需遵循“法无授权不可为”的原则,否则其合法性就会受到质疑和挑战。同时,需将国家教育权转化为国家机构(主要指政府)的具体职权,政府亦不可放弃教育职权,否则构成行政不作为。

三、国家教育权的历史沿革

(一)西方国家教育权的演进与发展

西方国家对教育的介入和管理可以追溯到古希腊时期。斯巴达城邦为维护奴隶主的统治,要求所有男童接受军事训练,并强调未受过军事训练的人,不得成为公民,不能获得份地。雅典的学校教育虽非城邦举办,但会对体育训练进行监管,确保公民拥有强健体魄,以保卫国家。罗马时期开始举办文法学校,教授修辞、文法等内容,有效提升了社会教化和文明程度。进入中世纪后,宗教成为封建统治的精神支柱,教会垄断了文化生产和学校教育,世俗教育局限于宫廷学校,教育权基本掌握在教会手中。随着市民经济的发展,教育开始摆脱宗教束缚,中世纪大学逐步获得自治权,世俗政权接管城市学校、控制部分文化教育机构,教会的垄断地位出现松动,国家在教育发展中的作用愈益凸显。工业革命进一步推动了生产力的发展,亟须培养与工业生产相适应的市民阶层,通过普及义务教育来提升国民素质成为西方国家的主流选择。普鲁士王国被认为是世界上第一个推行义务教育制度的国家,随后英国、美国、俄罗斯、法国等西方国家相继颁布义务教育法令,要求父母送适龄儿童入学接受义务教育。义务教育的普遍推行强化了国家对教育的控制和影响,确立了西方国家对教育事务的统治权和管辖权。

普及初等教育后,西方国家逐渐将教育发展的重心转移到幼儿教育、职业教育、高等教育等领域,发展职业教育、教师教育、高等教育及延长义务教育年限的法规政策陆续出台,国家对教育的影响不断加深。"二战"以后,随着科技较量与国际竞争日趋激烈,以及"福利国家"理念广为流传,西方国家对教育的介入程度愈益加深,发展和管理教育俨然成为国家的重要职能,通过加强教育法制建设和扩展教育职权,国家教育权出现了普遍强化的趋势。① 当然,在有着自治传统的西方社会,对国家教育权无限扩张的质疑一直存在。② 近年来,西方国家试图重新定位政府职能,探求市场化、民营化的改革思路,打破不必要的政府垄断,通过教育分权、择校运动和公立教育私营化等举措来推动教育市场化的重建。③

(二)中国国家教育权的演进与发展

中国国家教育权的源头可以追溯到夏商周时期。这一时期的特征是教育由官府举办,政教合一,官师不分,学在官府。春秋战国时期,战乱频繁、礼乐崩坏,"学在官府"难以为继,"学术下移"成为趋势,出现官学、私学并存局面。秦统一六国后,以法为教,以吏为师,焚书坑儒,禁止私学,国家集中掌控教育权。汉初奉行"休养生息"

---

① 参见秦惠民:《走入教育法制的深处:论教育权的演变》,中国人民公安大学出版社 1998 年版,第 106 页。

② 参见劳凯声主编:《变革社会中的教育权与受教育权:教育法学基本问题研究》,教育科学出版社 2003 年版,第 149 页。

③ 参见劳凯声:《公立学校 200 年:问题与变革》,载《北京大学教育评论》2009 年第 4 期。

政策,复办私学、创立太学,“罢黜百家、独尊儒术”。隋唐开创科举制度,养士、取士合二为一,教育、选才有机结合。宋朝为弥补官学经费的短缺,开始鼓励社会力量办学,书院教育得到大力发展。元朝完善学籍管理制度,采用“升斋等第法”和“积分法”管理学生,加强对书院等私学的控制。明清奉行八股取士,学校沦为科举制度的附庸,思想管控逐步趋严,书院完全官学化。由此可见,中国封建社会主要通过官学行使教育权力、达到教化目的,而科举取士则形塑了私学教育,影响其教学内容。至明清时期,官学、私学基本被统一到“四书五经”中。①

20 世纪初期,晚清朝廷和国民政府开始探索现代学制,先后试行《壬寅学制》《癸卯学制》《壬子—癸丑学制》等新学制。国民政府时期,继续秉承官私分立的传统,在政府办学的同时,也鼓励私学发展,实行“中央—省—县”三级管理模式,但并未系统开展国民教育。新中国成立后,国家实行高度集权的管理体制,所有学校都由国家举办和管理,学校办学权力非常有限。20 世纪 80 年代中期以来,国家以体制改革为抓手,全力推进教育改革,印发《关于教育体制改革的决定》《中国教育改革和发展纲要》等文件,出台《义务教育法》《教育法》《教师法》《高等教育法》《职业教育法》《民办教育促进法》《家庭教育促进法》等法律,形成“政府为主、社会参与”的办学体制,扩大省级政府教育统筹权和学校自主办学权,将基础教育权责移交地方,要求父母或其他监护人切实承担对未成年人实施家庭教育的主体责任。

第三节　社会教育权概述

一、社会教育权的含义与内容

(一)社会教育权的含义

社会教育权有广义和狭义两种含义。广义的社会教育权,是指社会整体所拥有的符合社会公共利益要求的教育权利和权力的总和。狭义的社会教育权是除国家和家庭外,其他社会主体直接行使的教育权利,并与国家教育权和家庭教育权共同构成现代社会所确认和保障的第三种教育权形态。② 也就是说,相较于国家教育权,社会

---

① 参见劳凯声主编:《变革社会中的教育权与受教育权:教育法学基本问题研究》,教育科学出版社 2003 年版,第 150 页。

② 参见秦惠民:《走入教育法制的深处:论教育权的演变》,中国人民公安大学出版社 1998 年版,第 178 ~ 179 页。

教育权的范围更为宽泛，除国家教育权和家庭教育权外，其他教育权利皆可概括为社会教育权。[①] 目前，学界倾向于从狭义层面使用“社会教育权”的概念，但对这一概念的内涵与外延仍存在分歧。殷继国认为，社会教育权是指除家庭和国家外，各社会主体依法享有的从事教育活动的权利。[②] 周光礼、刘献君认为，社会教育权是指非政府的社会组织或个人有举办学校或其他教育机构以及利用自身资源和优势向社会成员施加教育影响的权利。[③] 尹力认为，社会教育权是社会各主体依法享有的关心、支持、参与和监督各项教育事务的权利。[④] 刘淑华认为，社会教育权是各社会力量依法享有的教育举办权和对教育的监督权。[⑤]

由此可见，学界对社会教育权的行使主体基本达成了共识（除国家和家庭外的其他社会主体），且多数学者认可举办私立教育机构和监督教育活动的权能，但对其他权能却存在分歧。综合《宪法》第 19 条第 4 款，《教育法》第 26 条、第 47 条、第 53 条，《义务教育法》第 9 条，《高等教育法》第 55 条等条款，笔者认为，社会教育权是指企事业组织、社会团体及其他社会组织和个人依法享有的举办教育事业、参与学校管理和监督、开展教育合作和文化教育活动的自由和资格。

（二）社会教育权的内容

根据前述界定，社会教育权主要包括教育事业举办权、参与管理和监督权、开展教育合作和教育活动权。

1. 举办教育事业

教育是一项涉及全民的事业，由政府完全包办，既与教育的准公共物品性质不符，也令国家财政难以负担。正因如此，现代国家在确立国家教育权正统地位的同时，也无一例外地肯定和保障社会主体举办教育事业的权利，以缓解教育财政经费的短缺，同时提供多样化的教育供给和教育选择，促使教育事业更好发展。基于此，我国《宪法》第 19 条第 4 款规定：“国家鼓励集体经济组织、国家企业事业组织和其他社会力量依照法律规定举办各种教育事业。”为落实宪法精神，《教育法》第 26 条、《高等教育法》第 6 条、《职业教育法》第 21 条、《民办教育促进法》第 52 条等条款皆

---

① 参见劳凯声主编：《变革社会中的教育权与受教育权：教育法学基本问题研究》，教育科学出版社 2003 年版，第 155 页。

② 参见殷继国：《我国社会教育权的新现代性解读——以基本公共教育服务均等化为视角》，载《高等教育研究》2013 年第 5 期。

③ 参见周光礼、刘献君：《政府、市场与学校：中国教育法律关系的变革》，载《华中师范大学学报（人文社会科学版）》2006 年第 5 期。

④ 参见尹力主编：《教育法学》（第 2 版），人民教育出版社 2015 年版，第 252 页。

⑤ 参见刘淑华：《教育分权内涵再探》，载《高等教育研究》2008 年第 11 期。

有支持和鼓励社会组织和个人依法举办学校及其他教育机构的规定。显然,教育事业举办权是我国社会主体享有的法定权利,是社会教育权最为重要的权能。

2. 支持教育发展、开展教育合作和教育活动

教育是一项培养人的活动,要想取得理想效果,就需充分发挥学校、社会和家庭的合力,实现协同育人,共同支持和推动教育事业的发展。作为重要利益相关者,社会组织和个人理应在教育活动中发挥关键作用。《教育法》第 47 条第 1 款、第 53 条指出,国家鼓励企业事业组织、社会团体及其他社会组织同高等学校、中等职业学校在教学、科研、技术开发和推广等方面进行多种形式的合作。国家鼓励社会团体、社会文化机构及其他社会组织和个人开展有益于受教育者身心健康的社会文化教育活动。《高等教育法》第 35 条、第 55 条、第 60 条等条款规定了国家鼓励高等学校同企业事业组织、社会团体及其他社会组织在科学研究、技术开发和推广等方面进行多种形式的合作,鼓励企业事业组织、社会团体以及其他社会组织和个人按照国家有关规定设立各种形式的奖学金、助学金及向高等教育投入。《职业教育法》第 32 条和第 35 条则鼓励和支持社会力量设立职业教育奖学金、贷学金和捐资助学,《民办教育促进法》也有鼓励社会中介组织和金融机构支持民办教育事业发展的规定(第 44 条、第 49 条)。从上述规定可知,国家支持和鼓励社会组织和个人参与教育合作、开展文化教育活动、设立奖助贷学金等,这些内容也可视作社会教育权的法定内容。

3. 参与学校管理和监督

《宪法》第 2 条第 3 款规定:“人民依照法律规定,通过各种途径和形式,管理国家事务,管理经济和文化事业,管理社会事务。”这是社会组织和个人参与社会管理的概括性授权。为保障宪法规定在教育领域的具体落实,《教育法》第 47 条授予社会组织和个人参与学校管理的权利,《义务教育法》第 9 条进一步授予社会组织和个人控告检举权。这就从部门法层面,为社会组织和个人参与学校管理及监督教育事务提供了明确法律依据,也是社会教育权的法定内容之一。

二、社会教育权的性质

从性质上看,社会教育权是社会组织和个人依法享有的私权利,是法律赋予其在教育领域为或不为一定行为的自由和资格。因此,对社会组织和个人而言,既可选择举办民办学校、开展教育合作、参与学校管理和监督,也可放弃权利行使,国家对此要予以高度尊重。显然,相较于国家教育权,社会组织和个人享有更多的意思自治和行为自由。然而,这并不意味着社会教育权可以不受国家和政府以及受教育权的规范和制约。按照权利相对论的观点,包括社会教育权在内的任何权利都必须遵循权利

行使的边界，不得损及他人合法权益和社会公共利益。一方面，社会教育权的行使需要遵循法律、法规、规章和法治精神，接受政府及相关部门的指导、管理、评价和监督。当然，政府的介入不是随意的，更不是漫无边界的，只有基于法律的明确授权，才能摆脱违法干预的嫌疑。另一方面，受教育权作为宪法赋予公民的基本权利，具有权利的优位性，当发生权利冲突时，应优先保障受教育权的实现。这就要求社会教育权保持克制和谦抑，不得随意侵犯受教育权。

从权利渊源看，社会教育权来源于习惯法并经法律确权后，实现了从习惯权利向法定权利的转变。习惯权利是人们在长期社会生活中逐步形成或约定俗成的，表现为群体性、重复性自由行动的一种权利。① 从社会教育权产生和发展的历程看，私学传统早已有之，且在多数情况下私学都被统治阶级予以明示或默许。因此，社会教育权历来被视作社会组织和个人的习惯权利。近现代以来，越来越多的国家通过立法来界分国家、社会和家庭的教育权责。德国、意大利、法国、日本、韩国等国家在宪法和法律中皆确认了社会教育权的合法性。② 我国也对社会教育权进行了法律确权，肯定了社会组织和个人举办、参与、支持、管理和监督教育事业的权利。

三、社会教育权的历史沿革

（一）西方社会教育权的产生和发展

在原始社会，由于家庭尚未出现，为了传递生产生活经验，人类不得不以民族为单位代际传递知识技能、实行社会公育，开展生存技能、生产劳动、社会道德等方面的教育，这是社会教育权的最初形态，也是社会教育权先于家庭教育权和国家教育权产生的重要理据。公元前 5 世纪左右，古希腊的雅典城邦出现了智者办学的热潮，私学相当普遍，以苏格拉底创办的修辞学校最为知名。古罗马创办了私立性质的初等学校、文法学校和修辞学校，但从罗马帝国开始，基督教教育逐步取代了世俗的学校教育。529 年，教会勒令关停与基督教教义不符的世俗学校，在随后长达千余年的时间里，教会牢牢掌握社会教育权的权柄，教育内容充满神学气息，教师由神职人员担任，教育场所局限在僧侣学校和教区学校等机构，主要为教会与贵族等特定阶层服务。

15 世纪以来，随着生产力的发展和市民阶层的产生，世俗教育开始摆脱封建枷锁和教会管制，城市学校、行会学校、中世纪大学相继出现，多数皆为私立学校，只要

---

① 参见张文显主编：《马克思主义法理学：理论、方法和前沿》，高等教育出版社 2003 年版，第 293 页。

② 参见秦惠民：《走入教育法制的深处：论教育权的演变》，中国人民公安大学出版社 1998 年版，第 179 页。

缴纳学费就可上学，较少受身份和宗教等因素的限制，教育内容也贴近市民阶层和工商业发展的需要。文艺复兴时期，随着新教的产生，对教育权的争夺开始加剧，新教为宣传新教理念和宗教信仰，广开学校、延揽生源，教育内容逐步世俗化和平民化，客观上推动了学校教育的发展。同时，世俗教育开始分化，贵族教育与平民教育分道扬镳。19 世纪以来，随着义务教育的普遍推行，社会教育权越来越多地受到国家和政府的干预和限制。当然，受制于文化传统和管理体制的不同，西方国家在处理社会教育权和国家教育权的关系方面亦存在差异。在奉行国家主义的国度，社会教育权将受更多管控，这以法国为典型；在奉行个人主义的国家，国家和政府仍然尊重民间办学传统和参与热情，这以英国为代表。二战后，西方国家对社会教育权和家庭教育权的干预达到顶峰，社会教育权受到国家法律的严格规制，即便是被视作私人领地的家庭教育也受到越来越多的监管，监护不利就有可能丧失监护权。①

（二）中国社会教育权的产生和发展

中国社会教育权的源头可以追溯到春秋战国时期，由于“官学衰微”，私学随之兴起，出现“学在四夷”“百家争鸣”的局面。正如学者所言，私学现象实质上是随着社会生产力的发展而形成的社会教育权的反映，亦即此时的公共教育权已分离为国家教育权和社会教育权两种形态。② 秦大一统后，深感不受限制的私学会威胁政治统治，于是推行“焚书坑儒”政策，妄图扼杀社会教育权，私学一度被禁。汉代改变文教政策，复办私学，出现“书馆”“精舍”“经馆”等教学机构，传授古文经学。三国两晋南北朝时期，私学仍然发达。隋唐时期，官学复兴、私学兴旺，出现了新的私学形式（书院），书院集高等教育与学术研究于一体，标志着私学进入新的发展阶段。当然，封建统治者在鼓励私学发展的同时，也注重通过选士制度来控制社会教育权。正如学者所言：“科举选士制度虽不是直接的教育制度，但在读书做官的古代中国，通过这一制度，封建统治者成功地把社会教育权笼罩在封建国家的统治之下，间接地实现了对散漫的私学的一统化管理。”③

从元代开始，书院逐渐官学化，但仍可归入社会教育权的范畴。与此同时，具有捐资办学性质的“义学”“义塾”等组织形式开始出现。从中国古代官学和私学的发

---

① 参见劳凯声主编：《变革社会中的教育权与受教育权：教育法学基本问题研究》，教育科学出版社 2003 年版，第 156 ~ 159 页。

② 参见秦惠民：《走入教育法制的深处：论教育权的演变》，中国人民公安大学出版社 1998 年版，第 17 页。

③ 秦惠民：《走入教育法制的深处：论教育权的演变》，中国人民公安大学出版社 1998 年版，第 19 页。

展轨迹看，似乎可以总结出一条规律，即治时则官学兴旺，乱时则私学更易获得发展。[①] 鸦片战争后，伴随着坚船利炮叩开国门，又出现了西方教会举办的教会学校及社会有识之士创办的新式学堂，皆可将其归入私学范畴。清末民初，教育救国思想开始传播，民间办学成为风气，一些教育思想家希冀借此促进民族觉醒、提高国民素质，以改变中国积贫积弱的状况。新中国成立后，随着公有制改革的推进，各类社会力量举办的学校被纳入"官学"轨道，私学再度被禁，这一现象直到改革开放才得以改观。20 世纪 80 年代后，国家开始鼓励社会力量办学，相继制定《社会力量办学条例》(2003 年已废止)、《民办教育促进法》等法律法规，以保障和规范民办教育事业的发展。

第四节　家庭教育权概述

一、家庭教育权的性质与功能

(一) 家庭教育权的性质

家庭教育权首先是基本权利。从实定法的规定看，主要是《德国基本法》第 6 条。依据《德国基本法》第 6 条第 2 款第 1 句之规定，抚养和教育未成年子女是父母的天然权利(das natürliche Recht)，也是其首先需要承担的义务。根据德国联邦宪法法院的解释，基本法上的"天然权利"意味着这一权利是先于国家存在的，不是国家赋予的，相反是作为预先规定的权利得到国家承认的。父母享有这一权利原则上是为了防御国家的干预，从而可以自行决定抚养和教育事项。[②] "天然权利"在内涵上可能包括：第一，这是一种父母和子女之间的生物联系。父母生下子女，也就有意愿去抚养和教育他们。换句话说，这是一种自然现象。第二，这也是一个自然生长过程。随着儿童逐渐长大，儿童的心智渐渐成熟。那么他们的个性发展权也在膨胀；与此相反，父母权利则是一个逐渐消失的过程。因而父母在行使权利的过程中，应该充分留意子女的成熟情况和认知能力，随时对自己的教育方法做出调整。第三，在基本法上，基本权保障都与第 1 条规定的人性尊严保障相关，而父母的人性尊严又保障了父母的个性发展的权利，抚养和教育子女是父母个性发展的内容之一。正是在第三

---

① 参见劳凯声主编：《变革社会中的教育权与受教育权：教育法学基本问题研究》，教育科学出版社 2003 年版，第 161 页。

② Vgl. BVerfGE 10, 59 – Elterliche Gewalt.

个意义上,父母的“天然权利”也就具有了基本权利的性质。

如前所述,虽然目前我国只是在民法上规定了父母的家庭教育权,未在《宪法》中直接规定其为基本权利。但是从家庭教育权与国家教育权的关系来看,国家有必要承认家庭教育权的基本权利地位。原因在于:第一,在逻辑上,根据霍菲尔德关于法律关系的论述,权利与义务是一对相关关系,二者不能分离,即“我有义务教育我的子女”,那么“我就有权要求别人不妨碍我履行教育子女的义务”。由此,承担较重的义务,就应该授予较重要的权利。第二,在价值上,家庭对儿童发展具有不可替代的重要作用。生态系统理论、社会学习理论、家庭系统理论、符号互动理论都不同程度地回答了家庭的这一功用,为此法律规范要尊重这一自然规律。

(二)家庭教育权的功能

从基本权利来看,按照宪法教义学的观点,基本权利通常有防御功能、保护功能和给付功能。① 防御功能要求国家尊重父母的家庭教育权,不得随意干涉。这就意味着父母在教育的内容上,是偏重于理科教育还是文科教育;在教育方式上,是选择在学校接受教育还是在家接受教育;在学校上,是选择公立学校还是私立学校,都有较大的自由。除非是在父母的行为危及儿童的重大利益且在符合正当程序的前提下才能干预。保护功能要求当父母以外的人或者组织侵犯了父母的家庭教育权时,如学校在教育过程中限制父母参与学校活动,或者过度干预父母的家庭教育活动,父母有权向国家提出主张要求排除妨碍,保护其家庭教育权利的顺利实施。给付功能,是指当父母没有能力实现家庭教育权时,国家应该通过积极的行动加以促进,如提供家庭教育指导服务。

由于父母享有的家庭教育权是针对国家而言的,对于未成年子女来说,它不是基本权利。如果也承认父母权利的私法性质,那么它是一项首先应该履行义务或者责任、然后才能享有的民事权利,即是一项负有条件的权利,因此父母作为第一责任人应该切实履行教育未成年子女的义务。如果父母不履行这一义务,放任自己的未成年子女,不管不问,或者认为学校教育可以替代父母教育,对教育未成年子女的事务无所用心,这首先在私法上导致了民事义务的不履行;其次在宪法上,它也违反了父母对于国家的义务,应该接受公法上不利的后果。

二、家庭教育权的内容

(一)教育内容自主权

教育内容自主权涉及父母培养未成年子女的自由。在国家与父母的关系上,这

---

① 参见张翔:《基本权利的体系思维》,载《清华法学》2012 年第 4 期。

体现了国家对父母的家庭教育权的尊重。不过父母的教育内容自主权因为涉及一个生命的成长,并不是说一对夫妇具有了“父母身份”,就当然知晓培养孩子的道理。事实上,历史上很多先贤都指出教育子女是一件复杂的艺术。苏联教育学家苏霍姆林斯基用明白流畅的语言写了一系列的文章,如《睿智的父母之爱》《给教师的建议》《帕夫雷什中学》《怎样培养真正的人》,来教诲人们育儿的道理。父母为了实现教育内容自主,应主动学习家庭教育知识,提升家庭教育能力。①《家庭教育促进法》第16条具体规范了家庭教育的内容,要求父母或其他监护人根据未成年人的年龄阶段和身心发展特征开展有针对性的家庭教育。

（二）在家教育权

在家教育（homeschool）是一个在世界范围内具有争议的问题。对于父母是否享有在家教育权,目前世界上表现为两种态度:以美国为代表的认可态度和以德国为代表的否定态度。由于我国《义务教育法》第11条第2款规定,并没有强制所有的儿童必须接受义务教育,这就使在家教育在我国也存在,但是从司法实务的观点来看,我国对在家教育依然持不支持的态度。②

从美国的实践来看,承认父母的在家教育权,其实是给国家提出了更高的要求。在家教育不等于父母恣意教育,父母也要受到法律的规制,只是这套规制手段与学校教育存在若干差别而已。目前,美国50个州都通过了与家庭教育有关的法律,虽然州法规定的内容不一,但即便是在那些规定最宽松的州,也仍然对在家教育的课时、执教人员的资格、学生的考勤和评定作出了规定。③

由此可见,尊重父母的在家教育权,在立法上保障在家教育的质量,克服儿童的社会化或者融入社会的问题,做好其与《义务教育法》的衔接,不失为有益的尝试。

（三）学校选择权

学校选择权,是指父母享有选择让自己的未成年子女就读公立学校还是私立学校,就读好学校还是差学校的权利。在中国,这可以转换为“择校”问题。关于择校是否具有合法性,《义务教育法》第12条只是规定了“就近入学”,并不排除择校的可能。关于择校的效果,即是否能提高学生的成绩,有实证研究表明,择校对于优质学生没有不利影响,但是对于低分学生却有积极影响。④ 这说明了择校是有正当性基

① 参见叶强:《家庭教育立法应注重“提升家庭教育能力”》,载《湖南师范大学教育科学学报》2021年第3期。

② 参见申素平:《教育法学:原理、规范与应用》,教育科学出版社2009年版,第129～130页。

③ 参见徐冬鸣:《美国“在家教育”立法述评》,载《现代教育管理》2013年第12期。

④ 参见张羽、陈东生:《高中择校真的有用吗?》,载《中国教育报》2016年2月4日,第4版。

础的。这也解释了为什么择校在中国非常流行,很多家长为了让子女上好学校,不惜斥巨资买“学区房”。

在世界范围内,如何看待父母的学校选择权,主要有四种做法:严格的学校分区、例外的学校分区、完全的自由择校和限定的自由择校,并没有一个统一的标准。① 在德国,根据《汉堡学校法》(2016 年版)(Hamburgisches Schulgesetz)第 42 条第 7 款的规定,父母虽然有择校权,但是应受到限制,即通常学生的父母有三个学校的选择权,当小学生在向某个学校报到时,该学校应尽可能地将其录取;在这所学校录取名额用尽的情况下,父母的第二、第三意愿开始被考虑,即一所学校的报到人数超过了这所学校的录取人数,那么不被这所学校录取的学生可以被其他学校录取;学校在录取学生时,应该考虑以下重要因素:父母的意愿,学校的距离,学校中是否有学生的兄弟姐妹等。

从《汉堡学校法》的规定及其实际效果来看,赋予父母学校选择权,可能会加大择校的概率,但是这种行为是可以控制的,除了适当限制父母的选择次数之外,还需要国家持续改善教育环境,强化教育均衡。

(四)参与学校事务权

在学校教育问题上,一开始父母参与学校事务的权利并不被认可。以美国为例,传统上公共教育被认为是公共机构的事务,父母参与(parental involvement)也只是最近三十年才发展起来的。最初与儿童健康有关,后来扩大到儿童教育。父母参与学校教育的理由在于:家校合作更有助于儿童的教育产出;学校通过了解家庭的文化背景和价值观从而可以较好地满足儿童的需求;同时,父母通过参与学校教育,也学到了更多的育儿知识,这样也有助于他们更好地行使家庭教育权。②

在中国,父母参与学校教育受到诸多因素的制约:第一,文化认知上的因素。有教师认为学校教育专业性强,父母不适合参与;有父母认为学校教育与己无关,不愿意参与学校教育。第二,对学校参与深度的认识没有达成共识。调查发现多数父母只是对自家孩子在学校的表现感兴趣,对学校的管理不太有兴趣。第三,制度上的制约。现行的教育法律法规对于父母参与没有具体的规定,这造成了父母参与的制度环境缺失。

---

① 参见王晓辉:《择校,教育公平的世界性难题》,载《中国教育报》2009 年 6 月 2 日,第 3 版。

② See Gwendolyn L. Watson, Renée Sanders-Lawson and Larry McNeal, *Understanding Parental Involvement in American Public Education*, International Journal of Humanities & Social Science, Vol. 2, p. 41 (2012).

目前,父母参与学校教育已经越来越受到重视。2012 年《教育部关于建立中小学幼儿园家长委员会的指导意见》指出,建立家长委员会,对于发挥家长作用,促进家校合作,优化育人环境,建设现代学校制度,具有重要意义。

三、家庭教育权的法律保障

(一)国外家庭教育权的法律保障

目前,世界上直接在立法上规范家庭教育权的国家较少,典型代表是德国。《魏玛宪法》(1919 年)第 120 条就规定了"教育子女使其身心健康并具有社会能力,属于父母的最高义务及自然权利,教育行为受国家监督",这是世界上首次在宪法中明确父母权利作为基本权利的宪法地位。后来《德国基本法》(1949 年)第 6 条承袭了该条的规定。为了落实基本法的规定,德国制定了社会法典第八篇,即《儿童与青少年救助法》(Kinder-und Jugendhilfegesetz),其涉及家庭教育的条款主要是第 1 条、第 16～18 条,其内容分别是:(1)第 1 条"教育权、父母责任和青年救助"规定,每个青年都有发展促进请求权和教育权,以实现其责任感和参与社会之人格。教育子女是父母的权利和义务。青年救助就是为了实现以上目的,并重点做好消除歧视、支持父母、防止儿童福利受损、创造积极的生活条件和友好的家庭环境等工作。(2)第 16 条"一般化的家庭教育促进"规定,国家为母亲、父亲、其他教育权人以及青年提供一般化的家庭教育措施,从而让家庭教育权人更好地履行父母责任。国家还应该采取措施,以和平的方式消除家庭中的冲突状态。国家尤其应该采取以下措施:根据家庭的不同生活条件和教育现状,提供家庭形成的措施,增加家庭的健康能力,如加强父母和教育机构的合作,提高自我救济和邻居救济的形式等;在年轻人教育和发展的一般问题上提供咨询;提供家庭休假和家庭疗养,尤其是在家庭抚育子女而面临负担时;为怀孕的母亲和即将成为父亲的人提供关于伙伴关系和育儿问题上的咨询和帮助。(3)第 17 条"关于伙伴关系、分居和离婚等问题的咨询"规定,当父母在育儿期间,就伙伴问题进行咨询时,可以寻求以下帮助:建立伙伴关系的共同生活;消除家庭中的冲突和危机;当伙伴关系面临分居或者离婚时,为实现儿童福利而为父母责任的履行创造必要的条件。在父母分居和离婚时,为了保证儿童作为适当的当事人,家事法院应该在程序上提供支持。(4)第 18 条"履行人身照顾和交往权上的咨询和帮助"规定,父母在履行人身照顾权时,可以就人身照顾权的履行以及抚养费的强制执行寻求帮助;当父母没有缔结婚姻,可以就亲权生命和亲权的转移寻求帮助;青年有权依据民法典的规定就交往权的行使寻求咨询和帮助;年满 21 岁的青年还可以就抚养费的强制执行寻求咨询和帮助。

而美国主要是通过判例来保障家庭教育权。在19世纪后期美国推行的公共学校运动中,父母和国家之间围绕儿童教育问题展开了针锋相对的斗争,最终在1923年的"迈雅诉内布拉斯加州案"(Meyer v. Nebraska)和1925年的"皮尔斯诉修女协会案"(Pierce v. Society of Sisters)中,美国联邦最高法院认可了教育子女是父母的权利,并指出未经正当法律程序不得剥夺这项权利,由此将父母权利作为一项宪法权利看待,父母享有的家庭教育权受到宪法保护。美国联邦最高法院在最新的"特罗塞尔诉格兰维尔案"①中再次重申了父母对未成年子女的照料、抚育之权利是最为古老的基本自由权。根据父母权利保护民间组织的网站(https://parentalrights.org),截至2019年年底,美国州立法层面明确表示保护父母权利的有密歇根州(1996年立法)、得克萨斯州(1999年)、科罗拉多州(2003年)、内华达州(2013年)、弗吉尼亚州(2013年)、堪萨斯州(2013年)、俄克拉何马州(2014年)、亚利桑那州(2015年)、爱达荷州(2015年)、犹他州(2015年)和怀俄明州(2017年)11个州,而州法院在处理父母权利保护案件时进行严格司法审查的则有30个州。这一组数据表明,父母权利作为基本权利的观念在美国联邦和州的司法和立法实践中有坚实的基础。

(二)中国家庭教育权的法律保障

在我国的法律文件中,"家庭教育"第一次出现于1981年5月16日中共中央转发的《关于两个会议情况及一九八一年妇联工作要点的报告》(中发〔1981〕19号)中;第一次被写入法律是在1995年制定的《教育法》(第49条)中。

目前,除了《宪法》第49条第3款外,与家庭教育权保障相关的现行法律有《民法典》《教育法》《义务教育法》《妇女儿童权益保障法》《民法典》《未成年人保护法》《反家庭暴力法》《家庭教育促进法》等。除此之外,教育行政部门、全国妇联等还出台了较多的家庭教育规范性文件,如《关于全国家长学校工作的指导意见》(妇字〔2004〕41号,2004年10月25日)、《家长教育行为规范(试行)》(妇字〔2004〕43号,2004年10月25日)、《全国家庭教育指导大纲》(妇字〔2010〕6号,2010年2月8日)、《关于进一步加强家长学校工作的指导意见》(妇字〔2011〕2号,2011年1月27日)、《关于建立中小学幼儿园家长委员会的指导意见》(教基一〔2012〕2号,2012年2月17日)、《3~6岁儿童学习与发展指南》(教基二〔2012〕4号,2012年10月15日)、《关于开展全国家庭教育指导服务体系试点工作的通知》(妇字〔2013〕29号,2013年6月21日)、《关于加强家庭教育工作的指导意见》(教基一〔2015〕10号,

① See Troxel v. Granville, 530 U.S. 57 (2000).

2015 年 10 月 11 日)、《关于指导推进家庭教育的五年规划(2016—2020 年)》(妇字〔2016〕39 号,2016 年 11 月 15 日)等。

梳理以上法律规范发现,其主要规定了如下事项:(1)父母或其他监护人对未成年子女的教育义务,如思想政治教育、品德教育、纪律教育、法制教育等。(2)父母或其他监护人送未成年子女接受义务教育的义务。(3)父母或其他监护人采用文明方式,即不得采用家庭暴力的方式对未成年子女进行教育的义务。(4)父母或其他监护人在学校中的权利。如在有条件的公办和民办中小学和幼儿园建立家长委员会,通过家长委员会参与学校管理、参与教育工作、沟通学校与家庭。(5)建立家长学校,对父母或其他监护人进行家庭教育知识普及。(6)颁布家长教育行为规范,指导和推进父母或其他监护人的教育行为和方式。(7)颁布家庭教育指导大纲和儿童学习与发展指南,改善父母或其他监护人在未成年子女教育上的行为和方式。(8)开展全国家庭教育指导服务体系试点,探索区域整体推进家庭教育工作的新道路。(9)探索一套由家长委员会、家长学校、社区家庭教育指导服务点、家庭教育指导中心等组成的家庭教育指导网络。(10)建立家庭教育从业人员培训和指导服务机构准入等制度,培养合格的专兼职家庭教育工作队伍。以此为契机,人力资源和社会保障部下属的中国就业培训技术指导中心,联合中国青少年研究会开展了家庭教育指导师职业培训,并进行职业资格认证。(11)规定了教育督导制度,对教育活动、教师队伍建设、教育投入、教学水平和治理、教育法制等情况进行督导。(12)将家庭教育纳入公共服务,并推动家庭教育工作经费和事业发展经费纳入地方财政预算,保障家庭教育经费。(13)完善儿童监护制度。逐步建立以家庭监护为主体,以社区、学校等有关单位和人员监督为保障,以国家监护为补充的监护制度。完善监护权撤销的法律制度。(14)建立教育救助制度,并逐步完善家庭发展支持体系,如通过税收、抚育、教育、社会保障、住房等政策,减轻生养子女家庭负担等。

目前已经有 10 个省市出台了地方性法规。在此基础上,2021 年 10 月 23 日,第十三届全国人民代表大会常务委员会第三十一次会议审议通过了《家庭教育促进法》,从家庭责任、国家支持、社会协同等维度规定了家庭教育的实施、支持、促进、保障等内容。由于这是世界上第一部家庭教育法,必将对我国家庭教育事业的发展产生深远影响。

思考题

1. 简述教育权的含义及类型。
2. 何为国家教育权？并简述其具体内容。
3. 简述社会教育权的含义和内容。
4. 简述家庭教育权的内容及其法律保障。
5. 关于“在家教育”世界上存在哪些态度？请你谈一谈对此问题的看法。

第七章　受教育权

教育是人类精神文化的传承和催化活动,是连接过去和未来的中介。教育法律制度体系的核心内容——受教育权,被大多数国家确立为公民的一项基本人权。虽然,受教育权是直到20世纪才出现的宪法权利,但随着知识经济时代的到来,它将越来越受到关注。

第一节　受教育权内涵

一、受教育权的形成与发展

(一)受教育权的确立

欧洲中世纪晚期的文艺复兴为资产阶级大革命的到来提供了思想基础,而资产阶级大革命又将文艺复兴中的口号变成了现实。在欧洲,大革命使国家彻底取代了教会。在古罗马,市民社会出现雏形,又经过11世纪以后的商业、城市发展的积累,再加上大革命的强力推动,国家和市民社会二元结构正式形成。

18~19世纪,个人主义和自由主义逐渐成为社会主流思想,也成为近代宪法的理念基础。人们对于政府的希望和要求就是"管的越少的政府就是越好的政府"。所以在那个时期的宪法里,自由权是核心的权利,如思想自由、表达自由、人身自由、经济自由等。而公民受教育权的实现需要国家有所作为,这与近代自由主义和个人主义的理念并不一致。资本主义由自由竞争过渡到垄断阶段以后,生产和资本高度集中,财富集中在少数人手里,富者越富,穷者越穷,很多人并不是因懒惰而无法获得财富,而是根本无条件与大富豪自由竞争。这时,如果国家再不干预,必然会出现新的不公平、不自由,对资本主义发展也是不利的。时代精神的转化、国家理念的转变与资本主义在20世纪初遭遇的危机及苏维埃社会主义革命的胜利具有极为密切的关系。基于此,自由主义和个人主义逐渐被团体主义(社会分工细化和加强协作的结果)和干预主义所取代,尽管国家的干预并不是过度和无端的,而是和平衡财富、济贫扶弱的福利思想紧密结合在一起。

国家理念的转变必然会体现在宪法和法律当中。如荷兰学者范得文所言,20 世纪后,国家不再只是保障及维护过去(18 世纪及 19 世纪)追求个人主义时的自由,而应是促使每个人可以拥有真正之自由,能在社会中发展其人格。而社会基本权利之存在,是为了人类真正的自由及人类尊严。① 奥地利学者克利涅克认为,宪法肯定人民之社会基本权利,是为了实践人类尊严。因为这些社会基本权利之重心,并不在于保障人民之自由,而是保障社会之安全。由于人类尊严是最重要之价值,故为矫正个人自由可能产生之弊端,须确认社会基本权利之存在。② 公民受教育权的主旨正是提高人民的文化素养,从而在社会竞争中能有最基本的能力、条件,这些在某种意义上说,也是个体尊严的一种体现。所以,该项权利在现代国家理念确立后的 20 世纪被宪法所确认。③

(二)受教育权的发展阶段

受教育作为法领域的一项权利被提出,有一个较为漫长的发展过程,这和国家对于教育的介入和控制有相当的关系。

1. 作为私人事务的受教育权

在义务教育制度形成以前,教育基本属于私人事务,此时的教育与国家目的没有直接关系;教育并非因国家目的而存在,国家也几乎不介入教育事务。因而,个人接受教育是权利还是义务并不重要,也就没有受教育权利或受教育义务等观念的产生。个人的学习与受教育事务完全由自己决定。

2. 作为公民义务的受教育权

17 世纪近代民族国家形成后,国家力量开始全面介入教育事务,尤其是为适应工业发展而实行的义务教育制度被逐渐建立,教育就由私人事务转变为国家需要。尤其在一些教育权思想浓厚的国家,国家的目的就是教育的目的,教育是为国家目的服务的,是为了造就良好之国民而不是为个人之人格发展与自我实现。④ 带有强烈国家目的的教育很容易被理解为受教育是公民的义务。如 1889 年的日本《明治宪法》,其虽未直接规定有关教育的条款,但受教育一般均被视为日本臣民之三大义务(纳税、受教育和服兵役)之一。⑤

---

① 参见陈新民:《德国公法学基础理论》(下册),山东人民出版社 2001 年版,第 690 页。
② 参见陈新民:《德国公法学基础理论》(下册),山东人民出版社 2001 年版,第 690 页。
③ 参见王广辉等:《中国公民基本权利发展研究》,湖北人民出版社 2015 年版,第 230 页。
④ 参见周志宏:《教育法与教育改革》,台北,高等教育文化事业有限公司 2003 年版,第 505 页。
⑤ 参见[日]上原贞雄编著:《教育法规要解》,东京福村出版社 1992 年版,第 31 页。

3. 作为公民权利的受教育权

1919年德国的《魏玛宪法》，虽然没有直接表述公民的受教育权利，但通过相关内容不难看出其承认了受教育权利。如该宪法第二篇“德国人民之基本权利与基本义务”专设第四章“教育及学校”，其中第143条规定：“青年教育，由公共机关任之。其设备，有由联邦各邦及自治区协力设置之。”第144条规定：“教育事务，在国家监督之下，国家亦得令自治区参与之。学校之监督，应由以教育为主要职业及有专门学识之官吏担任之。”第146条第2项规定：“尽可能顾及受教育权利人之意志。”1922年，德国颁布《少年福利法》，第1条明确规定了儿童有受教育的权利。《魏玛宪法》开创了将教育权规定为公民宪法权利的先河，随后奉行相同理念的国家纷纷将其规定于宪法中，教育权遂和其他社会权利一起，成为现代宪法的突出标志之一。①

“二战”结束后，人在政治和社会生活中的主体地位被彰显，大多数国家宪法将受教育视为公民的一种权利，不再单纯强调其义务属性，并将其作为基本权利规定于宪法中。1948年联合国发布的《世界人权宣言》明确：“人人有受教育的权利。”受教育由单纯的义务转变成了权利。教育的目的回归到了个人人格发展的需要，而不再从属于国家的目的。②

4. 作为学习权的受教育权

“学习权”概念虽然早就出现于教育思想家的著作中，但直到1985年联合国教科文组织发表《学习权宣言》后，才被国家、社会接受为个人的基本权利。受教育的权利实际上是作为保障学习权的实现而存在的，也就成为了“学习权”的下位概念。

虽然受教育权特别强调其权利属性，但并不否认其同属义务的范畴。受教育也被视为义务，是因为公民只有接受国家厘定和认可的既定的知识体系，才能满足经济生产和公共管理需求；只有接受教育，才具备符合国家与社会需求的知识品格；公民只有具备相应的知识，才具有参与职业生活所必需的知识与经验，才能顺利进入社会，否则就有可能被社会排斥，成为社会底层的边缘人，增加国家的负担。在此情况下，国家必须强制公民接受教育，以减轻在管理和安排就业方面的负担。

受教育权的发展历程是由私人的事务，到国家把教育作为人民的义务，再到国家承认人民有受教育的基本权利，最后进一步发展到将学习作为一种人民的基本权利。③

---

① 参见郑贤君：《基本权利研究》，中国民主法制出版社2007年版，第222～223页。

② 参见周志宏：《教育法与教育改革》，台北，高等教育文化事业有限公司2003年版，第506页。

③ 参见周志宏：《教育法与教育改革》，台北，高等教育文化事业有限公司2003年版，第486页。

二、受教育权内涵与解析

（一）受教育权内涵

“受教育权”一词作为法律术语由来已久，但至今仍没有形成统一的表述。受教育权有丰富的内涵。由于各国历史文化传统不同，所信奉的理念不同，即使法律确认同一项权利，即便用相同的词汇，其内涵、范围、意义也可能大相径庭。就各国宪法制度而言，有些国家确定受教育权利，突出公民对国家的要求权；有些国家则确定受教育自由，突出公民选择何种教育方式即内容的自主性，避免过激、过多的干涉。在学理上，以文化权利界定受教育权，强调的是公民在宪法上所享有的权利；而受益权意义上的受教育权，则强调国家之于公民受教育权所承担的义务。在国际人权法、美洲人权法以及非洲人权法中，受教育权是作为一项社会权利被确认下来的；而在欧洲人权法中，受教育权则属于公民权利和政治权利范畴，倡导教育自由，不主张国家对教育的积极介入①。

国外很多学者从公民权、生存权或社会权、学习权、发展权等角度来定义受教育权。例如，日本学者中村睦男认为，受教育权的保障具有主权者教育的意义，受教育权是为了使国民具有一定的政治能力，从而稳固民主政治；②英国学者道格拉斯·赫德逊（Douglas Hodgson）从公民权的角度论证受教育权，认为“适当的教育是公民更理性地行使政治权利与自由的前提”，“受过良好教育的公民也许是保持民主结构与理念的前提条件”③；兼子仁主张，受教育权是“日本宪法第25条所规定的‘维持文化性的生活的权利’之具体化，或者是‘充实生存权的文化性内容之手段’”④。

我国对受教育权的界定多种多样，归纳如下。

1. 强调受教育者享有权利的具体途径和内容。例如，“公民的受教育权是指公民享有的在各类学校、教育机构或者通过其他途径学的文化科学知识，提高自己的科学文化业务水平的权利”⑤。

2. 着重于公民与国家权利义务关系。例如，“受教育权是由法律规定，公民为接受教育，要求国家作出一定行为的权利，即公民从国家那里获得均等的受教育条件和

---

① 温辉：《受教育权入宪研究》，北京大学出版社2003年版，第27页。

② ［日］芦部信喜：《宪法·人权》，有斐阁出版社1981年版，第381页。

③ Douglas Hodgson, *The Human Right to Education*, Dartmouth: Dartmouth Publishing Company Limited, 1998, p. 18.

④ ［日］大须贺明：《生存权论》，林浩译，法律出版社2001年版，第155页。

⑤ 李步云主编：《宪法比较研究》，法律出版社1998年版，第541页。

机会的权利,是公民基本权利之一"①,"现代社会的受教育权是指公民作为权利主体,依照法律规定,为接受教育而要求国家依法做出一定行为或履行一定义务的权利"②。

3. 强调受教育权是一种公民权。例如,"在法学理论中,尽管对权利的分类和表述存在不同的看法和做法,但受教育权都属于公民的基本人权这一范畴,是公民为自身利益,要求国家一定行为的权利"③,"对于个人来说,受教育是国家和社会应当保障的公民的基本权利"④,"广义的受教育权概念,泛指公民在教育事务上所享有的各种权利,包括受教育的权利、教的权利、父母选择教育的自由和公民建立教育机构的自由。而狭义的受教育权,则专指公民接受教育的权利"⑤,"我国公民的受教育权是指公民依法享有接受文化知识教育、劳动技能教育和其他方面教育的权利"⑥。

4. 强调受教育权是一种学习权。例如,"受教育权是作为学习自由权的补充物出现的,只是学习权的表现形式之一"⑦。

5. 以国家人权法为视角来界定。例如,"国际法中的受教育权是指个人或自然人依据国家法所享有的并由国家保障实行的接受教育的权利。这亦系对受教育权的权利主体、权利来源、权利内容及权利实现方式等本质属性抽象而来"⑧。

还有学者试图综合各种观点来解释,如学者龚向和认为:"所谓受教育权,是指公民依法享有的要求国家积极提供均等的受教育条件和机会,通过学习来发展其个性,才智和身心能力,以获得平等的生存和发展机会的基本权利。"⑨

现在学界对受教育权的解释可以从两个方面来认识:一方面,公民通过受教育权完善其人格及生存能力,获得应有的发展;另一方面,国家必须为公民的受教育权的实现提供均等的受教育机会与条件。⑩ 虽然,受教育者在教育活动中处于主体地位,但角色的被动受益性清晰确切。学术界对受教育权概念的内涵界定的争议,主要源自模糊了不同层次、不同形式、不同意义的受教育权。

---

① 顾明远主编:《教育大辞典:增订合编本》,上海教育出版社1998年版,第1439页。

② 秦惠民:《走入教育法制的深处:论教育权的演变》,中国人民公安大学出版社1998年版,第91页。

③ 劳凯声:《教育法论》,江苏教育出版社1993年版,第92页。

④ 谢鹏程:《公民的基本权利》,中国社会科学出版社1999年版,第14页。

⑤ 申素平:《受教育权的理论内涵与现实边界》,载《中国高教研究》2008年第4期。

⑥ 张维平、马桂新主编:《教育法学基础》,辽宁大学出版社1994年版,第236页。

⑦ 陈恩伦:《论学习权》,西南师范大学2003年博士学位论文。

⑧ 杨成铭主编:《人权法学》,中国方正出版社2004年版,第289页。

⑨ 龚向和:《受教育权论》,中国人民公安大学出版社2004年版,第29页。

⑩ 参见龚向和:《受教育权论》,中国人民公安大学出版社2004年版,第29页。

综合上述概念内涵表述，笔者认为，受教育权是指作为人，为了自我实现、全面发展和促进社会和谐与进步，有通过国家、社会或家庭提供的获得知识、技能的方式和条件的权利。

（二）受教育权解析

受教育权，是指作为人，为了自我实现、全面发展和促进社会和谐与进步，有通过国家、社会或家庭提供的获得知识、技能的方式和条件的权利。

第一，受教育权是一项宪法和法律上的权利，是宪法和法律所确认并保障的一种法益。

第二，受教育权是接受教育一方的权利，以此来区别于教育权（国家教育权、家长教育权和社会教育权）。受教育权与教育权的最显著区别就在于"受"，即接受教育一方的权利，虽然密切关联施教一方，但在受教育权法律关系中，施教一方的法律地位仅为提供符合受教育目的的方式和条件的义务主体，而非权利主体。

第三，受教育权是一种受益权，必须有给付义务主体。但给付义务在不同教育阶段和不同义务主体间存在较大差异。

第四，受教育权持续存在于婴幼儿教育、学历教育和学历后教育三个阶段。虽然，三个阶段在方式和条件上大有不同，但并不影响受教育权本身的存在。

第五，受教育权作为权利的同时，还是一项义务。作为一项权利，它是寻求人格与个性全面发展的要求；同时，接受教育的义务也是出于现代国家全面管理社会的需要，是国家为造就和培育经济生产和社会管理所需的人力资源的必要手段。①

第二节　受教育权属性

一、生存权说

生存权说，也称为"经济性权利说"。这一学说认为受教育的实现就是未来使贫穷的公民获取与人的生活能力有关的教育，故而要求国家从经济角度提供必要的文化教育和均等的受教育机会。对于这一学说，有学者批评其"经济主义的解释"是不充分的，应该丰富受教育权中文化性的权利内容。②

---

① 参见郑贤君：《基本权利研究》，中国民主法制出版社 2007 年版，第 223 页。

② 参见陈恩伦主编：《教育法学》，重庆出版社 2006 年版，第 34 页。

二、主权者说

主权者说认为，受教育权是为培养民主国家公民所具备的能力，以维持民主政治的运作。如日本学者中村睦男认为，受教育权的保障具有主权者教育的意义，受教育权是为了使国民具有一定的政治能力，从而稳固民主政治；①英国学者道格拉斯·赫德逊也从公民权的角度论证受教育权，认为“适当的教育是公民更理性地行使政治权利与自由的前提”，“受过良好教育的公民也许是保持民主结构与理念的前提条件”②。

三、学习权说

学习权是受教育者听说读写、质疑分析、想象创造的权利，是获得基本教育资源、获得更好教育条件、获得平等教育机会的权利，是自由发展人格、选择教育方式、参与教育活动的权利。③ 我国台湾地区学者普遍认为，受教育权是以学习权为其本质，受教育权乃是为了实现每个人的学习权。④ 学习权是一个内涵相当宽泛的概念，个人需要通过主动的探索、学习、诠释以及在他人协助下的被动学习的过程来实现。因此，学习权的概念在有关个人主动学习的部分，应包括不受妨碍的自我探索、学习、诠释的学习自由；在经由他人协助而被动地学习的部分，则应包括有获得一定教育机会与教育内容的权利，即受教育的权利。

现代人权保障的目的在于维护每个人的人性尊严，每个人作为人的尊严与其人格的健全发展密切相关，而人格的健全发展则有赖于学习。因此，通过学习可以使人格获得充分之发展，受教育权就成为人的最基本人权之一。每个人的人格发展与成长持续存在于人的一生，在不断的自我探索与学习中，完成人格发展之人生的各个阶段，所以，学习乃是人格发展的基础。同时，在持续学习的过程中，自我学习与接受教育均具有极为重要的影响。尤其是接受教育，更是个人人格成长与社会化的主要过程。因而，严格来说，从学习权的保障来看，受教育的权利实际上是为了保障学习权的实现而存在的，也是“学习权”的下位概念。

四、自由与社会权说

受教育权具有自由权和社会权两种权利的特性。在历史发展过程中，受教育权

---

① 参见[日]芦部信喜：《宪法·人权》，有斐阁 1981 年版，第 381 页。

② Douglas Hodgson, *The Human Right to Education*, Dartmouth: Dartmouth Publishing Company Limited, 1998, p. 18.

③ 参见褚宏启等：《学校法律问题分析》，教育科学出版社 2018 年版，第 167 页。

④ 参见许志雄、陈铭祥等：《现代宪法论》，台北，元照出版有限公司 2002 年版，第 188 页。

首先被认可为自由权。当福利国家思想出现后,受教育权又具有了社会权的特质,成为了具有复合特性的基本权利。

第三节 受教育权内容

一、受教育机会权

受教育机会权,是指每个人都应当拥有平等的、恰当的机会接受教育,这是受教育权的基本要求。拥有受教育机会并不意味着受教育权就实现了,但如果连受教育的机会都没有,就更不用谈受教育权的实现。因此,世界各国都非常重视受教育机会权。如我国《教育法》第 9 条第 2 款规定:"公民不分民族、种族、性别、职业、财产状况、宗教信仰等,依法享有平等的受教育机会。"同时,大多数国家对于来自政府、家长等外在因素从而使得公民的受教育机会权无法实现的情形,也都明确禁止并给予惩罚。在著名的美国"布朗夫妇诉托皮卡地方教育委员会案"中,托皮卡地方教育委员会以"隔离但平等"的原则拒绝布朗夫妇的黑人小孩到白人学校上学,最后,美国联邦最高法院判决布朗夫妇胜诉、政府败诉,从而布朗夫妇的黑人小孩拥有了到白人学校上学的机会。韩国《教育法》规定,家长如不送其 6 ~ 12 周岁的子女上学,经督促仍不履行者,及对雇佣学龄儿童而妨碍其接受义务教育者,处以 10 万韩元以下罚金。受教育机会权由入学机会权、在学机会权、选学机会权及升学机会权构成。

1. 入学机会权。这是受教育机会权中最基本的要素。只有拥有入学机会,才会有其他的受教育机会。

2. 在学机会权。这是指公民在获得了入学机会后,在学校里面,在学习的过程中拥有为了顺利完成学业或者为了高质量完成学业而应有的一些接受多种形式教育的机会。公民有入学的机会,只是走出了第一步,第一步是必要的,但并不代表着全部,要想真正地实现受教育权,还需要包括在学机会权等权利能力。

3. 选学机会权。公民除了拥有入学的机会以外,还可以选择学习的学校和学习的形式。选学机会权包含一定的自由权,但这种自由是有限度的,公民可以选择不同的学校和不同的教育形式,但他必须要接受一定的教育。

4. 升学机会权。公民在通过努力完成了一定阶段的教育以后,可以通过平等竞争以升学的形式接受更高层次的教育。从我国《教育法》中,可以推导出公民的升学机会权。学术界有关实施高等教育平等权的争论与实践，其焦点就是如何保障升学平等权。

二、受教育条件权

公民获得了受教育机会，只是说他可以接受教育了；但要想完成教育，实现受教育权，还依赖一定的条件。从权利的内容、特点等来看，受教育条件权主要针对国家。受教育条件权包括条件的要求权和利用权。我国《教育法》充分肯定了受教育条件权。该法第七章专门规定了教育投入与条件保障。如第54条第1款规定："国家建立以财政拨款为主、其他多种渠道筹措教育经费为辅的体制，逐步增加对教育的投入，保证国家举办的学校教育经费的稳定来源。"第55条第1款规定："国家财政性教育经费支出占国民生产总值的比例应当随着国民经济的发展和财政收入的增长逐步提高……"第61条规定："国家财政性教育经费、社会组织和个人对教育的捐赠，必须用于教育，不得挪用、克扣。"第六章第51条第1款规定："图书馆、博物馆、科技馆、文化馆、美术馆、体育馆（场）等社会公共文化体育设施，以及历史文化古迹和革命纪念馆（地），应当对教师、学生实行优待，为受教育者接受教育提供便利。"第五章第43条第1项规定："受教育者享有参加教学计划安排的各种活动，使用教育教学设施、设备、图书资料的权利。"

三、受教育认可权

受教育认可权，又称为"受教育评价权"，是指公民在付出了努力后，有获得公正评价的权利。如果是学历教育，该权利还包括获得相关证书的权利。如果公民不能获得应有的、适当的认可，那么公民的辛苦、努力就白费了，公民的受教育权将难以实现。所以，受教育认可权是受教育权的重要组成部分，在教育法律制度体系中是不可或缺的。如我国《教育法》第23条规定："国家实行学位制度。学位授予单位依法对达到一定学术水平或者专业技术水平的人员授予相应的学位，颁发学位证书。"根据《教育法》第43条第3项规定，受教育者享有在学业成绩和品行上获得公正评价，完成规定的学业后获得相应的学业证书、学位证书的权利。我国《高等教育法》第20条规定："接受高等学历教育的学生，由所在高等学校或者经批准承担研究生教育任务的科学研究机构根据其修业年限、学业成绩等，按照国家有关规定，发给相应的学历证书或者其他学业证书……"《学位条例》第2条规定："凡是拥护中国共产党的领导、拥护社会主义制度，具有一定学术水平的公民，都可以按照本条例的规定申请相应的学位。"

第四节　受教育权保护

在法治国家,法治原则要求一切国家事务必须由立法机关制定法律,行政机关执行法律,司法机关适用法律。这样,国家机关的行为才具有合宪性,才不违反宪法。因此,制定促进公民社会权利实现的法律,就成为立法机关的首要责任。宪法以最高法的方式确认并保障公民享有受教育权,但宪法规定的受教育权只是一个原则性规定,这一权利的具体实现需要立法机关设定标准,如实施的方法、违法的救济。受教育权的实现有赖于宪法确权、立法明权和执法司法护权的系统保障。

一、宪法保障

我国宪法体现了社会主义国家普遍较重视公民受教育权的特点,新中国成立以来的历部宪法都规定了公民的受教育权。1954 年《宪法》第 94 条规定:"中华人民共和国公民有受教育的权利。国家设立并且逐步扩大各种学校和其他文化教育机关,以保证公民享受这种权利。"1975 年《宪法》将公民的受教育权、选举权、劳动权等多项权利规定到了一条之中,即第 27 条,条文相当简单,即"公民有劳动的权利,有受教育的权利"。1978 年《宪法》恢复了 1954 年《宪法》的做法,以单独一条规定受教育权。即第 51 条:"公民有受教育的权利。国家逐步增加各种类型的学校和其他文化教育设施,普及教育,以保证公民享受这种权利。国家特别关怀青少年的健康成长。"1982 年《宪法》为了体现对公民权利的重视,首次将"公民的基本权利和义务"一章置于"国家机构"一章之前,于第 46 条规定:"中华人民共和国公民有受教育的权利和义务。国家培养青年、少年、儿童在品德、智力、体质等方面发展。"但在公民受教育权的保障性措施上未有制度性规定。相比 1954 年《宪法》,现行《宪法》删去了"国家设立并且逐步扩大各种学校和其他文化教育机关,以保证公民享受这种权利"的规定。①

根据《宪法》第 33 条和第 46 条的规定,国家在公民受教育权的保护中承担着重要角色,平等保护是宪法对国家保护公民受教育权提出的基本要求。由于受教育权处于复杂的权力、权利关系中,不同阶段受教育者的人格发展状况又存在差异,因此国家在公民之间分配教育资源时,必然存在差别对待的情形。如果差别对待的标准

---

① 参见王广辉等:《中国公民基本权利发展研究》,湖北人民出版社 2015 年版,第 232 页。

不合理，就会产生教育不公平现象。因此，国家应当如何平等保护公民的受教育权，是一个值得研究的问题。[①]

当今规定受教育权为宪法权利的国家，主要是那些倡导平等价值的法治社会国家及社会主义国家，有些国家如美国、法国等则并不认可这一权利。尽管这些国家在事实上采取一些肯定性的行动促成受教育权的实现，但在宪法观念上，这些国家始终认为，国家对保障受教育权不负有积极责任，这一“免于匮乏的自由”不属于宪法权利，宪法在文本形式上也不体现这一点。同时，在不承认受教育权为宪法权利的国家里，还伴随着知识界在理论上对公立教育制度的激烈批评，特别表现在一些自由主义者与后现代思想家那里。他们认为，受教育权的宪法规定于公立教育是国家干预社会与垄断教育的结果和表现，这是一个国家排斥其他知识体系的过程。鼓励、资助一种即排斥其他，国家通过政府控制的教育机构，在满足了具备自己所需要文化知识的人力资源的同时，客观上将其他知识体系排斥在官方认可的正统知识体系之外，这对个人自由权造成了冲击，影响了个人在决定接受何种知识体系过程中的选择权。并且，公立教育和教育权的宪法化促成国家将一种文化与知识体系强加于个人，不仅是国家对个体心智的控制与钳制的表现，而且其最终结果也会窒息文化的活力。[②] 正是有着源自西方古典自由主义的强烈防卫意识，这些国家的宪法对待受教育权与我国有着很大的不同。

二、教育法保障

教育法体系是宪法教育制度和受教育权最主要的立法实施。教育领域享有利益的主体比较复杂，包括受教育者、学校、教师、未成年受教育者的父母、各种社会办学主体、以教育行政机构为代表的国家等，这些主体之间的利益相互依存又相互限制。法律是对社会上的各种利益进行确认、分配的规范体系，因此，教育领域的利益关系在法律上就表现为公民的受教育权、社会主体的教育权利、父母的教育权利、国家在教育领域的管理权等权利、权力之间的复杂关系。[③] 除了《宪法》以外，《教育法》《义务教育法》《高等教育法》《职业教育法》等法律也规定了公民的受教育权。

如《教育法》第 9 条规定：“中华人民共和国公民有受教育的权利和义务。公民不分民族、种族、性别、职业、财产状况、宗教信仰等，依法享有平等的受教育机会。”

---

① 参见冉艳辉：《我国公民受教育权的平等保护——以法权中心主义为进路》，中国政法大学出版社 2013 年版，第 3 页。

② 参见郑贤君：《基本权利研究》，中国民主法制出版社 2007 年版，第 225 页。

③ 参见冉艳辉：《我国公民受教育权的平等保护——以法权中心主义为进路》，中国政法大学出版社 2013 年版，第 3 页。

第37条规定:“受教育者在入学、升学、就业等方面依法享有平等权利。学校和有关行政部门应当按照国家有关规定,保障女子在入学、升学、就业、授予学位、派出留学等方面享有同男子平等的权利。”第38条规定:“国家、社会对符合入学条件、家庭经济困难的儿童、少年、青年,提供各种形式的资助。”第43条规定:“受教育者享有下列权利:(一)参加教育教学计划安排的各种活动,使用教育教学设施、设备、图书资料;(二)按照国家有关规定获得奖学金、贷学金、助学金;(三)在学业成绩和品行上获得公正评价,完成规定的学业后获得相应的学业证书、学位证书;(四)对学校给予的处分不服向有关部门提出申诉,对学校、教师侵犯其人身权、财产权等合法权益,提出申诉或者依法提起诉讼;(五)法律、法规规定的其他权利。”

如《义务教育法》第2条规定:“国家实行九年义务教育制度。义务教育是国家统一实施的所有适龄儿童、少年必须接受的教育,是国家必须予以保障的公益性事业。实施义务教育,不收学费、杂费。国家建立义务教育经费保障机制,保证义务教育制度实施。”第5条第1款规定:“各级人民政府及其有关部门应当履行本法规定的各项职责,保障适龄儿童、少年接受义务教育的权利。”第11条第1款规定:“凡年满六周岁的儿童,其父母或者其他法定监护人应当送其入学接受并完成义务教育;条件不具备的地区的儿童,可以推迟到七周岁。”第49条规定:“义务教育经费严格按照预算规定用于义务教育;任何组织和个人不得侵占、挪用义务教育经费,不得向学校非法收取或者摊派费用。”

如《高等教育法》第9条规定:“公民依法享有接受高等教育的权利。国家采取措施,帮助少数民族学生和经济困难的学生接受高等教育。高等学校必须招收符合国家规定的录取标准的残疾学生入学,不得因其残疾而拒绝招收。”

完善的教育法律体系使公民受教育权的保护有了更明确、具体的法律依据。但是,这些法律规定也存在不足。① 第一,规范操作性较弱。如《教育法》第37条第2款规定:“学校和有关行政部门应当按照国家有关规定,保障女子在入学、升学、就业、授予学位、派出留学等方面享有同男子平等的权利。”如何保障?条文没有明确说明。第二,规范本身不完整。如《高等教育法》规定,有关学校、研究机构对达到要求的公民颁发学位,也规定了如果授予学位有舞弊等非法行为的,可以撤销授予。但没规定如果公民认为自己符合学位授予条件而有权授予机构拒绝授予,公民能否起诉。公民要求授予学位是公民受教育认可权的体现,法律未对能否起诉作出规定。

---

① 参见王广辉等:《中国公民基本权利发展研究》,湖北人民出版社2015年版,第232~234页。

第三，违法行为的法律责任不明。如《教育法》等法律规定的法律责任主要体现在挪用、克扣教育经费，扰乱、破坏教学秩序和设备，招生考试中的营私舞弊、多收费用等方面，对于侵犯公民平等的受教育机会、政府教育义务的消极不作为等情形的责任形式并不明确。

三、行政与司法救济

任何权利，如果没有执法保护和司法救济，就只能停留在法律文本层面，没有任何实际意义。受教育权能否成为公民真正享有的一项权利，也取决于行政和司法领域的制度建构。目前，有关受教育权的保护与救济制度主要有两种。

第一，教育行政复议。虽然《行政复议法》将教育行政行为纳入复议范围，但在实践中，由于针对受教育者作出的涉及受教育者能否学习或能否继续学习的行政行为一向被认为是教育行政机关的“内部行政行为”，而此等行为在中国向来被认为是不可诉的，因此，在受教育权受到教育行政行为侵害时得到教育行政复议的可能性较小。①

第二，教育行政诉讼。根据《教育法》第 43 条第 4 项规定，对学校给予的处分不服向有关部门提出申诉，对学校、教师侵犯其人身权、财产权等合法权益，受教育者提出申诉或者依法提起诉讼。学校的处分权的行使似乎是一项内部行政行为，属《行政诉讼法》规定的不可诉的范围，但从近几年的司法实践来看，部分已被纳入行政诉讼范围。

在受教育权的救济方面，首先，要明确受教育权的自由权和社会权的双重性质，并加强其可诉性。受教育权作为宪法基本权利，在自由权的层面及形式平等方面具有直接的法律效力，可以作为审判规范进入诉讼程序，进行司法救济。② 其次，完善受教育权的各种司法救济途径。在行政诉讼方面，进一步明确行政诉讼被告的模糊地带；当公民的受教育权遭到行政机关和公立学校以外的平等主体侵犯时，由于主体之间的关系是平等的平权型民事法律关系，则应通过民事诉讼予以救济保障。通过司法途径保障公民受教育权，已是现代法治发展与人权保障的必然趋势。③

① 参见杨成铭：《受教育权的促进和保护》，中国法制出版社 2004 年版，第 336 页。

② 参见龚向和：《受教育权论》，中国人民公安大学出版社 2004 年版，第 181 页。

③ 参见龚向和：《受教育权论》，中国人民公安大学出版社 2004 年版，第 194 页。

思考题

1. 简述受教育权的内涵。
2. 简述受教育权的构成。
3. 简述学习权与受教育权的关系。
4. 简述受教育权的宪法保护。

第八章　教育财税法

财政是国家治理的基础与重要支柱,也是现代国家履行政府职能的物质保障,并以其广泛的兼容性渗透到国计民生的各个领域,国防、外交、养老、医疗、科技、文化、卫生、体育、教育等事业都概莫能外。而研究如何公平且有效地筹措及运用教育经费以提升教育服务的交叉学问的教育财政学,亦是在此背景下产生的。在某种意义上,公民受教育权的实现过程就是国家运用财政资源履行教育职能的过程。基于此,学习教育法,同样离不开对教育财税法律制度的掌握。当然,教育财税法并非对与教育相关的财税法律制度的笼统概括,而是对旨在促进教育事业发展以及保障公民受教育权的教育财税法律规范的高度凝练。本章所要讨论的教育财税法作为教育法与财税法交叉的产物,正是在此意义上加以展开。就具体内容来说,教育财税法既涉及对教育财政法律制度的介绍,如教育经费筹集制度、教育财政支出制度、教育事权与支出责任制度;也包括对教育税收法律制度的总结归纳,如教育税法、教育税收优惠。

第一节　教育财政法律制度

教育财政法作为教育法与财政法交叉的产物,既是教育法的有机组成部分,也是财政法的一个重要领域。从教育法的角度观测,教育财政法是调整教育活动中经费筹集、使用、管理等社会关系的法律规范的总称。从财政法角度思考,教育财政法则是对调整教育财政关系的法律规范的统称。在不同视角下,教育财政法律制度的内涵和外延或许有一定差别,但作为一门交叉学问,对其概念与范畴的考察,既要关注教育法中的财政规范,也要兼顾财政法律规范中与教育相关的内容。唯其如此,才能准确完整地勾勒出一国教育财政法律制度的轮廓。

一、教育财政法概述

(一)教育法与财政法的内在联系

一般来说,教育法旨在调整教育活动中的法律关系,主要处理的是教育权与受教育权的关系;财政法则注重调整财政活动中的法律关系,主要涉及财源的筹集、使用、调配、管理等问题。就此而言,教育法与财政法确实并无过多交集。但实际上,不管是教育法还是财政法,它们皆遵循问题导向,以特定经济社会领域全部与法律有关的现象为研究对象,是颇为典型的领域法,[①]在很大程度上为两大法域的接轨与融合奠定了理论基础,因为只要有教育财政现象,就必然有教育财政法的存在空间。

公共财政介入教育事业并非理所当然,这与人们对受教育权的认知密不可分。当受教育权只被人们作为对抗国家干预的消极自由时,国家财政并无介入教育的可能与必要。不过,随着社会发展,现代法治国家愈加注重保障公民的基本权利。与之相呼应的则是,受教育权作为各国宪法明文肯认的一项基本权利,早已褪去单纯的消极防御面向,愈加依赖国家的干预,"强调国家提供教育机会和条件,指向国家的积极保障"[②]。而时至今日,"财政法的目标不仅在于体现宪法基本权利的质的规定性,同时也在于从量上扩大权利的覆盖范围及实现程度"[③]。这就不难理解,财政法何以能够与教育法实现价值的整合。

当然,理解财政法介入教育法的内在逻辑也并非只有基本权利保障这一条路径。从公共经济学中的公共产品理论出发,同样可以得出类似的结论。该理论将社会产品分为公共产品和私人产品:满足非竞争性、非排他性、效益不可分割性这三个标准的社会产品是纯公共产品;具有竞争性、排他性、效益可分割性的社会产品是纯私人产品;不完全满足这三项标准的社会产品则是准公共产品。纯公共产品理应由政府公共财政出资提供,纯私人产品则应遵循受益者付费原则,由市场提供;至于准公共产品,则可视情况由政府或者市场提供,由受益者与政府共同支付产品生产成本。对照该理论,教育既非纯私人产品,也非纯公共产品,而是一种典型的准公共产品,教育费用应由受教育者与政府共同支付,这也就为财政法介入教育法提供了正当性。不过,仍需说明的是,尽管各国普遍推行义务教育免费制,也不乏论者将之定性为纯公共产品,但从产品属性来看,义务教育仍然只是准公共产品,对义务教育进行免费,实际上只是国家为了维护社会公平而作出的价值判断。[④]

(二)教育财政法的概念与体系

"概念乃是解决法律问题所必需的和必不可少的工具。没有限定严格的专门概念,我们便不能清楚地和理性地思考法律问题。没有概念,我们便无法将我们对法律

---

① 参见熊伟:《问题导向、规范集成与领域法学之精神》,载《政法论丛》2016 年第 6 期。
② 申素平:《重申受教育人权:意义、内涵与国家义务》,载《清华大学教育研究》2020 年第 6 期。
③ 刘剑文、熊伟:《财政税收法》(第 8 版),法律出版社 2019 年版,第 10 页。
④ 参见袁连生:《对教育投入和义务教育收费问题的探讨》,载《教育与经济》1998 年第 1 期。

的思考转变为语言,也无法以一种可理解的方式把这些思考传达给他人。如果我们试图完全否弃概念,那么整个法律大厦就将化为灰烬。”[①]要想对教育财政法律制度的内涵与外延、范畴与体系等加以掌握,则有必要对其概念加以界定。尽管学界不乏关于教育财政的讨论,但迄今为止,尚无教科书对教育财税法的概念加以界定。为此,有必要综合考察教育财政及财政法的概念,从而为教育财政法概念的探明奠定基础。就前者来说,“公共教育财政是政府利用公共权力配置教育财政资源的制度安排”[②]。就后者而言,“现代财政法是建立在民主宪制基础上、以增进全民福利和社会发展为目标、调整财政关系的法律规范的总称”[③]。综合考察教育财政及财政法的概念,不难得出,教育财政法以保障公民受教育权为目标,是调整教育财政资源配置的法律规范的总称。

明确了教育财政法的概念,接下来,还应对教育财政法的体系加以说明,以便于掌握教育财政法具体涉及的范围。正如财政法作为调整财政关系的法律规范的统称,并非指代某一部具体法律,而是一个庞大的法律体系,在范围上涵盖财政基本法、财政平衡法、财政预算法、财政支出法、财政收入法以及财政监管法。[④] 教育财政法同样并非具体指代某一部法律,也是一个颇为庞大的法律体系。只是,教育财政法乃教育法学与财政法学交叉的边缘学科,在界定其体系时,至少有两种逻辑可以遵循。一种是遵循教育法的逻辑,按照教育的类型,依次划分为学前教育财政法律制度、义务教育财政法律制度、中等教育财政法律制度、高等教育财政法律制度、职业教育财政法律制度、成人教育财政法律制度等;另一种则是遵循财政法的逻辑,将教育财政法划分为教育经费筹集法、教育支出法、教育预算法、教育事权与支出责任划分法、教育财政监督法等。尽管对教育财政法体系的划分,无论采取何种逻辑,皆有其道理,但按教育类型作出的划分既不能有效揭示出公共财政介入教育的基本路径,也难以彰显教育财政法的核心要义。因而,本书更倾向于采取后一种界定方法,并结合教育财政的特殊性,在下文重点讨论教育经费筹集法律制度及教育财政支出法律制度。[⑤]

---

① [美]E. 博登海默:《法理学:法律哲学与法律方法》,邓正来译,中国政法大学出版社 1998 年版,第 504 页。

② 栗玉香:《公共教育财政制度:生成与运行》,中国财政经济出版社 2004 年版,第 38 页。

③ 刘剑文、熊伟:《财政税收法》(第 8 版),法律出版社 2019 年版,第 9 页。

④ 参见刘剑文等:《财税法总论》,北京大学出版社 2016 年版,第 302 页。

⑤ 需要特别说明的是,教育财政监管法也应成为教育财政法的重要组成部分,但教育财政监管法律制度相较于一般财政监管法律制度而言,并无过多特别之处,加之本书篇幅有限,对此部分内容不再专门提及。就财政监管法的内容来说,既涉及监督也涉及管理,包括财政监督法、国库管理法、政府会计法和审计法。

二、教育经费筹集法律制度

（一）财政拨款制度

财政拨款制度是我国教育财政政策的核心内容之一。对此，我国《教育法》第54条第1款明确规定："国家建立以财政拨款为主、其他多种渠道筹措教育经费为辅的体制，逐步增加对教育的投入，保证国家举办的学校教育经费的稳定来源。"不过，即便是国家举办的学校，对于不同类型的教育，由于其公共属性的差异，财政拨款所占比重也有所不同：对于九年制义务教育，教育成本由公共财政全额承担；对于学前教育、高中教育、高等教育等非义务教育，公共财政的作用虽极为显赫，但也只是承担部分教育成本。相比之下，由社会力量举办的民办教育，财政拨款所占比重与公办学校差异更为突出：对于非营利性的民办普惠幼儿教育、义务教育，公共财政一般按照生均公用经费基准予以定额补助；而对于非营利性的高中段教育，财政按照生均公用经费基准定额补助的实践也渐次展开；但对于非营利性的民办高等教育，财政则只发挥补助引导作用，与高等教育的准公共产品定位不相吻合，显得不尽合理。可喜的是，随着2021年修订的《民办教育促进法实施条例》的正式实施，公共财政"重公办教育，轻民办教育"的局面将在很大程度上得以转变。正如该条例的第52条第2款所规定的："县级以上地方人民政府可以参照同级同类公办学校生均经费等相关经费标准和支持政策，对非营利性民办学校给予适当补助。"只要各地方政府严格执行这一倡导性要求，无论是公办教育还是非营利性的民办教育都将在公共财政保障下获得持续健康发展。

财政拨款对于教育事业的发展固然重要，但脱离了财政收入的筹集，教育财政拨款也将成为无源之水，无本之木。按照现行财政体制，我国财政收入类型包括税收、行政事业性收费、罚没收入、国有资源（资产）有偿使用收入、政府性基金、彩票公益金、国债、国有资本经营收益等。其中，税收、行政事业性收费、罚没收入及绝大多数其他非税收入遵循统收统支原则，纳入一般公共预算；大多数政府性基金及彩票公益金则遵循专款专用原则，纳入政府性基金预算；国有企业上缴的国有资本经营收益则纳入国有资本经营预算。作为实现国家职能财力保证的一般公共预算收入，毫无疑问是财政性教育经费的主要来源，主要包括教育事业费以及教育基本建设投资。实际上，为了确保教育财源的充足性与可持续性，根据《教育法》第58条规定，我国先后开征的教育费附加以及地方教育附加这两项政府性基金，也被作为专项资金纳入了一般公共预算收入。不过，近年来，根据《国务院关于进一步加大财政教育投入的意见》（国发〔2011〕22号）的要求，从纳入政府性基金预算收入的土地出让收益中按比例计提教育资金用于支持教育事业发展的做法也已成常态；而根据《彩票公益金管理办法》的规定，实践中更是不乏以项目的形式动用彩票公益金支持教育事业的做法。由此可见，我国教育财政拨款的资金来源虽以一般公共预算收入为主，但也不乏政府性基金预算收入。而在收入筹集的具体形式上，虽以税收及教育费附加为主，但也有彩票公益金、土地出让收益等其他收入形式的驰援。

（二）教育收费制度

教育作为准公共产品，除国家财政给予必要的分担外，也要求受教育者支付一定的费用。迄今为止，我国已分别就学前教育、义务教育、高中教育、高等教育等阶段的教育收费作出明确规定。而与之相关的法律规范主要有《义务教育法》《民办教育促进法》《民办教育促进法实施条例》《幼儿园收费管理暂行办法》《普通高级中学收费管理暂行办法》《高等学校收费管理暂行办法》。

教育收费是学校按照国家收费管理有关政策和规定，向学生和服务对象收取的费用。但由于办学主体不同，学校收费项目也难免有较大差异。根据2005年出台的《民办教育收费管理暂行办法》规定，民办学校对接受教育者可收取学费，对在校住宿的学生可收取住宿费，与公办学校并无过多差别，与促进民办教育发展的初衷不甚吻合。也因如此，在后续的《民办教育促进法》及其实施条例的修改过程中，立法者开始准许民办学校基于办学成本和市场需求等因素，合理确定收费项目，这就为民办学校教育收费项目的多元化奠定了基础。相比之下，我国公办学校教育收费项目则比较确定，主要由学费、住宿费、考试考务费、服务性收费、代收费组成。① 但不同教育阶段的教育收费项目也有所差异，义务教育全面纳入财政保障范围，公办义务教育学校不收取学费、杂费；学前教育、高中教育、高等教育等属于非义务教育，公办学校可以按照年生均教育培养成本的一定比例向受教育者收取学费（保育教育费），并根据实际成本向住宿生收取住宿费。而在完成正常的保育、教育教学任务的基础上，这些学校都可为在校学生提供学习、生活所需的相关便利服务的，根据非营利原则收取相应的服务性费用。

尽管教育收费在分担教育成本上具有共同的面向，但不同教育收费项目的法律性质并不完全一致，所受到的法律规制也有所不同。在现行财政体制下，公办学校收

---

① 其中，学费是学校按照规定项目向受教育者收取的应由其承担的培养费用；住宿费是学校按照规定为在本校接受各类教育的学生提供住宿服务所收取的费用；考试考务费是指根据国家有关规定，代教育行政部门或自行组织各类考试向学生收取的费用；服务性收费是指为在校学生、校外人员和单位提供由学生或其他服务对象自愿选择的服务所收取的相关费用；代收费是指为方便学生学习和生活，在学生自愿的前提下，统一代收代付的费用。

取的学费、住宿费以及考试考务费在性质上系行政事业性收费，属广义财政收入的一部分，无论是收费项目还是收费标准皆须报政府有关部门批准后方可执行；服务性收费属于经营性收费，学校可按照非营利原则酌情确定，作为办学经费的补充。至于民办学校收取的教育费用，毫无疑问不属于财政法调整的范畴，也不必接受预算法的约束，但因其具有公益性，实践中不乏将其定性为公益性服务价格，按照《价格法》的规定，须报政府价格主管部门审批，《民办教育收费管理暂行办法》即采此种观念；也有将之归入经营性收费的范畴，由学校自主决定收费标准，只需报价格主管部门备案即可，《幼儿园收费管理暂行办法》最为典型。近年来，随着人们对教育公益性的认知不断深入，政府对非营利性民办学校的扶持力度与干预程度也在不断加大，按照《民办教育促进法》有关规定，不仅非营利性民办学校收费的具体办法由省级人民政府制定，对于公办学校参与举办、使用国有资产或者接受政府生均经费补助的非营利性民办学校，省、自治区、直辖市人民政府甚至还可以就其收费制定最高限价。不过，随着分类管理原则的逐步确立，尽管营利性民办学校举办的教育也具有一定公益性，但其收费标准已然不再由政府定价，而是实行市场调节，由学校自主决定。

（三）其他教育经费筹集制度

在教育经费筹集上，教育法不仅重视财政拨款和教育收费，还尤为强调社会资金的参与。遵循此种逻辑，《国务院办公厅关于进一步调整优化结构提高教育经费使用效益的意见》（国办发〔2018〕82号）不仅要求各级政府要运用政府补贴、政府购买服务、基金奖励、捐资激励、土地划拨、税费优惠等政策制度引导社会力量加大教育投入，还指出完善社会捐赠收入财政配比政策，吸引社会捐赠，为教育事业发展开辟新财源。

学校作为办学主体，教育法在经费筹集上也赋予其一定的地位。具体来说，在不影响正常教育教学的前提下，学校可以通过开展勤工俭学、社会服务以及兴办校办产业获取一定的收入，并用于补充办学经费。

三、教育财政支出法律制度

在教育财政法领域，除了教育经费筹集，最重要的莫过于教育财政支出，这就需要明确教育财政如何支出以及由谁支出这两个问题。基于此，本部分首先讨论教育财政支出的法定增长制度，明确教育财政如何支出；然后围绕教育财政事权与支出责任的划分展开论述，厘清教育财政由谁支出。

（一）教育财政支出法定增长制度

教育作为公共财政支出的重点领域，为确保公共财政投入只增不减，教育法为其设定了“两提高,三增长”的法定增长要求。

“两提高”是指:①国家财政性教育经费支出占国民生产总值的比例应逐步提高。其中,国家财政性教育经费主要包括一般公共预算安排的教育经费,政府性基金预算安排的教育经费,国有及国有控股企业办学中的企业拨款、校办产业和社会服务收入用于教育的经费。②全国各级财政支出总额中教育经费所占比例应当随着国民经济的发展逐步提高。需要注意的是,在具体统计中,该增长要求所要衡量的并非财政性教育经费占全口径预算支出总额的比例,而是一般公共预算教育经费(包括教育事业费、基本建设经费和教育费附加)占一般公共预算支出的比例。

“三增长”是指:①各级人民政府教育财政拨款的增长高于财政经常性收入的增长。其中,教育财政拨款是指各地政府一般公共预算中用于教育的支出,而财政经常性收入则是指每个财政年度都能连续不断、稳定取得的财政收入[①]。②在校学生人数平均的教育费用逐步增长。③教师工资和学生人均公用经费逐步增长。需要说明的是,尽管教育法并未明确后两个增长是在整体意义上适用还是在各个层级教育意义上适用,但从实践来看,一般采取后一种口径。较为特别的是,第一个增长究竟是在整体意义上适用还是在各个层级教育意义上适用还存在争议,从目前立法实践来看,似乎以前者为主,后者只有在各单行教育法有规定的情况下才可适用。

总体来说,教育法对公共财政投入作出的前述要求虽有助于建立健全财政教育投入持续稳定增长机制,但也应认识到这些法定增长要求在现实中并不容易实现,也存在诸多不合理之处,既难以照顾到各地政府之间的财政能力悬殊这一现实国情,不利于提高财政教育支出的效率。因而,《中国教育现代化 2035》对前述的“两提高,三增长”要求作了一定的调整,既不要求国家财政性教育经费支出占国民生产总值的比例逐步提高,也不强调各级财政支出总额中教育经费所占比例逐步提高,只是从绝对量上要求财政一般公共预算教育支出逐年只增不减,在校学生人数平均的一般公共预算教育支出逐年只增不减,国家财政性教育经费支出占国内生产总值的比例一般不低于4%。

(二)教育财政事权与支出责任划分制度

教育事业作为各级政府履行公共服务职能的重要领域,也是公共财政重点保障

① 根据《财政部关于统一界定地方财政经常性收入口径的意见》(财预〔2004〕20号)的规定,财政经常性收入主要包括:(1)地方一般预算收入(剔除城市维护建设税、罚没收入、专项收入及国有资产经营收益等一次性收入);(2)中央核定的增值税及消费税税收返还、所得税基数返还及出口退税基数返还;(3)中央通过所得税分享改革增加的一般性转移支付收入。

的对象。但在实行多级制政府体制与分税制财政体制的国度,还有必要回答教育到底是哪一级政府的事权,又该由哪一级政府承担财政支出责任的问题,这关系到各级政府的财源配置,更攸关教育公共服务的均等化。

关于教育财政事权与支出责任划分问题,《国务院关于实行分税制财政管理体制的决定》(以下简称《分税制决定》)指出,中央财政负担由中央直接管理的包括教育在内的事业发展所需支出,地方财政负担本地区包括教育在内的事业发展所需支出。紧随其后,《教育法》第56条第1款也只是笼统规定,各级人民政府的教育经费支出,按照事权和财权相统一的原则,在财政预算中单独列项。显然,何谓中央直接管理的教育事业,何谓地方教育事业,《分税制决定》并未作出明确回应,《教育法》也未给出答案。而在事权划分不清晰的背景下,纵然有《分税制决定》和《教育法》的原则性指引,中央政府、省级政府、地市级政府、县级政府以及乡镇政府各自要承担多大的支出责任仍然无从得知。长此以往,一些本应由中央直接负责的事务交给地方承担,一些宜由地方负责的事务,中央承担过多,地方没有担负起相应的支出责任,进而影响到政府间财政关系的良性运转。

自中共十八届三中全会将财政事权与支出责任划分改革明确为深化财税体制改革的三大任务之一以来,中央和地方教育财政事权与支出责任划分进入了"快车道"。为此,国务院先后发布了《国务院关于推进中央与地方财政事权和支出责任划分改革的指导意见》(国发〔2016〕49号)、《国务院办公厅关于印发基本公共服务领域中央与地方共同财政事权和支出责任划分改革方案的通知》(国办发〔2018〕6号)、《国务院办公厅关于印发教育领域中央与地方财政事权和支出责任划分改革方案的通知》(国办发〔2019〕27号)等文件,结合教育工作特点,将教育领域财政事权和支出责任划分为义务教育、学生资助、其他教育(含学前教育、普通高中教育、职业教育、高等教育等)三个方面。

首先,义务教育总体上明确为中央与地方共同财政事权,并按具体事项细化。其中,涉及学校日常运转、校舍安全、学生学习生活等经常性事项,所需经费一般根据国家基础标准,明确中央与地方财政分档负担比例,中央财政承担的部分通过共同财政事权转移支付安排;涉及阶段性任务和专项性工作的事项,所需经费由地方财政统筹安排,中央财政通过转移支付统筹支持。

其次,学前教育、普通高中教育、职业教育、高等教育等其他教育,总体为中央与地方共同财政事权,所需财政补助经费主要按照隶属关系等由中央与地方财政分别承担,中央财政通过转移支付对地方统筹给予支持。

最后，学生资助作为相对独立完整的政策体系，覆盖学前教育、普通高中教育、职业教育、高等教育等，总体确认为中央与地方共同财政事权，并按照具体事项细化。其中，用于激励引导方面的事项，所需经费主要由中央财政承担，或按照隶属关系等由中央与地方财政分别承担；用于困难资助方面的事项，所需经费一般根据国家基础标准，明确中央与地方财政分档负担比例。学生资助中央财政承担的部分通过共同财政事权转移支付予以安排。

此外，还需要补充说明的是，政府间教育支出责任的划分不仅要解决中央与地方之间的权责分配，也要解决地方政府之间的支出责任划分。不过，由于各地政治、经济、文化以及历史传统有着较大差异，中央并未对此作出具体要求，只是给予了原则性指引，要求省级政府考虑本地区实际，根据各项基本公共服务事项的重要性、受益范围和均等化程度等因素，结合省以下财政体制，合理划分省以下各级政府的支出责任，加强省级统筹，适当增加和上移省级支出责任。

第二节　教育税收法律制度

税收是筹集财政收入的一种渠道，因而就范畴而言，税法也只是财政收入法的一部分，与财政法是种属而非并列关系。但在现代社会，税收在各国财政收入中占据的比重极为突出，加之税法的体系性日渐增强，税法逐渐发展成为一个相对独立的法律领域。与之对应，本节所要讨论的教育税收法律制度实际上也是从教育财政法律制度中分离出来的一部分，既包含为教育事业筹集资金的教育税，①也包括促进教育事业发展的教育税收优惠。

一、教育税收法律制度概述

（一）税法介入教育法的法理逻辑

税法是对调整税收分配关系和税收征收管理的法律规范的统称，主要处理的是国家与纳税人之间的关系。就此来说，其与旨在调整规范教育活动的教育法并无过多交集，自无税法介入教育法的必要。不过，正如前文所提及的，教育活动的有序进

① 严格来说，我国并无教育税，但我国已经开征的教育费附加与地方教育附加，无论是从征收主体、制度设计还是预算管理模式观察，都与作为附加税的城市维护建设税（以下简称城建税）极为相似，而与政府性基金有着本质差异。加之，我国学界一直存在教育“费改税”的呼声，本书将其归入教育税的范畴，纳入教育税收法律制度的分析对象。

行，公民受教育权的保障，离不开必要的经费保障，尤其是财政性教育经费的保障，教育法与财政法因此产生了诸多交叉，从教育经费的筹集到教育财政支出，概莫能外。而在现代国家，租税作为财政收入的最主要来源，财政性教育经费的筹集很大程度上就是税收收入的筹集，离开税收谈教育几乎是不可能的，也即"无税收则无教育"。就此而言，教育法需要税法的介入。

税收为教育事业提供物质基础，这为税法介入教育法奠定了基础。具体来说，立法者既可通过一般目的税筹集财政收入，通过统收统支，进而支应教育事业；也可通过开征特定目的税，专款专用，促进教育事业发展。只不过，从税收收入的结构来看，一般目的税才是财政开支的主要经费来源，特定目的税只能是特定范围内的补充。相较之下，特定目的税更能体现出税法与其他法域交叉的特性，也是税法介入其他法域的典型路径。当然，是否开征某一特定目的税支应某项事业的发展，取决于多种因素，既要评估既有财源是否足够支应特定事业的发展，也要审视该项事业在财政支出中的重要性，还要综合考量纳税人的税负状况。

教育税收优惠是税法介入教育法的另外一种途径。税收优惠作为税法中的管制诱导规范，并不以筹集财政收入为目的，通过打破量能平等负担原则，对相同情况作不同处理，或者对不同情况作相同处理，从而实现特定的经济社会文化目的。[①] 需要说明的是，税收优惠并不具有独立性，而是附着于各个税种之上，如增值税税收优惠、个人所得税税收优惠、企业所得税税收优惠等。当然，教育税收优惠并非指教育税中的税收优惠，而是国家出于促进教育事业发展的目的，出台的一系列税收优惠政策，也即教育领域的税收优惠。教育领域之所以有必要出台税收优惠，是因为：其一，教育是准公共产品而非纯公共产品，并非政府运用财政资金全额保障，存在市场主体参与的空间，即使是公共财政全额保障的公立义务教育，学校也是一个相对独立于政府的法人组织，无法摆脱税收的束缚；其二，教育作为准公共产品，公益性较为突出，在可税性上较为薄弱，需要国家通过税收优惠予以扶持。

（二）教育税收法律制度概念与体系

税法介入教育法，这为教育税收法律制度概念的提出奠定了基础。但如何界定教育税收法律制度的概念，至少存在两种不同模式：其一，税法主导模式，即在税法概念上加载"教育"的限定词；其二，教育法主导模式，即在教育法概念上加载"税收"这一限定。不同模式主导下的教育税收法律制度的概念不尽一致：在税法主导模式下，

---

① 参见熊伟：《法治视野下清理规范税收优惠政策研究》，载《中国法学》2014 年第 6 期。

教育税收法律制度的概念可以概括为调整与教育有关的税收分配关系和税收征收管理的法律规范的统称;在教育法主导模式下,教育税收法律制度是对旨在规范教育税收活动的法律规范的统称。显然,采纳税法主导模式,更有助于概括出教育税收法律制度的内涵。不过,笔者认为,在此基础上,还可以对教育税收法律制度的概念作出进一步凝练,彰显出教育税收法律制度的独特性。基于此,笔者认为,教育税收法律制度是对旨在促进教育事业发展的税法规范的统称。

教育税收法律制度体系的确定,同样面临采何种模式主导的问题。若采教育法主导模式,无论是按照教育类型还是按照教育主体作出排列,都无法将教育税囊括进去,只能对教育税收优惠作出归类,进而难以对教育税收法律制度作出完整诠释。若采税法主导模式,虽然可以对教育税收法律制度的内容作出较为完整的界定,如按照税种可依次划分为教育税、增值税教育税收优惠、企业所得税教育税收优惠、个人所得税教育税收优惠等,但也面临无法准确揭示教育税收优惠出台的立法初衷。基于此,笔者认为,可以兼采教育法主导模式与税法主导模式,即混合模式。具体来说,宏观上,借鉴税法思维,将教育税收法律制度概括为教育税收和教育税收优惠;微观上,借鉴教育法的思维,按照教育法主体而非税种类型对教育税收优惠进行分类。基于此,教育税收法律制度包括教育税和教育税收优惠两大类内容,而教育税收优惠又可进一步细分为面向教育服务提供者(学校)、教育服务接受者(受教育者)、教育服务的支持者(社会公众)的税收优惠。

二、教育税(费)制度

(一)教育税的属性与特征

税收作为国家凭借政治权力获取的财政收入,是对纳税人财产权等基本权利的限制。在法治国家,国家征收租税要想获得正当性,不仅税收的课征要遵循平等负担原则,税款的使用也要贯彻“取之于民,用之于民”的理念,用于公共服务的提供。[①]而为了准确度衡特定个人或组织的负税能力,人们经过不断探索,先后找到了财产、所得以及消费这三种指标,[②]与之相对应的则是财产税、所得税、消费税。起初,国家对租税课征并不带有特定目的,只是将其作为支应公共服务提供的一种融资方式。但是随着社会福利国家的到来,国家任务空前膨胀,对于某些特定公共服务的提供,除了依靠一般财源的支持,还对特定目的税的征收提出迫切要求,教育税便是在这一背景下产生的。

---

① 参见彭礼堂:《一体化税法论纲》,载《经济法研究》2016 年第 1 期。

② 参见黄茂荣等:《税法各论》,台北,新学林出版股份有限公司 2015 年版,第 19 页。

从属性来看,教育税兼有教育法与税法的属性。一方面,教育税既然以教育命名,而非增值税、所得税、消费税,那么就应具备一些与教育相关的专属特质,这种特质既可以体现为用途的专款专用性,也可以体现为征税对象的教育关联性。否则,教育税便与一般税种毫无差别,既难以满足征税的正当性,也无法发挥税际识别功能,还无助于纳税人税收遵从程度的提升。另一方面,教育税既然是税,就应保有一般税种的共性,即具有强制性、无偿性和固定性。所谓强制性,是指纳税人必须依法缴纳教育税,否则将受到法律制裁;所谓无偿性,是指国家取得的教育税收入,既不需要返还给纳税人,也不需要对纳税人直接支付任何报酬;所谓固定性,是指国家在征收教育税之前就通过法律形式明确了税收构成要素,不经立法机关批准不能随意改变。

教育关联性作为教育税的本质属性,是区别教育税与非教育税的核心标志,但无论如何,教育本身都无法成为课税对象。因而,教育税仍然只能在所得、消费、财产等对象上选择征税对象,至于以何种指标衡量教育税纳税人的负担能力,主要取决于立法者的裁量。与此同时,教育关联性也无法为教育税的征收方式提供思路,究竟是以附加税形式征收,还是作为独立税种征收,这同样取决于立法者的裁量。

总之,教育税固然特别,也尽管教育法对其制度设计会产生诸多影响,但归根结底还是财政目的税,与财产税、所得税、消费税等传统税种在很多方面并无根本差异。

(二)我国教育税实践探索与制度设计

为加快教育事业发展,扩大教育经费的资金来源,我国在开征教育税费上作出了诸多探索。早在1984年,为筹措农村学校办学经费,国务院便出台了《国务院关于筹措农村学校办学经费的通知》(国发〔1984〕174号),授权乡人民政府征收教育事业费附加。1985年,《中共中央关于教育体制改革的决定》进一步明确,"地方可以征收教育费附加"。为贯彻该决定,国务院于1986年出台了《征收教育费附加的暂行规定》,决定开征教育费附加。1995年颁布的《教育法》则对前述规定予以重申,分别就教育费附加、地方教育附加、农村教育费附加作出规定。为减轻"三农"负担,2009年全国人大常委会在修订《教育法》时,将农村教育费附加条款予以删除。至此,现行《教育法》仅就教育费附加和地方教育附加作出规定,其第58条为:"税务机关依法足额征收教育费附加,由教育行政部门统筹管理,主要用于实施义务教育。省、自治区、直辖市人民政府根据国务院的有关规定,可以决定开征用于教育的地方附加费,专款专用。"需要特别说明的是,尽管《教育法》对地方开征地方教育附加所用的措辞是"可以",但随着《财政部关于统一地方教育附加政策有关问题的通知》(财综〔2010〕98号)的出台,尚未开征地方教育附加的省份也被课以开征地方教育附加的义务。

在具体制度设计上，教育费附加和地方教育附加皆由税务部门统一征收，纳入一般公共预算管理，专款专用于教育事业；缴费主体为缴纳消费税与增值税的单位和个人；计征依据为纳税人实际缴纳的消费税与增值税税额之和；计征比率分别为3%（教育费附加）和2%（地方教育附加）。

总体来说，教育费附加和地方教育附加虽未冠以“税”的名义，但从其制度设计到征收管理，与（城建）税并无本质差异。在清费立税与税收法治快速推进的当下，有理由相信，教育费附加与地方教育附加合并为教育税的道路并不遥远。

三、教育税收优惠法律制度

（一）给予学校和教育机构的税收优惠

学校作为提供教育服务的重要主体，具有较强的公益性，需要税法给予特殊照顾。也因如此，无论是对其获得的收入来说，还是对其占用房产土地而言，现行税法都给予了颇多税收优惠。例如，《企业所得税法》及其实施条例规定，包括非营利学校在内的符合条件的非营利组织的收入可以免征企业所得税；又如，《增值税暂行条例》明确了，直接用于科学研究、科学试验和教学的进口仪器、设备可以享受免征增值税的税收优惠；再如，《耕地占用税法》规定学校、幼儿园占用耕地，免征耕地占用税；还如，《房产税暂行条例》及《城镇土地使用税暂行条例》规定，由财政部门拨付事业经费的公立学校自用的房产和土地免征房产税、城镇土地使用税的规定。不过，现行税收法律和行政法规对学校作出的税收优惠规定仍然过于粗糙，难以有效回应学校在发展中面临的税收问题。为此，国务院财税主管部门在现行税收法律法规基础上，出台了一系列旨在促进学校发展的税收优惠政策。

首先，对于学校和其他教育机构以各种方式获取的收入，现行税法在增值税、企业所得税上给予了颇多税收优惠。具体来说，有以下税收优惠政策：从事学历教育的学校提供教育劳务、托儿所和幼儿园提供养育服务取得的收入免征增值税。政府举办的高等、中等和初等学校举办进修班、培训班取得的收入和职业学校取得的符合规定条件的收入免征增值税和企业所得税。高等学校、各类职业学校服务于各业的技术转让、技术培训、技术咨询、技术服务、技术承包所取得的技术性服务收入，暂免征收企业所得税。学校经批准收取并纳入预算管理的收费不征收企业所得税；学校取得的财政拨款，从主管部门和上级单位取得的用于事业发展的专项补助收入，不征收企业所得税。此外，为了促进高校后勤社会化，高校后勤实体经营学生公寓和教师公寓及为高校教学提供后勤服务取得的租金和服务性收入以及高校后勤实体为高校师生食堂提供的粮食、食用植物油、蔬菜、肉、禽、蛋、调味品和食堂餐具取得的收入，皆免征增值税。

其次，对于教育机构用地用房行为，我国税法也给予了一系列税收优惠。一是国家拨付事业经费和企业办的各类学校、托儿所、幼儿园自用的房产、土地，免征房产税、城镇土地使用税。二是学校、幼儿园经批准征用的耕地，免征耕地占用税。三是国家机关、事业单位、社会团体、军事单位承受土地、房屋权属用于教学、科研的，免征契税；根据《契税法》规定，仅非营利性民办学校及教育机构，其承受的土地、房屋权属用于教学的，免征契税。此外，高校后勤实体为高校学生提供住宿服务并按高教系统收费标准收取租金的学生公寓，免征房产税。

再次，对于学校进口科研及教学用品，现行税法给予一定税收优惠。一方面，对于教育部承认学历的大专以上全日制高等院校以及财政部会同国务院有关部门批准的其他学校，不以营利为目的，在合理数量范围内进口国内不能生产的科学研究和教学用品，直接用于科学研究或者教学的，免征进口关税和进口环节增值税、消费税。另一方面，对于境外捐赠人无偿捐赠的直接用于各类职业学校、高中、初中、小学、幼儿园教育的教学仪器、图书、资料和一般学习用品，免征进口关税和进口环节增值税。

最后，民办学校可以依法享受税收优惠，但根据其是否营利作出差异化区分。对此，根据2021年修订的《民办教育促进法实施条例》的规定，非营利性民办学校享受与公办学校同等的税收优惠，而营利性民办学校所能享受的税收优惠则由国家有关部门另行规定。这就意味着，在国务院财税主管部门就营利性民办学校出台新的税收优惠政策之前，营利性民办学校还可在过渡期根据《财政部、国家税务总局关于教育税收政策的通知》（财税〔2004〕39号）与非营利性民办学校享受近乎同等的税收优惠，而非营利性民办学校按照税法规定进行免税资格认定后，其获取的免税收入还可以免征企业所得税。当然，由于教育法体系与税法体系在衔接上还存在诸多问题，不仅营利性民办学校的税收优惠问题面临诸多不确定性，就连非营利性民办学校收取的学费收入可否如公立学校一般享受企业所得税免税待遇也存在疑惑，这些问题的解决还有待即将启动的教育法典加以回应。

（二）给予受教育者的税收优惠

理论上，接受学历教育的受教育者主要是在校学生，并非适格的劳动者，其较少参与市场交易获取收入，与税收发生交集的情况也就难言多见。不过，按照教育法的规定，学生可以通过勤工俭学提供劳务获取一定的收入。对于该等收入，出于促进教育事业发展的目的，现行政策给予了免征增值税的优惠。受教育者获得省级人民政府、国务院各部委和中国人民解放军军以上单位，以及外国组织、国际组织颁布的教育方面的奖学金，免征个人所得税。在行为税方面，高校学生签订的学生公寓租赁合同，免征印花税。尽管受教育者可以享受的税收优惠并不多见，但是这些与其接受教育有关的税收优惠政策的推行可以在一定程度上减少受教育者的税收成本，可以为受教育者的学习生活创造更为宽松的物质环境。

受教育者作为教育成本的重要分担者，其自身及其父母通常需要负担一定的学费、住宿费、考试费等教育费用。出于减轻受教育者及其父母的经济负担的考量，2018 年修订的《个人所得税法》引入了子女教育专项附加扣除和继续教育专项附加扣除。根据《个人所得税专项附加扣除办法》的规定，受教育者接受学前教育及全日制学历教育的相关支出，由受教育者父母按照每个子女每月 1000 元的标准定额扣除。而受教育者在中国境内接受学历（学位）继续教育的，在学历（学位）教育期间，受教育者可以按照每月 400 元定额扣除，若其接受的是本科及以下学历继续教育，还可选择由受教育者父母扣除。

此外，受教育者的监护人为其接受非义务教育在储蓄机构开立教育储蓄专户，根据《对储蓄存款利息所得征收个人所得税的实施办法》的规定，所取得的存款利息还可免征个人所得税。

（三）给予教育支持者的税收优惠

教育经费的筹集离不开社会力量的支持。社会公众既可以通过投资办学的方式支持教育事业，也可通过捐资助学促进教育事业发展。为了鼓励社会主体进行公益捐赠，《个人所得税法》和《企业所得税法》皆就公益捐赠给予诸多税收优惠。例如，《个人所得税法》第 6 条第 3 款明确："个人将其所得对教育、扶贫、济困等公益慈善事业进行捐赠，捐赠额未超过纳税人申报的应纳税所得额百分之三十的部分，可以从其应纳税所得额中扣除；国务院规定对公益慈善事业捐赠实行全额税前扣除的，从其规定。"《企业所得税法》第 9 条规定："企业发生的公益性捐赠支出，在年度利润总额 12% 以内的部分，准予在计算应纳税所得额时扣除；超过年度利润总额 12% 的部分，准予结转以后三年内在计算应纳税所得额时扣除。"鉴于国务院并未另有规定，若严格按照税收法定的理念，教育公益捐赠税收优惠政策毫无疑问也应适用《个人所得税法》与《企业所得税法》对公益捐赠税前扣除作出的一般规定。不过，基于我国距离税收法治尚有一定差距，目前关于社会力量捐资助学的税收优惠仍然呈现"政策主导"的局面，国务院财税主管部门出台的税收优惠政策在实践中发挥着更为重要的作用。

结合国务院财税主管部门出台的教育税收优惠政策，纳税人通过中国境内非营利的社会团体、国家机关向教育事业的捐赠，准予在企业所得税和个人所得税前全额扣除。此外，财产所有人将财产赠给学校所立的书据，还可免征印花税。

最后，必须说明的是，国务院财税主管部门主导的教育税收优惠政策并不稳定，也不具有合法性，在落实税收法定原则背景下，《个人所得税法》《企业所得税法》《印花税法》先后修订或出台，都明确规定教育税收优惠政策仅能由法律或国务院创设，国务院财税主管部门无权染指，个人与企业对于教育事业的公益捐赠是否可以适用全额税前扣除政策、财产所有人将财产赠给学校所立的书据是否可以享受免征印花税税收优惠皆充满了变量。纵然如此，出于政策的可持续性，笔者认为这些政策在国务院财税主管部门未作出修改的情况下还可继续适用。

思考题

1. 简述国家出台教育税收优惠政策的正当性。
2. 试析教育法与财税法的内在联系。
3. 试列举高等教育经费筹集渠道。

第三编　主　体　论

第九章 教育行政机关的法律地位

教育行政机关是教育行政法律关系中最重要的主体，但随着我国行政法学从“行政机关范式”向“行政主体范式”转变，①对行政机关的研究被视为行政组织法的领域而逐渐被冷落。作为教育学和行政法学交叉学科的教育行政法学，应对国家立法的迫切需求和层出不穷的教育案件尚力有不逮，几乎无暇顾及教育行政机关这一教育行政法学的基本范畴。在笔者的阅读范围内，以“教育行政法”命名的论著，不过是李惠宗《教育行政法要义》(2004 年)、高家伟《教育行政法》(2007 年)、金国华《教育行政法新论》(2008 年)、刘显娅《英国教育行政法》(2010 年)等四本。在中国知网以“教育行政法”进行主题检索，时间跨度从 1915～2020 年，共检出中英文文献 42 份；相关博士学位论文只有两篇：陈应鑫的《教育行政执法研究》(2007 年)和王瑜的《近代高等教育法研究》(2015 年)。在教育法学领域，谢瑞智的《教育法学》(1992 年)、劳凯声的《教育法论》(1993 年)、张维平的《平衡与制约：20 世纪的教育法》(1995 年)、秦惠民的《走入教育法制的深处：论教育权的演变》(1998 年)较早地研究了教育行政、教育行政体制和国家教育权。之后出版的以“教育法学”命名的论著，均专章论述了“教育行政机关”。

已有的对于行政法学和教育法学研究，呈现如下特点：

1. 对教育行政执法和其他教育法律关系主体如学校、教师和学生的法律地位已有较丰富的研究，对教育行政机关的研究较少。

2. 对英国、美国、法国、日本，甚至苏联教育行政体制都有一些介绍，但对我国教育行政机关的研究较少，多停留于对教育部、教育厅或教育局内设机构的描述。

3. 立足于个案和工作职责的研究已经出现，但对我国教育法律体系的梳理明显不足，个别研究还存在运用法律术语不严谨的情况。

在这种意义上，教育行政机关可谓是教育行政法学“最熟悉的陌生人”。对教育行政机关法律地位的研究不足，验证了作为行政法学分论的教育行政法学尚处于蹒

① 参见王军：《私主体何时承担公法义务——美国法上的“关系标准”及启示》，载《中外法学》2019 年第 5 期。

蹒学步时期的判断。[①]

教育行政主体是教育行政法律关系中不变的一方。作为职权行政主体的教育行政机关,无论是在数量上还是在权限上,其重要性都远非授权行政主体可比。“坚持依法治教”是《中国教育现代化2035》明确的推进教育现代化的基本原则之一,教育行政法学学科的发展也必须实现从热点到学科基本问题的转向。[②] 教育行政机关法律地位是教育行政法学主体论的核心,对其进行研究具有重要的现实意义。通过梳理现实的法律制度,对法律文本进行解释,并将所得的概念与规则整合成逻辑一致、内在和谐的整体,是法学的基本方法。[③] 因此,《宪法》《教育法》《义务教育法》《高等教育法》《职业教育法》《民办教育促进法》《教师法》《学位条例》《国防教育法》《未成年人保护法》《预防未成年人犯罪法》《体育法》等12部相关法律,《学位条例暂行实施办法》等19部教育行政法规,《高等学校章程制定暂行办法》等48部部门规章是本章的研究对象。[④]

本章的基本安排是:第一,从法律和现实出发,阐明教育行政机关的内涵和外延;第二,通过梳理现行教育法律、行政法规和部门规章体系,厘清教育行政机关的职权;第三,分析教育行政机关与行政相对人(包括学校、教师和学生)的法律关系。

第一节　教育行政机关的内涵和外延

一、教育行政机关的内涵

可以用“属+种差”的方法来理解“教育行政机关”的内涵,即从“机关”“行政机关”“教育行政机关”三个层次来理解。在我国,所谓“机关”,一般指的是“国家机关”,也称为“国家政权机关”,其总和为“国家机构”。其中,行使行政权的分支,包括各级政府及其组成部门,依据宪法和组织法的规定设立,行使行政权,对各项国家行

---

① 参见宋华琳:《中国行政法学分论研究:体系、课题与立场》,载《安徽大学学报(哲学社会科学版)》2020年第3期。

② 参见彭宇文:《教育法地位再探——兼论教育法学学科建设》,载《教育研究》2020年第4期。

③ 参见张翔:《宪法教义学初阶》,载《中外法学》2013年第5期。

④ 相关行政法规、规章的名称和主题,可参见管华:《教育法治四十年:回顾与展望》,载《法学评论》2018年第4期;中国教育科学研究院课题组:《中国教育法治发展报告2016》,中国民主法制出版社2017年版,第260~263页。在这里,本书增加了《少年儿童体育学校管理办法》和2018年以后新制定的《教育统计管理规定》《学校食品安全与营养健康管理规定》《新时代高等学校思想政治理论课教师队伍建设规定》等部门规章。

政事务进行组织和管理,是行政机关。企事业单位的内部行政组织,日常也有称为“机关”甚至“行政机关”的,不属于法律意义上的“行政机关”。经法律法规授权的组织,虽具有行政主体地位,但也不属于行政机关的范畴。[①]

何为教育,并无标准定义。欧洲人权法院(European Court of Human Rights)在“坎贝尔和克萨斯诉英国案”(Campbell and Cosans v. the UK)中指出,广义的教育是指成年人将其信仰、文化和其他价值观传播给年轻人的整个过程。[②] 联合国教科文组织将教育界定为:“社会生活的整个过程,通过该过程,个人和社会团体有意识地在国家和国际社会中为了国家和国际社会的利益,学会发展他们个人整体的能力、态度、技艺和知识。”1974年《关于促进国际了解、合作与和平的教育以及关于人权与基本自由的教育的建议书》第1(a)条指出:“狭义的教育指学校及教育机构的教育。”本章取狭义。

公法学通常将“教育行政”当作国家“行政”领域的一部分,指国家机关为了实施教育法律和政策进行的规划、组织、决策、指导、监督和服务的活动。[③] 我国《宪法》总纲第19条第1款规定“国家发展社会主义的教育事业”,行政机关作出的所有与发展教育事业有关的活动,都属于教育行政。从宪法学角度看,受教育权作为基本人权,要求国家履行尊重、保护、给付和促进义务。[④] 因此,凡是行政机关履行尊重、保护、给付和促进受教育权的义务的活动,都可以视为教育行政。

总之,教育行政机关是指根据宪法和法律设立,享有教育行政权,承担发展教育事业责任的国家行政机关。

二、教育行政机关的外延

教育行政机关、教育行政部门、教育行政主体和教育行政执法主体常被混为一谈。“教育行政部门”是一个法律概念,指的是各级人民政府主管教育的职能部门。教育行政部门,在中央是教育部;在省、自治区为教育厅;直辖市为教育委员会;省级以下多称“教育局”,也有称“教育委员会”的,还有和文化、体育部门合并,称为“文教

---

① 在我国台湾地区,依其“中央行政机关组织基准法”,行政机关系指“代表国家、地方自治团体或其他行政主体表示意思,从事公共事务,具有单独法定地位的组织”。由此可见,我国台湾地区的“行政机关”是指“行政主体”的意思表示机关,与本处所指不同,其范围更大。参见翁岳生编:《行政法》(上册),中国法制出版社2009年版,第357页。

② See the judgment of 25 February 1982, Campbell and Cosans v. United Kingdom, A. No. 48.

③ 参见张维平主编:《平衡与制约:20世纪的教育法》,山东教育出版社1995年版,第17页;王瑜:《近代高等教育法研究》,西南政法大学2015年博士学位论文。

④ 参见管华:《教育人权:国际标准与国家义务》,载《人权研究》2016年第1期。

局”“文体局”“社会发展局”。[①] 行政主体包括行政机关和法律法规授权的组织，一般都是行政执法主体，只是最高国家行政机关——国务院很少直接执法。行政机关可以分为一般行政机关和特别行政机关，前者承担综合性的行政任务，如各级政府；后者承担专门性的任务，如教育行政部门。[②]

对教育行政机关可以作两种解释：一是所有管理教育事务的行政机关；二是专门管理教育事务的行政机关，即教育行政部门。第二种理解虽然很流行，但既不符合法律规定，也不符合司法实践。根据《宪法》第 89 条第 7 项规定，国务院领导和管理教育工作。《教育法》第 14 条第 1 款规定：“国务院和地方各级人民政府根据分级管理、分工负责的原则，领导和管理教育工作。”《义务教育法》第 7 条规定了各级政府的教育职责，《高等教育法》第 13 条规定了国务院和省级人民政府的教育职责。在学理上，将各级政府排除出教育行政机关，有违法之嫌。[③] 在司法上，根据《最高人民法院关于规范行政案件案由的通知》，“教育行政管理”是根据行政管理范围，即“代表国家管理行政事务的领域”，而非根据行政机关的类别来分类的。也就是说，无论是各级政府作出的行政行为还是教育行政部门作出的行政行为，只要属于教育领域，就纳入“教育行政管理”诉讼的范围。将政府中这种承担综合性任务的国家机关纳入教育行政机关范畴，在日本和我国台湾地区比较常见。如日本的中央教育行政组织包括内阁，地方教育行政组织包括地方公共团体的首长。[④] 因此，本书采取第一种解释。

在我国的法律和现实中，教育行政机关以多种形态存在。

1. 政府。如《教育法》第 66 条第 2 款规定了县级以上人民政府应当发展教育技术，此处的“政府”包括国务院，不包括乡镇政府。《义务教育法》第 15 条规定了县级以上地方人民政府制定学校设置规划，此处的“政府”既不包括国务院，也不包括乡镇政府。《国防教育法》第 6 条规定了国务院和地方各级人民政府对国防教育工作的领导，此处的“政府”包括乡镇政府。《残疾人教育条例》第 35 条规定了设区的市级以上地方人民政府可以举办高级中等以上特殊教育学校，此处的“政府”不包括国务院，也不包括县乡政府。总的来说，各级人民政府都有可能成为教育行政机关。

2. 教育行政部门。教育行政部门是专门管理教育事务的行政机关，是特别行政

---

① 参见黄葳主编：《教育法学》，高等教育出版社 2007 年版，第 111 页。

② 参见周佑勇：《行政法原论》，中国人民大学出版社 2010 年版，第 184 页。

③ 有学者根据《宪法》第 85、105 条认为，狭义的行政机关，仅指各级人民政府。参见胡建淼：《行政法学》（第 4 版），法律出版社 2015 年版，第 67 页。

④ 参见谢瑞智：《教育法学》，台北，文笙书局 1992 年版，第 194～196 页。

机关,也是教育法律的最主要的执行部门。

3. 劳动行政部门,也称“人力资源和社会保障部门”。根据《职业教育法》第 11 条规定,国务院教育行政部门、劳动行政部门分别负责有关职业教育工作。这是确立了劳动行政部门与教育行政部门在职业教育领域分工负责的教育行政机关地位。

4. 管理少年儿童体育学校的县级以上体育行政部门。根据《少年儿童体育学校管理办法》规定,县级以上体育和教育行政部门分工负责少体校工作。这就确定了在少体校管理上,体育行政部门与教育行政部门分工负责的教育行政机关地位。

5. 直接管理高校的国务院组成部门或其他中央单位。2000 年,97 所原中央各部委(单位)直属的高校被下放到地方。[①] 中央直属高校除教育部直接管理的 75 所以外,还有 40 所由国务院其他组成部门或中央单位管理。根据《高等教育管理职责暂行规定》,直接管理高校的国务院有关部门对所属高校的管理权和国务院教育行政部门对所属高校的管理权大同小异。

6. 开发区管委会。近年来,出现了新的行政组织,即各种经济技术开发区管理委员会(以下简称开发区管委会)。开发区管委会的组织和职权并无宪法和组织法上的依据,其中由省、自治区人民政府设立并经国务院批准的可认定为派出机关。[②] 开发区管委会内设的教育行政部门,一般称为教育分局,属于内设行政机构,只能以开发区管委会名义对外作出行政行为。因此,只有开发区管委会属于教育行政机关。但是,市(含直辖市)、县级人民政府设立的开发区,即使存在地方性法规的授权,由于没有宪法和组织法上的依据,只能认定为法律法规授权的组织,不属于行政机关。没有得到地方性法规授权的开发区管委会,在法律上属于受委托的组织,不是行政机关。[③]

7. 新疆生产建设兵团内部按照“师市合一、团镇合一”原则建立起来的市政府及其有关职能部门和镇政府。据《新疆生产建设兵团的历史与发展》白皮书记载,兵团是“在国家实行计划单列的特殊社会组织”,“实行党政军企高度统一的特殊管理体制”。兵团在所管辖的地域,承担了包括教育在内的绝大部分行政管理职能。其中,按照“师市合一、团镇合一”原则建立起来的县级市和建制镇同其他地方的市、镇具有同样的法律地位。

---

① 参见管华、陈鹏:《异地高考权及其实现》,载《高等教育研究》2015 年第 1 期。

② 参见叶必丰:《行政法与行政诉讼法》,高等教育出版社 2007 年版,第 112 页。

③ 也有学者称为“新区托管模式”,具体可参见安子明:《政府体制改革中的“托管模式”研究——以西安市沣渭新区管理机制建设为例》,载《中国行政管理》2011 年第 4 期。

有论者将国务院教育行政部门称为教育行政机构，这是不严谨的。在行政法学上，行政机构是由各级人民政府及其职能部门设立的、不具备独立编制和财政预算的机构，只有经过法律法规的授权，才具备行政主体资格。[①] 在我国教育法律体系中，这样的机构有学位委员会、教育督导机构、高等教育自学考试指导委员会、中小学教材审定及审查委员会、汉语水平考试委员会、普通高等学校教育评估领导小组等。这些机构都没有独立编制和经费，分别依据《学位条例》《教育督导条例》《高等教育自学考试暂行条例》《中小学教材编写审定管理暂行办法》《中国汉语水平考试(HSK)办法》《普通高等学校教育评估暂行规定》设立，组成人员包括若干不具备公务员身份的专家，都不属于教育行政机关。在现实生活中，存在将部分教育管理和执法事务委托给其他组织的现象，受托组织不是行政机关。[②]

第二节　教育行政机关的职权

《牛津法律大辞典》指出："法律地位特指一个人在法律上所居的地位，该种地位决定其在特定情况下的权利和义务。"[③]在我国，教育行政机关在行政法律关系中的地位就是"行政主体"，其权利和义务分别为教育行政职权和教育行政职责。教育行政职责的核心是"合法行政"和"合理行政"，多数情况下，与教育行政职权不易区分，本节主要论述教育行政机关的职权。

一、教育行政立法权或规定权[④]

国务院有权制定教育行政法规，国务院教育行政部门有权制定部门规章，省、自治区、直辖市和设区的市、自治州的人民政府有权制定地方教育规章。行政机关都能制定规则，只不过其制定的规则的形式和法律效力有差异，效力低于行政法规和规章

---

① 参见应松年主编：《行政法与行政诉讼法》，中国政法大学出版社 2008 年版，第 60 页。

② 如上海市教委将部分执法事务委托给上海市教育督导事务中心，上海浦东将民办非学历教育部分事务委托给成人教育协会。具体可参见高杭：《教育行政执法协同性：模式、问题与推进路径——基于当前改革实践的案例研究》，载《华东师范大学学报(教育科学版)》2016 年第 3 期；孙霄兵主编：《教育法制建设新实践》，高等教育出版社 2012 年版，第 199 页。

③ [英]戴维·M. 沃克：《牛津法律大辞典》，北京社会与科技发展研究所译，光明日报出版社 1988 年版，第 855 页。

④ 有论著将行政机关的编制规划、预算和起草法律草案的权力称为"教育行政创制权"。法学意义上的"创制权"一般指的是"公民直接立法权"。参见王世杰、钱端升：《比较宪法》，中国政法大学出版社 1997 年版，第 185 页。

的,统称“行政规定”,也称“行政规范”或“规范性文件”①。根据《地方各级人民代表大会和地方各级人民政府组织法》第61条规定,最基层的行政机关乡镇政府,也有权“发布决定和命令”。这里的“决定”“命令”也可能构成行政规定。由于有行政法规、规章制定权的主体也有权制定行政规定,相关法律规范往往只明确了制定主体,未明确制定形式,因此,以下不再区分教育行政立法权和教育行政规定权。

通过梳理12部法律、19部行政法规、48部部门规章发现,各教育行政机关享有以下事项的教育行政立法权或规定权。

政府的教育行政立法权或规定权较为广泛。国务院有权规定:(1)义务教育不收杂费的步骤;(2)设立高等学校的具体标准;(3)高校教师职务任职条件;(4)教师职务制度。此外,作为国务院内设机构的国务院学位委员会有权规定硕士、博士学位证书的格式。省级政府有权规定:(1)本地区职业学校生均经费标准,中等职业学校和培训机构收费办法,企业应承担的职业教育费用,非营利民办学校收费办法以及扶持与奖励民办教育发展的措施;(2)特殊教育学校建设标准、收费项目、经费开支标准、教职工编制标准和教学仪器设备配备标准;(3)设立其他高等教育机构的具体标准,高等教育自学考试具体实施办法;(4)《幼儿园管理条例》《校车安全条例》实施办法;(5)体校学生、教练员的伙食标准和运动服装标准。县级以上政府有权制定:(1)义务教育经费审计监督和统计公告制度;(2)校车管理办法;(3)特殊教育收费标准。此外,各级人民政府有权制定改善民办教师待遇的具体办法。

教育行政部门的教育行政立法权或规定权最为广泛。国务院教育行政部门有权规定:(1)义务教育的教学制度、教学内容、课程设置、考试制度和高中招生办法;(2)特殊教育课程的设置方案和标准;(3)学校体育场地、设施和器材的配置标准;(4)高等教育工作的政策、规章,含高等学校、研究生院的设置标准、高校人事管理制度、高等教育自学考试实施细则和特定学科专业本科毕业生直接取得博士生入学资格的办法;(5)实行教师聘任制的步骤和办法;(6)中小学校长培训、中小学教师继续教育的规章、政策;(7)未达到《教师法》规定学历,在该法实施以前已任教师的教师资格过渡办法;(8)学士学位证书的格式、中外合作办学许可证式样;(9)招收、培养国际学生的政策,国际学生培养质量监督制度;(10)教科书审定办法。此外,作为教育部内设机构的国家考试委员会有权制定自学考试政策。国务院教育部门会同有关部门规定高校年经费开支标准和筹措原则,制定中小学教师和职业学校教师津贴办

① 参见叶必丰、周佑勇:《行政规范研究》,法律出版社2002年版,第28页。

法，确定中外合作办学许可证编号办法，制定国际学生勤工俭学规定。

省级教育行政部门有权制定：(1)小学学籍管理办法，特殊教育学校学籍管理办法，残疾学生毕业考试办法；(2)《高等学校信息公开办法》的实施办法，含高校信息公开评议制度；(3)高等教育阶段以外的国际学生政策；(4)中小学校长培训和教师继续教育人均基本费用标准及配套政策；(5)《幼儿园工作规程》实施办法、《教育统计管理规定》实施细则。国家和省级教育部门都有权发布小学课程计划、教学大纲。各级教育行政部门有权规定：(1)中小学教师继续教育考核和成绩登记制度；(2)中小学幼儿园安全工作责任制和事故责任追究制；(3)小学其他人员的任职资格。此外，教育行政部门有权规定幼儿园的招生、编班；主管教育部门有权确定小学的服务区、特殊教育学校的招生范围。

其他部门也有一定的教育行政立法权或规定权。国务院有关部门有权规定：(1)设立其他高等教育机构的具体标准；(2)中国政府奖学金的管理办法。国务院财政部门会同教育部门制定生均公用经费基本标准。国务院有关部门会同财政部门制定本部门职业学校生均经费标准，规定企业应承担的职业教育费用。国务院教育部门、有关部门和省级教育部门都有权制定高校学风建设政策。省级教育部门会同有关部门制定区域内高校年经费开支标准和筹措办法，与有关组织联合制定学校教代会规定。省级交管部门和教育部门制定校车标识。县级以上教育、人力资源部门为特殊教育教师在职务评聘、培训进修、表彰奖励等方面制定优惠政策；各级教育部门会同建设部门制定幼儿园园舍、设施的标准；卫生、教育部门制定学校卫生技术人员职称考核评定办法。

比较特殊的是，《教育法》第 18 条第 1 款规定的“国家制定学前教育标准”，这里的国家应包括行政机关。

二、教育行政许可权

依据《行政许可法》规定，法律、行政法规、地方性法规可以设定行政许可，国务院决定、省级政府规章可以设定临时行政许可，教育部或国务院其他部门规章无权设定行政许可。但部门规章可以对已设定的行政许可予以细化规定。在 2003 年《行政许可法》颁布前，大量部门规章实际上设定的行政许可应当继续有效。需要说明的是：(1)行政机关对其他机关或直接管理的事业单位的人事、财务、外事等事项的审批，属于行政审批，不是行政许可。[1] (2)对已有法律地位、法律关系和法律事实予以

① 参见《行政许可法》第 3 条。

确定、认可、证明的属于行政确认，不是行政许可。[①]（3）因许可机关或被许可人违法而取得的行政许可被撤销，其法律性质是行政许可的撤销，不是行政处罚，如对不具备申请资格或不符合法定条件的申请人行政许可的撤销[②]。

通过梳理前述法律、行政法规和部门规章，各教育行政机关享有以下事项的教育行政许可权。

1. 政府的教育行政许可权相对较少。国务院有权授权高校授予学士、硕士、博士学位，授权科研机构授予硕士、博士学位，批准高校和科研机构可以授予学位的学科名单。国务院学位委员会可以暂停或撤销学位授予单位相应学科、专业的学位授予资格，批准学位授予单位授予名誉博士学位。省级政府有权批准专科高校设立、分立、合并、终止，变更名称、类别和其他重要事项；批准设立实施专科教育和非学历高等教育的中外合作办学机构。省级政府学位委员会可以暂停或撤销学位授予单位相应学科、专业的学位授予资格。县级政府有权批准小学停课 1 ~ 3 天，特殊教育学校停课 1 天以上。乡镇政府有权批准义务教育阶段适龄儿童延缓入学或休学，农村幼儿园的举办或停办。此外，县级或者设区的市级人民政府有权批准学校或者校车服务提供者使用校车。

2. 教育部门的教育行政许可权最为广泛。国务院教育部门有权：（1）批准本科及以上高校的设立、分立、合并、终止，变更名称、类别和其他重要事项；（2）批准各学位授予单位学位评定委员会成员名单，核准中央直属高校章程，开展新建普通高校合格评估；[③]（3）批准本科以上高等学历教育中外合作办学机构和办学项目；（4）批准普通高校开展体育后备人才训练，批准普通高校运动水平较高、具有培养前途的学生延长学习年限，批准全国大学生运动会提前或延期举行；（5）批准实施高等学历教育的民办学校以捐赠者的姓名或名称作为校名；（6）核准国家课程教材编写的立项，审定国家课程教材，批准扩大教材试验范围，批准列入全国中小学教学用书目录。

省级教育部门有权：（1）批准其他高等教育机构的设立、分立、合并、终止，变更名称、类别和其他重要事项，核准地方政府举办的高校章程；（2）批准设立实施中等

---

① 参见罗豪才、湛中乐主编：《行政法学》（第 4 版），北京大学出版社 2016 年版，第 216 页。

② 参见胡建淼：《行政法学》（第 4 版），法律出版社 2015 年版，第 298 ~ 299 页；周佑勇：《法治视野下学位授予权的性质界定及其制度完善——兼述〈学位条例〉修订》，载《学位与研究生教育》2018 年第 11 期。

③ 依据《普通高等学校教育评估暂行规定》第 7、9 条规定，合格评估是一种质量认可制度，鉴定不合格的有可能被责令停办或停止招生。因此，这里将其归入行政许可。第 12 条规定的单项评估，也具备类似特点。

学历教育、自学考试助学、文化补习、学前教育的中外合作办学机构,批准专科教育、非学历高等教育、高中、自学考试助学、文化补习、学前教育的中外合作办学项目;(3)批准高等教育以外的学校开展体育后备人才训练;(4)批准实施非高等学历教育的民办学校以捐赠者的姓名或名称作为校名;(5)核准本区域课程教材编写的立项,审定本区域课程教材,批准列入本地中小学教学用书目录,审定扫除文盲教材;(6)批准设立实施远程学历教育的网校和自费出国留学中介服务机构;(7)认定中小学校长培训机构的资格;(8)批准学校刻制外文印章。转出地教育部门商转入地教育部门确认普通高等学校学生跨省转学。

国务院和省级教育部门都有权认定普通高校教师资格,颁布中小学艺术课程标准,审定中小学艺术课程教材,审定特殊教育教材,批准普通师范院校、教师进修院校和综合大学承担中小学校长培训任务。地市级教育部门有权认定高中教师、中等职业学校教师和实习指导教师的教师资格。县级以上教育部门有权:(1)批准实施学历教育、学前教育、自学考试助学及其他文化教育的民办学校的设立,核准其举办者变更;(2)批准学校刻制印章;(3)审批青少年体校的设立、变更、终止。县级教育行政部门有权:(1)批准义务教育阶段适龄儿童延缓入学或休学;(2)批准招收适龄儿童进行文艺、体育等专业训练的社会组织自行实施义务教育;(3)认定幼儿园、小学教师和初中教师的教师资格。所在区、不设区的市教育行政部门审批城市幼儿园的举办和停办。省级教育部门和试验地教育部门审批教材实验。

此外,法律、行政法规、部门规章概括性规定了教育部门的许可权:(1)批准未成年人就读工读学校,核准小学生因户籍变更的转学;(2)批准特殊教育学校招生范围以外的残疾儿童借读,批准因病无法继续学习的特殊教育学校学生休学,批准不适应在普通学校就读的残疾儿童转学,核准社会力量举办的特殊教育学校校长;(3)批准综合性高校、非师范类高校和其他教育机构参与中小学教师继续教育,批准社会力量举办中小学教师继续教育机构;(4)批准学校举办勤工俭学工厂或经营项目;(5)批准小学使用的实验教材、乡土教材;(6)审批公办学校参与举办民办学校。

3. 其他有关部门也有一定的教育行政许可权。国务院有关部门批准所属各学位授予单位学位评定委员会成员名单,审批直接管理的专科高校专业的增设和撤销。国务院教育部门会同测绘部门和外交部组织审定中小学教学地图。国务院有关部门和省级教育部门实施思想政治教育、专业(学科)、课程或其他教育工作的单项评估。省级人力资源部门审批设立实施职业技能培训的中外合作办学机构,批准主管的非高等学历教育的民办学校以捐赠者的姓名或名称作为校名。省级价格部门会同出版部门确定教科书价格。县级以上人力资源部门批准设立实施职业资格和技能培训的民办学校，核准其举办者变更。人力资源部门审批主管的公办学校参与举办民办学校。县级以上教育部门组织主管部门认定中专、技工学校教师资格认定。县级以上公安机关批准学校刻制印章。有关部门审核非户籍小学生入学，批准承担教学改革任务的小学调整《小学管理规程》的某些要求。

需要指出的是，教育法规范体系中包含大量需要“审批”事项，有些行政规定中也设定了“行政审批”。① 2003 年《行政许可法》颁布以后，“行政审批”主要限于“内部事项”的审批。2015 年国务院印发《关于取消非行政许可审批事项的决定》，“非行政许可审批”这一审批类别不再保留。从此，行政审批只限于政府内部审批，如中专自学考试在县设考场需经省、自治区、直辖市高等教育自学考试委员会（以下简称省考委）批准，教育部门增加或减少教育统计内容由本级政府统计机构审批。随着“放管服”改革的不断推进，一些原来需要审批的项目被取消，如国务院教育主管部门对研究生院设立、撤销和调整的审批。②

三、教育行政处罚权

行政处罚是行政主体依法对违法行为予以行政制裁的活动。行政处罚与行政处分的区别在于，前者是外部行政行为，后者是内部行政行为。行政处罚遵循处罚法定原则，法律、行政法规、规章可以设定行政处罚，行政规定无权设定行政处罚。教育行政处罚常涉及的种类有：警告、罚款、没收违法所得、责令停止招生、吊销办学许可证等。理论上，行政处罚应具有惩罚性质，仅要求恢复违法行为之前的状态、不具备惩罚性的“责令改正”不属于行政处罚，但对此也有争议。③ 按这种观点，责令退回招生不属于行政处罚，责令停止招生则属于行政处罚。通过梳理前述法律、行政法规和部门规章，各教育行政机关享有以下事项的教育行政处罚权：

1. 直接由政府行使教育行政处罚权的情况较少。国务院对不能保证所授学位学术水平的授权单位，停止或撤销授予学位资格。④ 乡镇政府或市、市辖区人民政府或其指定机构对拒绝送子女就学的监护人予以罚款。县级以上政府或其教育部门对违

---

① 如《关于开办外籍人员子女学校的暂行管理办法》（1995 年）。依据《国家教育委员会行政法规、规章发布办法》（1989 年）规定，规章应以国家教委（教育部）令的形式发布，但该办法是以“教外综［1995］130 号”颁布的，应当定性为行政规定而非部门规章。

② 具体参见《高等教育管理职责暂行规定》和《国务院关于第六批取消和调整行政审批项目的决定》。

③ 参见杜文勇：《行政法理论、规范与实务》，知识产权出版社 2019 年版，第 191 页。

④ 由于这里不涉及许可机关或被许可人违法取得许可，所以不属于前文行政许可的撤销，而是类似于“吊销”。

规参与教科书编写的，没收违法所得。

2. 概括规定教育行政部门行使教育行政处罚权的最多：(1)学校或教育机构违反国家规定举办的予以撤销，没收其违法所得；违反国家规定招生的，处警告、罚款、撤销招生资格、吊销办学许可证。其中非教育部门主管的，由主管部门处罚。违反规定颁发学位证书、学历证书或其他学业证书的，宣布证书无效，没收违法所得，情节严重的停止招生 1 ~ 3 年直至撤销招生及颁发证书资格。高校违法违规招生国际学生的，限制招收国际学生。(2)考生在国家教育考试中作弊的，由教育考试机构取消考试资格或成绩，情节严重的，停止参加考试 1 ~ 3 年；弄虚作假，严重违反高校招生规定，毕业后发现的，宣布学历、学位证书无效，收回或没收其证书。参加教师资格考试作弊的，成绩作废，3 年内不得参加该考试。考场纪律混乱、舞弊严重的，取消考点承办国家教育考试资格。非法举办国家考试的，宣布考试无效，没收非法所得。由各级教育考试机构处罚的有：考生在国家教育考试中违纪的，取消该科目成绩；扰乱考场秩序或作弊的，各科成绩无效；严重作弊的，暂停参加该项考试 1 ~ 3 年，特别严重的，暂停参加各种国家考试 1 ~ 3 年。自学考试考生严重作弊的，也可以延迟毕业 1 ~ 3 年。高等教育自学考试管理机构对考区内一个或一个以上专业考试纪律混乱、作弊严重的，处警告、停考相应专业 1 ~ 3 年。(3)中外合作办学，擅自设立的取缔并处罚款；筹设期间招收学生的停止招生并处罚款；办学者虚假出资、抽逃出资的处罚款；管理混乱、质量低下的停止招生、吊销办学许可证；发布虚假招生简章，骗取钱财的，没收违法所得、罚款直至吊销办学许可证。属于人力资源部门主管的，由人力资源部门处罚。(4)民办学校或教育机构不确定人员福利占经常办学费用的比例、不按比例执行、将积累用于分配或校外投资的，管理混乱、质量低下的，处警告、停止招生、吊销办学许可证。(5)幼儿园违反《幼儿园管理条例》的，限期整顿、停止招生和办园，对直接责任人予以警告、罚款。(6)擅自进行教材试验或扩大试验范围的，由同级教育部门通报批评、停止实验或禁止使用。

3. 明确由省级教育行政部门行使处罚权的有：(1)独立学院举办者虚假出资或抽逃出资的，按照《民办教育促进法》处罚；资产不按期过户、擅自发布招生广告、年检不合格、擅自招收学生的，处警告、罚款、减少招生计划、暂停招生。(2)民办高校资产不按期过户、擅自发布招生广告、年检不合格、办学条件不达标的，处罚款、减少招生计划或者暂停招生。

4. 由县级以上教育部门处罚的有：(1)对违反《民办教育促进法》的学校，处以警告、没收违法所得，责令停止招生、吊销办学许可证。(2)违反《校车安全管理条例》

的民办学校，暂停招生，吊销办学许可证，负有责任的领导人员和直接责任人员 5 年内不得从事学校管理。(3) 对骗取教师资格，品行不良、侮辱学生的教师，撤销教师资格。擅自举办民办学校的，县级以上教育部门会同公安、民政或市场监管部门，责令停止办学、罚款。属于人力资源部门主管的，由人力资源部门牵头处罚。

5. 市场监管部门对未经批准增加收费项目或提高收费标准的中外合作办学机构，予以处罚。公安部门对擅自刻制学校印章的，处罚款并收缴。民办学校取得回报的比例及办学水平、财务状况未按规定备案或备案不真实的，由审批机关予以警告、没收违法所得、停止招生、吊销办学许可证。

四、教育行政处分权

行政处分是针对有行政隶属关系的人实施的制裁，处分对象是直接负责的主管人员和其他直接责任人，通常违法行为达到情节严重的程度才予以处分。我国教育行政正处于从依政策管理向依法治理转变的进程中，[①]大量未来可能被定性为外部关系的事项仍采用了内部管理的办法，因此教育行政处分权依然非常重要。《公务员法》《公职人员政务处分法》规定了公职人员应受处分的情形，[②]一般行政机关均有处分权，教育法律、法规和部门规章中关于教育行政处分的内容可视为特别规定。

1. 直接规定由政府处分的情形有：未履行义务教育经费保障职责的，不按照预算核拨教育经费的，违规向学校或者其他教育机构收取费用的，违反《义务教育法》第 52 条、第 53 条的，不履行校车安全管理职责、发生重大安全事故的。规定由上级政府或上级有关部门处分的情形有：未履行残疾人教育职责的，违反《义务教育法》第 54 条的。规定由上级机关处分的有：拖欠教师工资的，民办学校的审批机关和有关部门有《民办教育促进法》第 63 条规定的行为的。违反规定参与教科书编写的，由县级以上政府或其教育部门予以处分。

2. 规定由教育部门处分的有：省级教育部门工作人员违反《普通高等学校招生违规行为处理暂行办法》第 9 条规定的，由国务院教育部门予以处分。违反《学校艺术教育工作规程》拒不履行艺术教育责任的，由上级教育部门或者所属教育部门予以处分。高校违反国家招生管理规定的，违反《高等学校知识产权保护管理规定》第 31 条的，招生考试机构违反国家招生管理规定的，高中违反《普通高等学校招生违规行为处理暂行办法》第 7 条规定，未履行食品安全管理责任或违反《学校食品安全与营养健康管理规定》第 58 条、第 59 条的，由主管教育部门予以处分。高等教育自学

---

① 参见管华：《教育法治四十年：回顾与展望》，载《法学评论》2018 年第 4 期。

② 参见《公务员法》第 59 条、《公职人员政务处分法》第三章。

考试工作人员或参与组织人员有《高等教育自学考试暂行条例》第 38 条的行为的，由省考委或所在单位给予处分。国家教育考试工作人员有《国家教育考试违规处理办法》第 13 ~ 17 条的行为的，由考试机构或有关部门予以处分。擅自进行教材试验或擅自扩大试验范围的，由同级教育行政部门予以处分。学校违反规定收费的，向学生推销或者变相推销谋取利益的，有《义务教育法》第 57 条规定的行为的，由县级教育部门予以处分。有《学校体育工作条例》第 27 条规定的行为的，由当地教育部门予以处分。幼儿园违反《教育行政处罚暂行实施办法》的，学校违反《校车安全管理条例》《中小学幼儿园安全管理办法》《全民健身条例》的，学校对学生伤害事故负有责任的，教师有《教师法》第 37 条规定的情形的，教师资格认定中玩忽职守、徇私舞弊的，由教育部门处分。

3. 由教育部门或有关部门予以处分的有：违规举办学校或教育机构的，违规招生、违规收费、违规颁发学业证书、体罚或变相体罚学生、侵害未成年人合法权益的，招收学生工作中徇私舞弊的，教育部门对学生伤害事故负有责任的。由主管部门予以处分的有：中小学校长无正当理由拒不参加培训的，学校和教育机构违反《残疾人教育条例》第 57 条的，高等学校违反《高等学校信息公开办法》第 27 条的。拒绝或者妨碍学校卫生监督员监督的，由卫生部门予以处分。各有关部门工作人员不依法履行学校安全监管职责的，由上级部门或所在单位予以处分。

4. 未明确规定处分机关的情形有：违反《教育法》第 80 条扰乱考试秩序的；疏于管理，造成考场秩序混乱、作弊情况严重的；未按照食品安全法履行职责，造成食品安全事故的；有《教育统计管理规定》第 37 条规定的行为的。

教育法律规范中还有一种特殊的行政责任形式，那就是“通报批评”，类似于“警告”：针对外部行政相对人作出时，属于行政处罚，如县级教育部门对学校向学生推销商品的，给予通报批评；针对内部行政相对人作出时，属于行政处分，如教育部门及公务员参与编写教材的，由上级或同级教育部门给予通报批评。我国公立学校在法律上属于事业单位，由于事业单位改革尚在推进之中，内外的区分也不无疑难。

五、教育行政给付权

不同于给付行政或福利行政，教育行政给付是一种行政决定，是具体行政行为。教育行政给付权主要包括教育行政奖励权和教育行政补助权。①

① 参见胡建淼：《行政法学》（第 4 版），法律出版社 2015 年版，第 396 页。

1. 教育行政奖励权

由政府进行奖励的:国务院和省级政府奖励优秀教材编写者。各级政府奖励对民办教育发展有突出贡献的组织(集体)和个人。各级政府及有关部门奖励有突出贡献的教师以及义务教育工作中有突出贡献的社会组织和个人。教育部奖励“全国优秀教师”和“全国优秀教育工作者”,会同国务院人事部门奖励“全国模范教师”和“全国教育系统先进工作者”。教育部门或有关部门奖励在学校体育、卫生、艺术教育,保育教育、民办高等教育、中小学教师继续教育、中外合作办学、中国语言文化传播和教育统计工作等领域有突出贡献的组织和个人,奖励高校优秀辅导员和思政课教师。

2. 教育行政补助权

教育行政补助权涉及财政资金的支出,主要由政府行使。义务教育全面纳入财政保障,各级政府保障适龄儿童就近入学,为流动儿童提供平等接受义务教育的条件,为困难儿童免费提供教科书、补助生活费;设立助学金帮助特殊教育困难学生入学,采取免费教育、助学贷款代偿等方式鼓励毕业生到特殊教育学校任教,为特殊教育教师和专业人员提供补助;为少数民族和边远贫困地区教师提供补贴,为农村中小学教师住房提供方便;对接受职业教育的困难学生减免学费;补助扫盲教育经费;以助学贷款、奖助学金等形式扶持民办学校,以政府补贴、土地划拨等形式扶持非营利民办学校。

与教育行政给付权相对应的,还存在大量教育给付行政,如设置寄宿制学校、特殊教育学校、特殊职业教育机构、专门学校、高校辅导员培训基地和少数民族班,发展托幼机构和幼儿园,举办职业教育学校和培训机构,为残疾儿童送教上门,为残疾人接受高等教育、自学考试提供便利,改善残疾人教育教师的工作环境,帮助解决适龄儿童接受义务教育的困难,为少数民族地区和边远地区培养教师等。这类给付行政并不需要法律规范上的明确授权,有关部门根据财力可以自主提供,不履行职责的,相对人一般也不能提起诉讼。

六、教育行政指导监督权①

教育行政职权行使过程中会产生大量事实行为,最常见的就是检查、指导、监督和督导。这是政府从直接领导、行政化管理向依法治教、社会化治理转变过程中,越

① 行政指导监督既可以用于外部行政关系,也可以用于内部行政关系,教育督导中的督政就属于内部关系。

来越倚重的新行为方式。[1] 区别于行政许可、行政处罚或行政处分决定作出之前的检查、调查,如食品安全事故调查、学术不端案件调查,这里的“指导”“检查”“监督”具有独立性,不直接带来相对人实体权利和义务的变化。[2] 只要行政机关具有行政职权,一般不需要法律规范明确授权。

法律规范明示授权的教育指导监督权有:国务院教育部门跟踪评价教材试验、监督高校信息公开。国务院教育部门或主管部门会同省级政府监督高校招生、对高校办学质量进行检查、评估。省级教育部门对高校学生工作、消防工作的指导、检查和监督,对民办高校、独立学院实行年度检查,监督省域内高校学生转学。县级政府定期对义务教育中小学校舍安全进行检查。上级教育部门对下级教育部门及学校的统计工作进行检查。教育部门对小学、幼儿园、特殊教育学校、专门学校进行检查、监督、评估、指导,考核学校预防未成年人犯罪的效果,指导教师、监护人矫治未成年人不良行为。主管部门监督民办学校收费。教育部门和劳动部门负责监督、评估民办学校教育质量。交管部门对校车运行情况的监督、检查。食品安全和教育部门对学校开展食品安全专项检查。教育、体育和卫生部门监测学生体质。卫生部门指导学校开展校园营养监测。各有关部门对禁止使用童工、学校安全的情况进行监督、检查。

教育行政领域存在一种特殊的检查监督权——教育督导。教育督导的主体是政府内设的教育督导机构,其办公机构设在教育部门,法律性质属于行政机构。根据《教育督导条例》规定,督导机构在本级政府领导下独立行使职能,含督政和督学两方面。2020 年中共中央办公厅、国务院办公厅印发《关于深化新时代教育督导体制机制改革的意见》,提出到 2022 年,基本建成教育督导体制机制。教育督导机构负责督导:义务教育的教育教学质量、素质教育实施情况、校长和教师队伍建设、学校安全卫生与教育条件、教育投入的管理和使用、义务教育普及与均衡状况、残疾人教育和幼儿园。发生重大食品安全事故,督导机构约谈政府相关负责人。县级以上政府督导职业教育。教育部门督导食品卫生、安全教育、艺术教育、体育工作、中小学校长培训情况和民办学校,其中省级教育部门督导独立学院、民办高校,并向民办高校委派督导专员。

---

① 参见张树义:《变革与重构:改革背景下的中国行政法理念》,中国政法大学出版社 2002 年版,第 85 页。

② 参见莫于川主编:《行政法学原理与案例教程》(第 2 版),中国人民大学出版社 2017 年版,第 170 页。

七、其他教育行政权

在上述各类教育行政职权之外，还存在大量其他教育行政权，如预算权、规划权、人事权、救济权和强制权等。

1. 教育行政预算权

在我国，预算权力主要由各级政府和人大行使。行政机关享有预算的编制权和执行权。在行政机关中，教育行政预算权主要由各级政府行使，教育行政部门有一定的参与权。其中，政府行使的有：教育事业费（含高等教育、职业教育）的预算；义务教育经费单列并均衡安排，保障未成年犯和被采取强制措施的未成年人接受义务教育的经费；设立民办教育发展专项资金，将教育督导经费、高等教育自学考试经费、少体校竞赛和教育经费列入财政预算；中央和地方分担支持校车服务的费用。省级以上政府加大转移支付力度、下级政府按规定支出。省级政府决定开征教育费附加。教育部门行使的有：统筹教育费附加，商财政部门同意后执行；将教育统计所需经费、自学考试命题经费、学校体育卫生艺术经费纳入年度预算；设立学生伤害赔偿准备金；系统内部审计。国务院有关部门负责对直接管理高校的预算和决算的审核。

2. 教育行政规划权

学校设置、职业教育、残疾人教育、幼儿园、青少年体校和职业教育教师培养由政府制定规划。高等教育、高等学校布局、独立学院、教师培训、民办教育、中外合作办学、残疾人教育和国防教育由教育部门制定规划。国务院有关部门编制直接管理的高校的发展规划等。

3. 教育行政人事权

由于事业单位改革尚未完成，教育领域还存在大量人事（含编制）管理关系，如国务院有关部门任免所属高校的主要负责人，小学设置者或其上级部门任命或聘任校长。教育部门选派公办青少年体校文化课教师。

4. 教育行政救济权

广义的行政救济包括申诉、控告、复议、诉讼和赔偿。[①] 本节只论及教育行政机关行使的行政救济权，主要是受理申诉和复议的权力。教育部门和有关部门处理受教育者对学校的申诉。教育部门处理教师对学校的申诉。政府或上级部门处理教师对有关部门的申诉。学位授予单位或国务院学位委员会处理学位授予异议。主管教育部门调解学生伤害事故、接受中小学校长关于培训权利的申诉。教育考试机构、教

---

① 参见姜明安主编：《行政法与行政诉讼法》（第5版），北京大学出版社、高等教育出版社2011年版，第364～369页。

育部门复核违纪处理。国务院教育部门裁定国家级教学成果奖成果权属异议。同级教育部门处理教材编写者的申诉或复议。

5. 教育行政强制权

在现行教育法规范体系中，教育行政强制权极为有限。对于拒不送子女接受义务教育的监护人，乡镇政府或县级教育部门限期改正仍不执行的，可向法院申请强制执行。

此外，其他教育行政权还有：县级教育部门组织丧失学习能力鉴定，会同有关部门和组织登记残疾儿童信息。教育部门举办学生艺术展演，组织开展安全教育，选聘兼职法制副校长，组织安全管理培训，应对突发事件，报告伤亡事故。

第三节 教育行政机关与其他教育法律关系主体的关系

第二节梳理了教育行政机关的行政职权，教育行政立法或规定权的行使一般不直接涉及其他法律关系主体。教育行政许可、处罚、给付、强制和复议只针对外部相对人；教育行政处分、预算、规划、人事只针对内部相对人；教育行政检查、指导、监督、督导和申诉，既可适用于外部行政法律关系，也可适用于内部行政法律关系。以下分析主要的教育行政法律关系主体——学校、教师和学生与教育行政机关的法律关系。

一、教育行政机关与学校

在基础教育阶段和高等教育阶段，对公办学校和民办学校，教育行政机关与学校的法律关系存在较大差异，这里分别论述。

(一)教育行政机关与民办学校

教育行政机关与民办学校的关系相对简单，属于外部行政法律关系，主要存在教育行政许可、处罚、监督等关系。在理论上，有学者将公办转制学校、公办学校举办的民办学校或者与企业街道联办的学校称为“混合型学校”。[①] 在统计口径上，也有将国有企事业单位举办的学校统计为“公办学校”的做法。但根据《民办教育促进法》第2条的规定，只要是“国家机构以外的社会组织或者个人，利用非国家财政性经费，面向社会举办学校及其他教育机构的活动”都属于民办教育。因此，从法律规定上

---

① 参见黄葳主编：《教育法学》，高等教育出版社2007年版，第129页。

看，混合型学校或国有企事业单位举办的学校均为民办学校。

民办学校的设立、变更须经教育部门或人力资源部门许可，收费、资产使用、财务管理受主管部门监督，教育教学、教师培训受指导，小学校长、招生简章和广告报备案。教育行政机关对民办教育予以奖励扶持，委托民办学校承担义务教育任务，协助终止的民办学校安排学生就学，开展督导评估。对非营利民办学校，教育行政机关制定收费标准、划拨土地。对民办学校的违法行为，教育行政机关予以行政处罚直至吊销办学许可证。民办学校有权要求教育行政机关平等对待，享有办学自主权。《民办教育促进法实施条例》（2004 年）第 27 条第 1 款规定民办学校“自主确定招生的范围、标准和方式”。2018 年《民办教育促进法》修改，其实施条例将随之修改。《中共中央国务院关于深化教育教学改革全面提高义务教育质量的意见》将民办义务教育学校和民办高中的招生纳入统一管理，修改后的实施条例应该会与中央精神一致。民办高校学历教育招生执行国家计划，[①]接受年检。

（二）教育行政机关与公办学校

教育行政机关与公办学校之间的内部行政关系较多，如预算、人事、处分；外部关系较少，如行政许可、处罚。教育行政机关划分学区，规定公办义务教育学校免费强制就近入学，将优质高中招生指标分配到初中。公立高校招生总数、调档比例由教育部门决定，只在是否录取、录取专业上有一定权力。[②] 公办义务教育学校经费由政府全额保障，公办高校经费以举办者投入为主，按《高等学校财务制度》接受政府管理。[③] 公办高校的学费标准由省级政府审批。无论是公办中小学还是大学，编制由教育部门核定，校长由组织部门或主管机关任命。追究有关责任人责任的主要形式是行政处分。如高校、高中违反国家招生管理规定的，违法颁发学业证书的，违反《学校体育工作条例》《学校食品安全与营养健康管理规定》的，对直接责任人都是给予行政处分，并不区分公办学校还是民办学校。[④] 公办中小学由县级以上政府设置，不需行政许可；公办高校由行政内部审批设立，也不属于行政许可。公办高校学位授予权的授权和撤销，可以认为是行政许可。停止招生、没收违法所得属于行政处罚。

---

① 参见《民办高等学校办学管理若干规定》第 13 条。

② 参见管华：《我国高考加分政策的宪法规制》，载《南京师范大学学报（社会科学版）》2019 年第 3 期。

③ 参见管华、张昊天：《中国特色社会主义高校自治的制度约束》，载《湖南师范大学教育科学学报》2018 年第 4 期。

④ 参见《普通高等学校招生违规行为处理暂行办法》（2014 年）第 6 条和第 7 条、《学校体育工作条例》第 27 条、《学校食品安全与营养健康管理规定》第 58 条。

对公办学校一般不适用罚款。公办学校贷款、学生伤害事故赔偿，无力偿还的，常由财政兜底解决。① 展望未来，公立中小学教师有望成为教育公务员；公立高校教师不纳入编制管理，与学校建立劳动关系。

总体来说，公办中小学和教育行政机关基本属于内部关系：有中学办学成绩不明显，校长被免职，县长兼任校长；②有迎接检查，派学生上街执勤捡垃圾的；③有的地方在学校布局调整过程中，从财产处置到人员安排都由政府指令④。公立高校与教育行政机关形式上是外部关系，事实上仍具有内部关系的特征。⑤ 公办学校与教育行政机关的关系基本属于内部关系，这一点也可以从罕有公办学校对行政机关提起行政诉讼或行政复议得到验证。⑥ 在少数领域，对公办学校与民办学校，法律规范的要求相同。例如，无论公办学校或民办学校，义务教育教材都须经审定，校车安全责任书须报教育部门备案，高校可以自主选编教材，思想政治教育教材使用马克思主义理论研究和建设工程教材等。民办学校与教育行政机关属于外部关系，其司法救济渠道是畅通的，对教育行政许可⑦、教育行政处罚不服⑧，都能得到司法救济。

二、教育行政机关与教师

在教育法规范上，教育行政机关直接与教师发生法律关系的情形并不多。教育行政机关认定教师资格，属于行政许可；撤销品行不良教师的教师资格，属于行政处罚；批准公办中小学教师参加继续教育，属于内部审批；表彰优秀教师，属于行政奖励；对故意不完成教学任务、体罚学生、品行不良和泄露高校技术秘密的教师进行处分，属于行政处分。公办义务教育中小学编制内教师的工资待遇，由政府保障。教育行政机关为教师住房提供优惠和方便，接受教师申诉，解聘或辞退品行不良、不适宜

---

① 参见管华、陈鹏：《异地高考权及其实现》，载《高等教育研究》2015 年第 1 期。

② 参见黄桂林、纪惊鸿：《校长办学不力被就地免职，县长兼任校长抓成绩》，载《现代快报》2006 年 9 月 27 日，A18 版。

③ 参见余超、李光远：《河南信阳近千学生停课捡垃圾迎检查》，载《东方今报》2007 年 10 月 30 日。https://www.chinanews.com/edu/xyztc/news/2007/10-30/1063176.shtml，最后访问时间：2021 年 4 月 14 日。

④ 参见管华、陈鹏：《中小学布局调整如何通过法律之门》，载《教育研究》2015 年第 1 期；徐兴旺：《教育行政权行使的有效性研究》，西南师范大学出版社 2017 年版，第 90 页。

⑤ 参见申素平、周航：《公立高校举办者权利义务研究》，载《中国高教研究》2020 年第 6 期。

⑥ 2009 年，西北政法大学申请博士点失败，向陕西省政府提起行政复议，被称为中国高校对教育行政部门提起行政复议的第一案。

⑦ 参见丰都县先进中学诉丰都县教委案（徐兴旺、曾文革主编：《教育法案例评析》，对外经济贸易大学出版社 2010 年版，第 231 页）。

⑧ 参见“三山”小学诉余干县教育局案。

在学校工作的教职工。据2020年《中共中央、国务院关于抓好“三农”领域重点工作确保如期实现全面小康的意见》，义务教育教师全面推行“县管校聘”，这落实了《义务教育法》第32条规定的教育行政机关在本区域内的教师配置权，有利于教育均衡。教育行政机关和学校共同为教师提供教学设施、图书设备，鼓励教师创造，支持教师制止违法违纪行为。教育行政机关为民办教师提供同等机会。教育行政机关设中小学教师职务评审委员会评审教师职务，下放高校教师职称评审权，查处直接受理的学术不端案件。

在实践中，和公办中小学签署协议的教师，编制内的教师与学校是人事关系，编制外的教师与学校是劳动关系。教育行政机关直接聘用的教师与学校签订劳动合同的，这种合同兼具行政合同的性质，教育行政机关享有优益权，能够在系统内调配。在司法上，公办学校教师因职务晋升、退休与教育行政机关发生纠纷的，法院能否受理，存在争议；[①]编制内高校教师离职解聘纠纷，法院直接受理也存在障碍。[②]

三、教育行政机关与学生

教育行政机关直接与学生发生法律关系的情形较少，包括对考试违纪作弊学生的处罚、接受学生申诉、对高校学生转学的审批，对困难学生各种形式的资助（包括奖学金、助学金、助学贷款、生活费补助）等。教育行政机关划分学区、确认高考优先录取考生名单，都是对学生具有高利害的行为，由于没有规章以上规范的规定，目前处于“无法可依”的状态。教育行政机关与学生之间的法律关系属于外部行政法律关系，学生不服可以提起行政复议或行政诉讼，如“薛某诉山西吕梁地区招生考试办侵犯受教育权案”[③]、“自考生小灵通铃响成绩作废诉教育厅案”[④]。

理论是灰色的，生命之树长青。用法学理论去裁剪教育法规范，难免削足适履。但运用行政法学理论对现行教育法律规范体系进行梳理，是展开进一步研究的基础，有利于刺破华丽的想象发现真实的法律关系。有实质上属于行政许可，却未纳入《行政许可法》调整的，如高考报名、录取。[⑤] 有行政许可被取消但所依据的法规规章未修改的，如高校研究生院的审批。有应当设定行政处罚，但规范中只规定了行政处

---

① 参见应松年、王成栋主编：《行政法与行政诉讼法案例教程》，中国法制出版社2003年版，第75页。

② 参见周钟敏：《公立高校教师解聘纠纷的司法审查困境及其破解》，载《安徽大学学报（哲学社会科学版）》2020年第4期。

③ 参见陈鹏、祁占勇：《教育法学的理论与实践》，中国社会科学出版社2006年版，第177～181页；徐兴旺、曾文革主编：《教育法案例评析》，对外经济贸易大学出版社2010年版，第7～11页。

④ 参见李晓燕主编：《教育法学》（第2版），高等教育出版社2006年版，第290页。

⑤ 参见管华、陈鹏：《异地高考权及其实现》，载《高等教育研究》2015年第1期。

分的，如对民办教育的管理。有以改革的形式规定义务却没有赋予权利的，如高校青年教师“非升即走”，离职却遭遇“天价索赔”、扣押档案。教育法律规范条文数量较大，整理过程中难免存在疏漏，对权力性质的分类也不无疑难。如《教师法》第14条：“受到剥夺政治权利或者故意犯罪受到有期徒刑以上刑事处罚的……已经取得教师资格的，丧失教师资格。”这里的“丧失”属于行政处罚吗？《教师资格条例》第18条规定，对这种情况“教师资格证书由县级以上人民政府教育行政部门收缴”。这里的收缴属于事实行为还是行政强制执行？等等。由于部门行政法的视野尚未深入教育法律规范，因此，本章的结论注定是初步的，就当是一个接受批评的靶子吧。

思考题

1. 如何理解教育行政机关的内涵？教育行政机关的定义是什么？
2. 在我国，教育行政机关以哪些形态存在？
3. 教育行政机关主要的职权有哪些？
4. 何为教育督导？请简述教育督导的主要内容。
5. 教育行政机关与学校的关系可以分为哪两种？请简述两者之间的差异。

第十章 高等学校的法律地位

高校法律地位是随着飞速发展的经济而逐渐引起人们重视的问题。改革开放以来,我国经济获得了长足的发展,尤其是随着我国加入世界贸易组织(World Trade Organization, WTO),我国高校传统的单一的教学、科研模式开始向更加市场化、实用化的发展模式转变,高校开始更多地接触社会,并因此而面临着更多的社会化挑战。但是,我国教育法律体系并没有针对高校面临的上述问题作出相应规制,导致在当下的教育实践中高校法律地位始终处于不清晰的状态。所谓高校的法律地位,就是指高校在法律上能够享有特定权利、履行特定义务的属性。只有明确高校的法律地位,才能进而明确高校作出行为的法律属性及其规范方式,否则,就很难对高校的相关行为展开符合法治路径的约束。

当前,我国法律规定"高等学校自批准设立之日起取得法人资格","在民事活动中,依法享有民事权利,承担民事责任"。但是,高校在行政法方面究竟处于何种法律地位,立法始终没有给出明确答案,这导致高校在参与各类活动中产生矛盾纠纷时,相关当事人无法通过立法判定高校行为的属性及可能的解决路径。当然,在处理相关矛盾时,我国司法机关将高校视为法律法规授权组织,即特定情况下具有一定行政管理权的行政机关,所以高校的部分纠纷往往被纳入行政诉讼程序而非民事诉讼程序。但是,并非所有的司法机关都采取这一标准,实践中这种做法也遭到了部分质疑。

总之,高校的法律地位在当下是存有争议的。高校作为教书育人、开展科研、传播真理的重要场所,在当下经济社会发展进程中扮演着越来越重要的角色。因此,明确高校法律地位,明晰高校所享有的权利和义务,对于推动高等教育规范发展,实现依法治教,促进高等教育更好地服务于社会,具有显著的积极功用。

第一节 中国高校法律地位的主要学说

目前,学术界关于高校法律地位的观点各有侧重,尚未形成统一的高校法律地位理论,这是导致对高校行为性质的判断意见不一的重要原因。

一、法律法规授权组织

该学说是我国行政法学界的通说。这一学说主张,尽管高校并不属于国家行政机关,但是,法律法规及其他规范性法律文件授权或行政机关委托了高校来行使部分教育行政职权,此时,高校作出的行为在本质上属于行政行为。[①] "王炳森诉新疆农业大学案"的判决书就指出,《教育法》第29条"赋予学校教育行政管理的职能"。[②]所以,除国家机关外,被授权组织也具备行政主体的资格,它们根据授权作出的行为符合行政权力的特征,在性质上就是行政行为。

二、事业单位法人

我国民法将法人分为企业法人、机关法人、事业单位法人以及社会团体法人。其中,社会团体法人是指具有民事权利能力和民事行为能力,依法独立享有民事权利和承担民事义务的社会组织;而事业单位法人则是指被赋予民事主体资格的从事公益事业的社会组织,如公立高校、医院等。因此,事业单位从本质上说属于民事主体,但其与社会团体的不同之处在于,事业单位由国家设置,接受政府领导,所需经费由公共财政支出。

三、公务法人

传统大陆法系国家将国家或社会公共团体依法设立的以社会公共利益为目的并行使国家职权的组织称为公法人,其又具体分为公法团体、公务法人以及公法财团。其中,公务法人是指国家权力机关以外的为实现特定行政目的而设置的组织,如公立学校、医院、图书馆等。法国与德国就曾长期将高校界定为公务法人,并使其接受公法的监督。[③] 由此可见,公务法人说并不是对我国法律制度的具体阐释,而是对大陆法系公法人理论的本土适用,其目的在于维护高校自治,减少国家控制并增强高校竞争力,确保高校承担学术责任和公共责任。[④]

四、第三部门

第三部门这一理论来自社会学的研究成果,是由美国学者列维特(Levitt)提出

---

① 参见薛刚凌:《行政诉讼受案标准研究》,载《法商研究(中南政法学院学报)》1998年第1期。

② 参见《新疆维吾尔自治区乌鲁木齐市水磨沟区人民法院(2016)0105行初1号行政判决书》,载中国裁判文书网,http://wenshu.court.gov.cn/website/wenshu/181107ANFZ0BXSK4/index.html?docId=1f0ac40ab76b48a9852e3b824643933d,最后访问时间:2021年6月13日。

③ 参见姚荣:《从程序性管制走向监管型治理:法德两国公立高校与政府关系变革的法律透视》,载《复旦教育论坛》2018年第6期。

④ 参见薄建国:《市场经济中政府与高等学校法律关系问题研究》,科学出版社2015年版,第120~130页。

的。这一理论将社会上的各类组织进行了类型化的划分，即分为政府政治、营利性组织以及非营利组织。其中，非营利组织是介于政府系统和营利组织之间的部门，被列维特称为“第三部门”。第三部门的意义，实际上在于打破原有的公私二分法的局限，将大量既不属于政府系统也不属于营利组织的部门纳入第三部门的范畴中。

在第三部门的理论视域下，部分学者主张：“大学不是政府、不是企业。从其宗旨、目标、组织、产品等多方面的属性来看，大学属于一种特殊的非营利组织。”[①]

第二节　两大法系国家高校的法律地位

一、英美法系国家高校的法律地位

英美法系国家“普通法与成文法的持续发展，形塑出高等学校作为自治机构、公共当局、非营利性机构以及贸易实体或法人等不同类型甚至富有‘张力’的法律地位”[②]。

一方面，英国高等学校的法律地位并不完全相同，可以从法院的相关判例中得出这一结论。根据英国司法机关的判例，如果高校是依法设立的，又或者是通过国王特许状而建立的自治团体，那么，这一类高校就属于英国行政法中的公法人，等同于公共机构，因此它们需要遵守“自然正义”这一行政法的基本原则；而这一类高校的相对人在权利遭受高校的侵犯时，既可以得到普通法的救济，也可以通过要求法院出具调卷令或者强制令等得到特别救济。而如果这所学校是根据章程设立的，那么，这类学校便属于依契约建立的学校，相关人员被高校侵犯权利时，其仅能申请采用禁止令、宣告令，又或是损害赔偿等民事普通救济。[③]

当然，即便是依据法律设立的高校，也不等于其对任何事项都具有法定的权力。换言之，其在部分情况下将不具备公共机构的属性。例如，当高校根据一般的服务合同招聘雇员时，其招聘权利并非来自法律，此时高校不属于公共机构；而当高校根据法律开除法定职位的教师时，此时高等学校具有法定权力，被视为法定权力的该公共机构，教师不服可以通过行政诉讼的方式予以解决。

---

① 王建华：《高等学校属于第三部门》，载《教育研究》2003 年第 10 期。

② 姚荣：《高等学校法律地位变革的功能导向与风险因应》，载《大学教育科学》2020 年第 3 期。

③ 参见曾繁正等编译：《西方主要国家行政法行政诉讼法》，红旗出版社 1998 年版，第 35 页。

另一方面,美国高校则主要分为三种类型:[①]第一,政府机构型高校。这部分高校是根据州法律设立的,它们属于州政府的一部分,这类高校需要受联邦宪法、州宪法以及行政法的拘束。比如,这类高校在招生或者雇员时必须遵守州宪法的平等条款,在对上述人员作出不利处理时也都需要遵循正当程序原则。第二,公共信托机构型高校。公共信托机构是政府、公共基金作为委托人,将特定财产权转交给受托人,由受托人为受益人或者特定目的管理、处分这些财产的机构。公共信托的目的是公益事业,因此是非营利的。以公共信托存在的高校,其并不属于政府,因此其不必接受州行政法的严格约束,但这并不意味着其能够完全独立于政府。毕竟,政府通过公共信托设立这些高校的目的在于提供公共教育这一公共产品,因此政府必须确保高校忠实地履行义务。第三,宪法自治型高校。美国有一些州的宪法对州立大学的各类权限进行了较大的授权,明确限制州政府或者州议会对这些大学内部事务进行干涉。因此,这类大学属于宪法上的自治大学,其管理机关相对独立于州机构。

二、大陆法系国家高校的法律地位

首先,在法国,高校最初属于行政公务法人,教师及其他工作人员则都属于公务员,高校的财产属于公共财产,这就决定了高校的活动受设立或主管它的行政主体的监督程度较大。此后,法国开始注重给予高校更大的自主权。1968 年与 1984 年法国相继通过了《高等教育方向指导法》《高等教育法》,两部法律创设了独立的“科学文化和职业公务法人”,进而将包括高校在内的部分机构纳入到这一法人定位中。从此,高校在法国获得了独立的法人定位。根据这一法律地位,高校能够在国家规定的范围内较为自由地确立自己的教学、科研及其他相关事务。易言之,高校实行自主管理,其主管机关仅仅在法律规定范围内进行监督。

其次,德国的高校乃是由德国政府创立的,并在 18、19 世纪时发展成为国家机构,因而此时的德国高校不具备独立法人资格,教育的任务就在于为国家培养公务员。这一时期,德国高校“被认为是公营造物,其职能是为社会提供高等教育服务以达成政府的行政目标。国家或地方政府是其管理者,可依据法律或出于法律的理由设立、变更或解散高等学校,规定其行政目标、指定其领导人、确定其法律能力、发布或同意发布高等学校章程,并且负责高等学校财务开支。此时的高校没有法人资格,是国家机构”[②]。后来,在《魏玛宪法》之下,学者们提出的“公立大学属于公法团体”主张逐渐成为了通说。在 20 世纪 60 年代之后,大学成员的权利开始得到广泛认可。

---

① See William A. Kaplin, *The Law of Higher Education*, San Francisco:Jossey-Bass,1983, p. 368.

② 申素平:《论公立高等学校的公法人化趋势》,载《清华大学教育研究》2002 年第 3 期。

1976年的《高等学校总纲法》使上述学界的主张获得了立法的认可，其第58条规定："高等学校为公法社团同时为国家机构。它有权在本法规定的范围内对本校事务进行管理。"有学者指出："作为公法团体，高校拥有的成员不仅包括教授，还包括其他专职教职工和已注册的学生。同时，作为国家机构，高校经费由国家负责，其基本章程由州政府审批，接受政府的法律监督。但由于高校同时是法人团体，所以政府的监督范围和方式均在法律规定的框架内进行。"①

最后，日本的高校分为两种，即国立高等学校和地方公共团体设立的高校，两类高校都没有法人地位，被称为"非独立营造物"。由于没有独立的法人地位，所以此时日本高校没有独立财产，无法出台本校独立的规章制度，自主权受到了很大约束。自20世纪80年代开始，日本学术界要求提升日本高校地位的呼声愈加强烈。2000年后，日本部分高校开始获得独立法人的地位。作为独立的公法人，高校和国家之间是两个法人间的关系，高校有权较为自主地设置学校机构、人员编制与工作时间；在财务上高校也获得了较大的自主权；甚至高校还可以自己的名义起诉和应诉，确保教师和学生的权利能够得到最为周全的保障。

第三节　高校法律地位的理论重塑

一、对传统法律定位理论的反思

高校法律地位理论最为重要的实践功用，就在于解决高校特定行为的可诉性问题。尽管根据法律法规的规定以及教育法律实践，我国高校的法律地位可以从法律法规授权组织和事业单位法人的角度来加以审视，但是，这种理论是一种描述性的理论，较为笼统、粗糙，缺乏规范性、建构性与可操作性。例如，尽管法律法规授权组织说可以确认高校行为具备行政可诉性的可能，但这一学说并未具体明确司法审查的范围，即究竟哪些高校行为具备行政可诉性，同时也没有明确司法审查的强度。因之，高校的法律地位亟须一种包容性、复合性、整合性的理论来进行建构性阐释，从而超越公、私法划分的思维限制，并为后续的立法工作提供理论基础。

上文已述，两大法系的国家在高校法律地位的定位方面都呈现了公法与私法秩序相互交融的局面，高校的混合法律地位气质日益凸显。对我国而言，单纯的公法人

---

① 申素平：《论公立高等学校的公法人化趋势》，载《清华大学教育研究》2002年第3期。

或私法人的制度设计已经难以满足高校多元化的价值诉求[1]，尤其是在《民法典》已经颁布的情况下，试图设置独立的“高校法人”的观点已不切实际，因之，我国高校法律地位理论的重塑需要综合考虑高校的组织特质、功能指向等多重因素，超越非“公”即“私”或“公”“私”对立的改革思路[2]，并立足于功能导向，通过司法解释的方式融合相关公、私法律规定，形成得以容纳高校各类特质的综合性定位理论。

二、高校法律地位的全新定位

在笔者看来，我国高校法律地位的理论应当包含法律法规授权组织、行政相对人、学术自治团体以及事业单位法人等关于高校法律地位的不同定位。更重要的是，应明确高校以上述每一种地位出现时所具体具备的权力与责任，从而确保高校法律地位理论的可操作性。

（一）法律法规授权组织因素

通过法律法规授权组织的定位可以合理解释高校行使部分教育行政权力的事实；而如若将高校直接界定为国家行政机关则显然不符合世界高校法人化改革的趋势，也限制了高校功能的扩展。在具体内容方面，根据“授权明确”原则，《教育法》（第21条、第22条、第23条、第29条）、《高等教育法》（第16条、第22条）、《学位条例》（第8条、第10条、第17条）、《学生管理规定》（第13条、第15条、第18条、第30条、第33条、第51条、第56条）对高校掌握的教育行政权力进行了细致规定，并形成了学籍管理与学位授予两类权力内容。指导案例38号确认了上述行政类法律规范规定的内容属于行政授权，并指出由此形成的关系乃行政法律关系。综合上述法律条款及司法判决的有关内容，高校被授予的针对学生的教育行政权力主要包括：招生、重修或补考、课程考核成绩记为无效、留级或降级、警告、严重警告、记过、留校察看、取消入学资格、取消学籍、退学、开除学籍、不授予学历证或学位证、撤回学位。

（二）行政相对人因素

当政府对高校展开行政管理时，高校即处于行政相对人的位置。但同法律法规授权组织相比，作为行政相对人的高校所享有的权利与义务在现有法律制度中更为不明朗，这显然违背了行政法治的原则。具体来说，目前我国相关法律法规并没有针对高校的办学自主权展开规定，相关内容散见于规章以下的行政规范性文件之中，这导致教育主管部门在对高校进行管理的进程中没有显豁的制度性约束，行为的随意性较大，信赖利益保护原则、比例原则、正当程序原则等重要的行政法治原则经常被

---

① 参见罗爽：《论高等学校法人制度的根本性质及其意义》，载《高等教育研究》2014年第3期。

② 参见湛中乐主编：《通过章程的大学治理》，中国法制出版社2011年版，第43～46页。

违反。甚至,教育主管部门在很多情况下仅仅将高校视为其“内部组织”。高校法律地位的理论重塑工作需要对高校作为行政相对人时所具备的权利义务予以明确规定,同时附之以程序性法治原则的保障,避免教育行政部门的“任性”。

(三)学术自治团体因素

学术自治团体是高校独具特色的法律属性之一,它意味着高校将因学术自由而获得一定程度上的自治地位。内在机理在于,作为专门从事探究高深学问的社会组织,唯有学术上的自由以及不依赖于公权力的自治,才能确保高校的学问探究与知识传承成为可能。[①] 日本宪法学家芦部信喜即认为,学术研究的自主性,尤为要求承认大学中的大学自治。[②] 学术自治团体法律地位的实践指向在于限制司法权力对高校纯粹学术性事务的审查,这即为学术决定的司法遵从(Judicial Deference to Academic Decisions)或“学术遵让”原则。换言之,在纯粹的学术性问题上,法院对之仅能采取程序或形式审查。[③] “何某某诉华中科技大学授予学位案”(以下简称“何某某案”)(指导案例39号)就确认了这一点,最高人民法院案例指导工作办公室在对该案的裁判要点进行释明论证时,进一步指出:“在不违反上位法规定的情况下,学校有权决定具体的学术标准要求;法院不是学校管理的专家,应当对高校的学术自治保持尊重。”[④]因此,一份合理的教育行政诉讼判决必然会在行政管理与大学自治之间达成良性的平衡。[⑤] 根据立法及教育实践,高校中的这种纯粹学术问题通常包括纯粹学术研究活动以及关于学位授予的语言标准、计算机标准、论文标准和学分(课程)标准。

(四)事业单位法人因素

作为事业单位法人即民事主体时,高校究竟享有哪些民事权利能力,相关教育立法并未作出明确规定,这导致了实践中部分高校滥用民事权利现象的发生。具体来说,在民事主体的定位方面,高校法律地位的理论重塑工作需要重点聚焦高校经营活动的合理限制问题,遏制其无度的商业性贷款,避免高校的过度商业化。在高校中引入过多的商业机制将导致实用主义思维过度侵占高校的学术空间,这既不利于对学

---

① 参见贺奇兵:《国家教育立法对高校校规的规范效力》,载《法学》2019年第4期。

② 参见[日]芦部信喜:《宪法》,林来梵等译,清华大学出版社2018年版,第131~135页。

③ 参见耿宝建:《高校行政案件中的司法谦抑与自制》,载《行政法学研究》2013年第1期。

④ 石磊:《〈何小强诉华中科技大学拒绝授予学位案〉的理解与参照——高等学校在学术自治范围内有依法制定学术评价标准职权》,载《人民司法(案例)》2016年第20期。

⑤ 参见徐靖:《高校校规:司法适用的正当性与适用原则》,载《中国法学》2017年第5期。

生品德的塑造，也有损于高校的学术品格与独立气质。① 对此，日本《国立大学法人法》就规定："每个国立大学法人都可拥有自身主要建筑、土地等资产，原则上在政府严格的约束条件下可借贷、发行债券或投资其他实业。"②借鉴这一经验，我国法律对高校的贷款应施行以政策性贷款为主的方略，严格控制高校的商业性贷款。2015 年修订的《高等教育法》规定："高等教育实行以举办者投入为主，受教育者合理分担培养成本、高等学校多种渠道筹措经费的机制。"立法机关未来应细化该条规定，确保上述条款的明晰化与可操作性。

当然，上述对高校权力责任及权利义务的分类厘清，仅仅是高校法律地位理论重塑工作的初级目标，因为在上述理论范式中，高校仍未获得充分的独立性，即高校是以各种不同的部门法所规定的身份出现的，而唯独不是单纯作为"高校"出现的，高校并非一个独立的法律概念。从长远来看，立法机关应制定专门的《学校法》，促使包括高校在内的各级学校成为一个独立的法律功能整合体，这一整合体融合了上述各类身份的有关内容，并可以在高校纠纷中为问题的解决提供直接的规范依据与理论支撑，而无须人们去各个部门法中分别寻求立法支持。这是高校法律地位理论重塑工作的终极目标。

第四节 高校法律地位与司法审查：以招生权为例的分析

高校的法律地位呈现多元性、复合性的特质。其中，法律法规授权组织的定位决定了高校的部分行为属于行政行为，也正是这一部分行为最容易侵害学生的权益。一旦发生这种侵权行为，司法机关能否针对这类行为展开司法审查将直接关系学生的权益能否得到周全的保障。故而，探讨高校作为法律法规授权组织时作出的行为的行政可诉性就是一项关涉学生切身利益的问题。

下文以高校的招生权为例来探讨这一问题。招生权属于高校被授予的行政权力之一，明确其可诉性并对其展开司法审查，有助于规范这一权力的行使，践行行政法

① 参见于安：《公立高等学校的依法治理问题——基于公益服务原则的制度性观察和思考》，载《华东师范大学学报（教育科学版）》2018 年第 2 期。

② 杨旎、张国庆：《对公共服务市场化改革的再考量——初评日本国立大学法人化改革得失》，载《中国行政管理》2013 年第 2 期。

治的核心要义。

一、高校招生权的性质探析

前文已简要提及，高校招生权属于法律法规授权高校行使的教育行政权力。具体来说，高校招生工作的开展是国家各级教育行政部门的重要职责。但是，各类高校的招生工作在专业性、学术性方面的标准显然差异过大，因此，国家在经过审查后通常会用法律法规授权高校具体实施招生行为，从而提升行政效率，促使高校的招生工作更符合其办学需求。《教育法》第29条第3项以及《高等教育法》第32条对此进行了确认。因此，高校招生权是国家通过法律法规授予高校行使的权力。关于这一权力的性质，可以通过以下三个方面获得更为清晰的阐释。

第一，在招生计划方面，根据2004年《国务院办公厅关于保留部分非行政许可审批项目的通知》的规定，全国普通高校研究生招生总量、本科生招生总量及分地区分部门招生计划的审批属于国家发展改革委员会和教育部的职责，所以，高校的招生计划需要根据有关行政部门的决定来编制。此外，从教育部历年发布的《普通高等学校招生工作规定》来看，高校招生进程中涉及的招生计划及后续关于考试、志愿填报、思想政治品德考核、录取等行为的规定都由教育部进行事先的宏观规划。因此，高校的招生权从本质上来说属于行政权力，其并不单纯是高校的职责。

第二，在组织考试方面，根据教育部《2010年普通高等学校招生工作规定》的规定："教育部授权教育部考试中心、省级招委会或高校承担高校招生考试有关工作。全国统考（含分省命题，下同）、省级统考试题的命制和答案及评分参考的制订，分别由教育部考试中心、有关省级招委会负责。教育部授权有关高校自行命题的，按教育部有关规定办理。"所以，高校所承担的部分招生考试工作本质上属于行政机关的委托，其职责属于行政职责。

第三，从招生简章、志愿申请和录取三个方面来看，招生权亦属于行政权力。当然，有学者认为招生简章和志愿申请决定了高校录取是一种合同行为①，这显然是一种误读。其一，高校招生简章中的招生人数、录取规则等内容都需要由教育主管部门审核备案后方可公布，招生简章实际上是具有法律效力的章程性文件，②而非高校的自主性规定；其二，志愿申请有效的前提是考生分数达到了教育行政部门规定（而非高校规定）的分数线；其三，最为重要的是，在民事合同中一方可以拒绝完全符合要

① 参见周光礼：《教育与法律：中国教育关系的变革》，社会科学文献出版社2005年版，第138～140页。

② 参见覃红霞：《招生领域高校与学生的法律关系研究》，载《北京大学教育评论》2010年第2期。

求的另一方当事人,但高校却无权拒绝符合招录条件的考生,因此,二者之间绝不是平等的民事法律关系。具言之,高校的录取工作是在教育部统一领导、省教育考试院(或称"招生考试院""招生办公室")统一组织及管理下运行的,各批次录取分数线由省教育考试院予以确定,高校无权干涉;考生看似是被高校录取,但高校实际上只能在省教育考试院投档给高校的学生中进行选择,高校确定的名单还需省教育考试院核准备案后方可正式确定,名单还需加盖省教育考试院录取专用章。总之,"学生进入公立学校是一种权利,学校董事会不能像私立学校董事会那样,否定或恣意拒绝某一学生的入学申请,公立高校并不能自由地选择契约相对人,(这)不符合契约关系的基本准则"①。

综合上述分析,我国高校的招生权涉及教育公共资源的分配问题,其本质上属于《教育法》《高等教育法》授予的行政职权。② 不过,仍需追问的是,高校的招生行为究竟属于内部行政行为还是外部行政行为。前者是行政主体对其内部机构或公务员所作的具体行政行为,内部行政行为不可诉,也不得被提起行政复议;后者是行政主体针对行政组织系统以外的公民、法人或其他组织等行政相对人所作的具体行政行为,相对人可以对其提起行政诉讼或申请复议。唯有确认招生行为属于外部行政行为,高校的招生权方能接受司法审查。

《学生管理规定》第 8 条规定:"新生入学后,学校应在三个月内按照国家招生规定对其进行复查。复查合格者予以注册,取得学籍。"因此,在招生录取阶段,高校与考生之间无论如何也不会形成内部法律关系,考生属于高校的行政相对人。实际上,即便是入学后,学生与高校之间的关系依然不属于内部行政法律关系,因为"学生并非高校的工作人员,学生具备的在学关系与公务员工作性质的隶属关系显然有着本质不同:前者以令学生接受教育为实践指向,其主要受益主体是学生;而后者则以实现行政机关的功能为实践指向,其主要受益主体为行政机关"③。包括指导案例 38 号在内的诸多行政案件判决书都指出,学生对高校而言只能是行政相对人。指导案例 38 号进一步指出:"高等学校与受教育者之间属于教育行政管理关系,受教育者对高等学校涉及受教育者基本权利的管理行为不服的,有权提起行政诉讼,高等学校是

---

① 周志宏:《学术自由与大学法》,台北,蔚理法律出版社 1989 年版,第 174 页。

② 参见胡芬:《论高等学校对学生的管理权之性质》,载《法学评论》2006 年第 5 期。

③ 刘旭东:《"高校教育惩戒"范畴论辩及司法规制——基于司法案例的研究》,载《教育发展研究》2020 年第 1 期。

行政诉讼的适格被告。”①

通过上述论证可知,高校招生权不仅属于法律法规授予高校行使的行政职权,高校依据招生权作出的招生行为亦属于外部行政行为。考生对高校作出的招生决定不服当然可以提起行政诉讼。

二、高校招生权的司法审查路径

根据现代法治理念,有权利必有救济。其中,司法救济是众多救济机制中最为可靠的路径。司法权具备程序性、公开性、中立性、职业性以及终局性的特质,这决定了在现代法治国家,唯有司法权才能令纠纷获得最为公正且终局性的处理,这即是司法最终裁判原则。在明确高校招生行为属于可诉的外部行政行为的基础上,司法审查可以为高校招生纠纷提供兜底性的解决机制,规范高校日后的招生程序。司法机关对高校招生权展开审查应主要遵循如下两个原则。

一方面,坚持有限审查原则。司法机关应尽可能地优先对那些侵犯考生权益较为严重的招生行为展开司法审查,如高校公开或明显违反国家的招生制度、政策安排或招生简章,通过“暗箱”操作、违背意愿等方式招录学生,诸如高考顶替事件就属于上述情形。有限审查的目的在于令较为严重的案件率先得到司法审查,其他案件则尽可能地交由其他矛盾纠纷解决渠道。可诉性的命题“只是表明该纠纷可以通过司法解决,并不表明它只能通过司法解决”②。司法固然是现代法治国家化解纠纷的最为权威的路径,但并非成熟法治状态下的唯一纠纷化解途径。实际上,法治追求矛盾解决方式的多样化,并要求矛盾能够首先在社会的层面或行政的层面得到解决,对于那些社会与行政机关无法处理的问题,则由司法机关进行兜底处理。但在实践中,法院已经被推到了社会矛盾的一线阵地,这显然窄化了法治的意涵,加重了司法机关的负担,损害了司法的权威性与终局性。

所以,明确纠纷的可诉性并展开司法救济并不是解决纠纷的一劳永逸的方法,司法之外多元化的纠纷解决渠道同样值得培育。高考招生纠纷中的轻微受害者可以首先选择向教育行政部门提出监督的请求,或者提出行政复议,通过非诉的方式解决争议;如果行政渠道无法解决,受害者可以以此为由提起行政诉讼。当然,这种类似于行政复议前置的方式还需要立法的明确规定,否则其可操作性将大打折扣。

另一方面,坚持程序性审查与实质性审查并重的原则。高校招生行为基本不涉

① 《指导案例38号:田永诉北京科技大学拒绝颁发毕业证、学位证案》,载中华人民共和国最高人民法院,http://www.court.gov.cn/shenpan-xiangqing-13222.html,最后访问时间:2021年6月13日。

② 彭君:《论法律的可诉性与宪法发展》,载《广西大学学报(哲学社会科学版)》2010年第1期。

及学术性问题，而是以程序性问题为主，所以在这一非学术性领域，法院与高校具有同等的审查能力。① 所谓程序性审查，是指司法机关审查高校的招生录取行为是否符合法律法规的程序性规定，因为严格依据法律法规规定的程序从事是行政行为正确实施的前提条件，程序不合法必然带来实体上行政行为侵犯相对人利益的局面。②程序性审查的重点在于明确高校的招生简章是否按照规定经过了主管部门的审核与备案，并及时向社会予以发布；高校是否严格根据招生简章的规定进行招生，在对考生作出明显不利的决定时，高校是否采取了充分的说明、告知措施；高校是否存在违背信赖利益保护原则的状况；高校招生人员是否存在滥用职权、超越职权或其他违反法定程序的行为。所谓实质性审查，是指司法机关审查高校的招生录取行为在内容上是否合法、合理，尤其是审查高校招生简章的内容是否合法、合理，如招生简章在非特殊情况下是否存在性别、年龄、外貌、体重歧视等违背平等原则的条款；以及被诉招生行为所依据的事实是否真实存在，证据是否充足。

此外，对高校招生行为展开司法审查还需注意或澄清以下三点。

其一，如若司法机关认为高校招生权的行使存在合法性问题，基于行政审判的传统，司法机关不宜直接代替高校作出决定，而应通过判决的方式撤销高校原先针对特定考生的招生行为，并责令高校重新作出决定。

其二，考生对高校招生行为进行起诉有时会涉及对高校的招生简章附带提起诉讼，根据行政诉讼附带审查制的要求，司法机关对招生简章的审查应遵循“非普遍性适用原则”。申言之，法官可以在本案中拒绝适用相关招生简章，但这一决定并不产生普遍否定效果，即法官无权直接裁定招生简章无效或撤销招生简章；同时，被拒绝适用的招生简章仅在本案中无法生效，日后高校仍可以根据这一招生简章再次作出招生行为，考生不服时需要再次申请附带审查。所以，为避免司法资源的浪费，高校应主动对法官拒绝适用的招生简章展开修改，维护招生简章的合法性与合理性。

其三，由于高考顶替案件大多发生于十几年前，因此实践中存在高考顶替案件已过追溯时效的主张。笔者认为，由于高考顶替行为所造成的影响持续至今，以及被害人知悉其权利被侵犯也大多发生于近期，因此，该类案件并不存在超过诉讼时效的问题。实际上，在“齐某苓案”中，被告曾以超过诉讼时效为由提出抗辩，但法院未予支持。

---

① 参见林华：《人民法院在学位撤销案件中如何进行审查——基于司法审查强度的裁判反思》，载《政治与法律》2020 年第 5 期。

② 参见许维利、黄俊浩：《司法审查高校招生行为的法理分析》，载《高教探索》2005 年第 4 期。

思考题

1. 简述高等院校的不同职能。
2. 相比于义务教育,高等教育的特殊性在什么地方?
3. 简述明确高校法律地位的重要意义。
4. 简述作为法律法规授权组织的高校的基本职能。
5. 高校作为学术自治团体时拥有哪些权力?

第十一章 中小学学校的法律地位

所谓法律地位，是指法律规定的法律关系主体的权利与义务实际状态。具体而言，法律地位涉及主体的公法或私法性质，权利义务内容以及与相关主体的关系等内容。在此概念下，“中小学的法律地位主要是指学校作为实施教育教学活动的社会组织和机构，在法律上所享有的权利能力、行为能力及责任能力，既包括民事关系中的法律地位，也包括行政关系中的法律地位”[①]。学校作为教育法律关系的基本主体，对其法律地位的准确界定，有助于进一步推进教育法体系的合理构建，也是依法治教、依法治校的应有之义。就内部关系而言，学校的法律地位关系其组织机构的设置、运行与管理体制的构建；就外部关系而言，对于学校法律地位的认定，是处理学校与教师、学生、教育部门等主体之间法律关系的基础性前提。正是基于学校法律地位的重要价值，其成为教育法领域中的重要议题，近年来日益受到学界的广泛关注。

新中国成立初期，包括中小学在内的全国各类学校统归于教育行政部门领导，政府与中小学之间形成了极为紧密的行政性联系，且学校的开办主体只能是政府，其他的社会主体不能开办学校，呈现出以政府为单一管理主体的国家管理模式。在这种情况下，中小学是“国家全额拨款事业单位”，隶属于行政部门，本身并没有独立的法律地位。自改革开放以来，我国法治建设不断发展，1986 年原《民法通则》的颁布为我国确立起了民法上的法人制度。在此基础上，《教育法》《义务教育法》等众多教育法律规范初步搭建起了我国中小学法律地位和权利义务的框架，但相关条文并未对高校与中小学、公立学校与民办学校等不同类型的学校进行区分。且 1986 年颁布的《义务教育法》也依然强调政府对中小学的行政管理，使中小学法律地位问题依然难以明确。时至今日，我国的教育产业进入高速发展阶段，学校管理体制向着多元化的方向发展，2002 年《民办教育促进法》的颁布在全国广泛兴起了民办教育热潮，大量的民办中小学校建立起来，形成了公立中小学与民办中小学并存的局面。《教育法》《义务教育法》也经历了数次修改，不再特别强调政府对中小学的管理，进一步明确了中小学的权利义务，但对于中小学的民事法人地位问题仍然没有作出定论，也没有

① 褚宏启主编：《中小学法律问题分析（理论篇）》，红旗出版社 2003 年版，第 37 页。

明确规定其行政法律地位。

从当前教育立法及教育法学界对于学校法律地位的整体认知来看，对于中小学的法律地位不应再寻求单一的性质界定，而是要从多个层面、多个类别展开，对学校的法律地位作出多元化的界定。在办学主体、财产归属、责任承担、师资管理等各方面，公立中小学与民办中小学均存在较大的差异，二者之间的法律地位依其自身性质与特点可能有所不同，需要进行区分；同时中小学在享有众多民事权利的同时，与政府亦保持着密切的关系，对教师、学生享有诸多管理权能，具有很强的公法色彩。在此背景下，中小学承担教育职能的公共属性与基于市场关系的私法属性之间存在明显的张力，故而在民事法律地位之外，也需要专门探讨其在行政管理中面对不同主体时的行政法律地位。本章将从法解释学的视角出发，通过对《民法典》《教育法》《义务教育法》等相关规范的系统梳理，针对不同类型的中小学作出多元化认定，明确现行法框架下中小学的法律地位及其权利义务，并对未来我国教育法律体系中的中小学法律地位的完善作出展望。

第一节　中小学的民事法律地位

一、中小学“法人”地位之争

2015 年修正的《教育法》第 32 条第 1 款规定：“学校及其他教育机构具备法人条件的，自批准设立或者登记注册之日起取得法人资格。”相较于 1995 年的《教育法》并未作出实质性修改，没有对不同类型的学校作出区分。而 2018 年最新修正的《义务教育法》在内容上相较于 1986 年《义务教育法》而言，删去了许多强调政府对中小学行政管理的条款，转而更多地突出学校自己的办学地位，政府主要起到保障与协调功能。在这一背景下，对中小学在民事法律关系中法律地位的界定，主要有如下三种观点。

第一种观点认为，根据《教育法》相关条文的规定，中小学与高校一样只要依法审批成立，即已经明确具有民法上的法人资格。[①] 然而这一观点对于《教育法》第 32 条第 1 款的解释过于简单直接，并未考虑法人资格的取得还需要结合《民法典》中对于法人的相关规定。同时，在现行法律规定下，如果确实要赋予中小学以法人地位，

---

① 参见张丽：《教育法律问题研究》，法律出版社 2007 年版，第 137 页；傅添：《我国公立中小学法律地位的法理分析》，载《天津市教科院学报》2009 年第 3 期。

那么其只能归入《民法典》第 88 条所规定的事业单位法人。根据《事业单位登记管理暂行条例》第 2 条的规定，事业单位是指"国家为了社会公益目的，由国家机关举办或者其他组织利用国有资产举办的，从事教育、科技、文化、卫生等活动的社会服务组织"。虽然法律规定了"事业单位法人"这一类别，但是由于事业单位纳入"编制管理"，经费亦由政府下拨，且事业单位承担着社会公共服务的职能，故而其属性与民法上传统的"法人"概念并不契合。同时，我国事业单位种类庞杂、数量繁多，其法律性质并不明确，倘若将法人地位统一适用于一切事业单位，无疑是制造问题而不是解决问题。① 还有学者指出，将中小学界定为"事业单位法人"将使学校的公法地位与私法地位混同，致使中小学的法律地位更为模糊不清，甚至可能导致学校借此逃避相应的法律责任。②

第二种观点认为，由于公立中小学由政府举办，其一般不能脱离政府享有完全的民事权利能力并独立承担责任，同时中小学又行使着教育这一公共职能且具备一定的办学自主权，故应将其视为一种"公法人"或者"准法人"。③ 然而我国法律中并无"公法人"或"准法人"的相关概念，这一界定脱离了我国现行的实体法框架，对于目前的司法实践指导意义极为有限。同时，"公法人"这一概念主要源于德国、法国等欧洲大陆国家，公法人的设立是出于行政的分权化与组织自治的需要，使其能够避免政治干扰，相对独立地行使自己的各项权能，以便更好地提供公共服务。④ 由此可见，"公法人"是一个公法概念，并不能帮助我们界定中小学的民事法律地位，且德国和法国亦不认为中小学具有独立的法人或公法人地位，将中小学视为"公法人"并无借鉴意义。

第三种观点则认为，我国的中小学不符合民法上法人的成立要件，故而不具有法人资格，仅是非法人组织。⑤ 该观点从民法中法人的基本要件出发，认为中小学并不享有独立的财产，故而也不能够独立承担民事责任，且其在教学活动、行政编制等多方面仍然需要服从教育行政部门的管理，不具有较强的自主性与独立性，故而不能将

---

① 参见方流芳：《从法律视角看中国事业单位改革——事业单位"法人化"批判》，载《比较法研究》2007 年第 3 期。

② 参见马怀德主编：《学校法律制度研究》，北京大学出版社 2007 年版，第 10 页。

③ 参见马怀德：《公务法人问题研究》，载《中国法学》2000 年第 4 期；余芳、陈书昆：《我国公立中小学法律地位的法理学分析》，载《教学与管理》2003 年第 20 期。

④ 参见彭虹斌：《作为政府下属机构的公立中小学法律地位研究》，载《中国教育法制评论》2014 年第 1 期。

⑤ 参见曹淑江、范开秀：《关于我国公立义务教育学校法律地位的探讨》，载《教育理论与实践》2008 年第 13 期。

其视作民法上的法人。该观点具有一定的合理性,但是需要作出进一步的细化,对公立中小学和民办中小学等不同性质的学校作出区别界定,并结合《民法典》《教育法》《义务教育法》等相关条文及现实情况进行综合判断。

二、中小学民事法律地位的类型化分析

(一)公立中小学民事法律地位之反思

公立学校,是指国家机构运用财政性教育经费举办的学校。[①] 从《教育法》第 32 条第 1 款的规定来看,该条文并未规定所有的学校都具有法人资格,而是“具备法人条件的”才具有法人资格。这就意味着,学校可以分为具有法人资格的学校和不具有法人资格的学校。对于法人资格的考察,则应当从《民法典》中寻求答案。《民法典》第 57 条规定:“法人是具有民事权利能力和民事行为能力,依法独立享有民事权利和承担民事义务的组织。”第 58 条规定:“法人应当依法成立。法人应当有自己的名称、组织机构、住所、财产或者经费。法人成立的具体条件和程序,依照法律、行政法规的规定。设立法人,法律、行政法规规定须经有关机关批准的,依照其规定。”第 60 条规定:“法人以其全部财产独立承担民事责任。”结合相关法律规范以及我国公立中小学的实际情况,笔者认为我国公立中小学不是民法上的法人,其仅具有非法人组织的地位,理由如下。

第一,我国的公立中小学并不拥有自己的独立财产。《教育法》第 32 条第 3 款规定:“学校及其他教育机构中的国有资产属于国家所有。”《义务教育法》第 2 条第 4 款规定:“国家建立义务教育经费保障机制,保证义务教育制度实施。”第 42 条第 1 款规定:“国家将义务教育全面纳入财政保障范围,义务教育经费由国务院和地方各级人民政府依照本法规定予以保障。”由此可见,中小学阶段的义务教育经费由国务院和地方各级人民政府纳入财政预算,我国的公立中小学的财产由国家划拨,学校对学校财产并不享有所有权,在处分上也受到极大限制。

第二,我国的公立中小学并不能够独立承担民事责任。《教育法》第 32 条第 2 款规定:“学校及其他教育机构在民事活动中依法享有民事权利,承担民事责任。”这里虽然有“承担民事责任”的规定,但却缺少“独立”二字;相较之下,《教育法》第 32 条第 4 款却规定学校及其他教育机构兴办的校办产业“独立承担民事责任”。由此可见,《教育法》没有规定学校“独立”承担民事责任并非立法者的无心之失,而是对学校责任承担的有意限制。我国公立中小学的财产属于国家所有,仅从产权关系来看,

① 参见申素平:《教育法学:原理、规范与应用》,教育科学出版社 2009 年版,第 98 页。

公立中小学就不应独立于政府享有完全的责任能力。同时公立中小学承担着教育这一重要的公共服务职能，倘若允许其独立承担民事责任，则可能出现公立中小学破产的情形，这会给社会带来巨大的不利影响。[①] 从实践来看，我国的中小学属于国家财政保障的公益事业，政府会对学校进行财政上的支持以补足学校的财务赤字，不可能出现学校以学校自己的财产偿还债务甚至破产的情形。同时，《学生伤害事故处理办法》第 29 条还规定："根据双方达成的协议、经调解形成的协议或者人民法院的生效判决，应当由学校负担的赔偿金，学校应当负责筹措；学校无力完全筹措的，由学校的主管部门或者举办者协助筹措。"由此可见，我国的公立中小学并不会独立承担民事责任，实质上是政府有关部门为其承担了无限责任。[②]

第三，我国的公立中小学也不享有独立的行为能力。很多学者从学校的办学自主权出发，认为应当认可学校的法人地位。然而中小学与高校不同，公立中小学，尤其是义务教育阶段的公立中小学具有较强的社会公益性质，在办学招生、教师招聘管理等方面并不享有较高的自主权，很大程度上仍受到有关行政部门的管理与规制，并不享有独立的行为能力。在办学招生方面，有学者即指出："从教育公平的角度出发，每个适龄儿童、少年都享有接受义务教育的权利和义务，这种权利是人人平等的，这就要求每个儿童和少年都必须接受同等质量的义务教育服务。"[③]这意味着，中小学并没有拒绝学生的权利，没有招生自主权；同时，对于教师的调派、教材的选用、教学计划的制定等都需要在义务教育阶段做到平等，这些都需要政府进行管理，不可能像高校那样一校一策，享有较大的自主权。在教师招聘管理方面，我国公立中小学也无法像普通法人那样独立选任与管理教师，有学者即以《教师法》为依据，指出"教师与国家教育行政部门在资格获得和教师职务评审过程中，具有行政管理关系"[④]。根据《教师法》第 17 条的规定，我国实行教师聘任制，"教师的聘任应当遵循双方地位平等的原则，由学校和教师签订聘任合同，明确规定双方的权利、义务和责任"。然而由于公立中小学属于事业单位，其工作岗位的招聘受到国家编制管理的限制，人事部《关于在事业单位试行人员聘用制度的意见》即明确指出事业单位在聘任人员时

---

① 参见胡劲松、葛新斌：《关于我国学校"法人地位"的法理分析》，载《教育理论与实践》2001 年第 6 期。

② 参见曹淑江、范开秀：《关于我国公立义务教育学校法律地位的探讨》，载《教育理论与实践》2008 年第 13 期。

③ 曹淑江、范开秀：《关于我国公立义务教育学校法律地位的探讨》，载《教育理论与实践》2008 年第 13 期。

④ 陈鹏：《重新确立教师的法律地位是〈教师法〉修订的核心问题》，载《中国教育学刊》2020 年第 4 期。

“不得突破核定的编制数额”。同时,教师还需要接受教育行政部门的管理,这使中小学与教师之间的关系可能因教育行政部门的指令而发生变动。《义务教育法》第32条第2款规定:“县级人民政府教育行政部门应当均衡配置本行政区域内学校师资力量,组织校长、教师的培训和流动,加强对薄弱学校的建设”。这一规定确立了我国中小学的教师流动制度。长期以来,优质的师资力量大多向区域内处在核心地位的好学校聚集,周边教学力量较弱的学校很难聘任到优秀的教师,学校之间师资力量的差距越来越大。为了提升薄弱学校办学能力、保证教育公平,教育行政部门会对辖区内师资力量进行统筹管理,使优秀教师能够在不同学校间进行流动。① 以上这些制度都表明,学校与教师之间的关系不同于普通企业与雇员之间的雇佣关系,公立中小学无法独立聘任与管理教师,还会受到教育行政部门的干预与影响,这也从侧面说明了我国公立中小学不具有独立的法人资格。

第四,在比较法上,多数大陆法系国家和英美法系国家规定公立中小学不具备法人资格,不能以自己的名义作为权利义务主体,仅享有部分权利能力。在德国,《北威州学校法》第6条规定:“公立学校是学校法定主体(学校设立者)的一个不具有法律上权利能力的公法设施。”《勃兰登堡州学校法》第6条规定:“公立学校是无权利能力的公共机构,它可以根据举办者的授权并在其所支配的资源范围内施行对举办者产生影响的法律行为,履行相应的法律义务,以及签订有关使用期房屋和场地的合同。”可见,德国公立中小学仅在组织上独立于行政机关,是设置它的行政主体的一部分。公立中小学隶属于教育行政部门,受其管理和监督,无权处分登记在其名下的不动产,甚至不能以自己的名义签订雇佣契约。② 法国的公立中小学也不具有独立的法人地位,发生诉讼时,校长不能代表学校参加诉讼,只有督学才能代表学校出庭,重大的民事责任也是由国家而不是学校承担。③ 在美国,公立中小学属于政府机构的一部分,享受地方学区的全额拨款,公立中小学教师由地方教育当局聘请,多数均是终身聘用,教师与学校的关系类同于其他公共雇员与政府的关系,属于公共雇佣契约,地方学区在有关案例中作为学校的“法律代表”接受申诉或成为被告。④ 从目前

---

① 参见李晓燕主编:《义务教育法律制度的理论与实践》,华中师范大学出版社2010年版,第130页。

② 参见彭虹斌:《大陆法系与英美法系国家公立中小学法律地位比较与启示》,载《外国中小学教育》2011年第5期。

③ 参见马怀德主编:《学校法律制度研究》,北京大学出版社2007年版,第28页。

④ 参见周光礼:《教育与法律:中国教育关系的变革》,中国社会科学文献出版社2005年版,第108页。

我国公立中小学的现状来看,其性质、特点与外国中小学具有一定的相似性,具备较强的社会公益性质,与政府的联系较为紧密,财务与办学都受到政府的严格管理,无法独立地承担民事责任,也不具备独立的行为能力,不具备成为法人的基本条件。故而结合其他有类似情况的国家的立法经验来看,我国也并无必要赋予公立中小学以独立法人之地位。

综上,我国的公立中小学并不具有法人地位,而是一类为社会提供公共教育服务的非法人组织,受到国家财政的保障并接受相关行政部门的管理,不具有独立的财产也不能独立承担民事责任。

(二)民办中小学的民事法律地位

除公立中小学外,我国还鼓励民办教育事业的发展。根据《民办教育促进法》第2条规定,民办学校是指“国家机构以外的社会组织或者个人,利用非国家财政性经费,面向社会举办”的学校。相对于公立中小学而言,民办中小学的法律地位在法律规定中较为明确。《民办教育促进法》第10条第3款明确规定“民办学校应当具备法人条件”,这意味着民办学校只有拥有自己的独立财产并能够独立承担责任,即具备法人条件后方可设立,故而民办中小学必然符合我国《教育法》第32条第1款“学校及其他教育机构具备法人条件的,自批准设立或者登记注册之日起取得法人资格”的规定,具有法人资格。同时,在教师的聘任上,民办中小学与公立中小学也存在不同,主要表现在聘用方式、退休待遇等几个方面。公立中小学与教师之间是事业编制或人事代理关系,其工资待遇主要由国家财政提供支持,并要接受教育行政部门的管理;而民办中小学的教师则为“民办非企业职员”,其工资主要由民办学校自己支出,更偏向于市场化的管理,这在一定程度上也体现了民办中小学独立的法人地位。①

我国《民法典》将法人分为“营利法人”“非营利法人”和“特别法人”三种类型。民办中小学由于其性质不同,法人类型亦有所不同。就义务教育阶段的民办中小学而言,《民办教育促进法》第19条第1款第2句规定“不得设立实施义务教育的营利性民办学校”,故而义务教育阶段的民办中小学属于《民法典》第87条第2款规定的“为公益目的或者其他非营利目的成立,不向出资人、设立人或者会员分配所取得利润”的非营利性法人;而非义务教育阶段的高级中学包括普通高中、职业高中、中等专业学校等,属于《教育法》所规定的中等教育的范畴,根据《民办教育促进法》第19

---

① 参见李廷洲、陆莎、钱冬明:《我国公办、民办中小学教师流动的主要特征、趋势与政策分析》,载《教育发展研究》2020年第12期。

条的规定，民办高级中学的举办者可以自主选择设立非营利性或者营利性民办学校，与之相对应的即成立非营利法人或营利法人。非营利性民办中小学的举办者不得取得办学收益，学校的办学结余全部用于办学，但学校拥有自己的独立财产，也可以独立承担民事责任。而营利性的民办高中则可以取得办学收益，学校的办学结余依照公司法等有关法律、行政法规的规定处理。

综上，我国民办中小学实际上与公办中小学具有法律地位上的差别，民办中小学具备法人资格，且根据性质不同可以分为营利性法人与非营利性法人；而公立中小学不具备法人资格，仅具有非法人组织的地位。

三、中小学的特殊民事权利义务

（一）财产处分的制约

中小学一方面承担着教育这一社会公共职能，具有很强的公益性质；另一方面中小学中存在大量国家所有的资产，其对于校内财产的处分必然要受到一定的制约。

首先，无论是公立中小学还是民办中小学，其利用财产从事营利活动以及对外投资受到限制。财政部、教育部共同制定的《中小学校财务制度》第 8 条第 2 款规定了“义务教育阶段学校按照国家有关规定不得从事经营活动”，第 52 条第 2 款规定了“中小学校不得使用财政拨款及其结余进行对外投资，不得从事股票、期货、基金、企业债券等投资”。这表明义务教育阶段的中小学不得以其资产从事任何营利性活动，也不得以其资产兴办校办产业，所有经费都必须用于办学活动；而营利性的非义务教育阶段高级中学虽然可以从事一定的营利性活动，但也主要局限在办学收入以及校办产业，不能够以其资产对外投资。

其次，公立中小学对其资产的管理使用也严格受到编制预算制度的限制。根据《中小学校财务制度》的规定，中小学对于其收入与支出都需要严格编入预算，统一核算，统一管理，并报上级主管部门审批。中小学严禁设置“小金库”，项目支出应当按照规定专款专用，不得挤占和挪用。对于固定资产，中小学校应当设置固定资产总账、明细账及固定资产卡片，及时清查盘点，不得随意处分。

最后，法律地位为非法人组织和非营利法人的中小学对外担保的能力亦受到严格制约。《民法典》第 399 条规定了“学校、幼儿园、医疗机构等为公益目的成立的非营利法人的教育设施、医疗卫生设施和其他公益设施”不得抵押；第 683 条第 2 款规定了“以公益为目的的非营利法人、非法人组织不得为保证人”。《民法典》的相关规定使法律地位为非法人组织和非营利法人的中小学不能对外发生担保法律关系，有利于预防中小学资产被个人利用或过度流失。

(二)学校事故的民事责任

根据教育部《学生伤害事故处理办法》第2条的规定,学校事故是指"在学校实施的教育教学活动或者学校组织的校外活动中,以及在学校负有管理责任的校舍、场地、其他教育教学设施、生活设施内发生的,造成在校学生人身损害后果的事故"。学校事故的受害者多为未成年人,在责任认定中往往牵扯多种因素,涉及学校、教师、家长、学生、教育行政部门等多方利益,社会影响较大,故而学校对于校园事故的责任承担需要进行特别规制。

《民法典》第1199~1201条规定了校园人身损害事故中学校的法律责任:对于无民事行为能力人在学校受到的人身损害,对学校采取过错推定原则,由学校举证自己无过错方可免责;对于限制民事行为能力人在学校受到的人身损害,则采取过错责任原则,由受害方举证学校具有过错,学校方承担民事责任;如果学生在学校受到的人身损害是由校外的第三人造成的,那么由第三人承担侵权责任,学校根据其过错承担相应的补充责任,并可向第三人追偿。由此可见,学校在承担校园事故的侵权责任时依然是以过错责任为基础,为了平衡部分弱势受害者的利益,又在特定情况下规定了过错推定原则和补充责任。但由于校园事故的复杂性,中小学在校园事故中往往都会给予被侵害人一定的赔偿或帮助,《学生伤害事故处理办法》第26条第2款也规定:"学校无责任的,如果有条件,可以根据实际情况,本着自愿和可能的原则,对受伤害学生给予适当的帮助。"就责任的承担而言,具备法人资格的民办中小学以其资产独立承担民事责任,而不具有法人地位的公立中小学责任承担情况则较为复杂。公立中小学的财产归国家所有,且其资金需要严格遵循预算管理,专款专用,不能随意挪用资金用于校园侵权事故的赔偿,这导致公立中小学很难独立承担民事责任。《学生伤害事故处理办法》第29条规定了"应当由学校负担的赔偿金,学校应当负责筹措;学校无力完全筹措的,由学校的主管部门或者举办者协助筹措"。事实上,这一规定明确了行政主管部门为公立中小学兜底承担无限责任,防止因责任赔偿问题影响公立中小学正常的办学活动。

第二节 中小学的行政法律地位

一、中小学面对行政机关时的行政法律地位

(一)公立中小学与行政机关之间的关系

公立中小学是由政府举办与管理,由国家财政予以保障,完成法定教育任务的公

共教育组织。在某种程度上,可以将公立中小学视为政府的下属机构,其自身的行政法律地位及其与政府之间的行政法律关系往往较复杂。在公立中小学与教育行政部门以外的非主管行政机关发生行政法律关系时,公立中小学与普通的公民组织并无不同,享有行政相对人的法律地位,可以对行政机关作出的行政行为提起行政诉讼。如在"清河县县直第一小学与清河县国土资源局行政处罚案"中,作为公立学校的清河县县直第一小学对清河县国土资源局作出的行政处罚决定不服,提起行政诉讼,法院经审理后认为行政处罚决定程序不当,予以撤销。①

然而,当公立中小学与其直属主管的教育行政部门发生行政法律关系时,对其法律地位存在争议。虽然多数学者认为中小学在面对行政机关时即处于行政相对人的地位,但公立中小学在教学活动中属于国家设施,受到教育行政部门的直接管理,教育行政部门对其各项事务具有决定权。有学者即指出:"政府对公立中小学校所采取的命令或其他处分措施,是行政机关的内部处分,属于内部行政行为,学校如果不服,不能对之提出复议或诉讼。"②这实质上是将公立中小学视为教育行政部门的下属机关,教育行政部门对公立中小学作出的是内部行政行为。所谓内部行政行为,是指行政主体针对行政组织系统内部的机构或公务员所作的行政行为。③《最高人民法院关于适用〈中华人民共和国行政诉讼法〉的解释》第1条即明确"行政机关作出的不产生外部法律效力的行为"不属于行政诉讼的受案范围,学理上一般也认为内部行政行为不具有可诉性。从实践中公立中小学与上级教育行政机关的关系来看,公立中小学的自主权极为有限,许多事务都受到教育主管部门的直接管理:在领导体制上,公立中小学受到上级领导机关的严格管控,如《小学管理规程》第33条第2款规定了"校长应具备国家规定的任职资格,由学校设置者或设置者的上级主管部门任命或聘任";在人事管理上,公立中小学需要严格遵守人员编制制度,对聘任工作及时上报,且要接受教育行政部门的教师流动指令;在教学活动中,公立中小学必须服从国家或地方的课程目标,在教材选用、课程设置、教学活动中都要服从教育主管部门的安排;在财政上亦完全依赖于政府拨款,严格执行预决算制度。由此观之,公立中小学在教学活动中更多的是服从上级教育行政部门的指令而非独立自主地进行办学,确实更偏向于内部行政关系,其法律地位偏向于政府的下属机构而非独立的行

① 参见广宗县人民法院(2017)冀0531行初15号行政判决书。

② 周光礼:《教育与法律:中国教育关系的变革》,中国社会科学文献出版社2005年版,第30~31页。

③ 参见姜明安主编:《行政法与行政诉讼法》(第6版),北京大学出版社2015年版,第194页。

政相对人。笔者在进行检索后也未查找到公立中小学作为行政相对人起诉教育行政部门的行政案件,可见,就目前而言,对公立中小学的行政法律地位,不能简单地认定为行政相对人,需要之后出台相应的法律规范予以进一步明确。

(二)民办中小学与行政机关之间的关系

相较而言,由于民办中小学并非由政府举办,其在人事管理、组织结构、财务运行等方面都更具有独立性,虽然仍要受到教育行政部门的管理,但不属于教育行政部门的下属机关,故而其在与行政机关之间的行政法律关系中即为行政相对人的法律地位,实践中亦如此认定。如在"永康市新永民工子弟小学与永康市教育局行政纠纷案"中,学校不服教育局终止其办学资格的决定而以行政相对人的身份提起行政诉讼①;在"上海市民办缪斯长宁小学与上海市长宁区教育局行政处罚案"中,缪斯长宁小学不服教育局的行政处罚,以行政相对人的身份提起诉讼②。

二、中小学管理教师、学生时的行政法律地位

根据《行政诉讼法》第 2 条的规定,法律、法规、规章授权的组织作出的行政行为侵犯公民、法人或者其他组织的合法权益时,相关当事人亦可以提起行政诉讼,即法律、法规、规章授权的组织在作出行政行为时亦可被视为行政主体。从学校对教师、学生的行为来看,主要包括以下三类:一是学校管理行为,如对老师及学生的招募、管理与奖惩;二是学校治理行为,如学校章程的制定、重大事项的表决;三是学术评价行为,如学位证书的发放等。③ 自"田某案"以来,高等院校在学位授予等授权事项上所作出的决定已被理论界与实务界认可为行政行为,高等院校具有行政主体的地位。然而中小学的行政法律地位在实践中并不明晰,其是否能够成为行政主体,需要结合有关规范及实际情况进行分类探究。

(一)中小学与教师的行政法律关系

就中小学而言,在对教师的聘任与管理上,民办中小学更多是一种市场关系,在实践中也不会获得法律、法规或规章的授权对教师作出行政管理,故而不具有行政主体的法律地位。

然而,公立中小学在对教师的管理中是否具有行政主体资格尚不明确。根据《教师法》第 22 ~ 24 条的规定,学校应当对教师的政治思想、业务水平、工作态度和

---

① 参见永康市人民法院(2015)金永行初字第 12 号行政判决书。

② 参见上海市第一中级人民法院(2004)沪一中行终字第 17 号行政判决书。

③ 参见任海涛:《论教育法体系化是法典化的前提基础》,载《湖南师范大学教育科学学报》2020 年第 6 期。

工作成绩进行考核,且考核结果将作为教师受聘任教、晋升工资、实施奖惩的依据。对此,有学者认为,中小学对教师的管理更多的是一种单位内部的人事管理,与普通企业对员工的管理在本质上并无区别,并不存在行政职权的行使,故而中小学在对教师的管理中并无行政主体地位。[①] 然而在教师职务制度中,公立中小学也有成为行政主体的可能性。

《教师法》第16条规定国家实行教师职务制度。所谓教师职务制度,是指国家对教师岗位的设置以及各级岗位任职条件和取得该岗位职务的程序等方面的有关规定的总称。[②] 教师职务的评定对教师的工资待遇、教学声望等各方面都有很大的影响,与教师的切身利益息息相关。我国公立中小学教师职务的评审工作规范散见于各类部门规章及规范性文件中。教育部《关于中等专业学校确定与提升教师职务名称的暂行规定》第9条规定中等专业学校的教师职务评审组可以负责本校教师初级职务的评审;《小学教师职务试行条例》与《中学教师职务试行条例》中则规定教师职务的评审工作,由省、地、县三级教育行政部门领导,并分别设立教师职务评审委员会。各级评审委员会由同级教育主管部门批准。学校设立评审小组,由县级教育行政部门批准。从该规定来看,虽然普通中小学的教师职务评审主要由行政部门设立的教师职务评审委员会负责,但是经过县级教育行政部门批准,学校亦可设立评审小组。那么,这里学校的评审小组是否和评审委员会一样具有评审本校教师职务的职权,有待进一步明确。不过至少从现有的规范来看,公立中小学中已经有部分学校获得了部门规章的授权,具有评定本校教师职务的行政权力。当教师认为学校的职务评定行为侵犯其合法权益时,存在将学校视为行政主体提起行政诉讼的可能性。当然,从目前的实践来看,教师直接以学校作为行政主体提起行政诉讼的情况较为少见,其救济途径主要集中在教师申诉制度,[③]对于公立中小学在教师管理中行政主体地位的认定仍有待立法与司法实践的进一步确认与探索。

(二)中小学与学生的行政法律关系根据

根据《教育法》第29条的规定,学校具有对受教育者进行学籍管理,实施奖励或者处分的权利,对高校行政主体地位的认定就主要集中在对学生的学籍管理方面。然而,就中小学而言,其学籍管理以及对学生的处分与高校又有所不同,且不同类型

① 参见褚宏启主编:《中小学法律问题分析(理论篇)》,红旗出版社2003年版,第149页。

② 参见余雅风主编:《中小学教育法与教育政策读本》,东北师范大学出版社2012年版,第32页。

③ 参见湛中乐、靳澜涛:《教师申诉制度运行的法治困境及其出路》,载《湖南师范大学教育科学学报》2020年第4期。

的中小学之间又有所区别，不能一概而论。依法设立的公立中小学与民办中小学都具有对受教育者进行学籍管理的职能，公立学校与民办学校在学籍管理上较为统一，但从教育阶段的划分来看，义务教育阶段与非义务教育阶段学校的性质不同，其职权大小又有所差异，故而此处以教育阶段为区分进行分类讨论。

就义务教育阶段的中小学而言，《义务教育法》第 27 条规定："对违反学校管理制度的学生，学校应当予以批评教育，不得开除。"这表明义务教育的中小学不能像高校一样对学生作出开除学籍的处分——这也是目前高校行政诉讼中最常见的诉讼类型。对此，地方教育行政部门对于义务教育阶段中小学的学籍管理又有进一步的细化规定，如《江苏省义务教育和普通高中学籍管理规定》第 30 条规定学生严重违反纪律经多次教育仍不改正的，应给予处分，但处分不得包含开除且学籍档案不得记载学校处分信息；《上海市中小学学籍管理办法》第 46 条规定义务教阶段中小学的处分一般分为"警告、严重警告、记过、留校察看"，但不得开除；《云南省义务教育学籍管理办法（试行）》规定对学生的处分有警告、严重警告、记过，但学校不得以任何方式劝退、开除学生。由此可见，义务教育阶段的中小学虽然可以对学生作出处分，但是其处分只是一种内部管理行为，不能像高校一样作出开除学籍的决定，不具有行政主体的地位。①

就非义务教育阶段的高级中学而言，其在学籍管理方面拥有较大的自主权。根据《中等专业学校学生学籍管理的暂行规定》规定，对极少数确实犯有严重错误，或者犯有较大错误而又屡教不改的学生，可以给予警告、记过、留校察看直至开除学籍的处分，学校开除学生和勒令学生退学，须经校务会议讨论通过，报所在省、市、自治区教育局批准，并报主管业务部门备案；《山东省普通中小学学籍管理规定》第 22 条规定高中"按照学校规定给予学生开除学籍处分的，学校应及时通知学生或其父母、其他法定监护人并报主管教育行政部门"；《上海市中小学学籍管理办法》第 46 条第 2 款规定"高中学生在校期间被司法部门判刑、劳动管教，或在留校察看期间，有严重违法犯罪行为，可给予开除学籍的处分"。通过以上规范可见，非义务教育阶段的高级中学在学籍管理与学生处分上具有与高校相近的自主权，可以对学生作出开除学籍的处分，具有行政主体的地位。如果学生对相关处分不服，可以对相关行政行为提起行政诉讼。

---

① 参见申素平：《教育法学：原理、规范与应用》，教育科学出版社 2009 年版，第 271 页。

第三节　我国中小学法律地位的未来展望

我国中小学的法律地位可以分为民事法律地位与行政法律地位，对其界定需要根据不同类型的中小学进行多元化的处理。从目前的法律规范以及司法实践来看，对于民事法律地位而言，我国的公立中小学不具有独立的法人地位，仅是附属于教育行政部门的非法人组织，而民办中小学具有法人地位。对于行政法律地位而言，中小学在与行政机关的关系中既可能是行政相对人，也可能是内部下属机构，需要立法予以进一步明确；中小学在对教师的职务评定以及在对非义务教育阶段的学生作出开除处理时可能具有行政主体的法律地位，也有待理论界与实务界的进一步探索。

就我国中小学法律地位的未来发展来看，中小学的民事法律地位已经较为清楚，但对于不能独立承担责任的公立中小学而言，其民事权利义务需要立法进一步予以明确，且其诉讼主体地位目前也不够明晰。有学者建议在学校需承担法律责任时，“应当由当地行政机关负责人代为诉讼，对辖区内学校承担管理责任，并在涉及民事案件时直接作为赔偿人”①。该建议具有合理性和实践可操作性。目前来看，中小学的行政法律地位依旧比较模糊，其与行政机关的关系、对教师学生的管理等各方面的规范性文件较为散乱，也不够明确，在未来教育立法中需要进行整合，为司法实践提供必要的指引。

思考题

1. 请谈谈中小学学校的民事法律地位。
2. 请谈谈中小学学校的行政法律地位。
3. 你对中小学校法律地位的认定有何想法和建议？

---

① 彭虹斌：《大陆法系与英美法系国家公立中小学法律地位比较与启示》，载《外国中小学教育》2011年第5期。

第十二章　学生的法律地位

从教育法律关系来看，学校、教师、学生系其中至关重要的法律主体；就教育法律体系而言，学校法、教师法、学生法以及基础教育法、职业教育法、高等教育法、民办教育法、教育经费法、国家教育考试法等具体子部门，形成了教育法的横向结构。① 不言而喻，无论是教育法的理论研究，还是法律实践改革，均应当密切围绕学校、教师与学生这三方主体展开。然而，笔者注意到，当前的教育法学界主要将分析视角集中于学校与教师，以学生为导向的系统研究较为缺乏。尤其是关于学生法律地位的研究。

近年来，围绕学校的法律地位，学界展开了激烈而充分的讨论。一方面，关于公立学校法律地位的研究，呈现百家争鸣之势，逐步走向深入化、精细化分析②；另一方面，学者也在不断加强对私立学校法律地位的关注③。此外，围绕教师的法律地位，学者立足于不同分析角度，从不同教育阶段、不同类型学校等方面展开，也形成了多种观点的争鸣，推动该研究进一步走向成熟。④ 然而，令人不解的是，教育法学界针对学生法律地位的研究则寥寥无几，与前两者硕果累累的研究现状形成了鲜明的反差。通过在中国知网的查询可以发现，在核心期刊上发表的学术论文中，最近的一篇专门研究学生法律地位的文章，是 2004 年刘冬梅教授的《学生法律地位论析》，而彼时距今已长达 18 年。此外，虽然部分教育法学教科书对"学生法律地位"有所涉及，

---

① 对教育法律体系之纵向结构与横向结构的分析，可参见张丽：《教育法律问题研究》，法律出版社 2007 年版，第 53 ~ 71 页。

② 关于公立学校法律地位的代表性研究，可参见姚荣：《破除"结构性悖论"：我国公立高等学校法律地位的再认识》，载《江苏高教》2019 年第 6 期；姚荣：《公私法域的界分与交融：全球化时代公立高等学校法律地位的演进逻辑与治理意涵》，载《复旦教育论坛》2016 年第 4 期；祁占勇：《我国公立高校法律地位的"合法性"探讨》，载《江苏高教》2009 年第 4 期。

③ 关于私立学校法律地位的代表性研究，可参见张利国：《我国私立学校法律地位探析》，载《武汉理工大学学报（社会科学版）》2014 年第 6 期；陈咏梅：《论民办高校在行政法上的法律地位》，载《法学杂志》2010 年第 7 期；卢威、周海涛：《法律地位视域中的民办学校分类管理》，载《清华大学教育研究》2013 年第 2 期。

④ 关于教师法律地位的代表性研究，可参见徐雷、王颖：《公立高校教师法律地位的发展走向：公私法益交融下的特殊劳动者》，载《湖南师范大学教育科学学报》2019 年第 2 期；兰岚、吴遵民：《论教师的法律地位》，载《基础教育》2014 年第 4 期；劳凯声、蔡金花：《教师法律地位的历史沿革及改革走向》，载《中国教育学刊》2009 年第 9 期。

但总体来看，相关论述普遍较为零散单薄、不够系统深入，且不同教科书对于“学生法律地位”的界定多有差异、未能达成统一共识。笔者认为，此种现状颇值得反思。

毋庸置疑，学生作为教育法律关系的核心主体，对其法律地位的认定，关系整个教育法体系的构建，对于思考如何以法治方式处理教育问题具有重要意义。基于此，笔者试图对学生的法律地位展开系统的分析梳理，以求教于同仁。

第一节 学生法律地位的概念内涵

一、学生法律地位的概念

欲分析“学生的法律地位”，首先须明确何为“学生”？在不同的知识体系下，人们对“学生”的概念会形成不同的理解。例如，社会学通常认为，凡处在一个学习过程中的人，不问其年龄、性别或学习场所及学习内容的正规与否，均可被视为“学生”。[①] 据此，“学生”是一个极其宽泛的社会群体。不过，从“学生法律地位”的研究导向来看，更有必要基于法学的视角，以一种狭义的概念范畴来理解“学生”。就此而言，所谓“学生”，是指根据教育法律法规的相关规定，在法定学龄期间，满足学校等正规教育机构设定的入学资格，并取得相应学籍的受教育对象。据此，“学生的法律地位”是指学生以其权利能力和行为能力在具体法律关系中取得的一种法律主体资格。[②]

二、学生法律地位的特点

第一，学生所具有的这种主体资格并非自然形成的，而必须是依法取得的。具言之，学生接受教育的机构必须是依法设立的，且其必须依照法定程序、经过注册并依法取得学籍。[③] 如此，才具有“学生”的法律身份。就此而言，无论是在民间的各种教育培训机构中进行系统学习的广大群体，还是在高校内部开设的各类定期或不定期研修班中接受培训的人员，均非法律意义上的“学生”。举例而言，教育部中学校长培训中心每年均会专门开展“全国高中骨干校长高级研修班”和“全国初中骨干校长高级研修班”，来自全国各地的中学校长将会在上海等地进行脱产研修。而于此期间内接受培训的“学员”，显然即非法律意义上的“学生”。

---

① 参见黄欣：《教育法学》，上海教育出版社 2011 年版，第 59 页。

② 参见余雅风：《学生权利与义务》，江苏教育出版社 2012 年版，第 30 页。

③ 参见张丽：《教育法律问题研究》，法律出版社 2007 年版，第 272 页。

第二，学生的法律地位兼具基础稳定性与灵活多变性的二元特征。一方面，处于不同教育阶段、具有不同行为能力的学生，均会具有某些共同的基础性法律身份，如“公民”“受教育者”等；但另一方面，在民事、行政、刑事等不同的法律关系中，学生会具体表现为不同的法律主体，并因此而享有不同的法律权利，承担不同的法律义务与法律责任。笔者首先对所有学生所共通的基础性法律地位加以阐释，继而再对学生在不同法律关系中的法律地位逐一进行分析。

第二节 学生法律地位的基础界定

一、比较法上的学生法律地位界定

20 世纪 70 年代以来，伴随美国各类教育机构对学生市场的激烈竞争，“学生消费者第一”的理念逐渐发展形成。该理念将学生与学校视为一种买卖合同关系，从市场经济的角度主张加强保障学生的各种权益，如获得知识权、对学校与专业的选择权、提出诉讼权和安全保障权等。[①] 据此，学生的法律地位实质上便类似于自由市场中的一般性消费者主体。与英美法系迥异，以法国、德国为代表的大陆法系国家，则倾向于将学生的法律地位界定为公共服务的用户。所谓公共服务的用户，就是指直接地和事实上受益于公共服务和使用公共设施的人。[②]

与英美法系及大陆法系均有所不同，我国对于学生法律地位的理解，既不是基于自由市场的理念，亦非立足于一般性公共服务的制度逻辑，而是植根于具有中国特色的教育环境与教育法体系。综观我国的相关立法及学理探讨，对于学生的基础性法律地位，学者多持“双重界定”的见解，但同时亦有少数学者主张“三重界定”的观点。而究竟何者更为妥当，则须进一步详析。

二、我国法律对学生法律地位的双重界定

（一）宪法层面的学生法律地位：公民

我国《宪法》第 33 条第 1 款规定：“凡具有中华人民共和国国籍的人都是中华人民共和国公民。”据此，任何具有中国国籍的“学生”必然都具有一个共通的法律身份——“公民”。根据《宪法》第 33 条第 2 款和第 4 款之规定，每一个学生在法律面

---

① 参见曾少英：《美国学生事务专业化形成过程的相关理念——“学生消费者第一”和“学生发展”理念对美国学生事务影响探析》，载《汕头大学学报（人文社会科学版）》2010 年第 6 期。

② 参见尹力主编：《教育法学》，人民教育出版社 2012 年版，第 126 页。

前一律平等，均平等地享有宪法和法律规定的权利，同时也必须履行宪法和法律规定的义务。总体而言，《宪法》第二章“公民的基本权利和义务”的 24 个条文，对于学生而言，均有相应的适用空间。

毋庸置疑，强调学生的“公民”地位具有重要价值。一方面，作为“对国家机关及其各类组织在适用法律上构成的宪法限制”，适用于全体公民的法律平等原则以禁止歧视为基本内容，[①]而高度凸显学生的公民主体性，显然有助于进一步抵制教育领域中针对学生的各种歧视现象。另一方面，随着社会的进步发展，公民的概念内涵始终在持续地进行丰富深化，并推动公民基本的政治权利和社会权利的发展。[②] 尤其是在全面推进依法治国的当下，对学生之公民地位的强调与认同，能够帮助学生更早、更明确地树立知法、懂法、守法的主体意识与规范意识。

（二）教育法层面的学生法律地位：受教育者

我国《宪法》第 46 条第 1 款以及《教育法》第 9 条第 1 款均明确规定：“中华人民共和国公民有受教育的权利和义务。”《义务教育法》第 4 条和《高等教育法》第 9 条第 1 款则分别规定了公民依法接受义务教育和高等教育的权利。此外，我国《教育法》第五章还专门以“受教育者”为题，用 9 个法律条文系统规定了受教育者所享有的权利与义务。总体来看，一方面以上规范反映出学生所享有的“受教育者”的主体地位，另一方面法律规范的表述也凸显出“受教育者”与“受教育权”相互统一、不可分割的特性。换言之，对于“受教育者”法律地位的理解，必然以对“受教育权”的阐释加以展开。

关于“受教育权”的基本性质或本质，学界主要存在“权利观”“义务观”及“权利义务复合观”三种相互争鸣的观点。[③] 笔者认为，我国现行的相关法律已然明确规定了“受教育”既是一种权利，也是一种义务，即实质上完全肯定了受教育权的双重复合属性，那么，基于法教义学的考察便没有必要改造这种立场。而“权利观”和“义务观”的主张者，在某种程度上只是更加强调“权利”或“义务”某一方面的重要性，实质上均无法否认另一个维度属性的存在。因此，所谓单一的“权利观”或“义务观”，究竟能否真正作为一种与“复合观”相对立的见解，笔者实际上对此持怀疑态度。大体

---

① 参见范进学：《论宪法比例原则》，载《比较法研究》2018 年第 5 期。

② 关于公民内涵及公民权利的历史演变，可参见汤葆青：《公民身份的历史演变及其当代启示》，载《江西社会科学》2018 年第 3 期。

③ 三种观点的具体介绍，可参见苗正达、孙芳主编：《教育法学论纲》，法律出版社 2017 年版，第 59 ~ 61 页；申素平、陈梓健：《权利还是义务：义务教育阶段受教育权性质的再解读》，载《北京大学教育评论》2018 年第 2 期。

而言，笔者倾向于将“受教育权”阐释为一种以权利为本位、权利与义务相统一的复合型概念。

当然，仍需强调的是，“受教育权”最为核心的内容并不在于性质之认定，而在于保障学生受教育权利的平等享有。关于教育平等，现行《教育法》第 9 条第 2 款即有明确规定：“公民不分民族、种族、性别、职业、财产状况、宗教信仰等，依法享有平等的受教育机会。”实际上，早在 20 世纪 90 年代，劳凯声教授便基于比较法的视野，从就学权利平等、教育条件平等、教育效果平等、竞争机会均等、成功机会均等等诸多方面，对受教育权的平等内涵展开了详细论述。① 而时至今日，关于如何加强对受教育权的平等保护，仍然是教育法学的研究热点。尤其是实现受教育权的实质平等，更是成为理论界孜孜追求的重要目标。②

综上所述，对于“学生”来说，其所享有的“受教育者”这一法律地位已得到了法律的明确认可，而该地位于实践中能够达到何种程度的效果展现，则主要取决于“受教育权”能够得到何种程度的实现与保护。

三、“未成年学生”的特殊性

除了前文所述的“双重界定”之外，另有学者认为，对于未满 18 周岁的学生而言，“未成年人”也是他们所享有的一种特殊法律地位；并且，该地位已为我国《未成年人保护法》《预防未成年人犯罪法》等法律法规所明确认可。据此，未成年学生便兼具“公民”“受教育者”“未成年人”三重法律地位，称为“三位一体说”。③

但笔者认为，此说值得商榷。法律之所以对未成年人加以特殊保护，是因为其年龄较低，法律推定其身心尚不健全、自我保护能力较弱、比成年人更易于受到不法侵害。在这种立法考量下，未成年人被视为一种特殊的保护对象、一类需要重点照顾的群体，而非一种特殊的“法律地位”。实际上，《妇女权益保障法》给予妇女以特殊保护，《老年人权益保障法》给予老年人以特殊保护，与《未成年人保护法》及相关法律法规给予未成年人以特殊保护，在法理层面具有同质性。既然我们并不认为“妇女”“老年人”是一种独立的法律地位，那么，在看待“未成年人”时，自然也应持此观念。

---

① 参见劳凯声：《教育法论》，江苏教育出版社 1993 年版，第 105 ~ 113 页。

② 关于受教育权实质平等的相关研究，可参见段斌斌：《平等受教育权的含义剖析——从宪法学平等理论的视角出发》，载《教育科学研究》2016 年第 6 期；余雅风主编：《学生权利概论》，北京师范大学出版社 2009 年版，第 172 ~ 190 页。

③ 参见劳凯声主编：《变革社会中的教育权与受教育权：教育法学基本问题研究》，教育科学出版社 2003 年版，第 442 ~ 443 页；尹力主编：《教育法学》，人民教育出版社 2012 年版，第 127 页；张维平、石连海主编：《教育法学》，人民教育出版社 2008 年版，第 240 页。

需要说明的是,笔者固然主张在理论上不宜将“未成年人”视为“学生法律地位”的一种独立类型,但并不否认“未成年学生”这一身份的特殊性,而且笔者进一步认为,我国教育法律法规应当逐步加强对未成年学生的特殊保护,这恰恰是推进我国教育事业健康发展的必由之路。

就现行法而言,一方面,法律法规涉及“未成年人”的一系列特殊规定,自然均可以无条件地适用于不满 18 周岁的学生;另一方面,有一些更加特殊的法律规范,则只能专门适用于“未成年学生”,而并不适用于非学生的其他未成年群体。例如,我国《预防未成年人犯罪法》第 44 条第 3 款即明确使用了“未成年学生”的表述,限定了这一规范的特定适用主体——“对于被采取刑事强制措施的未成年学生,在人民法院的判决生效以前,不得取消其学籍”。《未成年人保护法》第三章则以“学校保护”为专题,全面系统地规定了学校为促进“未成年学生”全面发展所应承担的一系列法律义务。此外,教育部曾于 2007 年发布《教育部办公厅关于禁止学校非法组织或介绍未成年学生外出务工的通知》,该规范性文件就是专门保护“未成年学生”的合法权益。

第三节　学生在不同法律关系中的法律地位

一、民事法律地位:自然人

学生的民事法律地位,是指由民事法律规范所确认的学生的民事主体资格。根据我国《民法典》的相关规定,民事主体具体包括自然人、法人和非法人组织,[①]而学生当然只能为“自然人”。作为自然人的学生,一律平等地享有生命权、身体权、健康权、姓名权、肖像权、名誉权、荣誉权、隐私权、婚姻自主权等一系列民事权利。不过,在不同的民事规范语境或法律关系之下,不同学生所享有的民事法律地位亦有所差异。

(一)完全、限制、无民事行为能力人

民法对自然人民事法律地位的界定,首先集中体现在民事权利能力和民事行为能力上。[②] 一方面,根据《民法典》第 13 条和第 14 条之规定,所有学生从出生时起至

---

① 另有学者认为,理论上应当将民事主体分为四类:自然人、两户、法人和其他组织。参见胡雪梅主编:《民法》(第 2 版),清华大学出版社 2018 年版,第 38 页。

② 参见周彬:《学校法制理论与案例》,华东师范大学出版社 2012 年版,第 73 页。

死亡为止，均享有完全平等的民事权利能力；另一方面，根据《民法典》第18～22条之规定，不同学生因其年龄与辨认能力的差异，则可能分别为完全、限制和无民事行为能力人。《民法典》以8周岁、18周岁作为划分无民事行为能力人、限制民事行为能力人、完全民事行为能力人的年龄基准。不同的行为能力则直接决定了行为人所实施民事法律行为的法律效力。

具体而言，我国大学生大都在18周岁以上，若不存在无法辨认自身行为的特殊事由，即为完全民事行为能力人，可以独立实施民事法律行为。不满8周岁的幼儿园或低年级小学生，则为无民事行为能力人，其实施的民事法律行为无效，须由其法定代理人代理实施。8周岁以上、不满18周岁的未成年学生则为限制民事行为能力人，此种地位介于前两者之间，其所实施的民事法律行为原则上须经法定代理人代理或经其同意、追认，但存在相应的例外，即可以独立实施纯获利益的民事法律行为或者与其年龄、智力相适应的民事法律行为。

此外，监护制度与民事行为能力密切相关。对于限制或无民事行为能力的未成年学生而言，父母就是他们的法定监护人，此时学生本人即处于被监护人的法律地位。监护人不仅要代理被监护人实施民事法律行为，而且还承担着保护被监护人人身权利、财产权利以及其他合法权益的重要职责。以下以具体案件为例，对未成年学生的民事行为能力、所实施民事法律行为的效力以及其作为被监护人的法律角色加以说明。

已满8周岁、未满18周岁的学生冯某某向李某某借款8220元，届期只能偿还部分借款，尚欠6500元。李某某追讨未果，遂向法院提起诉讼，要求冯某某归还所欠款项。法院对此指出，一方面，冯某某借款时为限制民事行为能力人，借款数额较大，与其年龄、智力不相适应，且冯某某的父亲对其借款行为不予追认，因此，该借款行为应属无效；另一方面，根据《民法典》第157条之规定，民事法律行为无效，行为人因该行为取得的财产，应当予以返还，但法院考虑冯某某尚未满18周岁，且无经济生活来源，故借款由冯某某的父母（法定监护人）负责返还。①

笔者举此案例，目的仅在于较为直观地反映出“限制民事行为能力人”“被监护人”等民事角色对于“学生”而言究竟存在何种法律意义。下文则更为具体地分别从合同法律关系与侵权法律关系展开，对学生的民事法律地位进行剖析。

---

① 参见李某某诉冯某某等民间借贷纠纷案，广东省郁南县人民法院（2018）粤5322民初87号民事判决书。

（二）合同当事人

学生作为民事主体，一旦涉足于合同法律关系之中，便享有“合同当事人”的法律地位，《民法典》合同编的一系列原则及规则对其皆有适用之空间。尤其是具有完全民事行为能力的学生，更是拥有自由订立合同的充分权利，并同时要受到依法成立合同之约束。[①] 在日常生活中，学生自然会有订立合同的实践需要，譬如其在超市买一瓶饮料，即是与超市签订了一份买卖合同。除此之外，学生基于自身的受教育需要，也往往会与学校形成相应的合同法律关系。

众所周知，学生与学校之间的法律关系是一个颇为复杂的理论问题，“特别权力关系理论”“公法契约理论”“私法契约理论”“代替父母理论”“宪法理论”“信托理论”等不同学说相互争鸣。[②] 笔者无意对此类观点进行一一梳理，想要强调的是，无论任何学说，实际上均无法否认学生与学校在教育实践中可能形成的合同法律关系。一方面，就入学关系而言，私立学校的入学关系，可以被看作学生与学校之间订立的以教育为内容的民事合同。其中，学校发布招生广告和学生报考的行为可以构成预约合同，而学校发出录取通知书和学生入学报到的行为则构成本合同。[③] 另一方面，就在学关系而言，学校向学生收取书费、住宿费、自愿组团出行的春游费等，并向其提供相应的产品与服务，这也反映了二者之间形成的合同法律关系。[④] 司法实践中，因教育合同法律关系而产生的民事纠纷屡见不鲜，此时，作为“合同当事人”的学生便可以依法行使自己的民事权利及诉讼权利。以下试举一例，对此加以说明。

潮之阳寄宿学校是一所全日制私立学校，符某的家长看到该学校的宣传广告后，便到该校为符某报名，就读于该校小学四年级，并一次性缴交了从小学四年级至高中毕业的建校费 23,000 元。两年之后，该校转型改办中等职业技术学校，不再设置小学、初中、高中部。同时，该校与海口海瑞学园实行联合办学，未经学生及家长同意，便将该校的部分学生（包括符某）转入海瑞学园就读。符某因此而提起民事诉讼，要求学校返还建校费及利息并赔偿精神损失。法院指出，符某到该校报名就读并一次性缴交多年建校费，其在事实上与学校已设立平等主体之间的服务交易合同，且双方意思表示真实，合同有效。在合同履行期间，学校在未征得符某及其家长同意的情况

① 依法成立的合同，对当事人具有法律约束力。这在理论上也被称为“合同神圣和合同严守原则”。参见韩世远：《合同法总论》（第 4 版），法律出版社 2018 年版，第 58～59 页。

② 对以上观点的具体介绍与分析比较，可参见申素平：《教育法学：原理、规范与应用》，教育科学出版社 2009 年版，第 256～262 页。

③ 参见张弛、韩强：《学校法律治理研究》，上海交通大学出版社 2005 年版，第 69～73 页。

④ 参见余雅风主编：《学生权利概论》，北京师范大学出版社 2009 年版，第 172～190 页。

下，就强制性地将符某转入海瑞学园，这实质上是对原双方形成的合同的修改，即校方不再为就读方提供此后的教育服务，该行为违反合同约定。因合同的履行所需的客观条件已发生变化，合同已无法继续履行，法院依法判决解除合同，同时要求学校赔偿符某建校费损失17,940元及利息。① 大体而言，该案还是较为鲜明地反映了学生作为“合同当事人”时所享有的民事法律权利。

（三）侵权人或被侵权人

我国《民法典》第120条规定：“民事权益受到侵害的，被侵权人有权请求侵权人承担侵权责任。”在侵权法律关系语境下，学生既可能为“侵权人”，也可能为“被侵权人”。一般侵权行为适用过错责任原则及侵权责任的一般构成原理，且责任形式为自己责任，即“行为人与责任人是同一人”。② 不过，对于与未成年学生相关的侵权行为，法律在责任主体上则作出了相应的特殊规定，以下便对此分别从“侵权人”和“被侵权人”两方面加以展开。

1. 未成年学生为“侵权人”的情形：监护人责任

《民法典》第1188条第1款规定确立了我国的监护人责任制度：“无民事行为能力人、限制民事行为能力人造成他人损害的，由监护人承担侵权责任。监护人尽到监护职责的，可以减轻其侵权责任。”据此，未成年学生若侵害他人民事权益，则应由监护人承担替代责任③，且适用无过错责任的归责原则④。在实际的损害赔偿中，《民法典》第1188条第2款则又进一步分两种情形加以考量，即如果未成年学生有自己的财产，那么便从其本人财产中支付赔偿费用；不足部分，则由监护人赔偿。总体而言，实体法设置监护人责任制度的主要目的在于保护被侵权人的合法权益，并进一步督促监护人加强对侵权人的管理、教育，以避免侵权行为的再次发生。⑤ 就现行程序法的相关规定来看，在未成年学生侵权的案件中，应由学生本人与其监护人担任共同

---

① 参见潮之阳寄宿学校诉符某教育服务合同纠纷案，海南省海南中级人民法院（2000）海南民终字第495号民事判决书。

② 参见杨立新主编：《侵权责任法》（第2版），复旦大学出版社2016年版，第129页。

③ 另有学者认为，监护人责任的性质为“自己责任”，而非“替代责任”。参见李晓倩：《未成年人致人损害的规范逻辑与立法选择》，载《环球法律评论》2018年第4期。

④ 另有学者认为，监护人责任的归责原则是过错推定原则，并以公平责任作补充。参见杨立新主编：《侵权责任法》（第2版），复旦大学出版社2016年版，第248页。

⑤ 参见程啸：《侵权责任法教程》（第2版），中国人民大学出版社2014年版，第147～148页。

被告。①

2. 未成年学生为“被侵权人”的情形：教育机构责任

未成年学生主要为无民事行为能力人或限制民事行为能力人，缺乏必要的自我保护意识，一旦脱离了监护人的监护，便必然会增加许多人身危险。但基于受教育之需求，监护人又必须将孩子送至幼儿园、学校等教育机构。教育机构具有浓厚的公益属性，对于学生的学习、生活环境又具有一定控制力，因此须负担起对学生的保护和看管义务。如果其未尽到相应的教育或管理职责，而导致未成年学生在学习、生活期间受到人身损害，那么便应承担相应的民事责任。2002 年教育部发布的《学生伤害事故处理办法》第 9 条便明确指出，因 11 种情形造成的学生伤害事故，学校应当依法承担相应责任。2020 年通过的《民法典》则利用第 1199 ~ 1201 条这三个条文，将教育机构的侵权责任进一步分类细化。据此，大体而言，教育机构责任可分为两类：校内侵害责任和校外侵害责任。

其中，校内侵害责任又可细分为两种情形：如果是无民事行为能力的学生在教育机构学习、生活期间，因教育机构内部人或物的因素遭受损害，适用过错推定原则；如果是限制民事行为能力的学生遭受损害，则适用过错责任原则。之所以对不同民事行为能力的学生适用不同的归责原则，主要考虑学生年龄、智力等因素的不同，会导致举证能力的差异。

校外侵害，是指未成年学生在教育机构学习、生活期间，受到教育机构以外的人员人身损害的情形。毋庸置疑，侵权人须承担侵权责任。但如果幼儿园、学校或者其他教育机构未尽到管理职责的，也须承担相应的补充责任。这意味着，如果最终无法查明侵权人或者侵权人没有足够的赔偿能力，则应当根据教育机构的过错程度和原因力大小而使其承担一定的侵权责任。②

二、行政法律地位：行政相对人

学生如果违反相关行政法律法规，需要依法承担相应的行政法律责任，但法律对未成年学生通常给予特殊的优待。例如，我国 2017 年修正的《行政处罚法》第 25 条即规定，不满 14 周岁的人有违法行为的，不予行政处罚，责令监护人加以管教；已满 14 周岁不满 18 周岁的人有违法行为的，从轻或者减轻行政处罚。在此种行政处罚

---

① 参见《最高人民法院关于适用〈中华人民共和国民事诉讼法〉的解释》第 67 条：“无民事行为能力人、限制民事行为能力人造成他人损害的，无民事行为能力人、限制民事行为能力人和其监护人为共同被告。”

② 有关教育机构责任的系统分析，可参见王利明：《侵权责任法研究》（第 2 版 · 下卷），中国人民大学出版社 2016 年版，第 181 ~ 208 页。

法律关系中，实施处罚者为行政主体，而与之相对的被处罚学生便为“行政相对人”。当然，除了行政处罚之外，学生还有可能因行政许可、行政给付、行政命令、行政征收、行政强制等各类行政行为与行政机关产生相应法律关系，由此而具有“行政相对人”的法律地位。不过，上述情形对于受教育者而言并非常态，实际上更为重要的是学生与学校之间的行政法律关系。下文便就此展开分析。

(一)高等学校与学生之间的行政法律关系及各自法律地位

前已述及，学校与学生之间在特定情形下会形成某种民事法律关系，实际上，二者之间的行政法律关系更加不容忽视。尤其是高等学校与学生之间的相关纠纷，历来是我国理论与实务界的重点关注内容。欲分析学生在行政法律关系中的法律地位，先要对学校的法律地位加以释明。关于高等学校的法律地位，学界见解迥异，存在“准公权力主体说”“授权组织说”“公务法人说”“特殊法人说”与“事业单位法人说”等多种不同观点。笔者一直认为，实质上现行法律规定及司法实践实际均已表明，高校属于“法律、法规授权的组织”，可以以自己的名义从事学生管理行为，并能够独立承担行政法律责任，因此，高校应当具有行政主体资格。①

一方面，就现行法而言，根据《教育法》第22条、第23条，《高等教育法》第20条、第22条和《学位条例》第8条的相关规定，我国实行学位制度，且学士、硕士、博士等学位由国务院授权的高等学校或科学研究机构授予，显然，这便明确将高校认定为法律法规授权的行政主体。此外，《教育法》第29条赋予学校的招生权、学籍管理权、处分权等，也明显具有单方意志性和强制性，符合行政权力的主要特征。另一方面，就司法实践而言，在1998年“田某案”中，法院明确对高校的行政主体资格予以确认，并且该思路也在之后的“刘燕文诉北京大学案”等多个典型性案例中，得到进一步贯彻。

需要说明的是，高校毕竟并非行政机关，因此，其行政主体的法律地位只能体现在其行使行政管理职权的特定情形。具体而言，“凡涉及学生受教育权问题，以及涉及学生和学校产生、变更和消灭的学籍管理、纪律处分或由此连带的涉及学历和学位证书发放等决定应当认定为行政行为”②。换言之，在由此类行为而产生的行政法律关系之中，高校的法律地位即为“行政主体”，而学生的法律地位便是“教育行政相对

---

① 参见任海涛：《司法介入高校学生管理行为的法理分析——以“梅杰留级案”及最高人民法院指导案例为中心》，载《教育发展研究》2018年第21期。

② 吉雅、张维雅等：《普通高等学校学生管理法律问题研究》，内蒙古大学出版社2009年版，第16页。

人”。同时,学生相对于高校也并非“完全的被管理者”,由于学生之于高校兼具被管理性和受教育性,学生的法律地位也因为这一特点而变得特殊。①

一般而言,行政相对人的法律地位集中体现为三个方面:首先,相对人是行政主体管理的对象;其次,其也是行政管理的参与人;最后,相对人在行政救济法律关系和行政法制监督关系中可以转化为救济对象和监督主体。② 其中,行政救济乃是保障相对人合法权益的核心制度,所谓“无救济即无权利”,即为此理。基于此,以下便着重围绕教育行政相对人的行政救济途径进行分析。

(二)教育行政相对人的行政救济途径

学生如果认为学校等教育机构实施的行政行为侵犯自身的合法权利,有权依法寻求行政救济,具体的救济途径主要包括申诉、申请行政复议或提起行政诉讼等。在不同的救济法律关系中,学生也相应地充当着“申诉人”“行政复议申请人”“行政诉讼原告”等不同法律角色。

1. 申诉人

根据我国《教育法》第43条第4项规定,受教育者对学校给予的处分不服向有关部门提出申诉。在教育基本法明确认可学生申诉权的基础上,《学生管理规定》在第六章专门规定了“学生申诉”,对相关程序予以明确细化。据此,学生对学校的处理或者处分决定有异议的,可以在接到学校处理或者处分决定书之日起10日内,向学校学生申诉处理委员会提出书面申诉;如果学生对申诉处理委员会的复查决定仍有异议的,则在接到学校复查决定书之日起15日内,可以向学校所在地省级教育行政部门提出书面申诉。此种“双重申诉”的制度设置,能够进一步强化对学生合法权益的保障。

2. 行政复议申请人

我国相关教育法律法规并未规定行政复议制度,且《行政复议法》第3条明确规定履行行政复议职责者只能为“行政机关”。因此,如果学生认为学校的相关行为侵犯其合法权益,并不能直接向其申请行政复议。但是,该制度对于学生而言,在特定情形下仍有适用空间。根据《行政复议法》第6条第9项之规定,如果学生申请行政机关履行保护其受教育权利的法定职责,但行政机关没有依法履行的,学生便有权提起行政复议。举例而言,假如某高校对某学生作出取消学籍的处理决定,该学生对此

---

① 参见张磊:《论我国教育法律责任制度的完善》,载《西南民族大学学报(人文社会科学版)》2018年第6期。

② 参见姜明安主编:《行政法与行政诉讼法》(第6版),北京大学出版社2015年版,第139页。

不服,遂向学校学生申诉处理委员会提出申诉;后对委员会的复查决定有异议,又向当地教育厅继续申诉;但教育厅对此完全置若罔闻、不予处理,那么该学生便可依据《行政复议法》的相关规定,向当地省级人民政府或者教育部申请行政复议。

3. 行政诉讼原告

根据《教育法》第43条第4项和《学生管理规定》第6条第6项之规定,学生对于学校侵犯其人身权、财产权等合法权益的行为,有权依法提起诉讼。虽然我国《行政诉讼法》并未明确将受教育权纠纷列入行政诉讼的受案范围,但是,自“田某案”以来,司法实践已然将教育行政诉讼的大门逐步敞开。显然,司法作为维护社会公平正义的最后一道防线,对于学生受教育权的保障无疑具有重要意义,同时还有助于提高公民的权利意识,并进一步促进依法治教。①

需要说明的是,当前我国教育行政诉讼的具体受案范围,仍旧较为模糊。例如,因高校学位授予行为引发的诉讼基本得到了法院的普遍认可,但在学籍管理领域,对于该种行为的性质及其可诉性,各地法院的认识尚不统一。② 对此,笔者此前已就“司法介入高校学生管理行为的范围标准与负面清单”提出相应建议③,此处不再赘述。笔者更想要强调的是,教育行政诉讼具有非常重要的法治价值与光明的发展前景,对于认为自身合法权益受到高校管理行为侵害的学生而言,应当积极地行使此项诉权,捍卫自己的行政法律地位。

三、刑事法律地位:被害人或被告人(犯罪嫌疑人)

(一)被害人

未成年学生由于年龄尚小、安全意识和自我保护能力较弱,往往更容易受到犯罪行为的侵害。尤其是近些年来,儿童遭遇性侵害的案件频频见诸报端,引发广泛关注。相关报告表明,仅仅在2018年,“媒体公开报道的性侵儿童(18岁以下)案例便有317起,受害儿童超过750人”④。在刑事诉讼中,这些遭受犯罪行为侵害的未成年人的法律地位即为“被害人”。我国《刑事诉讼法》赋予刑事“被害人”以独立的诉讼当事人地位,其享有广泛的诉讼权利,同时也须承担某些法定的特殊义务。

考虑到未成年学生的脆弱性及犯罪之恶性,我国的相关法律法规格外注意加强

---

① 参见尹力主编:《教育法学》(第2版),人民教育出版社2015年版,第91~92页。

② 参见戴国立:《论高校学籍管理行为的司法审查》,载《复旦教育论坛》2016年第2期。

③ 参见任海涛:《司法介入高校学生管理行为的法理分析——以“梅杰留级案”及最高人民法院指导案例为中心》,载《教育发展研究》2018年第21期。

④ 《“女童保护”2018年性侵儿童案例统计及儿童防性侵教育调查报告》,载微信公众号“女童保护”,发布日期:2019年3月23日。

对未成年被害人的特殊保护。例如,《未成年人保护法》第110条规定,“公安机关、人民检察院、人民法院办理未成年人遭受性侵害的刑事案件,应当保护被害人的名誉。”此外,自2013年以来,我国连续发布多个政策文件或司法解释,如《教育部、公安部、共青团中央、全国妇联关于做好预防少年儿童遭受性侵工作的意见》《最高人民法院、最高人民检察院、公安部、司法部关于依法惩治性侵害未成年人犯罪的意见》《国务院办公厅关于加强中小学幼儿园安全风险防控体系建设的意见》《教育部办公厅关于进一步加强中小学(幼儿园)预防性侵害学生工作的通知》等,均要求严厉打击涉及侵害未成年学生的违法犯罪行为,依法保护未成年学生的合法权益。我国学界对此问题也颇为关注,例如,有学者即认为,我国应当构筑侵害未成年人犯罪人员信息公开制度,以强化对侵害未成年人犯罪行为的有效规制。[①] 笔者对此观点亦持肯定态度。另需说明的是,学生既可能因被犯罪行为侵害而成为刑事诉讼中的“被害人”,也可能由于其实施犯罪行为而成为刑事诉讼中的“被告人”或“犯罪嫌疑人”。

(二)被告人(犯罪嫌疑人)

青少年犯罪是各国均面临的棘手难题,是教育和法律事业共同面临的重大考验。最高人民法院2018年发布的《未成年人权益司法保护和犯罪特点司法数据分析报告》显示,2009~2017年,我国未成年人犯罪数量连续9年持续下降,[②]反映出我国未成年人犯罪的预防工作取得了显著成就。不过,虽然犯罪数量总体下降,但未成年犯罪的基本现状仍旧不容乐观,且逐渐呈现犯罪主体低龄化、犯罪动机随意化、犯罪形式团伙化、犯罪手段多样化、犯罪结果严重化等诸多特征。[③] 因此,青少年犯罪的相关法律问题,实有必要加以详析。

从刑事实体法的角度来看,我国《刑法》对刑事责任年龄多个阶段的规定,体现了对未成年人的特殊保护。具体而言,已满16周岁的人犯罪,应当负刑事责任;已满14周岁不满16周岁的人,犯故意杀人、故意伤害致人重伤或者死亡、强奸、抢劫、贩卖毒品、放火、爆炸、投放危险物质罪的,应当负刑事责任;已满14周岁不满18周岁的人犯罪,应当从轻或者减轻处罚;已满12周岁不满14周岁的人,犯故意杀人、故意伤害罪,致人死亡或者以特别残忍手段致人重伤造成严重残疾,情节恶劣,经最高人

---

① 参见马方、王文娟:《构筑侵害未成年人犯罪人员信息公开制度——基于侵害未成年人再犯案件的分析》,载《山东大学学报(哲学社会科学版)》2019年第1期。

② 参见《最高法司法数据分析报告显示我国未成年人犯罪量连续9年下降》,载人民网,http://legal.people.com.cn/n1/2018/0602/c42510-30030343.html,最后访问时间:2019年10月28日。

③ 参见李亚可:《未成年人犯罪现状及预防对策研究》,载《广西社会科学》2018年第6期。

民检察院核准追诉的，应当负刑事责任。

从刑事诉讼法的角度来看，学生如果因涉嫌犯罪行为而被追诉，其在检察机关向法院提起公诉以前被称为“犯罪嫌疑人”；在提起公诉以后，则被称为“被告人”。作为被追诉者，犯罪嫌疑人、被告人是拥有一系列诉讼权利的诉讼主体，居于当事人的地位，且其所作的供述和辩解还是重要的证据来源。[①] 基于未成年人的不成熟性和较强可塑性，我国《刑事诉讼法》第五编以专章的形式规定了“未成年人刑事案件诉讼程序”。此外，《未成年人保护法》《预防未成年人犯罪法》及相关司法解释亦对此作出了专门规定，由此共同构建了一套不同于成年人刑事案件的立案、侦查、起诉、审判和执行的诉讼程序。大体而言，未成年人刑事案件诉讼程序以“教育、感化、挽救”为方针，遵循“教育为主、惩罚为辅”“诉讼权利特殊保护”“全面调查”“分案处理”“不公开审理”等基本原则，并要求贯彻“合适成年人到场”“全程法律援助”“社会调查”“附条件不起诉”“犯罪记录封存”等基本制度。[②] 然而，在未成年人刑事司法实践中，部分法律规定实际上并未得到严格落实。例如，“合适成年人到场制度”浮于表面、社会调查贯彻不力、法律援助辩护效果不佳、“普遍羁押”“超期羁押”“一押到底”等现象严重泛滥等问题[③]，依然较为突出。对此，有必要立足国情，对我国未成年人刑事案件诉讼程序进一步完善，有效保障未成年犯罪嫌疑人、报告人的合法权益，增强其法治观念，促使其尽早改过自新，重新回归社会。

在传统的教育教学模式中，教师往往居于主体地位，学生只是扮演着接受知识灌输、服从学校管理的被动角色。但是，作为“改变现实和走向未来的重要途径”[④]，教育归根结底“是一项培养人的社会活动”[⑤]，这从逻辑上决定了其必须对教育的对象即学生展开充分的理论与实践关怀。不过，随着我国教育现代化和法治建设的发展，学生个体的独立性越来越受到社会的认可和尊重。《规划纲要》便明确提出，要以学生为主体，充分发挥学生的主动性，把促进学生健康成长作为学校一切工作的出发点

---

① 关于犯罪嫌疑人与被告人的区分，以及他们的诉讼地位和权利义务，可具体参见陈光中主编：《刑事诉讼法》（第6版），北京大学出版社2016年版，第74～77页。

② 对未成年人刑事案件诉讼程序基本原则和制度，以及相关具体诉讼程序的系统介绍，可参见《刑事诉讼法学》编写组：《刑事诉讼法学》，高等教育出版社2017年版，第447～466页。

③ 参见孙明泽：《未成年人刑事诉讼特别审判程序实施问题实证研究》，载《广西社会科学》2019年第3期；自正法：《涉罪未成年人羁押率的实证考察与程序性控制路径》，载《政法论坛》2019年第4期。

④ ［波兰］博格丹·苏霍多尔斯基：《教育：在存在与占有之间》，李晓敏译，载《学术交流》2019年第9期。

⑤ 戴国立：《析论高校教育惩戒权的法律控制》，载《东方法学》2019年第2期。

和落脚点。当前的许多理论研究及教育实践①,正是秉持着“落实学生主体地位、培养学生主体意识”的基础导向,持续地进行深化探索。毋庸置疑,这种探索是颇有价值的。然而,仅仅立足于教育教学的视角推进此类研究,似乎尚难以对学生的独立性与主体性形成比较全面的理解认知。尤其是在当前全面推进依法治教的背景下,显然极有必要立足于法治理念,对“学生的法律地位”进行系统梳理和分析。基于此,笔者作此尝试,期有抛砖引玉之效。

思考题

1. 如何理解学生法律地位的概念内涵?
2. 我国法律是如何对学生法律地位进行界定的?
3. 分析学生在民事法律关系中的法律地位。
4. 分析学生在行政法律关系中的法律地位。
5. 分析学生在刑事法律关系中的法律地位。

① 近期的代表性研究成果,可参见李铁安:《让课堂彰显育人的本体功能》,载《教育研究》2018 年第 10 期;张华峰、史静寰:《走出“中国学习者悖论”——中国大学生主体性学习解释框架的构建》,载《中国高教研究》2018 年第 12 期;常攀攀、陈佑清:《责权利相统一的主体:对学习主体内涵的新认识》,载《教育研究与实验》2018 年第 6 期。

第十三章　教师的法律地位

本章聚焦于对公办、民办中小学及高校教师法律地位的探讨。教师的法律地位是教师立法乃至教育立法的核心领域，其法律地位的明确将直接决定教师的权利、义务范畴，决定教师与学校、学生等教育主体的法律关系及权利救济形式，更决定着国家及学校针对教师的管理范式。[①] 因此，教师法律地位是教育法学的核心问题之一。

第一节　中小学教师的法律地位

当前，公办中小学教师已经被立法明确规定为"国家特殊公职人员"。《民办教育发促进法》第28条规定，"民办学校的教师、受教育者与公办学校的教师、受教育者具有同等的法律地位。"据此，民办中小学教师的法律地位在理论上也应当被定位为国家特殊公职人员。

一、公办中小学教师的法律地位

2018年，党中央、国务院联合发布的《关于全面深化新时代教师队伍建设改革的意见》（以下简称《教师改革意见》）明确了公办中小学教师"国家特殊公职人员"的法律地位；2021年11月，教育部发布的《中华人民共和国教师法（修订草案）（征求意见稿）》（以下简称《教师法（征求意见稿）》）第13条规定，"公办中小学教师是国家公职人员，依据规范公职人员的相关法律规定，享有相应权利，履行相应义务。各级人民政府及其有关部门应当依法加强对公办中小学教师的保障和管理。"这再次明确了公办中小学教师国家特殊公职人员的身份定位。因此，当前我国公办中小学教师的法律地位已经率先具备了立法的明确规定。公办中小学教师的这一法律地位可以从两方面进行理解：一是公办中小学教师作为国家公职人员具备合理性；二是公办中小学教师的国家公职人员法律地位具有特殊性。

---

① 陈鹏、李莹：《国家特殊公职人员：公办中小学教师法律地位的新定位》，载《教育研究》2020年第12期。

（一）公办中小学教师作为国家公职人员的合理性

公办中小学教师内含显著的公务要素，这决定了其与国家公职人员之间具备身份属性的契合性。

1. 公办中小学教师的身份获得具备公务要素

首先，公办中小学教师的教师资格准入具备公务要素。在 1993 年《教师法》颁布前，公办中小学教师具备国家干部的身份，由政府人事管理部门统一管理。① 1993 年《教师法》规定实行教师资格制度，此后《教师资格条例》和《〈教师资格条例〉实施办法》规定师范生可直接获得教师资格证，非师范生具备相应条件后可以通过"省考"获得教师资格证。此后，国家取消"省考"，实行师范生和非师范生采用同一标准参加全国统一考试从而获得教师资格证的制度。所以，要成为法律意义上的教师，必须符合国家规定的条件和要求，参加统一考试，这本身就体现了公办中小学教师资格准入的公务性质。

其次，公办中小学教师的编制核定也体现了公务要素。一方面，编制是政府对公办中小学教师法律身份的正式认定，实践中，公办中小学教师一旦获得政府编制部门核定的编制，除非其主动辞职或出现了违背师德、违法现象，否则其编制将不会被剥夺。另一方面，公办中小学编制属于政府核拨教师经费的重要依据，当下，政府财政部门根据编制部门核定的教师编制人数来划拨公办中小学教师的经费。由此，我国公办中小学教师的编制并不是由教育市场或者学校自主决定，而是政府实现特定的教育目的而设置的，其由国家财政经费来保障，具备显著的公务要素。

最后，与编制密切相关的是，公办中小学教师的工资发放也体现了浓郁的公务性质。教师的工资来源也是界定教师法律地位的重要判准，我国公办中小学教师代表国家为社会提供教育服务，国家则承担为其发放工资的义务。其一，公办中小学教师的工资不是由市场配置，而是由国家财政予以支付，因此，公办中小学教师的工资来源与国家公职人员是一致的。其二，国家制定统一的公办中小学教师的工资制度，公办中小学工资不是由教师与学校通过自愿协商确立的，这亦确保了其工资的公务属性。其三，公办中小学教师与公务员工资水平相比照的发放标准，也再次印证了公办中小学教师身份的公务属性。实践中，我国公办中小学教师的工资水平经历了从"不低于或者高于国家公务员的平均工资水平"到"不低于当地公务员的平均工资水平"，再到"不低于或高于当地公务员平均工资收入水平"的发展历程，将公办中小学

---

① 劳凯声：《教师职业的专业性和教师的专业权力》，载《教育研究》2008 年第 2 期。

教师的工资水平与公务员工资水平展开比照,就足以体现了公办中小学教师职务活动与公务员职务活动在性质上有较大相似性。

2. 公办中小学教师承担的职责具有公共服务属性

实践中,公办中小学教师承担的是国家公共教育服务职责,这本身就具备公共服务的属性,也导致公办中小学教师应当属于国家公职人员。

公办中小学教师的职责是代表国家针对年轻一代提供公共教育服务。《教师法》亦规定教师承担着教书育人,培养社会主义事业建设者和接班人、提高民族素质的使命。从法理上看,公办中小学在法律上并不具备成为独立法人的条件,但是,为了实现国家的教育目的,保证受教育者可以接受优质教育,学校通常会通过法律法规授权而获得部分国家教育权力。[①] 同时,公办中小学本身也无法全部行使国家教育权力,它必须借助教师来行使大部分教育权力。这也就意味着,国家教育权的行使最终必然会延展到教师的教学活动中。因此,教师在很大程度上代表了国家利益,其教学活动显然属于履行公务的活动。因此,这从权力的角度决定了公办中小学教师国家公职人员的身份属性。

(二)公办中小学教师国家公职人员法律地位的特殊性

公办中小学教师不同于普通的国家公职人员,相较之下,前者具备一般公职人员不具备的自由性、道德性等特质。

1. 公办中小学教师的职业自由度较强

一方面,从公办中小学教师的职业属性来看,教师比普通的国家公职人员具备更多的专业自主权和专业发展权。《教师法》规定教师是履行教育教学职责的专业人员,这即意味着公办中小学教师具备公务性与专业性的双重属性,二者相互交融、不可分割。这在逻辑上要求教师的专业性与专业发展应当获得充分的尊重,并由立法来严格保护。

另一方面,公办中小学教师的教学活动具有较大的自由度,这与国家公职人员自由裁量权较少的事实形成了鲜明对比。从教育教学活动的特点来看,尽管公办中小学教师的教育教学活动需要受到法律、政策等文件的约束,要严格遵循有关的教学标准和目标,但是,中小学教师的教育对象毕竟是心智尚未成熟的未成年人,教育活动的顺利开展依赖于这些受教育者的充分参与,这就需要教师灵活地运用不同的教学手段和策略,因材施教,以多样化的方式来传递知识,而非通过机械性的讲授来照本

---

① 杨挺:《论公立学校教师聘任合同的法律性质》,载《中国教育学刊》2007年第4期。

宣科。这决定了公办中小学教师的行为具有高度的灵活性和自主性,很多情况下教师需要自主地展开价值判断。[①] 为了确保教师得以通顺开展上述工作,立法必须赋予教师以灵活组织教学活动、开展教学行为、进行学生评价的权利。

2. 公办中小学教师须承担道德性责任义务

公办中小学教师育人的固有使命决定了其必须承担道德性责任义务。习近平总书记反复强调,广大教师要做"有理想信念、有道德情操、有扎实知识、有仁爱之心"的好老师。公办中小学教师面对的对象是心智尚未成熟的未成年人,教师的一举一动都学生具有强烈的影响力和示范性,这要求教师必须"学高为师,身正为范",发挥好示范效应,用正确的思想与言行来正确引导学生。同时,在教书育人的实践进程中,教师究竟是采用灵活的点拨、引导、启发方式,促使学生自主地探究科学知识,还是采用填鸭式教学方法,都主要由教师来予以把握,因此,公办中小学教师的个人道德感对于学生至关重要。总之,公办中小学教师必须承担道德性责任义务,以高度的道德自觉性来正确的启发学生,引导学生。

3. 公办中小学教师纠纷具备行政可诉性

普通国家公职人员与其单位之间的纠纷是不具备行政可诉性的,这源于内部行政行为不可诉的理论逻辑。按照这一逻辑,国家公职人员与单位之间形成的是内部行政法律关系,这是一种特别权力关系,其强调的是单位人员与单位之间的隶属关系,注重义务而非权利,注重服从而非救济。所以,内部行政行为不可诉。

但是,公办中小学教师与学校之间的关系并不是纯粹的行政隶属法律关系。我国事业单位人事制度改革遵循了"政事分开、政企分开"的原则,公办中小学教师所在的学校是事业单位而非政府部门,所以,尽管公办中小学教师的法律地位被界定为国家特殊公职人员,但其终究是事业单位而非行政机关的公职人员,这就决定了公办中小学教师与学校之间并非纯粹的行政隶属关系。对此,《行政诉讼法》并未将事业单位的内部管理行为排除在行政诉讼的受案范围之外。因此,就这个角度而言,公办中小学教师国家公职人员的身份定位并不影响其可以作为行政诉讼原告的资格。

二、民办中小学教师法律地位

《民办教育发促进法》第 28 条规定,"民办学校的教师、受教育者与公办学校的教师、受教育者具有同等的法律地位。"第 32 条规定,"民办学校教职工在业务培训、职务聘任、教龄和工龄计算、表彰奖励、社会活动等方面依法享有与公办学校教职工

---

① 劳凯声、蒋建华主编:《教育政策与法律概论》,北京师范大学出版社 2015 年版,第 323 页。

同等权利。”所以，既然公办中小学教师的法律地位如今已是国家特殊公职人员，那么，按照上述“具有同等法律地位”的立法要求，民办中小学教师的法律地位也应当被定位为国家特殊公职人员。

当然，需要指出的是，法律地位的等同仅是一种由立法保障的形式公正，但结果上两类教师的地位能否真正等同，则不仅取决于立法的规定，还取决于社会的认同。也就是说，民办中小学教师的法律地位与公办中小学教师的法律地位的平等，无法直接推导出二者的社会地位也同等，实践中，民办中小学教师的法律地位相比较于公办中小学教师的法律地位往往处于弱势，相关立法的规定往往难以落实，民办中小学教师的权益因此而得不到保障。甚至在很多人眼中，民办中小学教师就是比公办中小学教师“地位低”“水平差”，这是亟须扭转的不良看法。

当前，我国民办教育的发展重点正在从过去的数量扩张转变到当下的质量提升，这对于提升民办中小学教师的社会地位而言是一个良好的契机。一方面，民办中小学应充分正视自身与公办中小学之间的差异和差距，形成本校在教育教学方面的特色，确保教师权益得到有力保障，使学校发展具有扎实的后盾保障；另一方面，政府有关部门必须为民办中小学的发展营造良好的政策与社会环境，完善相关法规建设，尤其是引导社会正确地审视民办教育，消除社会中的偏见，为民办教育的发展构造理性、客观、友善的生存空间。

第二节 高校教师的法律地位

当前，我国立法尚未明确规定高校教师的法律地位。单纯从学理的角度来看，本文认为，国家特殊公职人员的法律定位同样可以适用于公办高校教师，这一定位得以彰显公办高校教师自身属性公私兼备的法理事实，既能够规范相关教师的管理行为，也可以确保公办高校教师的专业素养被充分认可与尊重，从而促使公办高校教师与政府、高校间的法律关系趋向规范，张弛有度，实现学术自由与依法治教的有效平衡。同时，民办高校教师在现有法律框架下，应当属于受《劳动合同法》保护的劳动者。当然，上述定位的前提是公办及民办高校教师的法律地位尚未获得立法明确规定，一旦将来公办高校教师的法律地位获得了立法的明确规定，则根据《民办教育促进法》的有关规定，民办高校教师即应立刻取得同公办高校教师同等的法律地位。

一、公办高校教师法律地位学术争鸣的理论研判

随着 20 世纪 80 年代中央人事制度改革政策的推行，尤其是 2002 年原人事部颁

布《关于在事业单位试行人员聘用制度的意见》(以下简称《聘用意见》)后,教师聘用制在我国高校中得以普遍实施,这导致公办高校教师与高校间的关系开始逐步从行政任用关系向平等协商的聘用关系转变,公办高校教师的行政身份因此有所淡化。由此,学术界关于公办高校教师法律地位之认定发生了显著分歧。对这些分歧展开回应并凝练共识,是在中小学教师法律地位已然明朗的时代背景下进一步明确公办高校教师法律地位的法理前提。

(一)公办高校教师法律地位学术争鸣的历史回溯

首先,公务员说。自2002年事业单位人事聘用制改革开启之后,主张这一学说的学者认为,高校属于法律法规授权组织,其自成立之日起便具备法人资格,承担着立法授予的教育管理职权,身份等同于"准教育行政管理部门"。故而,作为高校的工作成员,公办高校教师自然应为公务员。① 甚至在当下,亦有论者仍主张公办高校教师就是纯粹的公务员。②

其次,公务雇员说。该主张指出,公办高校教师实施学生管理、学分判定的行为属于教育行政权力的行使,这给予了其一定公权属性,同时,公办高校教师还应具备强大的学术自由权,因而其不能像传统国家雇员一样完全受行政机关的支配。所以,其法律地位应为公务员与雇员的结合,即"公务雇员":一方面,公务员的属性有助于提升公办高校教师的地位,确保其顺利行使教育管理职权;另一方面,雇员的属性则有助于保障公办高校教师在学术、薪酬等方面的权利。③ 亦有论者指出,同义务教育阶段的教师相比,公办高校教师具有较大的自主性和较弱的公共性,因而义务教育阶段的教师是纯粹的公务员,而公办高校教师则属于公务雇员。④

再次,专业人员说。这一学说认为,《教师法》第3条明确了专业人员是教师的基本属性之一。作为专业人员,公办高校教师既要从事人才培养、文明传承等工作,也要承担科学研究、发明创造等科研任务,这决定了相比于其他职业,公办高校教师需要更为专业的技术与素养,这亦是为何高校聘用合同尤为注重对教师专业能力的考核。

又次,事业单位工作人员说。自《聘用意见》以及2014年的《事业单位人事管理条例》(以下简称《人事条例》)颁布以来,事业单位已经成为一套与国家机关、企业等

---

① 刘香菊:《公立高校教师法律定位研究:回顾与展望》,载《现代大学教育》2004年第4期。

② 陈鹏、祁占勇:《教育法学的理论与实践》,中国社会科学出版社2006年版,第302页。

③ 秦涛、仇叶:《公立高校教师法律地位的再定义:教师法修订的核心》,载《复旦教育论坛》2020年第5期。

④ 余雅风、王祈然:《教师的法律地位研究》,载《华东师范大学学报(教育科学版)》2021年第1期。

市场主体相并列的具有中国特色的人事管理制度实体。该观点认为，既然高校属于事业单位，那么公办高校教师自然就属于《人事条例》规定的专门的事业单位工作人员。①

最后，劳动者说。这一观点认为，在公办高校教师聘用制背景下，高校聘用合同的签订双方较为平等，合同内容亦与普通劳动合同相似，故而在本质上属于劳动合同，②教师在法理上就是劳动者。③

部分论者由于注意到了公办高校教师地位属性公私交融的特质，因而在劳动者说的基础上形成了"特殊劳动者说"。该学说融合了公法与私法的法律关系要素，使公办高校教师的法律地位既接近于劳动者，又能够有效结合社会公益等因素，成为公私法益交融下的特殊劳动者；④亦有学者认为，在当前国家放权、高校分权以及教师增权的转型期，公办高校教师的法律地位既要凸显其劳动者的身份，也要充分重视高等教育的公务、公益特质，因此公办高校教师应被界定为特殊劳动者。⑤

（二）公办高校教师法律地位学术争鸣的法理回应

上述关于公办高校教师法律地位的学术主张始终无法从整体上让公办高校教师的法律地位获得符合法理的规范阐释。

首先，公务员说既与我国事业单位人事聘用制改革走向不相符合，也与立法产生了明显冲突。一方面，尽管在《教师法》实施之前，公办高校教师是作为国家干部的身份而存在的⑥，但随着《教师法》《聘用意见》《人事条例》的颁布，公办高校教师聘用制在我国得以广泛开展，这一改革的走向表明教师不再是国家干部，其与政府间的隶属性任命关系也开始向趋于平权性（尽管不彻底）的聘用关系转变；另一方面，《公务员法》第2条规定公务员是纳入国家行政编制的工作人员，而当前公办高校教师属于事业单位编制，因此公办高校教师自然就被排除在了公务员的队伍之外。

其次，尽管公务雇员说已经近乎可以规范地描述公办高校教师的法律地位，但是，其依然存有两个难以克服的逻辑、事实缺陷：第一，公务雇员说虽然认可公办高校教师地位属性公私兼备的特质，但其将公办高校教师"公"的属性定位于公务员，这

---

① 黄霄：《我国高校教师法律地位探析》，载《现代经济信息》2016年第9期。

② 毕雁英：《教师法律身份及其与学校纠纷的解决》，载《中国高等教育》2005年第19期。

③ 王鹏炜、司晓宏：《劳动者：高等学校教师法律地位的合理定位》，载《陕西师范大学学报（哲学社会科学版）》2007年第6期。

④ 吴希：《社会法视阈下公立高校教师法律地位探讨》，载《教育科学》2018年第4期。

⑤ 徐雷、王颖：《公立高校教师法律地位的发展走向：公私法益交融下的特殊劳动者》，载《湖南师范大学教育科学学报》2019年第3期。

⑥ 劳凯声、蔡金花：《教师法律地位的历史沿革及改革走向》，载《中国教育学刊》2009年第9期。

显然有悖于我国现有改革趋势和立法制度。第二，对公办高校教师法律地位的定性需要立足于中国法律体系的现有框架，即尽可能地在现有法律制度中寻求条文依托，避免引入我国立法中尚不存在的法律概念，尤其是在中国特色社会主义法律体系日趋成熟的当下，更应避免外来概念的直接引用，从而确保理论主张的可行性及我国法律体系的稳定性和权威性。

再次，专业人员与事业单位工作人员不是规范的权利、义务主体概念，无法有效调整公办高校教师与学校、政府间的关系。专业人员仅是立法对教师职业的简单描述或象征性宣示，缺乏规范的法律价值，不属于严肃的法律身份界定。这一定位既不能排除公办高校教师具备其他资格的可能，也无法为权益受到侵害的公办高校教师确定权利救济方式。同样，事业单位工作人员的定位亦不能排除公办高校教师具备其他身份的可能，也无法明确公办高校教师在现有教育法律体系中的权利与义务。

最后，劳动者说及特殊劳动者说都无法充分彰显公办高校教师从事公务的实践品相。一方面，人事聘用制改革不等于彻底剥离公办高校教师所具备的行政管理特质，公办高校教师从事高等教育、行使国家教育权的事实决定了公办高校教师不可能与普通劳动者相等同，实践中公办高校教师也仍然在接受着教育行政部门或高校的管理与监督。另一方面，公办高校教师的聘用合同也不能完全等同于劳动合同。《人事条例》所规定的人事聘用合同与劳动合同在概念、期限、解除事由等方面都存在诸多不同，二者分属行政法与劳动法的领域。在人事争议解决方面，只有当《人事条例》没有规定时，才能适用《劳动法》《劳动合同法》。所以，劳动者说显然窄化了公办高校教师的属性范畴。至于特殊劳动者说，其属性界定的落脚点终究在于劳动者，无法充分照顾到公办高校教师在职业性质、工资定级、管理制度方面与普通劳动者的差异，无从充分体现其公务要素，例如，无法解释公办高校教师为何可以接受行政处分这一事实。因而，特殊劳动者说亦不是公办高校教师的合理定位。

二、国家特殊公职人员属性定位的法治逻辑

《教师改革意见》《教师法（征求意见稿）》将公办中小学教师的法律地位界定为国家特殊公职人员，因此“似乎”也应当将公办高校教师的法律地位界定为国家特殊公职人员。基于教师身份的一致性以及法律体系的统一性，可以先行假定公办高校教师国家特殊公职人员的法律定位，进而探寻这一定位是否具备坚实的立法与法理支撑。事实证明，公办高校教师首先与“国家公职人员”具备立法上的契合性。同时，公办高校教师聘用合同中的劳动要素以及公办高校教师的专业性特质，则肯定了其国家公职人员属性“特殊”面向的存在。

(一)国家公职人员与公办高校教师的身份契合

国家公职人员是与公务员相联系但互有区别的概念。公职人员的外延比公务员要大,根据《监察法》第3条之规定,公职人员是“行使公权力”的人员。究竟哪些人员属于公职人员,《监察法》第15条进行了列明,其中第2款规定的“法律、法规授权或者受国家机关依法委托管理公共事务的组织中从事公务的人员”直接与公办高校教师有关。因此,问题便聚焦于,高校是否属于该款所说的被授权或被委托的组织,以及公办高校教师是否属于高校中从事公务的人员。

一方面,行政法学通说已认可了我国高校法律法规授权组织的地位,①司法实务中,“王某森诉新疆农业大学案”的判决书亦指出,《教育法》第29条赋予了学校教育行政管理的职能。总之,高校的管理权在现代社会是政府逐渐下放其教育管理职权给各大高校而形成的。② 离开了高校的管理活动,国家的教育目标将难以实现,这使国家必然需要赋予高校部分教育行政权力。

另一方面,公办高校教师是否属于从事公务的人员,进而,公办高校教师是否是国家公职人员,这一问题可从如下三方面得出肯定答案:

其一,高等教育的公共性决定了教师的教育权属于教育公务的范畴。判断教师是否从事公务不能仅从教师是否担任管理职务本身来推演,否则,不承担管理职务的教师在国家考试中滥用评价权或在科研经费问题上违规套取资金的行为就难以被规制,但这些行为显然应当接受惩处。因此,合理的判断路径应当采用是否行使了公权力这一综合标准。从这一视角来看,公办高校教师身负的教育管理职责显然属于教育公共事务,因为教育的开展与普及将会同时令个人及广大社会受益,这在客观上必然决定教育具备公共性,③政府有义务为教育事业的开展提供便利。而政府对教育事业的管理促进权力就表现为国家教育权,国家教育权的实施显然需要依靠具体的教职人员。所以,无论是中小学教师,还是公办高校教师,他们肩负的教育职责都属于教育公务的范畴,《教师改革意见》《教师法(征求意见稿)》对此亦进行了确认。

其二,公办高校教师聘用合同的特质决定了教师与高校间的管理秩序以行政主导为主,存在科层制的从属关系,④因而公办高校教师必然掌握一定的教育公权力。高校在教师聘用合同的签订、履行过程中与教师的地位并不对等,诸如“非升即走”

---

① 薛刚凌:《行政诉讼受案标准研究》,载《法商研究(中南政法学院学报)》1998年第1期。

② 秦惠民:《高校管理法治化趋向中的观念碰撞和权利冲突》,载《现代大学教育》2002年第1期。

③ 余雅风:《从教师职业的公共性看教师的权利及其界限》,载《教师教育研究》2006年第3期。

④ 于安:《公立高等学校教师聘用制度的立法新制研究——论〈事业单位人事管理条例〉在公立高等学校的适用》,载《国家行政学院学报》2014年第6期。

的标准、工资数额、职称评定等内容,公办高校教师都无法享有民事合同订立过程中的平等协商的权利,无法充分自主选择岗位。甚至,高校还可以根据各类规划、政策而自主单方变更合同内容。[①] 所以,尽管立法将平等原则作为公办高校教师聘任的重要原则,但实践中这一原则很难获得贯彻落实,[②]而主体地位的不平等就决定了其订立合同的行政属性。[③] 此外,高校聘用合同的最终目的不是为教师谋求经济利益,而是为社会提供优质的高等教育这类"准公共产品",[④]这也促使其在法理上具备了行政合同的属性。

其三,尽管立法未有明确指出公办高校教师是国家公职人员,但是反向来看,现行教育立法针对教师的违规行为设置了诸多行政处分,能够接受行政处分的事实也说明了教师具备公职人员的法律身份。[⑤]

(二)国家公职人员属性"特殊"面向分析

高校聘用合同中的劳动要素,以及公办高校教师本身较为浓郁的专业性特质,促使公办高校教师的法律地位应当是"特殊"的国家公职人员。

一方面,《最高人民法院关于人民法院审理事业单位人事争议案件若干问题的规定》《最高人民法院关于事业单位人事争议案件适用法律等问题的答复》相继规定,事业单位人员与聘用单位的合同纠纷适用国务院人事方面的法律规定,人事法律规定没有规定时,则适用《劳动法》相关条款;《劳动合同法》第96条亦规定,该类纠纷首先适用国务院有关规定,国务院未作规定的,则适用该法。因此,尽管公办高校教师聘用合同具备行政合同的属性底色,但现行立法为其适用劳动法律规范留下了适当空间。

所以,公办高校教师与学校的法律关系同时具备公勤与劳动的属性,[⑥]这种双重属性只能被统摄到国家特殊公职人员的身份范畴中。因为公办高校教师所签订的聘用合同本身即包含劳动关系要素,因此,国家特殊公职人员的身份可以涵摄公办高校教师的部分劳动者属性,但反过来,无论是劳动者抑或是特殊劳动者的身份,都无法反向包容公职人员的属性,因为劳动合同自身并不包含公务要素。

---

① 徐靖:《高等学校"非升即走"聘用合同法律性质及其制度法治逻辑》,载《中国法学》2020年第5期。

② 陈鹏:《高校教师聘任制的法律透视》,载《中国高教研究》2005年第1期。

③ 叶必丰:《行政合同的司法探索及其态度》,载《法学评论》2014年第1期。

④ 厉以宁:《关于教育产品的性质和对教育的经营》,载《教育发展研究》1999年第10期。

⑤ 申素平:《对我国公立学校教师法律地位的思考》,载《高等教育研究》2008年第9期。

⑥ 石正义:《公立学校教师法律地位新探》,载《湖北社会科学》2012年第12期。

另一方面,公办高校教师在入职前需要经过系统而专业的学术培养,这使同一般的国家公职人员相比,公办高校教师还具有显著的专业性、学术性特质,体现着高度的创造力和主体性价值,具备一般公职人员所不具备的从事教育教学、科学研究的权利与自由。在教学进程中,公办高校教师在课程设计、教材编排以及教学实验等方面都有着显著的自主性;在学术研究方面,公办高校教师更享有进行学术探索、参与学术活动、发表学术观点、进行学术争鸣的自由。专业性与学术性也再次烘托了公办高校教师国家公职人员的特殊面向。

最后值得指出的是,尽管本文将公办高校教师的法律地位界定为国家特殊公职人员,但公办高校教师同当前立法明确赋予这一身份的公办中小学教师之间仍存在一定差异。在制度安排方面,中小学与高校分属公益一类和二类事业单位,中小学教师的薪资由财政全额保障,编制数额较为稳定,而高校的部分资源由市场配置,公办高校教师的薪资由国家和学校共同承担,其编制则采取备案制,定岗不定人。

三、国家特殊公职人员属性定位的实践意义

公办高校教师国家特殊公职人员的属性定位并不是一种单纯的理论推演,一方面,可以为国家部分教育管理行为提供合法性支撑;另一方面,它对我国高校教育管理法治化、营造良好的教师学术发展环境亦具有基础性的指导与保障功用,这亦是该身份定位的价值意义所在。

(一)促进公办高校教师教育管理制度的法治化

公办高校教师法律地位的模糊性导致行政层面公办高校教师的管理制度存在诸多不规范的现象,损伤了公办高校教师的特定利益。国家特殊公职人员的公务属性底色意味着教师管理制度须践行行政法的基本原则。同时,该身份定位内含的特殊面向即劳动要素则有助于提升教师管理制度的灵活性。

首先,明确公办高校教师聘用合同的"新型行政劳动合同"性质。公办高校教师聘用合同性质的明确有助于完善公办高校教师聘用法律体系,保障教师权益。但正如公办高校教师法律地位存有上述争议一样,公办高校教师聘用合同的性质自 20 世纪 90 年代起也引发了学术界的广泛讨论①,并出现了行政合同说、公法合同说、劳动合同说、部分汲取行政合同说合理成分的特殊劳动合同说以及兼具行政与民事双重特点的特殊合同说。本书认为,鉴于公办高校教师国家特殊公职人员以公务关系为底色,并兼备劳动关系的特质,公办高校教师聘用合同的属性应界定为新型行政劳动

---

① 李文江:《高校教师聘任制之法律研究》,载《高等教育研究》2006 年第 4 期。

合同。除《教师法》可以简要规定外，国家可以制定专门的法规或规章，对公办高校教师聘用合同的订立、履行、变更、解除以及法律责任等内容展开规定，并确保这一新型行政劳动合同得以同《教师法》《劳动法》《劳动合同法》《人事条例》等规范性法律文件相衔接。

其次，推动公办高校教师聘用合同的规范化。当前，我国公办高校教师聘用合同普遍存在如下问题：其一，关涉教师的重要权益内容被变相隐藏。诸多高校将应聘人员了解聘用合同的重要载体即招聘公告的重要事项设置为内部公开，相关重要内容仅可通过校内网络查询，校外人员无从得知。其二，违背信赖保护原则。信赖保护原则要求公权力部门须言而有信，不得随意变更已作出的承诺。[①] 高校作为被授权组织，应尽量保证合同内容的稳定性以及变更内容的非溯及既往，但实践中部分高校聘用合同内容的变化（如关于职称评审标准的变化）则溯及合同变更前已入职的教师身上，这显然违背了基本的行政法理。其三，聘用合同签订过程中缺乏必要的协商。实践中，我国公办高校教师聘用合同的签订缺乏切实的谈判机制与有效的制约[②]，往往是核心条款由校方单方事先拟定，体现为一种人事部门主导、学校职能部门的利益或意志持续注入的单方合同体系。[③] 对此，高校应采取如下措施：

一方面，借助行政法治原则促进聘用合同的规范性。第一，提升聘用合同制定修改中的教职员工参与度。第二，进行信息公开。信息公开是行政法的基本原则，高校应按照《高等学校信息公开办法》的有关规定将聘用合同的重要事项通过学校官网、公众号等大众媒体渠道予以公开，提升信息的透明度。第三，聘用合同的制定与修改遵循信赖保护原则。任意变更决策，无视先前的承诺，都会导致相对人合理的正当信赖遭受严重损害[④]，故而高校须确保聘用合同内容的稳定性，同时更要防止合同内容变更后的溯及既往，维护合同的规范性以及高校作为被授权组织的权威性。

另一方面，借助劳动法理念实现教师与高校的平等协商。教师与高校在地位上的不对等可以通过尽可能的平等协商程序予以缓和，从而实现双方在权利、义务方面的尽量对等。更重要的是，新型行政劳动合同本身就含有劳动要素，因此作为被授权组织的高校亦应尊重《劳动法》第 17 条关于平等协商的规定。例如，高校聘用合同

---

① 姜明安主编：《行政法》，北京大学出版社 2017 年版，第 123 ~ 124 页。

② 姚荣：《公立高校教师聘用合同的法律性质重审——基于控权论的立场》，载《复旦教育论坛》2020 年第 5 期。

③ 娄宇：《我国高校“非升即走”制度的合法性反思》，载《高等教育研究》2015 年第 6 期。

④ 周佑勇：《行政法基本原则研究》，法律出版社 2019 年版，第 210 页。

中普遍存在的考核期条款就带有显著的单方性和强制性色彩,教师并没有进行选择的权利。这一条款类似于劳动合同中的试用期,而现行立法指出,试用期应当由合同双方协商约定,用人单位不得单方强制规定。[①] 借鉴《劳动法》的规定,高校在考核期等方面应当与教师展开充分的协商,允许教师发表意见,至少应给予其考虑的时间。

最后,实现公办高校教师人事争议的有限行政可诉性。公办高校教师同学校之间的人事争议与公办高校教师的发展权、就业权、财产权密切相关,但长期以来,由于事业单位聘用合同缺乏立法的明确规制,导致公办高校教师人事争议案件始终存在法律适用的争议。《最高人民法院关于审理行政协议案件若干问题的规定》第 3 条第 2 项将“行政机关与其工作人员订立的劳动人事协议”排除在人民法院行政诉讼受案范围之外,这一规定间接阻碍了公办高校教师人事争议接受行政司法审查的可能性,而根据《劳动法》《劳动争议调解仲裁法》《人事条例》的规定,当前公办高校教师人事争议主要通过调解、仲裁或民事诉讼的方式予以解决,但这类方式无法像行政诉讼那样可以较为有力地平衡高校与教师的利益。如若彻底排除公办高校教师人事争议的行政诉讼救济路径,则难以全面维护其权益,也无法对高校的权力形成有效监督。

立法完全可以根据公办教师的“特殊”性——如劳动要素、新型行政劳动合同的属性定位,突破行政类人事争议不可诉的限制,赋予公办高校教师人事争议的行政可诉性。当然,鉴于大学自治的核心在于学术自由,为了不与大学自治产生实质性冲突,行政审查应坚守“学术遵从”(academic deference)的原则,即裁判机关针对公办高校教师人事争议中非学术性内容可以采取合法性与合理性审查,但对学术性内容仅可采取合法性审查。例如,针对涉及学术性内容的争议问题,法院仅应审查高校是否遵守了法定程序,如相关内容是否公开、是否同教师展开了平等协商、是否充分说明了理由等。同时,根据行政诉讼附带审查机制,裁判机关亦可对人事争议背后涉及的校内文件展开司法审查,但该种审查同样应遵循“学术遵从”原则。

(二)实现公办高校教师学术发展机制的规范化

学术性是公办高校教师国家特殊公职人员的重要面向之一,也是公办高校教师区别于中小学教师的重要特质。公办高校教师国家特殊公职人员的属性地位必然在逻辑上要求立法尊重公办高校教师的这一特质,为其打造适合于学术自由发展的规

---

① 祁占勇:《高校教师聘任合同法律性质的论争及其现实路径》,载《高教探索》2009 年第 3 期。

范机制与学术场域。

一方面，诚如上文所述，现代大学肩负教学与科研的双重任务，从释义学角度来看，《宪法》第 47 条亦确认了教师的教学与科研自由的权利。立法机关应通过细化既有法律，或通过出台专门的规范性法律文件等方式来对教师的教学、科研权利展开细致划分列举，确保教师行使相关权利有章可循，处理相关矛盾有法可依。

其一，教学自由应包括：(1)课程设置自由。教师在遵守教育行政机关及高校的基础规划之基础上可以自主安排课程；(2)教材选择自由。《高等教育法》第 34 条赋予高校“自主选编教材”的权利，这一权利最终当然需要落实在教师身上。不过，当下高校是否使用指定或推荐的教材将直接影响教育主管部门的评估，这需要立法在教育管理与教学自由之间作出有效平衡；(3)教学内容自由。教师有权自主制定教学计划与大纲、安排教学内容、决定教学方式；(4)考试自由。在服从高校规定的前提下，教师有权根据课程内容自主决定考试的内容与方式；(5)参与教学研讨的自由。这一自由主要呈现为一种积极权利，即高校有义务为教师参与各类教学研讨提供机会与平台，促进教师教学技巧的提升。

其二，研究自由应包括：(1)科学研究自由。教师有权就其感兴趣的内容或受委托的项目展开自主研究，包括同国外机构展开协作研究；(2)项目申请自由。教师有权根据兴趣专长在符合要求的情况下自由申请项目或基金；(3)成果发表自由。教师有权将其非涉密的研究成果通过期刊、著作等各种方式公之于众；(4)信息传播自由。作为知识分子，教师有权利也有义务通过各种方式传播其学术研究内容，服务社会发展；(5)提升技能自由。该项自由亦体现为一种积极权利，高校有义务为教师的访学、培训、出国交流提供各类渠道，不断提升教师的知识储备与学术素养。

应进一步推进政府简政放权与“放管服”的结合，下放公办高校教师职称评审权，形成完善的公办高校教师职称评审机制。

在中共中央办公厅、国务院办公厅联合印发的《关于深化职称制度改革的意见》和《教育部等五部门关于深化高等教育领域简政放权放管结合优化服务改革的若干意见》先后出台之基础上，2021 年 1 月，人社部与教育部联合印发《人力资源社会保障部　教育部关于深化高等学校教师职称制度改革的指导意见》，提出要将公办高校教师的职称评审权下放给高校，由高校自主决定本校的职称评审事宜。未来，教师职称评审权下放给高校的工作应首先打破职称评审的指标分配机制，实行高校自主决定、政府审核备案制度;同时,高校自身应利用这一机会确保评审标准贴近本校教师的实际学术素养,并破除审计文化背景下的“数字崇拜”,避免“五唯”的实践误区,[①]在此基础上,逐步形成以校外同行评议为核心,综合采用结构化的专业同行评议得分与科学计量分析结果作为依据的学术代表作评价机制,[②]从而给予公办高校教师合理而不严苛、公正而不失竞争的职称评审标准,激励其学术水平的自我提升。

四、民办高校教师法律地位的探析

关于民办高校教师的法律地位,《劳动法》并没有明确规定,但《劳动合同法》关于其适用范围的规定则间接给出了答案,该法第 2 条规定:“中华人民共和国境内的企业、个体经济组织、民办非企业单位等组织(以下称用人单位)与劳动者建立劳动关系,订立、履行、变更、解除或者终止劳动合同,适用本法。国家机关、事业单位、社会团体和与其建立劳动关系的劳动者,订立、履行、变更、解除或者终止劳动合同,依照本法执行。”结合《民办教育促进法》相关规定,民办高校如果选择营利目的,应登记为有限责任公司;如若选择非营利性宗旨,则登记为民办非企业单位(社会服务机构法人),按照《劳动合同法》的立法精神,民办非企业单位可以与劳动者自由订立劳动合同,这就说明了立法认可民办高校与教师之间前具有劳动法律关系的本质,承认了二者之间是劳动合同关系或者劳动雇佣关系,民办高校聘任合同即是劳动合同。因此,在这种法律关系中,民办高校教师当然就属于劳动者。

由于劳动合同本质上属于民事合同,因此,在这一法律关系中,民办高校与教师的法律地位应当是平等的。但是,实践中民办高校与教师之间实际上仍然是一种管理与被管理的纵向关系,民办高校处于管理的一方,而教师则处于被动服从的地位,尤其是在聘任过程中,面对高校提供的格式合同,绝大部分教师都很难与民办高校展开平等对话,充分表达意愿,导致了实际上的二者的不平等。这一现状显然需要更有针对性的立法来扭转。

---

① 操太胜:《“五唯”问题:高校教师评价的后果、根源及解困路向》,载《大学教育科学》2019 年第 1 期。

② 李永刚:《高校教师职称评审中实施学术代表作评价制的挑战与构想》,载《大学教育科学》2021 年第 2 期。

思考题

1. 公办中小学教师“国家特殊公职人员”身份定位的合理性是什么？
2. 如何提升民办中小学教师的社会地位？
3. 中小学教师与大学教师相比，各自具有哪些特殊性？
4. 公办高校教师的身份内含哪些公务要素？
5. 如何进一步保障高校教师的学术权利？

第十四章　学生监护人的法律地位

在教育法律关系中,未成年学生监护人长期处于被漠视的地位,《教育法》《义务教育法》等教育基本法并未给予监护人以专门的篇章作出规定。未成年学生监护人犹如站在未成年学生身后的“隐形人”,似乎只能默默不语地配合教师和学校的教育活动。但显然,在教育法律关系中并非只有学校与学生的关系,监护人也是不可忽视的主体。监护人在教育法律关系中的地位,在形式上是其与国家教育权(具体表现为学校教育权)的关系问题,在本质上则是其在未成年学生受教育权实现中的权利、义务问题,而教育法学对这些问题的关注尚存在显著的不足。

第一节　未成年学生监护人的基本问题

一、未成年学生监护人的界定

“未成年学生监护人”是近年教育法学研究中提出的概念。此前,在法学、教育学研究中多使用“父母”“父母或其他监护人”“监护人”“家长”“家庭”等概念。其中,“父母”“监护人”“父母或其他监护人”多在法学中使用,其概念相对精确,指特定的自然人或法人。上述概念在《儿童权利公约》《宪法》《民法典》《教育法》《义务教育法》等法律法规中都有相关规定。而“家长”“家庭”则多在教育学和相关教育政策文件中使用,其对象范围相对模糊。

未成年学生监护人是基于监护人身份和被监护人学生身份而取得的特定法律身份,因此对未成年学生监护人的界定首先应对“监护人”“未成年学生”进行明确。依据我国《民法典》第27~29条、第31条的规定,可以取得监护人身份的主体主要包括:被监护人的父母、祖父母、外祖父母、兄姐、其他愿意担任监护人的个人或组织、民政部门、被监护人住所地的居民委员会和村民委员会以及委托监护人或遗嘱监护人。在教育法学中,学生身份需依法取得,即学生身份取得需符合以下两项条件:一是学生应在依法设立、具备教学资质的学校或教育机构完成登记注册;二是在学校或教育机构能够查询到学生的学业档案。① 未成年学生要求学生年龄上限为 18 周岁，即一旦学生年满 18 周岁，未成年学生监护人的法律身份即随学生年龄届满而自动终止。通常认为，未成年学生的年龄下限为 3 周岁。2020 年公布的《学前教育法》（草案）也规定："学前教育是指……对三周岁到入小学前的学前儿童实施的保育和教育。"可见，未成年学生主要指年满 3 周岁不满 18 周岁，依法取得学业档案，在幼儿园、小学、中学（含高中）或大学接受教育的学生。

综上，未成年学生监护人的范围主要包括负责监护年满 3 周岁不满 18 周岁，依法取得学籍，在幼儿园、小学、中学（含高中）或大学接受教育学生的父母、祖父母、外祖父母、兄姐、其他愿意担任监护人的个人或组织、民政部门、未成年学生住所地的居民委员会和村民委员会以及委托监护人或遗嘱监护人。简言之，未成年学生监护人是 3 ~ 18 周岁在校接受教育的学生的父母及其他监护人的统称。为论述的方便，本章亦简称监护人。

二、作为法定代理人的未成年学生监护人

在涉及未成年学生教育的法律关系中，监护人是以未成年人的法定代理人身份出现的，是保障未成年学生受教育权最重要的主体。

例如，在教育合同法律关系中，未成年学生监护人是合同法当事人或合同当事人的法定代理人。一方面，当未成年学生监护人在与寄宿制学校签订学生住宿合同或签订涉及为被监护人的教育提供相关服务的合同等情况时，未成年学生监护人属于合同当事人，享有合同法当事人的权利与义务。另一方面，当未成年学生作出意思表示的法律行为时，应当区别对待：当未成年人是无民事行为能力人时，其所作出的法律行为无效，其民事法律行为应由其法定代理人代理；当未成年人是限制民事行为能力人时，限制行为能力人作出的与其年龄、智力、精神健康状况相适应的法律行为及使其纯获利益的法律行为应为有效，交付学费、课程费等由法定代理人预定使用目的的金钱的行为法律上有效，其余作出的民事法律行为须得到法定代理人代理或征得法定代理人同意或追认方为有效。②

在民事侵权损害赔偿法律关系中，当未成年学生是侵权案件的直接受害人时，未成年学生监护人可以作为直接受害人的法定代理人参与诉讼；当未成年学生是侵权案件的加害人时，由未成年学生法定代理人作为未成年学生的替代责任人承担侵权赔偿责任。

---

① 参见张维平、石连海主编：《教育法学》，人民教育出版社 2008 年版，第 239 页。

② 参见梁慧星：《民法总论》（第 5 版），法律出版社 2017 年版，第 104 页。

在教育行政法律关系中,未成年学生监护人作为行政相对人的法定代理人参与到行政法律关系之中,可以代为申请行政复议或在行政诉讼中代为诉讼。未成年学生监护人认为教育行政部门未履行保护未成年学生受教育权利的法定职责、侵犯学生的人身权及财产权等合法权益或是行政给付未履行的,可依法申请行政复议或者提起行政诉讼。

三、未成年学生监护人在教育法律关系中的地位

关于未成年学生监护人在教育法律关系中的地位,有主体地位说和非主体地位说两种代表性观点。非主体地位说主张从教育基本法的角度出发,将教育主体划分为教育行政管理机关、学校及其他教育机构、教师和其他教育工作者、受教育者四类①,并未确立未成年学生监护人的教育法律关系主体的地位。主体地位说则主张未成年学生监护人与未成年学生、学校、教师等同为教育法律关系主体。

主体地位说既是当前的主流观点,也是笔者认可的观点。但在主体地位说中,对教育法律主体分类也存在多种不同观点,主要形成了三分说、四分说和六分说三种观点。三分说主张将教育法律关系主体分为公民(自然人)、机构和组织(法人)、国家三类。② 四分说认为教育法律关系主体应包括教育行政机关、学校及其他教育机构、教师和其他教育工作者、受教育者及其监护人四类。③ 六分说则主张教育法律关系主体包括学生、父母、国家、学校、教师、社会组织与公民六大主体。④

在笔者看来,无论教育法律关系主体分为几类,未成年学生监护人都应在教育法律关系中具备主体地位,其主要原因有二:第一,未成年学生监护人在教育法律关系中是以自己的名义独立参与诉讼活动,在民事、行政或刑事诉讼或行政复议程序中,未成年学生监护人均是以未成年人的法定代理人的身份参与诉讼程序,是具有独立地位的诉讼参与人。第二,未成年学生监护人能够依据自己的自由意志作出影响未成年学生的各项决定。未成年学生监护人在教育法律关系中能够依据自己的意志自主行动,并且其行为能够引起教育法律关系的变动,如未成年学生监护人可以自主决定未成年学生就读公立学校还是民办学校,以及办理未成年学生的入学、住校手续与学校建立教育法律关系的行为,等等。

如果从教育法的视野划分教育法律关系主体,实际可以分为两类:一类是教育实

---

① 参见潘世钦等主编:《教育法学》(第2版),武汉大学出版社2010年版,第121~135页。

② 参见高君智主编:《教育法学》,甘肃人民出版社2011年版,第69页。

③ 参见袁兆春、宋超群:《教育法学》,山东人民出版社2014年版,第51页。

④ 参见尹力主编:《教育法学》,人民教育出版社2012年版,第2页。

施主体即教育权主体;另一类是教育对象主体即受教育权主体。尽管在理论上,关于教育权的主体存在国家(国家以及国家举办或者监管的学校)教育权说、国民(以父母或者其他监护人为主)教育权说、共享(国家、国民共享)教育权说的分歧,“家”与“国”在教育权上的博弈与此消彼长也是教育法演进中的特色问题,但就未成年学生监护人而言,其作为教育权主体的法律地位无法也不应被否定。

第二节　未成年学生监护人教育权的双重属性

与在监护权性质上存在分歧有关①,在学理上关于监护人教育权的法律性质也存在一定分歧,主要有权利说、职责说、义务说、权利义务一体说等四种代表性观点。尽管侧重点不同,但无论何种观点实际都承认监护权具有权利义务的二重属性,作为监护权重要组成部分的教育权,也同样具有权利与义务的双重属性,并且这种二重性已经被《民法典》第 1068 条所确认:“父母有教育、保护未成年子女的权利和义务……”

一、未成年学生监护人教育权的权利属性

对于未成年学生而言,父母或者其他监护人当然享有教育的权利,包括对未成年学生的人格养成、知识和技能的教育和教导等。父母对子女的教育权源自父母亲权,是一种自然权利,其他监护人对被监护人的教育权则源于法律的规定和授权。监护人对未成年子女的教育权,通常以家庭教育(直接行使教育权)的方式体现,但并不仅仅限于家庭教育。从教育法的视角看,监护人教育未成年子女主要是通过间接行使教育权,即主要通过学校教育、国家教育来实现。

监护人有权通过家庭教育的方式,直接对未成年学生进行教育、引导和产生积极影响,其所体现的监护人教育的权利属性争议不大。但是,随着现代教育制度的建立,特别是针对未成年人的义务教育制度建立后,对监护人是否可以共享学校教育权和国家教育权,则存在一定的争议。笔者认为,从我国现行教育法规来看,基于教育权的共享性特征,监护人并非单纯的义务主体,在学校教育和国家教育中不能否定和漠视监护人的教育权。

首先,对学校教育而言,作为未成年学生的监护人享有选择权、知情权和管理参

---

① 关于监护性质的讨论,参见王竹青、杨科:《监护制度比较研究》,知识产权出版社 2010 年版,第 21 ~ 22 页。

与权等权利。具体而言：一是未成年学生监护人享有对学校教育的选择权。在我国，未成年学生监护人的学校教育选择权首先体现在对未成年子女就读学校的选择，即监护人既可以为未成年学生选择就读公立学校或是民办学校，也可以选择具体就读的学校。在特定情形下，未成年学生监护人还对学校教育的具体内容享有一定的选择权。不过，在义务教育阶段，未成年学生监护人的"选择权"事实上受到了较大的限制。二是未成年学生监护人对学校教育享有知情权。未成年学生监护人教育知情权主要包括在校学业知情和健康状况知情两方面。例如，《教育法》第 30 条第 4 项规定学校及其他教育机构应当以适当方式为受教育者及其监护人了解受教育者的学业成绩及其他有关情况提供便利。监护人有权知晓未成年学生在校健康状况包括未成年学生的身体健康和心理健康。例如，《精神卫生法》第 16 条规定学校和教师应当与学生父母或者其他监护人、近亲属沟通学生心理健康情况。《中小学幼儿园安全管理办法》第 24 条规定，学校应当建立学生安全信息通报制度，将关系学生安全的信息及时告知其监护人。三是未成年学生监护人享有对学校教育管理的参与权。监护人有权通过参加家长委员会等方式参与学校教育质量评价活动、参与学校管理、教师课程评价和监督的工作等。

其次，对于国家教育而言，未成年学生监护人也享有知情权、建议权等权利。国家教育主要是通过颁布教育相关的法律、制定基本教育制度、建立教育行政部门和机构以及监管、规制学校教育等方式实现。在此过程中，未成年学生父母及其他监护人对于涉及其权利相关的事项有知悉权和发表建议的权利。国家有义务保障未成年学生父母及其他监护人的参与权，保障其发表意见有顺畅的途径，以充分、全面地陈述自己的观点，并且得到应有的尊重。如我国目前正在制定《学前教育法》，父母及其他监护人有权对《学前教育法》的内容提出建议和意见，国家应通过网络、邮件等各种渠道收集立法反馈信息，听取监护人意见。换句话说，国家教育无论是以直接方式实施（主要体现为制定教育法律与政策），还是以间接方式实施（主要体现为通过学校教育贯彻教育法律与政策），均应充分尊重父母或者其他监护人的教育权，并在儿童最大利益原则的共同前提下实现国家教育权与监护人教育权的"合力"而非"对抗"。

近些年，出现了监护人教育权利意识觉醒的趋向，其主要表现是，监护人对在学校教育中"存在感"的强调。例如，由于对学校教育的不信任，有家长开始主张在家教育的权利。又如，监护人希望能更加深入地介入学校教育。我国现行法律对于监护人教育权的内涵和外延的规定（特别是对其与学校教育权边界的规定）尚存在模糊性，监护人教育权的扩张引发了是否侵犯未成年学生受教育权的争议，还有观点认为这应当对学校所出现的不敢管、不愿管学生的现象负责。对此，是否可以将其归结为监护人教育权扩张的结果，有待进一步探讨。

二、未成年学生监护人教育权的义务属性

尽管监护人教育未成年子女具有权利属性，但从法律规定来看，其更具有义务属性，例如，《民法典》第 26 条第 1 款明确规定："父母对未成年子女负有扶养、教育和保护的义务"。而从晚近关于监护人教育权的立法发展来看，还出现了日益法定职责化的倾向。

保障公民受教育权不仅是现代各国教育立法的目的，而且也是现代教育法的核心内容。在一定程度上，一个国家的教育法体系就是围绕确认和保护受教育权而形成的法律体系。① 如我国《义务教育法》开篇第 1 条即规定："为了保障适龄儿童、少年接受义务教育的权利……根据宪法和教育法，制定本法。"在保障未成年学生受教育权的责任方面，监护人具有不可替代甚至是首要的地位。从某种程度上可以说，监护人教育权的设定也是为了更好地保障未成年学生的受教育权。正如联合国《儿童权利宣言》原则七的规定："儿童有接受教育的权利。有责任教育、辅导儿童者，应以儿童的最佳利益为其指导原则，此责任家长居首要地位。"

我国《教育法》《义务教育法》《未成年人保护法》《民法典》等法律，也对于监护人保障未成年学生受教育权的责任作了明确的规定。根据上述法律规定，监护人教育权的义务属性主要体现在以下几个方面。

一是监护人有送适龄儿童入学接受义务教育的义务。《义务教育法》第 11 条明确，凡年满 6 周岁的儿童，其父母或者其他法定监护人应当送其入学接受并完成义务教育。《未成年人保护法》第 16 条也强调，父母或者其他监护人应当尊重未成年人受教育的权利，保障适龄未成年人依法接受并完成义务教育。《义务教育法》第 57 条还规定，未依法送适龄儿童接受义务教育的监护人由当地乡镇人民政府或者县级人民政府教育行政部门给予批评教育，并责令限期改正。各地地方性法律和地方性政府规章中还进一步明确了，监护人不履行送学义务的，可视具体情况处以不同金额罚款并采取其他措施使适龄儿童就学。

二是监护人有为未成年学生受教育提供必要条件的义务。对此《教育法》第 50 条明确规定："未成年人的父母或者其他监护人应当为其未成年子女或者其他被监

---

① 参见申素平：《教育法学：原理、规范与应用》，教育科学出版社 2009 年版，第 14 页。

护人受教育提供必要条件。”所谓“必要条件”应按照最有利于未成年学生同时兼顾监护人的教育能力与条件进行解释，一般而言包括监护人应为未成年学生接受教育承担必要的教育费用、创造适宜的家庭环境等。

三是监护人有配合学校对未成年学生进行教育、管理和保护的义务。《教育法》、《义务教育法》和《教师法》等都对学校的教育、管理和保护职责作出了明确规定。如《教师法》第7条规定了教师对学生有教育和管理的权利，《教育法》第29条规定了学校及其他教育机构对受教育者有教育和管理的权利，《教育法》第30条也对学校的保护职责作出了原则性的规定，规定学校和教师有“维护受教育者的……合法权益”的义务。同时，相关法律也明确未成年学生监护人有配合学校对未成年学生进行教育、管理和保护的义务。

从未成年学生监护人教育权的发展来看，具有从权利属性为主向义务属性为主转变的特点。某种程度上可以说，在我国现行教育法中，监护人对于未成年子女的教育主要是以“义务”而非“权利”的属性存在。法律对于监护人教育权“义务”属性的强调，虽然有助于保障未成年学生的受教育权，但是也可能会带来国家教育权（主要通过学校教育实现）对监护人权利的忽视。而在监护人教育权意识不断提升的同时，又可能会对学校教育无所适从。因此，有必要对监护人教育权与国家教育权、学校教育权三者的边界的进行明晰。

第三节　未成年学生监护人教育权的边界

一、作为基本权利的受教育权

未成年学生监护人的教育权经历了盛极而衰，再到逐步恢复的发展变化。与此相对应的是，公民的受教育则经历了由“既非权利也非义务”到“法律义务”，再到“基本权利”的演变过程。①

在义务教育制度确立之前，教育子女属于私人事务，国家虽然设有学校，但是教育与国家没有直接关系，国家没有立法干预教育。中世纪欧洲城邦与有权力的国家组织结合，逐步参与到教育之中。近代工业革命后，国家认识到教育对个人、社会和国家有广泛而深远的影响，开始通过立法调整和规范教育运作。公共教育兴起后，义

① 参见申素平：《教育法学：原理、规范与应用》，教育科学出版社2009年版，第12页。

务教育逐步被建立,教育成为国家的需要,受教育成为人们的义务。[①]

进入20世纪后,随着现代儿童观的形成,以及受国家亲权、儿童最大利益、儿童保护等理念的影响,儿童的权利主体地位正式确立,受教育权作为儿童的基本权利之一在此大环境下受到空前重视并得到快速发展。1948年,受教育权作为一项基本人权首次在《世界人权宣言》中得到确定。1959年《儿童权利宣言》首次规定了儿童的受教育权,并且在1966年的《经济、社会及文化权利国际公约》中得到极大的丰富和完善。受教育权得到世界各国的支持,被纳入各国法律予以保障。

我国现行教育法对于公民受教育同样具有规定为权利与义务二重属性的特点。例如,《教育法》第9条第1款规定"中华人民共和国公民有受教育的权利和义务"。但就未成年人而言,受教育则主要被视为其基本权利。例如,2012年《未成年人保护法》第3条第2款规定:"未成年人享有受教育权,国家、社会、学校和家庭尊重和保障未成年人的受教育权。"将未成年人受教育权与该条第1款规定的生存权、发展权、受保护权、参与权等并列为未成年人的基本权利。[②] 将受教育权视为未成年人基本权利这一定位,符合未成年人身心发育的特点;同时,这也意味着对国家、社会、学校和家庭保障未成年人受教育权责任的强调。

二、家与国的博弈

从教育权的发展历史来看,未成年学生监护人教育权与国家教育权(主要通过学校教育权来实现)呈现此消彼长的趋势:未成年学生监护人的教育权经历了由强到弱,再到当前有所恢复的过程。与之相反的是,国家和学校的教育权则是经历了由弱到强再到与家庭教育逐步融合的发展过程。呈现上述发展趋势有客观的原因,即社会发展日趋复杂,家庭与在家教育难以培育适应社会发展需要的儿童,儿童教育需要国家和学校的介入;也有主观的原因,即受到现代儿童观和儿童权利发展扩张等因素的影响。

在人类社会早期,家庭教育占绝对的主导地位。这是由于早期儿童是家庭的私有财产,儿童与其父母之间是被支配与支配、被占有与占有的关系。家庭辅之以私塾是中国古代儿童接受教育的唯一方式。家庭,尤其是父亲对子女的家庭教育是文明社会确认和维护的第一种普遍存在的教育权。在国家形成的初期,国家权力对社会

① 参见申素平:《教育法学:原理、规范与应用》,教育科学出版社2009年版,第12页。

② 新修订并于2021年6月1日起施行的《未成年人保护法》对该条进行了修改,不再以专款的形式单独规定未成年人受教育权。需要指出的是,这并非对受教育权作为未成年人基本权利的否定,而主要是基于立法技术为与《儿童权利公约》的相关条款表述相衔接。

生活的各个方面干预能力较弱,因此家庭是子女教育的主体。

随着国家权力和教育的发展,家庭权威日渐削弱。国家作为儿童最终监护人的"国家亲权"观念日渐被接受,国家也逐渐被认为具有教育儿童的责任,并且国家的教育权逐步被视为高于监护人的教育权。如1786年美国开国元勋本杰明·拉什(Benjamin Rush)在推行宾夕法尼亚州教育规划时也明确指出:"应教育孩子:他并非属于己,而是公共财产。"[①]这种国家有责任教育儿童的理念与强大的国家权力结合后,极大地推动了西方公立学校的大规模发展。

近代早期,家庭依然承担培养和训练青少年儿童的主要工作,父母依然是培养儿童社会能力和个性发展的主要角色。这个时期的学校教育更像是家庭教育的延续。[②] 19世纪,工业革命推动了教育发展,教育的部分责任开始从家庭转移到制度化的学校。学校教育以国家权力作为强有力的后盾,代表国家积极履行对儿童的教育职责。与此同时,儿童的父母也意识到将子女送到学校接受教育对子女具有积极的现实价值,于是纷纷把孩子送到学校。监护人逐步将对子女的教育权让渡给学校,转移的这部分权利内容基本上是家庭难以保障,需要利用现代学校制度加以完成的儿童教育内容。[③] 监护人之所以愿意让渡教育权,是基于"为了孩子"的目的。而国家教育与学校教育制度的强化,既有国家亲权观念的影响,更有国家安全、发展与竞争的考虑。近代国家开始发展学校教育并"将其置于国家权力的管理控制之下,把它作为公共教育加以整顿与扩充"[④],首先确立了义务教育制度,将子女送入学校接受义务教育开始成为父母或者其他监护人的责任和义务。

20世纪后,随着工业化和城市化发展,以及英美平权运动、教育民主化思潮和儿童最大利益原则的影响,家庭教育的重要性重新被认识。父母作为最了解儿童的人,往往心怀儿童最大利益,其行动旨在确保儿童获得应有的教育。[⑤] 在此基础上,父母以及其他监护人在儿童教育中的重要性重新被强调。"父母是学校的伙伴"等理念被提出,各国也纷纷从立法等各个层面明确和加强父母的参与权。例如,英国1988年《教育改革法》(Education Reform Act 1988)中提出要转变家庭与学校关系,强调家

---

① 张鸿巍:《"国家亲权"法则的衍变及其发展》,载《青少年犯罪问题》2013年第5期。

② 参见杨启光:《学校教育变革中的家庭参与问题研究》,河海大学出版社2015年版,第42页。

③ 参见孙霄兵、马雷军:《教育法理学》,教育科学出版社2017年版,第351页。

④ [日]筑波大学教育学研究会编:《现代教育学基础》,钟启泉译,上海教育出版社2003年版,第32页。

⑤ Lundy, Laura, P. O'Lynn., The Education Rights of Children, International Human Rights of Children, 2019, p. 259 - 276.

长在学校事务角色中发挥的重要作用。[①] 与此同时，尊重监护人教育权的观念也逐步复兴，虽然不能撼动但也在不同程度上对国家教育权的垄断性以及学校教育权产生了影响，其中引起广泛争议、最受关注的是在家教育的合法性与合理性之争。

三、在家教育之争

在家教育(Homeschooling，Home Education)，即在家中由父母指导的学习部分或完全替代就读正规学校的学习。[②] 这一争论的核心在于家庭教育能否替代学校教育，而学校教育是国家教育的具体执行者，因此，从本质上来说，在家教育是未成年学生监护人的教育权与国家教育权的边界问题。

在家教育最初源于18世纪末19世纪初的美国，最早是罗马教和基督教新教传播宗教信仰的行为，后在20世纪中后期发展成为一项社会运动，其影响扩大到加拿大、欧洲和亚洲。[③] 1972年，美国最高法院审理的“威斯康星州诉尤德一案”(Wisconsin v. Yoder)，判决父母的宗教习俗应当受到保护，免受国家干预，即父母自由行使宗教权利的权力大于国家在确保青少年受教育方面的权力。[④] 许多社会学家认为该判决为扩大父母权利提供了法律依据，此后在美国诸多在家教育支持者不断游说之下，在家教育的监管格局得到重塑和扩张。1980年年初，随着美国各州颁布在家教育的法规，美国在家学习的学生人数不断增加，在1999～2002年几乎翻了一倍。美国接受在家教育的学生人数一度与天主教学的学生数量相当。截至1993年，美国所有州都已将在家教育合法化。[⑤] 加拿大、英国、俄罗斯等国家在家教育的发展也大致像美国一样，经历了包括争论、对立、合作、强化和区分五个阶段的由不合法逐渐走向合法的发展过程。

当前，我国立法和司法实践对在家教育都持否定态度。立法上，教育基本法均未对在家教育作出规定和授权。同时，《教育法》和《义务教育法》还明确规定监护人有责任送适龄儿童入学接受义务教育，如不履行应承担相应法律责任。在司法实践中，2000年我国“在家教育第一案”——“北京市石景山区儿童侯某某抚养权纠纷案”判

---

① 参见杨光启：《学校教育变革中的家庭参与问题研究》，河海大学出版社2015年版，第47页。

② See Dwyer, James G., Shawn F. Peters, *Homeschooling: The History and Philosophy of a Controversial Practice*, University of Chicago Press, 2019, p.3.

③ See Ray, Brian D., A Description and Brief History of Home Schooling in America, *The Wiley Handbook of School Choice*, 2017, p.329.

④ See Levesque R. J. R., *Parental Rights*, in Levesque R. J. R., eds, Encyclopedia of Adolescence, Springer, Cham, 2018, https://doi.org/10.1007/978-3-319-33228-4_719.

⑤ See Reich, Rob, *Testing the Boundaries of Parental Authority over Education: The Case of Homeschooling*, Nomos, Vol.43, p.275-313(2002).

决要求监护人解决儿童上学问题以及2009年上海松江孟母堂被政府部门取缔都说明了当前我国司法实践对在家教育所持的否定态度。2019年颁布的《禁止妨碍义务教育实施的若干规定》更明确规定:"适龄儿童、少年的父母或者其他法定监护人要切实履行监护人职责,除送入依法实施义务教育的学校或经县级教育行政部门批准可自行实施义务教育的相关社会组织外,不得以其他方式组织学习替代接受义务教育。"

笔者认为,我国在现阶段对在家教育持否定态度是合法与合理的。因为当前我国对于在家教育不仅缺乏专门立法,在家教育的制度和机制也尚未建立。在家教育的立法不是朝夕可至,许多国家诸如日本、德国甚至完全禁止在家教育。在家教育立法应当包括的诸如父母在何种程度上可以退出学校教育对子女在家进行教育,在家教育的批准、监督、取消和职责,以及在家教育的教材、教学质量、课程安排等,都需要经过充分考虑和科学论证。如果立法、制度和机制尚未建立就贸然赋予父母选择在家教育的自由,极有可能让处于义务教育阶段的儿童的受教育权受到侵害,尤其是偏远贫困农村地区的女童的受教育权更容易受到侵害。在家教育的目的本是为了让儿童获得更好的教育,而非剥夺最弱势儿童群体的受教育权。在没有健全法律制度和机制保障的情况下推行在家教育,其风险显然过高,并不符合儿童最大利益原则的要求。

但不可否认的是,在家教育实际上属于父母行使对子女教育选择权,从法理上来讲具备正当性。同时,校园欺凌等学校安全问题、学校行政化和官僚化①,以及特殊教育学生难以适应学校教育等诸多因素也让在家教育成为一种客观存在的现实需求。对因疾病、被学校拒绝或者其他原因无法获得学校教育的儿童进行在家教育将会是一种合适的选择。未来,随着我国教育制度和教育立法的不断发展完善,在家教育可以成为部分替代学校教育的、新型合法的教育制度。因此,笔者认为国家应当对学生监护人选择教育权给予足够的重视并适度保留可能的立法空间。但无论是否承认以及何时承认在家教育的合法性,都不能超越教育发展的现实与阶段,不能违背儿童最大利益原则的要求。

四、家校关系问题

家校关系大致经历了趋同、分散到融合三个阶段的发展。在家校趋同阶段,学校被视为家庭教育的有机组成部分。在家校分散阶段,家庭从消极角度来看被视为学

---

① See Wenneborg, Emily G., *Homeschooling: The History and Philosophy of a Controversial Practice*, Educational Theory, Vol. 69, p. 752 – 758(2019).

校的对手,从积极角度来看是学校的附属品,需要政策进行干预。[①] 当前,家校关系已进入融合的发展阶段。家校关系进入融合发展阶段主要是为实现学生受教育权,以及学校教育权和家庭教育权不断博弈的结果:一方面,监护人参与学校教育被证实能够提高学生的学业成绩[②]、促进学生社会发展和增强幸福感[③],从而保障学生受教育权的实现;另一方面,融合的家校关系能够促进学校与家庭之间的信任,从而让学校教育权和家庭教育权得到充分实现。

然而,融合时期的家校关系是一个"剪不断理还乱"的难题。一方面,监护人对学校教育已经在客观上存在强有力的制约;而另一方面,学校在教育教学活动中漠视监护人教育权利的现象也客观存在。造成这一局面的关键原因在于监护人对于学校教育已经在客观上存在强有力的制约,但这种制约并没有在法律的轨道上运行。换句话说,法律未对监护人可以介入、参与或者"干预"学校教育的尺度进行界定。

虽然我国现行教育法规对于家校关系的规定还很不完善,但仍然确立了现代治理理念、间接性原则和"协同"育人原则:

首先,学校应当树立现代治理的理念,依法保障监护人对学校教育教学活动的参与权、知情权等权利。[④] 学校要建立家长委员会,并且按照"每学期至少召开 1 次家长委员会会议"等要求保障家长委员会的正常运作;要严格按照《教育法》(第 30 条)的要求,以适当方式为监护人了解受教育者的学业成绩及其他有关情况提供便利。需要指出的是,从我国现行教育法规关于监护人参与权、知情权的规定来看,相关规定具有优先保障学校教育权的特点。而且严格意义上说,"父母的教育参与权在我国目前处于法律依据不足,且未被教育基本法明文确认的状况"[⑤]。

其次,父母或其他监护人介入(更准确的表述应是"参与")学校教育应遵循间接性原则,即监护人行使教育权应当遵循必要的谦抑性,防止过度扩张而压制学校教育权。具体而言,监护人应通过家长委员会等法定"渠道"配合学校做好教育教学工

---

① See De Carvalho, Maria Eulina, *Rethinking Family-school Relations: A Critique of Parental Involvement in Schooling*, Routledge, 2000, p. 3.

② See Schmitt, Monja, Lydia Kleine, *The Influence of Family-school Relations on Academic Success*, Journal for Educational Research Online, Vol. 2, p. 145 – 167(2010).

③ See Willemse, T. M., Thompson, I., Vanderlinde, R., & Mutton, Trevo, *Family-school Partnerships: A Challenge for Teacher Education*, Journal of Education for Teaching, Vol. 44, p. 252 – 257 (2018).

④ 参见贺春兰:《家校关系:舆论诉求与回应建议——从舆论视野看我国家校关系的演进和趋势》,载《教育科学研究》2019 年第 7 期。

⑤ 申素平:《教育法学:原理、规范与应用》,教育科学出版社 2009 年版,第 137 页。

作,而不能直接干预学校的教育教学活动。即便是作为利益相关者的未成年学生监护人,也应尊重学校的办学权利。对此,《教育法》第 29 条第 1 款第 8 项明确规定,学校及其他教育机构有“拒绝任何组织和个人对教育教学活动的非法干涉”的权利。对于“校闹”等干扰、破坏学校教育教学活动的,要依法处置和打击。

最后,监护人与学校应遵循“协同”而非“对抗”的育人原则,完善家校协同育人机制。监护人教育权与学校教育权之间并非对抗关系,而是合作、协同关系,应共同致力于保障未成年学生的受教育权,共同促进未成年学生的健康成长。《教育法》《义务教育法》《未成年人保护法》等法律中对于家校协同育人都有规定。例如,2012 年《未成年人保护法》第 20 条规定:“学校应当与未成年学生的父母或者其他监护人互相配合,保证未成年学生的睡眠、娱乐和体育锻炼时间,不得加重其学习负担。”但从教育法规定的基本立场来看,家校协同育人机制具有学校居于主导性地位,监护人居于配合地位的特点。例如,《教育法》第 50 条第 2 款就明确规定:“未成年人的父母或者其他监护人应当配合学校及其他教育机构,对其未成年子女或者其他被监护人进行教育。”

厘清家校关系问题的关键在于,明确监护人教育权与学校教育权的界限,但现行教育法规的确还存在明显的模糊与缺陷。一方面,现行教育法律法规对于监护人在教育法律关系上的主体地位并未给予应有的重视,例如,《义务教育法》专章规定了学生、学校、教师,但却并无监护人专章。另一方面,现行教育法规对于监护人教育权与学校教育权的关系定位也还存在逻辑上的悖论。例如,在明确学校教育权相对监护人处于绝对优势地位的同时,又在校园内学生伤害事故责任的确立上否定了学校的“监护职责”。合理厘清监护人教育权与学校教育权的关系,应当成为我国教育法研究与教育立法高度重视的议题。

监护人、国家和学校是保障未成年学生受教育权的利益相关者和主要责任者,其对未成年学生教育权的分享与分担也长期处于一个此消彼长的动态发展过程中。随着我国教育制度的不断发展完善,监护人教育权与国家教育权、学校教育权、未成年学生受教育权的关系也将相应调整变化。近年来,随着对监护人在教育法律关系中地位的重视和强调,未成年学生监护人的教育权有不断扩张的趋势,但无论如何,调整其与国家教育、学校教育的关系,监护人教育权旨在保障和实现未成年学生受教育权的最终目的不会也不应改变。

思考题

1. 如何看待未成年学生监护人在教育法律关系中的地位？

2. 未成年学生监护人教育权是一种什么性质的权利？其二重性体现在哪些方面？

3. 如何把握未成年学生监护人教育权的边界？

4. 如何看待在家教育，在家教育在我国存在的问题有哪些？

5. 我国现行教育法规对于家校关系确立的原则有哪些？如何对其进行完善？

第四编　权利保护与学校管理

第十五章　教育惩戒

教育旨在传授知识、训练思维、培养人才，目的是立德树人。在教育过程中，知识传授、学习是常态，同时也离不开赏识和惩戒两种辅助手段。学校教育是面向群体的知识传授活动，面对的是一个个鲜活的学习者。学校教育需要借助一定的惩戒措施管理、矫治偏离了正常轨迹的行为。《惩戒规则》①的颁布，意味着教育惩戒的研究应从构建论向解释论转变，在法定语境中讨论教育惩戒的基本问题将成为教育惩戒合规、合理实施的重要课题。

第一节　何为教育惩戒

教育惩戒概念充满了争议。学界对教育惩戒概念投入了极大的热情，积累了丰富的学术资源，当然也取得了系列成果。

一、教育惩戒概念的争议

学者们对教育惩戒的界定，为我们规范界定教育惩戒提供了富有启发性的素材。例如，有人称，教育惩戒是学校、教师基于特别身份而对学生施加的一种教育措施，其目的在于借助适度惩罚达到戒除、矫正学生不合规范的行为，助其完成社会化的进程。② 有人说，教育惩戒是学校或教师为了达到教育目的、避免失范行为再次发生，依法对学生违法违规的失范行为进行否定性评价的一种辅助教育手段，既包括纪律性处罚，也包括学业性处罚。凡依照法律或校规规定之种类、程序而实施的惩戒行为，都不是体罚。③ 总结学界对教育惩戒概念的界定，可以提炼出一些共性内容：(1)教育惩戒的主体是学校和教师。(2)教育惩戒的对象是学生。(3)教育惩戒的内容是否定性评价和限制性、剥夺性措施。(4)教育惩戒的边界是体罚。(5)教育惩戒

---

① 本章将《中小学教育惩戒规则(试行)》和《普通高等学校学生管理规定》作为研究对象，行文过程中将它们分别简称为《惩戒规则》《学生管理规定》。

② 参见劳凯声：《教育惩戒的合法性及其在教育中的适用》，载《人民教育》2019 年第 23 期。

③ 参见任海涛：《“教育惩戒”的概念界定》，载《华东师范大学学报(教育科学版)》2019 年第 4 期。

是一种目的性措施,即管理、矫正违法违纪的学生,最终是育人。厘清这五个要素后,教育惩戒的概念已经清晰呈现了出来:教育惩戒是学校或者教师为了教育学生,针对实施了违规、违纪学生而施加的谴责、限制或者剥夺措施。

《惩戒规则》第 2 条第 2 款界定了中小学教育惩戒的概念:“本规则所称教育惩戒,是指学校、教师基于教育目的,对违规违纪学生进行管理、训导或者以规定方式予以矫治,促使学生引以为戒、认识和改正错误的教育行为。”这是我国第一次在规章层面明确教育惩戒的定义。该定义中,何为“管理”“矫治”,存在很大的解释空间。“管理”除了涵盖第 8 条、第 9 条、第 10 条第 1 款狭义的教育惩戒之外,还包括第 10 条第 2 款“纪律处分”、第 11 条“将学生带离教室或者教学现场,并予以教育管理”“采取必要措施予以制止”“应当责令学生交出并可以对可能藏匿物品的课桌、储物柜等进行检查”“对学生的违规物品可以予以暂扣并妥善保管”。“矫治”包括第 10 条第 3 款“将其转入专门学校教育矫治”。可见,《惩戒规则》对于教育惩戒的界定与学界的定义没有实质性差异,两者具有同等性。从概念发展史可以看出,我国教育惩戒概念经过了由“处分”到“教育惩戒”的演变,两者是不同阶段、不同规范对同一事物采取的不同称谓。

二、两种意义的教育惩戒

有学者根据《惩戒规则》的具体内容,认为教育惩戒区别于纪律处分和学业处理,并且提出了警惕“教育惩戒概念泛化”的主张。① 显然,该学者误解了《惩戒规则》的文本,没有对“教育惩戒”进行实质性、体系性的解释,对教育惩戒作了字面层次的理解。《惩戒规则》中存在两种意义上的教育惩戒,即广义的教育惩戒(一般意义上的教育惩戒)和狭义的教育惩戒。广义的教育教育惩戒包括狭义的教育惩戒、纪律处分、强制措施、教育矫治。具体而言,《惩戒规则》20 个条文共出现“教育惩戒”31 次,其中第 2 条、第 3 条、第 4 条、第 5 条、第 6 条、第 7 条、第 16 条第 1 款是一般意义上的惩戒,包括狭义的教育惩戒、纪律处分、强制措施、教育矫治。第 8 条、第 9 条、第 10 条、第 12 条、第 13 条、第 14 条、第 15 条、第 16 条第 2 款、第 17 条、第 19 条是狭义上的教育惩戒。词语具有相对性,在不同的语境中对同一个词语作出不同的理解合理而且常见。无视词语肩负的功能、服务的目的、所在的体系,僵化理解词语,貌似保持了一致和统一,实际是一种无视客观语义的刻舟求剑式的僵化理解。《惩戒规则》使用了两种意义上的教育惩戒,但没有偏离教育惩戒的一般共识。目前还

---

① 参见段斌斌、杨晓珉:《警惕教育惩戒概念使用的泛化——兼评〈中小学教育惩戒规则(试行)〉》,载《湖南师范大学教育科学学报》2020 年第 6 期。

没有高校教育惩戒的专门立法,就不存在狭义的高校教育惩戒。

“教育惩戒”是上位概念,应涵摄中小学教育惩戒和高校教育惩戒,不应以“法”的名义将教育惩戒弄成四分五裂、莫衷一是的概念。综上,笔者认为教育惩戒是学校或者教师为了教育学生,针对实施了违规、违纪学生而施加的谴责、限制或者剥夺措施。

第二节　教育惩戒的分类

教育惩戒包含丰富的内容,从不同的视角作出类型划分能够清楚地透视教育惩戒的元素,形成对教育惩戒的清晰认知。教育惩戒的类型划分应坚持三个方面的考量:第一,分类应贯彻逻辑性。每一分类应贯彻单一标准,保障分类的彻底和圆满。“依惩戒是为了实现教育上的目的还是管理上的目的,可分为教育上的惩戒与管理上的惩戒……这种分类是相对的,管理上的目的与教育上的目的往往是交织在一起的,很难截然分开。”[①]显然,“教育上的惩戒与管理上的惩戒”的划分违反了逻辑性。第二,分类应具有目的导向。分类不是单纯的文字游戏,应体现目的性和功能性。第三,分类应体现多元性。对教育惩戒应尽可能多的分类,分类多意味着对教育惩戒认识的不断深化。在借鉴的基础上,我们尝试着对教育惩戒进行了多种分类。即便如此,今后还会有更多、更新的教育惩戒分类形态出现。

一、定名教育惩戒和非定名教育惩戒

依据是否有明文规定,可分为定名教育惩戒和非定名教育惩戒。在《惩戒规则》出台之前,我们的法律体系中并不存在“教育惩戒”概念,但从《宪法》《教育法》《教师法》再到《学生管理规定》都或明或暗,或直接或间接地规定了对于违法违纪学生的处分、处罚。对违法违纪学生的处分、处罚本质上就是教育惩戒,只是没有被冠以“教育惩戒”之名。定名惩戒,是指规定在法律、法规、规章中的惩戒类型,不仅指《惩戒规则》中界定的惩戒,还包括《学位条例》《学生管理规定》等规定的教育惩戒措施。具体内容包括《惩戒规则》第 8 ~ 11 条规定的内容,还包括其他法律、法规、规章中规定的具有处分、处罚性质的措施,如《学生管理规定》第 30 条规定的退学处理,第 51 条规定的警告、严重警告、记过、留校察看、开除学籍。非定名惩戒,是指没有规定在

① 杨秀朝:《试论教育惩戒权》,载《当代教育论坛(宏观教育研究)》2007 年第 12 期。

法律、法规、规章中，在实践中存在的、合理的教育惩罚，如校规校纪中规定的处分、处罚措施。将教育惩戒划分为定名教育惩戒和非定名教育惩戒，旨在提醒我们，关注定名教育惩戒的同时，不能忽视非定名教育惩戒措施的存在和价值。随着时代的发展、教育方式的革新，有些非定名教育惩戒可能被法律、法规和规章吸收，成为定名惩戒。为了实现教育惩戒措施系统化、体系化，亟须梳理《教育法》《教师法》《义务教育法》《未成年人保护法》《预防未成年人犯罪法》《惩戒规则》《学生管理规定》等法律、法规、规章，从而整理出教育惩戒的具体种类。

二、教师惩戒和学校惩戒

依据教育惩戒实施的主体的不同，可将教育惩戒分为教师惩戒和学校惩戒。“教师必须承担起学术、道德及其他方面的责任。”[①]教师教育惩戒是学校教育特别是中小教育的有机组成部分。教师教育惩戒具有迅速、轻缓、简便的特征。《惩戒规则》第8条、第11条明确了教师惩戒的内容，第12条罗列了中小学惩戒的“负面清单”（不属于教育惩戒范畴的措施）。在中小学，教师和学生体能上的差距以及未成年人调皮的个性，容易激发老师实施体罚的冲动。因此，中小学教师容易突破惩戒边界实施体罚。教师教育惩戒应始终秉持育人目的，因人施治，保障教育惩戒的合理、有效。“教师在实施教育惩戒时应立足教育性要求，以学生的全面发展和健康成长为根本目的，考虑到学生行为的危害程度及其心理发展水平，有选择性地、适度地实施惩戒。”[②]在高等教育中，学生体能和认知能力都有了大幅提升，教师对学生实施体罚的可能性减少，相应的教师教育惩戒呈现出弱化的趋势，学校教育惩戒在教育惩戒中扮演着主导角色。总体上讲，在中小学教育中，教师教育惩戒起着重要作用；在高等教育中，学校教育惩戒扮演着重要作用。实施惩戒时，教师教育惩戒不要求程序性，只要做到惩戒合理即可。学校惩戒必须遵守程序性要件，重惩戒不遵守必要程序或者遗漏重要程序会导致教育惩戒违法。

三、轻教育惩戒和重教育惩戒

依据惩戒的轻重程度，可将教育惩戒分为轻教育惩戒和重教育惩戒。教育惩戒是对违法违纪学生进行的谴责、限制和剥夺，这些谴责、限制或者剥夺措施的负面影响存在差异。根据具体效果的差异可以将教育惩戒分为轻惩戒和重惩戒。大体而

---

① ［加］克里夫·贝克：《优化学校教育——一种价值的观点》，戚万学等译，华东师范大学出版社2003年版，第45页。

② 余雅风、杜佳欣、李美仪：《“惧用”与“滥用”：中小学教师实施教育惩戒的困境与反思》，载《中小学管理》2020年第12期。

言,改变身份关系的是重惩戒,不改变身份关系的通常是轻惩戒。《惩戒规则》广义上将教育惩戒区分为教育惩戒和纪律处分、强制措施、教育矫治,实质是依据轻重程度对惩戒作出的划分。即教育惩戒是轻惩戒,纪律处分、强制措施、教育矫治是重惩戒。轻惩戒包括:《惩戒规则》第8条、第9条、第10条第1款和第11条规定的教育惩戒,第10条纪律处分中的警告、严重警告、记过,《学生管理规定》第51条规定的警告、严重警告、记过。重惩戒包括:《惩戒规则》第10条第2款纪律处分中的留校察看、开除学籍,第10条第3款转入专门学校教育矫治;《学生管理规定》第30条退学处理,第51条留校察看、开除学籍,第37条第1款撤销学历、学位证书。

《惩戒规则》第8~10条分别针对"违规违纪情节较为轻微""违反校规校纪,情节较重""违规违纪情节严重"设定了惩戒内容,可以将这些情节对应的措施称为"轻微惩戒""较重惩戒""严重惩戒"。"我国教育惩戒权可以考虑划分为轻微违纪行为、一般违纪行为和严重违纪行为。对应的,根据情况轻重缓急,由不同的实施主体加以处置。"①这种划分只适用于《惩戒规则》。在一般层面上,将教育惩戒分为轻惩戒和重惩戒较为合理。

四、纪律惩戒和学业惩戒

根据违反规范的性质的不同,可将教育惩戒分为纪律惩戒和学业惩戒。教育是传授知识、锻炼思维、培养人才的社会活动,保证教育的顺利展开和促进知识的学习需要一套完整的行为规范。学校管理规范大体上可以分为为了维持正常学习秩序的纪律规范和为了促进知识学习的学业规范。课堂喧哗、无故旷课、校园欺凌、考试作弊等就是违反纪律规范的行为;抄袭他人著作、剽窃研究成果、虚构科研数据等都是违反学业规范的行为。由此可见,中小学教育惩戒以纪律惩戒为主;在高校中,纪律惩戒和学业惩戒都普遍存在。学业惩戒的形式包括取消学籍、不授予学位、撤销学位等。

五、合理教育惩戒和不合理教育惩戒

根据惩戒是否合理,可将教育惩戒分为合理教育惩戒和不合理教育惩戒。合理教育惩戒是完全遵守了惩戒的行为构成(适用条件)和适用程序,与违法、违纪的程度相适应的惩戒。不合理的教育惩戒是没有违法违纪行为而实施惩戒,或者存在违法、违纪行为但惩戒在行为构成(适用条件)或适用程序存在重大瑕疵。不合理教育惩戒存在两种情况:违反惩戒的行为构成(适用条件)的惩戒(无行为有惩戒,轻行为

① 周贤日:《论教师教育惩戒权》,载《华南师范大学学报(社会科学版)》2020年第4期。

重惩戒,重行为轻惩戒)。“不当罚而罚,还有应当受轻处罚而受到重处罚,以及应当受到教师惩戒而受到了学校惩戒,这些都是违背了育人目的的非正当性惩戒。”①违反惩戒适用程序的惩戒主要是程序瑕疵的惩戒和欠缺重要程序的惩戒。区分合理教育惩戒与不合理教育惩戒能增强教育惩戒适用的水准,完善不合理惩戒的救济途径,保障教育惩戒在育人道路上的规范运行。

《惩戒规则》规定了教育惩戒的概念、构成要件、惩戒种类、适用程序,还单列一条指明不属于教育惩戒的情景,即教育惩戒的“负面清单”,这是对典型的不合理教育惩戒的总结和列举。《惩戒规则》绝对禁止殴打型体罚,从实质合理性来看,这样的规定过于绝对,不利于教育惩戒的实施。“教育惩罚有广义和狭义之分,广义的教育惩罚是指包括体罚(变相体罚)在内的惩罚,如体罚、言语讽刺、挖苦学生等。”②“轻微责打虽然直接将一定的力量施予学生的身体,但其并不会侵害学生的人格权,其目的乃在于通过形式化、轻微化的责打方式来促使学生悔过自新。”③根据《惩戒规则》列举的不合理教育惩戒的类型,绝对禁止殴打型体罚,对学生轻微责打也不被许可,但是否合理值得反思。

此外,教育惩戒还可以分为文本教育惩戒和实际教育惩戒、初次教育惩戒和再次教育惩戒、法规教育惩戒和校规教育惩戒、肉体教育惩戒和精神教育惩戒、当下教育惩戒和历史教育惩戒、国内教育惩戒和国外教育惩戒等。教育惩戒的分类具有开放性,随着对教育惩戒研究的深入,学界会不断提出、发现新型分类。

第三节 教育惩戒的构成规则

教育惩戒的适用应回到规范,准确理解规范的意义才是正确的方向。《惩戒规则》和《学生管理规定》对教育惩戒作了相对完整的规定,在此基础之上,通过比对、分析它们各自的表述,再结合教育惩戒的实践经验,我们能够建立起教育惩戒的构成规则。

一、教育惩戒具有充足的规范依据

我国一系列法律法规都明确规定了教育惩戒,不过没有采用“教育惩戒”这个称

① 晋涛、张玉涛:《高校惩戒权解释规则研究》,载《复旦教育论坛》2020 年第 1 期。

② 夏友奎、石长林、邱柏:《教师和学生关系的重构:教育惩戒权的正向作用》,载《海南师范大学学报(社会科学版)》2020 年第 4 期。

③ 刘旭东:《教育惩戒权的立法规制研究》,载《湖南师范大学教育科学学报》2020 年第 1 期。

谓。《教育法》《教师法》《义务教育法》《学生管理规定》等都有对违法违纪学生的“处分”,这些处分措施实质上就是教育惩戒。它们虽然没有被冠以“教育惩戒”之名,但有教育惩戒之实。沉迷、纠结于称谓之争,不利于问题的解决,是“教育惩戒”还是“处分”,只是以前和现在的使用习惯不同而已,一物多名是常见的认知现象。过于迷恋、纠结“教育惩戒”这一称谓,会让我们产生法律、法规中没有“教育惩戒”的错觉。抛开称谓之争,会发现教育惩戒一直存在于法律之内,为我们的教育惩戒提供指导和制约。

《教育法》《教师法》《义务教育法》《高等教育法》等为教育惩戒提供了法律依据。《惩戒规则》和《学生管理规定》规定了详细且明确的教育惩戒。在上位法构建了教育惩戒的基础上,校规校纪可以进一步补充教育惩戒的内容。根据本校的教学实际和经验积累,校规校纪可以严格教育惩戒的条件、创设新型的教师惩戒,但不能扩大创设改变身份的适用范围,更不能降低改变身份的教育惩戒的门槛。

二、教育惩戒的构成要件

教育惩戒的构成要件,是指规范要求的行为类型。在什么样的条件下可以适用教育惩戒,对什么样的违法违纪行为适用轻惩戒,对什么样的违法违纪行为适用重惩戒,在法律层面并不明确,这给了学校和教师较多的自由裁量权。教育惩戒是对违法违纪学生的谴责、限制或者剥夺,是一种限制、不利、负担,因此惩戒的适用条件越明确越好。惩戒构成要件的明确将会压缩惩戒被滥用的空间,保障教育惩戒的合规、合理。学生违法违纪行为千差万别,但生活经验和惩戒实践表明,对于违法违纪行为可以进行类型化,在此基础上匹配相应的惩戒。

1. 教育惩戒的抽象条件

教育惩戒的启用应符合法定的条件,学校或者老师对学生实施的不利措施,不一定都是教育惩戒。例如,学校对向教育局反映食物中毒事故的学生进行警告甚至是批评,因为学生向教育主管部门反映、投诉违法违规是正当的,不存在违法违纪的行为,学校给学生的警告甚至是批评就不属于教育惩戒。“学生的行为必须具备以下要件,教师才可以实施惩戒:(1)违规性,即形式上违反了包括行政文件、校规校纪在内的规范性文件的有关要求;(2)破坏性(客观危害性),即要求在事实上造成对学习秩序、学校纪律的损害,影响正常的教育教学活动的进行或影响本人或他人的正常学习生活;(3)主观上存在故意或过失;(4)行为系学生个体所为,学生有能力控制其行为。”①

① 劳凯声主编:《变革社会中的教育权与受教育权:教育法学基本问题研究》,教育科学出版社 2003 年版,第 292 ~ 394 页。

这四个条件，最终指向两个层面，即适用教育惩戒，应符合下列条件：(1)应有违法违纪的行为。“惩戒的客体是受教育者的失范行为，而非受教育者本身。”①教育惩戒是对实施了违法违纪行为学生的管理和矫治，违法违纪是教育惩戒启动的基础。没有违法违纪的行为，就不能实施惩戒。例如，高度怀疑学生考试作弊，只要拿不出证据证明作弊行为，就应认定为作弊行为不存在，无法启动教育惩戒。这里的行为包括作为和不作为。例如，学生放学时误将同桌的课外书装进自己书包，到家发现后但不给退还同桌，就属于不作为，可以对这种不作为进行惩戒。(2)必须有过错。过错包括故意和过失，没有故意、过失，就没有“恶”的行为，就没有启动教育惩戒的理由。例如，住宿生晚上喜欢说梦话，影响了其他同学的休息，就不能对该学生进行惩戒。

2. 教育惩戒的构成要件

《惩戒规则》和《学生管理规定》规定了各种惩戒的构成要件。《惩戒规则》详细规定了教育惩戒的构成要件，并且赋予校规校纪规定其他类型的违规违纪的权利，例如，第7条规定，学生有特定情形之一，学校及其教师应当予以制止并进行批评教育，确有必要的，可以实施教育惩戒。

鉴于开除学籍是改变身份的重惩戒，即便构成要件明确具体，也应本着“育人”目的严格解释该构成要件，尽量限制开除学籍的适用。“开除并不是首选，只有在穷尽了其他手段之后，才能适用，这是因为，开除剥夺了学生受教育权，而且对其将来的人生影响至关重要，不可不慎。”②《惩戒规则》规定，中小学生以及初中生接受的是义务教育，不得开除；对高中阶段学生可以适用开除学籍的教育惩戒。可是义务教育的范围会发生变化，随着社会的发展和我国综合国力的提升，今后可能会将义务教育提升到高中阶段，对于高中阶段学生也不能轻易采用开除学籍的纪律处分。开除学籍意味着学校教育的终结，还表明数十年的学习“无果而终”。《学生管理规定》第52条采用封闭性列举明确了开除学籍的构成要件，折射出对开除学籍的限制精神和谨慎态度。“开除学籍本质上与宪法上的公民有受教育权相冲突，即使根据《学生管理规定》第51、52条开除学籍也须谨慎，能通过其他惩戒措施达到警醒和教育目的时不应适用开除学籍。”③事实是，开除学籍已经“白纸黑字”写进了许多学校的校规校纪中，滥用开除学籍已经到了非常严重的地步。“除教育行政部门颁布的学生管理规

---

① 尹晗：《论教育惩戒的理论基础和有效运用》，载《青少年犯罪问题》2020年第6期。

② 王柱国：《学生惩戒的行政法规制——兼对〈普通高校学生管理规定〉关于惩戒规定的反思》，载《行政法学研究》2009年第4期。

③ 晋涛：《高校惩戒权的法治化审查：蕴含内容与推进路径——以〈高等学校学生管理规定〉为参照》，载《教育发展研究》2020年第1期。

定外，高校校规中也存在大量的身份性惩戒，如媒体报道的黑龙江齐齐哈尔工程学院《学生违纪处分条例》规定，学生‘在校期间非法同居或发生性关系者，给予开除学籍处分’。”[①]“《规定》对高校开除学籍惩戒权予以限制，故而，高校不再具有设定开除学籍教育惩戒的自治权，只能根据规章条文作实施性规定。”[②]

3. 教育惩戒的选择

适用教育惩戒时，一定要先寻找作为大前提的构成要件。根据比例原则和教育目的，确立构成要件与教育惩戒之间的匹配关系，坚持构成要件与教育惩戒的“咬合关系”，应大胆认可对违反严重构成要件的行为可以降格适用轻惩戒，但不应承认对违反较轻的构成要件的行为升格适用重惩戒。换言之，对严重的违规违纪行为可以弃用重惩戒适用轻惩戒，对于较重的违规违纪行为不能越过轻惩戒适用重惩戒。教育惩戒内容与违规违纪行为存在对应关系，并不意味着教育惩戒是违规违纪行为的必然结果。“在人本主义和新实用主义哲学思潮影响下，美国逐渐改变了对违纪行为‘零容忍’（zero tolerance）的态度和做法，‘零容忍’造成了美国20世纪80年代大量的停课处罚率和学生辍学回家，与此同时，受处分学生的违纪行为并没有得到预期的改善效果。”[③]同样，在我国，应放弃教育惩戒的必罚主义，转向教育惩戒的谦抑主义。教育惩戒的目的是育人，对违规违纪学生的管理、矫治，教育惩戒不应过度负载“杀鸡儆猴”的一般警示作用。概言之，符合了教育惩戒的构成要件，不一定要发动教育惩戒。针对实施了违法乱纪的学生，从客观判断，今后几乎不再可能实施违规违纪行为，针对此次违规违纪的行为启动教育惩戒就是一种多余的、无意义的惩戒。

总之，教育惩戒与违规违纪行为存在对应咬合关系，但有违规违纪行为并不必然意味着一定要实施教育惩戒。根据谦抑精神和比例原则，在重惩戒与轻惩戒都能到达管理和矫治效果时，应优先选择轻惩戒。对严重违规违纪行为可以降格适用轻惩戒，对于较轻违规违纪行为不能升格选择重惩戒。

第四节　教育惩戒的程序补强

教育惩戒的适用程序，是指在实施教育惩戒时，惩戒主体必须遵守的方式、方法

---

① 戴国立：《析论高校教育惩戒权的法律控制》，载《东方法学》2019年第2期。

② 刘亮：《论高校教育惩戒权的构造与限制——兼论高校疫情防控中教育惩戒权的运行》，载《青少年犯罪问题》2020年第6期。

③ 张瑞：《美国两种常见教育惩戒理论及其对我国高校的启示》，载《当代教育科学》2017年第7期。

和步骤。程序的背后理念是保障弱势方的权益,为他们在受惩戒过程中能够知情、发声、异议提供机会,让惩戒过程充满博弈、对抗和制约。“田永诉北京科技大学、刘文燕诉北京大学等案件的审理,学校因为违反了正当程序原则而败诉,这些事实证明了正当程序在对学生权利保护中起到了重要的作用。”[①]程序的保障、制约作用促进了教育惩戒的正义、合理。教育惩戒程序存在重大瑕疵时,惩戒无效。

教育惩戒的适用程序是针对学校惩戒,对教师惩戒不作程序性要求。学校惩戒必须严格按照程序进行,特别是重惩戒违反法定程序应被撤销。教育惩戒被撤销后不得对该违法违纪行为再次惩戒,一事不再理。

一、《惩戒规则》对于程序的强调

相较于过去法律、法规对于教育惩戒的抽象规定,《惩戒规则》规定了详细的教育惩戒程序。《惩戒规则》仅有 20 个条文,但较好地兼顾了实体与程序。《惩戒规则》将教育惩戒的程序放到了一定的高度,学校必须知悉程序的价值,认识到不遵守法定程序会导致程序性无效,从而治理长期存在的“欠缺程序意识”顽疾。

《惩戒规则》规定了完整的“告知——听取——(听证)——审查——送达——关爱”惩戒程序。“原则上,惩戒越严厉,与法律的关系度越紧密,需要遵守更严格、详细的程序。”[②]这样的程序安排,给了受惩戒人“发声”机会,保障了受惩戒人的参与,彰显了尊重学生权利、确保惩戒目的的安排。

比较而言,《学生管理规定》没有规定“听证”“关爱”两种程序。《惩戒规则》增加了“听证”程序,这是对惩戒程序的重大发展。“引进听证程序,让处分从单一的学校强制性监管演变为多方参与的人性化管理,更有积极的意义。”[③]听证是重惩戒的核心环节,没有听证或者听证流于形式再或者惩戒决定书没有针对听证笔录作出回应,教育惩戒会因程序重大瑕疵而无效。

教育惩戒实施之后,教师和学校应对受惩戒学生进行沟通和帮扶,开展“关爱”活动,“惩戒后的教育疏导更为重要”[④]。学生的个性千差万别、承受能力强弱不同,针对受惩戒学生的反应,采用有效的恢复措施,保障惩戒起到教育作用,防止对受惩戒学生造成不良心理阴影。高校学生基本已经成年,形成了相对稳定的认识体系,但“关爱”程序仍有重大价值。“2012 年,黑龙江八一农垦大学大三学生因受到作弊处

---

① 杜颖杰:《教育惩戒权的法律规制研究》,载《中国人民大学教育学刊》2016 年第 2 期。

② 周贤日:《论教师教育惩戒权》,载《华南师范大学学报(社会科学版)》2020 年第 4 期。

③ 许烽:《处分听证:教育惩戒的跨界创新》,载《教育理论与实践》2018 年第 27 期。

④ 焦佳、陈大文:《学校教育惩戒制度优化研究》,载《青少年犯罪问题》2020 年第 6 期。

分选择烧炭自杀；2015年，青岛大学两女生因为旷考受到处分选择服药自杀，山东财经大学一大四男生因作弊受到处分选择跳楼自杀等。”[①]可见，高校惩戒同样需要惩戒后的“关爱”程序。“在民主法治社会中，高校的惩戒处分，在程序层面上，即使法律没有明确规定高校惩戒处分程序，高校的惩戒行为依然应该满足正当程序原则的要求。”[②]比较《惩戒规则》与《学生管理规定》，鉴于“听证”“关爱”的重大价值，可以认为“听证”“关爱”是《学生管理规定》的“隐性”规定和“暗含”内容，因此，“听证”“关爱”应增补为高校教育惩戒的必要程序。

二、教育惩戒的救济途径

相比较“赏识”，教育惩戒意味着谴责、限制和剥夺，对受惩戒人来讲是一种不利、负担行为。根据正义的基本法理，依据法律施加限制、不利、负担时须提供相应的救济。当受惩戒的学生或者监护人对教育惩戒有异议时，应为他们提供多元的救济途径，包括惩戒主体提供的救济、行政主管部门提供的救济以及司法救济。

“例如，在《新规定》发布实施的当年，中南财经政法大学本科一年级学生郑某和童某因盗窃同寝室同学物品而被勒令退学。两位学生向学校刚成立不久的学生申诉处理委员会递交了申诉书。申诉处理委员会召开由法学专家小组成员及教师、学生代表共14人参加的听证会，并将处理意见上报校务会，学校研究决定，撤销原处分决定，给予这两位学生留校察看一年处分。”[③]可见，申诉能对学校形成强大制约，能促进学校理性审视惩戒行为，降低了学校错误惩戒的发生概率。

之前对于教育惩戒是否应成为行政诉讼受理的对象存在争议。“无论学校的处分权在本质上是否应当作为一种行政权，法律是否应当作为行政权来加以规定，但就现行法律规定而言，它并不是一种行政权。”[④]《惩戒规则》第18条明确规定了教育惩戒属于行政诉讼的受案范围。即使作为部门规章的《惩戒规则》对于法院不具有约束力，但作为最高教育行政部门制定的规范，向社会传达了教育惩戒可以也应该成为行政诉讼的对象，体现了国家推进教育惩戒接受司法审查的态度和决心。中小学教育惩戒具有行政可诉性，根据同类解释规则，高校教育惩戒同样具有行政可诉性。因此，《惩戒规则》明确了教育惩戒属于行政诉讼的受理对象，为教育惩戒是否属于行

---

① 张瑞：《美国两种常见教育惩戒理论及其对我国高校的启示》，载《当代教育科学》2017年第7期。

② 周佑勇：《高校惩戒学生行为的司法审查——基于最高人民法院相关指导性案例的观察》，载《南京师大学报（社会科学版）》2019年第3期。

③ 孙波：《美国公立高校学生申诉权保障的理论与实践——兼论我国高校学生申诉权的保障与校内申诉制度的完善》，载《政治与法律》2016年第6期。

④ 叶必丰：《行政行为原理》，商务印书馆2014年版，第141～142页。

政诉讼受理范围的争论画上了句号。

《惩戒规则》和《学生管理规定》都规定了教育惩戒的申诉期限，相较于《学生管理规定》的10日，《惩戒规范》将申诉期限延长为15日。《惩戒规则》相较于《学生管理规定》，显然延长了处理的期限，给受惩戒人更为宽裕的时间，有利于受惩戒人权益保护。将来《学生管理规定》修改应向《惩戒规则》看齐，将申诉期限延长为15日。

三、教育惩戒的时效

教育惩戒的时效涉及两个方面，即惩戒的约束时效和惩戒的管辖时效。“随着我国教育现代化和法治建设的发展，学生个体的独立性越来越受到社会的认可和尊重。”①教师、学校与学生是教育惩戒的双方当事人，就应给予学生独立的法律地位，避免学生在惩戒中被“客体化”，有利于教育惩戒目的实现。教育惩戒受“时间”观念的严格控制，意在防止教育惩戒在实体正当的掩护下出现“超时间”效力。教育惩戒的时效为教育惩戒设定了“有效期”，让受教育惩戒的效力有了清晰的时间刻度，有利于对受惩戒学生权益的保护，体现了强力的权利保障考量。

1. 惩戒的约束时效

惩戒的约束时效，是指惩戒持续的时间。鉴于中小学教育惩戒整体上比较轻微，多数教育惩戒是即时性的，无须另外规定约束时效，像批评教育、课后教导、由学校德育工作负责人予以训导、由法治副校长或者法治辅导员予以训诫。《惩戒规则》对一些教育惩戒明确规定了约束时效：一节课堂教学时间内的教室内站立；给予不超过一周的停课或者停学，要求家长在家进行教育、管教。《惩戒规则》对于一些惩戒措施没有明确时效：对违规违纪情节严重，或者经多次教育惩戒仍不改正的学生，学校可以给予警告、严重警告、记过或者留校察看的纪律处分，警告、严重警告、记过或者留校察约束力并不明确。《学生管理规定》第57条提供了借鉴：除开除学籍处分以外，给予学生处分一般应当设置6～12个月期限，到期按学校规定程序予以解除。解除处分后，学生获得表彰、奖励及其他权益，不再受原处分的影响。鉴于中小学教育惩戒的性质以及中小学生的特点，可以相对缩短中小学教育惩戒的约束时效，作为中小学纪律处分的警告、严重警告、记过或者留校察看的期限不应超过6个月。因此，给予学生纪律处分一般应当设置1～6个月期限，到期按学校规定程序予以解除。

2. 惩戒的管辖时效

学生违规违纪行为超出一定的时限就不应启动教育惩戒。管辖时效是法律中普

① 任海涛：《论学生的法律地位》，载《东方法学》2020年第1期。

遍存在的使用制裁的约束方式,超出法定时效就排除了法律干涉的可能。管辖时效制度有利于督促相关责任主体认真履行职责,在合理时间阶段内解决问题,彰显法律措施的及时性。为教育惩戒的不同类型匹配管辖时效具有合理性。《惩戒规则》中广义的教育惩戒包括狭义的教育惩戒和纪律处分、强制措施、教育矫治,狭义的教育惩戒整体上较轻微,纪律处分、强制措施、教育矫治比较严重,应对它们的管辖时效作出区别:自学生违规违纪事项被发现之日起,1 个月未被惩戒的,不得再对该行为适用狭义的教育惩戒;自学生违规违纪事项发生之日起,3 个月未被惩戒的,不得再对该行为适用纪律处分、强制措施。《学生管理规定》中教育惩戒应统一为 3 个月,即自学生违规违纪事项发生之日起,3 个月未被处分的,就超过了时效,不得再对该行为进行处分。当然,法律对于相应行为专门规定了管辖时效的除外。

针对教育惩戒,我们已然习惯于呼吁教育惩戒的法定化、注重教育惩戒的借鉴性、构想教育惩戒的规则。《惩戒规则》回应了、展现了教育惩戒的应有模样和发展方向。《惩戒规则》没有“改写”教育惩戒的概念,但规定了两种意义上的教育惩戒,这是理解《惩戒规则》的一把钥匙。《惩戒规则》的颁布为教育惩戒提出了新课题,应摒弃单纯的理论构想进而转向实施操作,将教育惩戒的重心转移到惩戒规则的解释、适用研究,为教育惩戒的合规、合理实施提供规范路径,提升教育惩戒合规、合理的水准,促进教育惩戒应有效能的发挥。

思考题

1. 什么是教育惩戒?
2. 教育惩戒有哪些分类?
3. 教育惩戒的构成要素是什么?
4. 中小学教育惩戒与高校教育惩戒有什么区别?
5. 实施教育惩戒需要遵循什么样的程序?

第十六章　未成年人保护与犯罪预防法

习近平总书记指出："全社会都要了解少年儿童、尊重少年儿童、关心少年儿童、服务少年儿童，为少年儿童提供良好社会环境。"《未成年人保护法》和《预防未成年犯罪法》为未成年人的保护提供了制度保障和工作指南，它们的修改、更新强调了国家和社会对未成年人保护的重视，从而确保未成年人保护与犯罪预防的成效，保障未成年人权益，促进他们健康成长。

第一节　我国未成年人保护与犯罪预防立法的沿革

我国在1991年制定了《未成年人保护法》，1999年制定《预防未成年人犯罪法》，了解这两部法律内容的增减变化、梳理未成年人保护的法律发展演变、明确这两部法律的不足和完善方向，可以不断提升未成年人保护立法的质量，为最终制定少年法典提供积淀。

一、《未成年人保护法》与《预防未成年人犯罪法》的制定

（一）《未成年人保护法》的制定

在中共十一届三中全会以后，国家启动了未成年人保护法的立法工作。根据1979年8月，中共中央转发了中央宣传部等八个单位联合提请的《关于提请全党重视解决青少年违法犯罪问题的报告》。1985年10月，中共中央发布了《关于进一步加强青少年教育预防青少年违法犯罪的通知》，再次强调了抓紧制定保护青少年法的必要性。1987年6月，上海颁布了《上海市青少年保护条例》，随后各地陆续制定、颁布了一些关于未成年保护的条例，这些地方性法规的制定，为制定未成年人保护法奠定了基础。

1988年1月，中共中央办公厅、中央政法委和全国人大常委会法工委对团中央书记处《关于建议制定青少年法律的报告》作出批复，同意由团中央牵头，会同有关

单位起草青少年保护的法律。随后，团中央牵头成立了全国青少年立法领导小组及办公室，起草了《未成年人保护法（草案）》。该草案又经过多次反复修改，最终通过。[①] 1991 年颁布的《未成年人保护法》是我国第一部保障未成年人权益的专门法律，具有划时代的意义，为未成年人保护的展开提供了重要的法律依据。

（二）《预防未成年人犯罪法》的制定

预防未成年人犯罪的立法工作，自第七届全国人大就已经开始着手研究。第八届全国人大常委会将其列入了立法规划，成立了起草小组，并拟出了法律草案的征求意见稿，1996 年年底印发全国征求意见。经过两年的论证和修改，1998 年 4 月在第九届全国人大常委会第二次会议上经过了初步审议，当时法律的名称为《预防少年违法行为法》。会后，原全国人大法律委员会、原内务司法委员会和全国人大常委会法工委根据审议意见多次共同研究，在北京、上海、陕西等地进行了广泛调查，并多次征求了中共中央政法委、最高人民法院、最高人民检察院、公安部、教育部、原文化部、原国家广播电影电视总局、共青团中央等部门的意见。在征求意见和调研过程中，从目前的实际情况看，大家普遍认为未成年人犯罪较为突出，做好预防未成年人犯罪工作应当是立法的主要任务。

全国人大法律委员会同原内务司法委员会共同研究后，将法律的调整范围规定为预防未成年人犯罪，将法律名称修改为《预防未成年人犯罪法》。调整范围的修改，抓住了未成年人罪错行为之间的关联和层级，突出了核心问题、明确了对策方向，协调了与《未成年人保护法》等法律的关系。这一修改思路在第九届全国人大常委会第九次会议对此稿进行第二次审议时得以确立。在此思路之上，又经过多次全面修改和补充，形成了相对完善的立法草案，并向全国公开征求意见。结合征求意见修改过的草案稿于 1999 年 6 月 28 日的第九届全国人大常委会第十次会议上正式通过。在犯罪趋向低龄化的大背景下，《预防未成年人犯罪法》的颁布无疑对保护未成年人身心健康、减少未成年人犯罪提供了法律依据。[②]

二、《未成年人保护法》的修改

《未成年人保护法》自通过以来，先后经过了多次修改，频繁修订是立法作为的表现，也使未成年人保护法更加完善、更具有实用性。

2006 年修订主要集中在两个方面，一是对一些重要的法律规定进行了补充和细化；二是从立法上对一些社会热点问题进行了回应。

---

① 参见康树华：《〈未成年人保护法〉的制定及其特点》，载《中国法学》1991 年第 6 期。

② 刘海涛：《〈预防未成年人犯罪法〉立法概要及主要内容》，载《中国人大》1999 年第 14 期。

2012年修正的主要内容是明确规定了讯问未成年犯罪嫌疑人及被告人、询问未成年被害人及证人时应当通知其法定代理人或其他人员到场，使其与《刑事诉讼法》的规定相一致。由此可知，2012年对《未成年人保护法》的修改仅仅是为了与《刑事诉讼法》相适应所作的简单调整，修改的内容非常有限。综上而言，《未成年人保护法》先前的两次修改都只是在原有制度框架下所作的简单修补，原有的制度谱系并没有发生变化，旧有的一些缺陷依旧存在，也未能解决其缺乏可操作性的问题，致使其在我国的法律体系中仍然处于边缘化的地位。①

2020年的修订，较前两次修改有了较为显著的变化，对原有法律进行了极大的扩容增量，增加了"网络保护""政府保护"等内容，同时也从系统视角增加了有利于未成年人保护的具体措施。具体而言，修改体现在如下几个方面②：

一是确立了未成年人保护的根本原则："未成年人最佳利益原则"。"未成年人最佳利益原则"是这次修订的基本精神线索，即整体规范结构、新增法律制度及现有制度更新皆以实现未成年人最佳利益为最高意旨。

二是增加了"网络保护""政府保护"两个专章。这是此次修改的最大亮点。政府保护独立成章，是这次修法的重大进步，体现了未成年人保护的政府责任和"政府是未成年人最终监护人"的国家亲权原则的要求。

三是规定了侵害未成年人的强制报告制度。此次修订吸收了实践中未成年人保护的有益成果，将好的未成年人保护措施法定化，侵害未成年的强制报告制度就是例证。2020年，最高人民检察院联合其他部门出台了《关于建立侵害未成年人案件强制报告制度的意见(试行)》，针对性侵、虐待、欺凌、拐卖等九类未成年人遭受不法侵害情形，要求有关单位和个人须立即报案，确保及时干预、严厉惩治、有效预防侵害未成年人犯罪。此次修订的《未成年人保护法》将实践中的成熟做法和有益经验通过法律形式固定下来，明确了侵害未成年人行为的发现报告制度。③

四是正视了现实生活中未成年人保护的难点。对于近年频发、高发的校园欺凌、网络沉迷、校园安全、监护不力等方面的问题，找准了未成年人保护的痛点、难点，增设了相关条文或完善了相关制度予以回应，从整体上、细节上增强未成年人保护的力度，补强了未成年人保护的薄弱环节。

---

① 参见高维俭：《〈未成年人保护法(2020修正案)〉评述》，载《内蒙古社会科学》2021年第2期。

② 有学者将这次修改内容总结为八个方面。参见郗杰英、郭开元：《与时俱进的〈中华人民共和国未成年人保护法〉》，载《预防青少年犯罪研究》2021年第2期。

③ 参见宋英辉、刘铃悦：《〈未成年人保护法〉修订的基本思路和重点内容》，载《中国青年社会科学》2020年第6期。

五是增强了“法律责任”一章的适用性。在“法律责任”一章中，细化了罚则，丰富了处罚措施，扩大了处罚主体，为未成年人保护的实施增加了驱动力。

三、《预防未成年人犯罪法》的修改

《预防未成年人犯罪法》于1999年颁布实施。第十二届全国人大常委会以来，一些全国人大代表提出了修改《预防未成年人犯罪法》的议案、建议，民政部、教育部等部门和单位也建议尽快启动《预防未成年人犯罪法》的修改工作。2018年，修改《预防未成年人犯罪法》被列入第十三届全国人大常委会立法规划。2019年10月，《预防未成年人犯罪法（修订草案）》提请第十三届全国人大常委会第十四次会议审议。2020年12月22日，第十三届全国人大常委会第二十四次会议第三次审议《预防未成年人犯罪法（修订草案）》，并在12月26日表决通过新法。这是该法实施21年来首次修订。“新法相较于旧法而言，每一个条文都有不同程度的改动。其中，新增条文33条，约占新法总条文数的48.5%；删除旧条文24条，约占旧法总条文数的35%。去除删除的旧条文，在保留的另外33条中，有28条进行了实质性的修改，5条进行了文字性的修改。”①

这次修法的进步主要表现在三个方面：第一，把未成年人越轨与越轨未成年人的分级预防、干预理念从学理讨论落实到立法规定，细化教育矫治的对象和措施；第二，激活工读学校，与《未成年人保护法》接轨，明确其转型为专门学校的法律定位，并规定一系列措施充实专门教育，以发挥对未成年人的教育矫治作用；第三，废止收容教养制度，新设专门矫治教育，明确适用对象是实施刑法规定的行为、因不满法定刑事责任年龄不予刑事处罚的未成年人，增强分级干预措施的层次性，实现《刑法》和《预防未成年人犯罪法》的衔接。②

第二节　我国未成年人保护法体系

《未成年人保护法》共有九章。第一章点明立法目的、明确保护原则，是总则规定；第二至七章，对与未成年人保护密切相关的六个方面进行了规定；第八章集中规定了未成人保护中的法律责任；第九章附则规定了相关术语、适用对象、生效时间。

---

① 姚建龙、柳箫：《〈预防未成年人犯罪法〉的修订及其进步与遗憾》，载《少年儿童研究》2021年第5期。

② 参见苏明月：《〈预防未成年人犯罪法〉修订中的选择与平衡》，载《少年儿童研究》2021年第5期。

一、未成年人保护的总体要求

《未成年人保护法》第一章总则规定了未成年保护的总体要求，明确了未成年人保护的立法目的、保护原则、主体责任。

立法的目的是保护未成年人身心健康，保障未成年人合法权益，促进未成年人德智体美劳全面发展，培养有理想、有道德、有文化、有纪律的社会主义建设者和接班人，培养担当民族复兴大任的时代新人。

未成年人保护需要坚持最有利于未成年人的原则，这是未成年人保护应当坚持的最重要原则。坚持最有利于未成年人原则就是在为未成年人提供保护时，给予他们主体地位，保障他们的人格尊严、权利，防止、反对将未成年人“客体化”。

未成年人保护需要遵循国家亲权原则。未成年人保护需要国家、社会、学校和家庭的共同努力、联合发力。“国家亲权理念在新未保法中的体现是全面铺开和渗透的。”①

最有利于未成年人原则和国家亲权原则贯穿于未成年人保护工作的每一个环节，各项措施、要求、安排都体现着保护未成年人权利、尊重未成年人尊严、倾听未成年人真实意愿以及国家对未成年人总负责的理念。

二、家庭保护

未成年人的父母或者其他监护人应当为未成年人成长创造良好的家庭环境，开展家庭教育，履行监护职责，尽到报告义务，当不能履行监护职责时，应当委托他人临时照护、代为照护。

（一）监护人应当认真履行保护未成年人的职责

《未成年人保护法》系统规定了未成年人的父母或者其他监护人承担的十项具体监护职责以及十一项对未成年人不可实施的行为，为家庭保护的实施提出了明确的要求，让未成年人能够感受到来自家庭的关爱和呵护。“新修订的《未成年人保护法》从亲职教育的要求、保障到法律责任，成为环环相扣的一整套保护链。如此一来，必将会增强家庭的‘教育力’，并将‘共同生活的其他成年家庭成员’纳入未成年人保护的队伍中，从而壮大了家庭中保护未成年人的力量。”②

（二）监护人应当做好临时照护、代为照护工作

未成年人身心发育还不成熟，不能完全辨别是非，缺乏一定的生活经验，欠缺自

---

① 姚建龙、公长伟：《未成年人保护中的国家亲权理念研究——以新未成年人保护法为重点》，载《预防青少年犯罪研究》2021 年第 1 期。

② 苏春景、焦迎娜：《新修订的〈未成年人保护法〉与家校合育》，载《预防青少年犯罪研究》2020 年第 1 期。

我照顾、自我保护的能力，未成年人需要在监护人的监督、照顾下生活、成长。《未成年人保护法》规定了临时照护或者代为照护，未满16周岁的未成年人不得脱离监护单独生活，当未成年人的父母或者其他监护人不能进行看护或者履行监护职责时，应当委托他人临时照护或者代为照护。

这项制度显然主要是针对大量的农村留守儿童无法得到父母照看而提出来的应对方案。“对于农村留守儿童而言，由于父母长期在外疏于照顾而产生了一系列问题，最主要是缺乏关爱和家庭教育：一是监护不力，80%以上是由祖父母隔代监护和亲友临时监护，教育、管理难以保证。二是缺乏抚慰，身心健康令人担忧。由于父母长期外出，其子女的情感需求得不到满足，遇到心理问题得不到正常疏导，加之缺乏有效监护，容易出现心理失衡、道德失范、行为失控的情况，甚至产生违法犯罪的行为。三是由于其防护能力弱，留在农村的民工子女容易受到意外伤害和不法侵害。”①代为照护适用条件的细化和禁止性规定，可以在很大程度上改变“生而不养”的监护现状，有助于督促监护人履行监护职责。

（三）监护人应当保障未成年人的安全

未成年人还不具备独立保护自我的能力，监护人应当从家庭环境安全、交通安全和户外活动安全三个方面保障未成年的人身安全。

三、学校保护

学校在向学生传授知识、培养品格之时，更要保障他们的安全、维护他们的权益。学校推进未成年人保护工作，重点在于建立、健全相关安全制度。

（一）学校应当建立未成年学生保护工作制度

1. 学校、幼儿园的教职员工应当尊重未成年人人格尊严，不得对未成年人实施体罚、变相体罚或者其他侮辱人格尊严的行为。

2. 学校应当关心、爱护未成年学生，帮助他们养成良好习惯。

3. 学校不得违规补课。

4. 不得违反国家规定开除、变相开除未成年学生。

（二）学校应当建立安全管理制度

学校、幼儿园应当从人、财、物方面加强配置，保护未成年人身心健康，防止发生伤害未成年人的人身权益的事故。学校、幼儿园应当建立健全校车安全管理制度。

---

① 王明学、舒弘毅、刘闵：《我国未成年人保护工作的发展和思考——〈未成年人保护法〉施行20周年之际》，载《当代青年研究》2011年第12期。

"安全保障义务是学校保护义务的底线内容,也是家长和社会最为关注的事项。"①尽管近些年法律法规对于学校安全管理制度再三规定、多次强调,但是校园安全事件时有发生,有些成了社会热点事件。食物中毒、设施致害、校车事件频现,说明学校安全管理制度与现实需要还有一定的差距,校园安全关系着孩子的健康,心系着家长的担忧,牵动着大众的神经,学校应当严格落实法律规定的安全管理制度规定,保护未成年人在学校的安全。

(三)学校应当建立学生欺凌防控工作制度

当发生学生欺凌事件时,学校应当立即制止,通知双方家长,针对实施欺凌和被欺凌学生采取相应的针对措施。对严重的欺凌行为,不得隐瞒,做好报告工作。

(四)学校、幼儿园应当建立预防性侵害、性骚扰未成年人工作制度

"学校本应成为未成年人的'温暖港湾',但实际却成为侵害未成年人犯罪的高发场所,这不得不令人遗憾痛惜。"②学校、幼儿园应当对未成年人开展适合其年龄的性教育,提高未成年人防范性侵害、性骚扰的自我保护意识和能力。对性侵害、性骚扰未成年人等违法犯罪行为,学校、幼儿园应当及时报告。

学校应当做好对于严重欺凌行为,性侵害、性骚扰未成年人等违法犯罪行为的报告工作。强制报告能够尽早、尽快让教育行政部门、公安机关掌握违法犯罪情况,开展相应的处置工作,能最大限度地将危害减损到最小、避免类似行为的再次发生。强制报告制度意味着学校应当摒弃"大事化小、小事化了"的心态处置针对未成年人的欺凌行为、违法犯罪行为,对于这类严重伤害未成年人身心健康的行为,应当交由国家机关进行专业化干预。"强制报告制度的确立对贯彻落实国家亲权主义的基本理念具有重要意义。"③

四、社会保护

全社会应当形成保护、关爱未成年人的大氛围,毕竟建设未来社会的主力是当下的未成年人。

(一)相关社会单位承担的保护未成年人的具体职责

1.居民委员会、村民委员会应当设置专人专岗负责未成年人保护工作。

---

① 姚建龙:《论学校保护——以未成年人保护法学校保护章为重点》,载《东方法学》2020年第5期。

② 肖登辉、张立波:《学校视角下侵害未成年人犯罪的治理——以强制报告制度为例》,载《预防青少年犯罪研究》2021年第3期。

③ 自正法:《侵害未成年人案件强制报告制度的法理基础与规范逻辑》,载《内蒙古社会科学》2021年第2期。

2. 相关单位应对未成年人免费或者优惠开放，为未成年人提供便利。

3. 旅馆、宾馆、酒店等住宿经营者接待未成年人入住时应讯问相关信息。

4. 营业性娱乐场所、酒吧、互联网上网服务营业场所等，烟、酒、彩票销售网点不得设置在学校、幼儿园周边。针对未成年人的经营应该受到严格限制或者禁止。

5. 招录未成年人需要遵守严格的要求。

6. 密切接触未成年人的单位具有对相关人员的违法犯罪记录的查询义务。

（二）与未成年人密切相关的产品、场所应当符合要求

1. 书刊、作品、信息网络应做好自我审查、内部管理，防止未成年人接触到不利于他们健康成长的各种信息。

2. 与未成年人密切相关的产品、场所应当符合国家或者行业安全标准，不得危害未成年人的人身安全和身心健康。

3. 大型的商场、车站等场所运营单位应当设置搜寻走失未成年人的安全警报系统。

4. 公共场所发生突发事件时，应当优先救护未成年人。

（三）禁止侵害、剥削未成年人

未成年人处于弱势地位，容易被剥离、利用，禁止对未成年人非法利用、伤害。

五、网络保护

大量未成年人网民的涌现是一个不争的事实，大数据更能说明该问题。"未成年人首次触网年龄不断降低，10 岁及以下开始接触互联网的人数比例达 78%。"①未成年人使用网络的低龄化、普遍化、大众化客观上要求加强对未成年人的网络保护、净化网络环境、保护未成年人在网络环境下的身心健康。《未成年人保护法》积极应对未成年人网络保护的热点、重点和难点，构建了一套完整的网络保护体系。"《未成年人保护法》增设的第五章'网络保护'，从网络素养教育、网络信息管理、网络沉迷防治、个人信息保护、网络欺凌防治等角度切入，对国家、社会、学校以及监护人的义务在法律条文中进行了周详的介绍，细化了教育、公安、电信、网络安全和信息化委员会办公室、新闻出版等有关部门的具体职能，对监护人的引导和监督义务进行了深化，赋予监护人多种手段保护未成年人的上网安全。"②

1. 国家、社会、学校和家庭应当保障未成年人在网络空间的合法权益。

---

① 彭伶：《未成年人网络沉迷的原因及精准治理》，载《民主与法制时报》2021 年 6 月 3 日，第 6 版。

② 蒋俏蕾、陈宗海：《未成年人网络保护：理念、内容与路径》，载《预防青少年犯罪研究》2020 年第 1 期。

2. 加强对未成年人信息的保护。获取、使用、处理未成年人信息应当遵循特定的规则，应当保护对未成年人的网络隐私。

3. 应对网络沉迷。未成年人网络沉迷已经成为常见现象，诸如游戏沉迷、社交沉迷、视频沉迷、直播沉迷、网购沉迷等大量存在，网络沉迷消耗了未成年人的精力、转移了他们的注意力，对未成年人的教育、成长构成了巨大威胁。《未成年人保护法》提供了防止、应对网络沉迷的措施。

4. 防治网络欺凌。网络已经成为一种非常有力的欺凌途径，通过网络散布传播欺凌视频、音频和文字图片，对他人实施中伤诽谤、恐吓敲诈等行为，使网络欺凌成为一种可怕的欺凌手段。《未成年人保护法》认真关注了网络欺凌，并且提出了有力的应对方案。

六、政府保护

"政府是未成年人保护的责任主体。建立未成年人专门保护机构，协调未成年人保护的相关工作，落实主体责任，为未成年人的保护提供兜底保障。"①政府在未成年人保护工作中扮演着最终角色，具体负责落实、兑现国家亲权责任。如果政府保护流于表面、不能具体落实，就会导致整个未成年人保护体系根基不牢。《未成年人保护法》强调了各级政府保护未成年人的责任，明确了协调机构，建立了政府专门机构和专门人员，细化了政府及其组成部门的具体职责。《未成年人保护法》下大力气促成政府保护的落实，促进了国家亲权责任的实现。

1. 人民政府承担的未成年人保护的责任。《未成年人保护法》规定了人民政府开展未成年人保护工作的方案、内容，涵盖了成立、设立相应机构，保障未成年人安全，开通全国统一的未成年人保护热线，建立性侵害、虐待、拐卖、暴力伤害等违法犯罪人员信息查询系统等事项。

2. 公安部门承担的未成年人保护的责任。公安机关和其他有关部门应当依法维护校园周边的治安和交通秩序，设置监控设备和交通安全设施，预防和制止侵害未成年人的违法犯罪行为。

3. 民政部门依法对未成年人进行临时监护或者长期监护。当监护人存在特定情况不能履行监护职责或者不适合继续履行监护职责时，民政部门应当对未成年人进行临时监护或者长期监护。"民政临时监护就是当监护因故暂时缺位时国家进行补

---

① 郗杰英、郭开元：《与时俱进的〈中华人民共和国未成年人保护法〉》，载《预防青少年犯罪研究》2021 年第 2 期。

位。”[①]临时监护和长期监护是国家亲权的最直接体现。

七、司法保护

1. 司法机关和司法行政部门承担的共通性职责

司法机关和司法行政部门应当确定专门机构或者指定专门人员负责办理涉及未成年人案件,应当考虑未成年人身心特点和健康成长的需要,听取未成年人的意见,不得披露有关案件中可能识别出未成年人身份的信息,依法为未成年人提供法律援助或者司法救助,对未成年人进行讯问、询问应遵守特定的规则,发现有关单位未尽到保护职责时向该单位提出建议,开展未成年人法治宣传教育工作。

2. 人民检察院对未成年人的司法保护措施

(1)人民检察院通过行使检察权,对涉及未成年人的诉讼活动等依法进行监督。

(2)涉及公共利益的,人民检察院有权提起公益诉讼。

3. 人民法院对未成年人的司法保护措施

(1)人民法院审理涉及未成年人的案件,按照最有利于未成年人的原则依法处理。

(2)人民法院审理涉及未成年人的案件可以对未成年人的相关情况进行社会调查。

4. 对待违法犯罪的未成年人的方针、原则

实行教育、感化、挽救的方针,坚持教育为主、惩罚为辅的原则。对违法犯罪的未成年人依法处罚后,在升学、就业等方面不得歧视。

对于罪错未成年人或者未成年受害人、未成年司法参与人,司法机关应充分考虑到他们的身心特点,采取富含未成年人保护理念的措施、方法保证未成年人的权益。

八、法律责任

针对侵犯未成年人权益的行为,《未成年人保护法》规定了较为细致的法律责任,这些法律责任针对的行为包括:相关单位及其工作人员未履行报告义务,造成严重后果;未成年人的父母或者其他监护人不依法履行监护职责或者侵犯未成年人合法权益;学校、幼儿园、婴幼儿照护服务等机构及其教职员工不依法履行监护职责或者侵犯未成年人合法权益;未给予未成年人免费或者优惠待遇;创造危害未成年人身心健康的作品;场所运营单位、住宿经营者未尽到保护义务;娱乐场所未遵守禁止性规定;向未成年人售卖烟、酒、彩票;招用未满16周岁未成年人;密切接触未成年人的

---

① 苑宁宁:《关于民政临时监护未成年人制度的理解与适用》,载《中国民政》2021年第11期。

单位未对员工展开是否具备侵犯未成年人倾向或历史的调查;信息处理者、网络产品和服务提供者未履行禁止性义务;国家机关工作人员玩忽职守、滥用职权、徇私舞弊,损害未成年人合法权益;侵犯未成年人合法权益,造成人身、财产或者其他损害。

法律责任包括:给予处分;予以劝诫、制止,向公安机关报告,责令其接受家庭教育指导;责令限期改正;给予警告、罚款;责令暂停相关业务、停产停业或者吊销营业执照、吊销相关许可证;关闭网站;承担民事责任;给予治安管理处罚;追究刑事责任。

第三节 我国预防未成年人犯罪法体系

《预防未成年人犯罪法》按照未成年人可能实施犯罪的过程及犯罪后防止再犯的基本思路,分为预防犯罪的教育、对不良行为的干预、对严重不良行为的矫治和对重新犯罪的预防,构建了事前教育、事中干预矫治、事后预防的逻辑体系。《预防未成年人犯罪法》将"预防"覆盖了未成年人走上违反犯罪的路线的全过程,在不同阶段构建、突出了不同的措施和要求。

一、预防未成年人犯罪的总体方案

《预防未成年人犯罪法》明确了预防未成年人犯罪的总体方案,从而有利于统摄专门教育、专门矫治教育的展开。在加强专门学校建设、明确专门学校的性质及运行机制之基础上,预防未成年人犯罪的工作应从两方面予以开展。

一方面,《预防未成年人犯罪法》确立了预防未成年人犯罪的原则与方案。主要包括预防未成年人犯罪采取预防为主、提前干预的策略;尊重未成年人人格尊严;在各级人民政府组织下,实行综合治理;结合未成年人不同年龄的生理、心理特点,加强青春期教育、心理关爱、心理矫治和预防犯罪对策的研究。

另一方面,全社会应当关心、关注、推进预防未成年人犯罪工作。各级人民政府在预防未成年人犯罪方面承担着重要职责。公检法以及司法行政部门应当由专门机构或者经过专业培训、熟悉未成年人身心特点的专门人员负责预防未成年人犯罪工作;社会组织应当为预防未成年人犯罪贡献社会力量;任何组织或者个人不得诱导未成年人实施违法犯罪行为。

二、预防未成年人犯罪的教育

"对于未成年人校园暴力犯罪问题,不能仅重视事中干预和事后处理,预防校园暴力犯罪也十分重要。”[①]一方面,犯罪未成年人的法治意识与法治观念淡薄,道德观与价值观趋于庸俗化。因此,提升未成年人的法治素养,培育其树立良好的道德标准,将有助于其在日后的生活中严格规范自身行为,避免触犯法律。[②] 另一方面,“未成年犯罪与其个性特征密切相关,是由其犯罪心理结构决定的”[③],对此,相关主体应针对未成年人开展心理咨询与心理疏导,并建立良好的反馈机制,尽早发现并解决未成年人的心理问题,从而纠正可能存在的人格缺陷。

《预防未成年人犯罪法》就未成年人教育问题作出了相关规定,主要包括:对未成年人开展预防犯罪教育是国家、社会、学校和家庭的责任;未成年人的父母或者其他监护人对未成年人的预防犯罪教育负有直接责任;教育行政部门、学校应当推进、开展预防犯罪教育;政府、司法机关、人民团体和居民委员会、村民委员会应当结合实际,组织、举办多种形式的预防未成年人犯罪宣传教育活动;校外活动场所、职业培训机构、用人单位应当注重对未成年人的预防犯罪教育。

三、对不良行为的干预

不良行为,是指学生在学习生活、人际交往、自我意识等方面表现出来的反社会、反规则的不良心理状态和行为特征,主要包括违法行为、违纪行为和违反公德的行为。[④]

《预防未成年人犯罪法》规定了具体的干预措施。首先,该法对不良行为进行了列举。例如,吸烟、饮酒;多次旷课、逃学;无故夜不归宿、离家出走;等等。其次,监护人、公安机关、村党支部委员会和村民委员会需要对不良行为进行干预。再次,学校应对不良行为进行干预,应当对相关学生加强管理教育,不得歧视;对拒不改正或者情节严重的,学校可以根据情况予以处分或者采取管理教育措施。最后,该法还对特定不良行为规定了干预措施,这些行为包括偷窃、殴打、辱骂、恐吓、强行索要财物、旷课、逃学、夜不归宿、离家出走、组织或者参加实施不良行为的团伙等。

四、对严重不良行为的矫治

未成年人实施严重不良行为已经触犯了法律的底线,应当受到相应的处罚,由于

---

① 王丽荣、孟静:《未成年人校园暴力犯罪预防的德育理念——以日本创价学园德育思维为借鉴》,载《高教探索》2018 年第 12 期。

② 参见张良驯、刘胡权:《违法犯罪未成年人的思想道德和法律意识研究》,载《中国教育学刊》2014 年第 12 期。

③ 苏春景、杨虎民:《未成年犯罪的个性特征及预防策略》,载《教育研究》2017 年第 12 期。

④ 参见姜敏敏、张积家:《校园不良行为干预的新途径——社会规范方法及其应用》,载《中国特殊教育》2008 年第 2 期。

未成年人还不能充分理解处罚的意义,所以长期以来,《刑法》规定16周岁以上的未成年人犯罪需要承担刑事责任;已满14周岁不满16周岁的未成年人,仅对故意杀人、故意伤害致人重伤或死亡、强奸、抢劫、贩卖毒品、放火、爆炸、投放有毒物质八种行为负责;不满14周岁的未成年人犯罪不负责任。

不过,2020年第十三届全国人大常委会第二十四次会议表决通过《刑法修正案(十一)》,其规定:已满12周岁不满14周岁的人,犯故意杀人、故意伤害罪,致人死亡或者以特别残忍手段致人重伤造成严重残疾,情节恶劣,经最高人民检察院核准追诉的,应当负刑事责任。

实践中仍然存在不符合上述年龄条件但却实施了严重不良行为的未成年人,对他们的行为显然也不能不加干预,任其发展,因此,对于这类未成年人应当进行矫治。《预防未成年人犯罪法》指出,严重不良行为,是指未成年人实施的有《刑法》规定、因不满法定刑事责任年龄不予刑事处罚的行为,以及严重危害社会的行为。对此,应从五个方面予以矫治。第一,公安机关可以对有严重不良行为的未成年人采取矫治教育措施。第二,对有严重不良行为的未成年人,未成年人的父母或者其他监护人、所在学校无力管教或者管教无效的,可以向教育行政部门提出申请,经专门教育指导委员会评估同意后,由教育行政部门决定送入专门学校接受专门教育。第三,未成年人实施严重危害社会的行为,情节恶劣或者造成严重后果等情形,经专门教育指导委员会评估同意,教育行政部门会同公安机关可以决定将其送入专门学校接受专门教育。第四,未成年人实施《刑法》规定的行为、因不满法定刑事责任年龄不予刑事处罚的,经专门教育指导委员会评估同意,教育行政部门会同公安机关可以决定对其进行专门矫治教育。第五,专门学校应当对接受专门教育的未成年人分级分类进行教育和矫治,对没有完成义务教育的未成年人,应当保证其继续接受义务教育。

五、对重新犯罪的预防

根据《预防未成年人犯罪法》规定,这一工作主要包括四个方面。

第一,办理未成年人刑事案件时,公安机关、人民检察院、人民法院应当有针对性地进行法治教育;可以进行社会调查、心理测评,社会调查和心理测评的报告可以作为办理案件和教育未成年人的参考;应当为特定情况的未成年人指定合适成年人作为保证人,必要时可以安排取保候审的未成年人接受社会观护。

第二,对被拘留、逮捕以及在少年犯管教所执行刑罚的未成年人,应当与成年人分别关押、管理和教育;少年犯管教所、社区矫正机构应当对未成年犯、未成年社区矫正对象加强法治教育,并根据实际情况对其进行职业教育。

第三，对刑满释放的未成年人的安置帮教和公平对待。任何单位和个人不得歧视刑满释放和接受社区矫正的未成年人。

第四，对未成年人违法犯罪的相关记录的封存。公安机关、人民检察院、人民法院和司法行政部门不得向任何单位或者个人提供。

六、法律责任

针对违反未成年人犯罪预防要求的行为，《预防未成年人犯罪法》规定了详细的责任，增强了法律的强制力和可执行性。这些法律责任针对的行为包括：监护人不依法履行监护责任，怠于履行责任的；学校及其教职员工不履行预防未成年人犯罪工作职责，或者虐待、歧视相关未成年人的；歧视未成年人的，虐待、歧视接受社会观护的未成年人的，或者出具虚假社会调查、心理测评报告的；诱导未成年人实施不良行为或者严重不良行为的；国家机关及其工作人员在预防未成年人犯罪工作中存在渎职行为的。

责任形式包括：针对监护人的训诫、责令其接受家庭教育指导；针对学校及教职员工的责令改正、通报批评、给予处分、予以解聘或辞退、予以治安管理处罚；针对国家机关及其工作人员的给予处分。

第四节　我国未成年人保护与犯罪预防的价值

未成年人保护与未成年人犯罪预防较全面地覆盖了未成年人保护的内容，未成年人保护与未成年人犯罪预防的重视和实施，对于未成年人、社会、国家都具有重要的价值，有助于未成年人的成长，有利于社会的和谐稳定，有益于国家的繁荣富强。

一、有利于未成年人的成长

“未成年人是国家的未来和民族的希望，未成年人的成长不仅仅是未成年人个人的私事，也是一个社会发展的重要组成部分。”[①]未成年人处在一个身心发育迅速成长、价值观不断形成的过程中，需要家庭、学校、社会、政府的协同努力，促进、保障未成年人的健康成长。

在保护未成年人时，要防止出现将未成年人客体化的倾向，尊重他们的意思自由和参与权。未成年人保护与预防未成年人犯罪需要全社会的共同努力，为未成年人

---

① 窦衍瑞：《论未成年人犯罪国家干预法律理念的更新》，载《广西社会科学》2017 年第 10 期。

的成长建立良好的环境和制度。《未成年人保护法》和《预防未成年人犯罪法》是保护未成年人的两根坚实支柱,以这两根支柱为中心,我们构建了从宪法、法律、行政法规、地方性法规再到司法条文完整的保护体系。以《未成年人保护法》和《预防未成年人犯罪法》为核心的未成年人保护法律体系为未成年人的健康成长、良性发展提供了制度供给和法律保障。

二、有利于家庭的幸福美满

保护好未成年人,防止他们走上犯罪道路,促成他们的健康成长,引导他们良性发展,既是家庭的责任,也让家庭在这个过程中充分体验到幸福。可以预见,孩子离家出走、违法犯罪甚至自杀会给家庭带来多大的痛苦。做好未成年人保护、预防未成年犯罪,促进未成年人健康快乐地成长,将会带来幸福美满的家庭生活。

同样,良好的家庭环境反过来也会促进孩子健全人格的发展。正如有论者指出的那样:“完善的家庭功能可以预防未成年人犯罪行为的发生。”①特拉维斯·赫西(Travis Hirschi)亦指出,当与父母的联系加强时,未成年人犯罪的可能性就会降低。②

三、有利于社会的和谐稳定

未成年人是社会中变数最大的群体,他们具有极大的可塑性。绝大部分的未成年人,将逐渐成为社会建设的主力。一部分未成年人可能处在向好或者向坏的徘徊期,一旦因缘巧合,就可能走上违法犯罪的道路。如果对这部分未成年人进行正确的监管和引导,因人施策、因势利导,帮助他们解决切身困难、化解他们的内心郁结,让他们建立起正确的认知观、生活观、问题观。

未成年人的身心特点和社会角色,决定了他们易受不良行为引诱和影响,一旦他们的认知发生了偏差,实施相应的违法犯罪行为,将会给社会带来很大的破坏。根据实际案例统计数据,未成年人犯罪以暴力犯罪和财产犯罪为主,这两类犯罪多集中在传统型犯罪,与社会大众的治安体感有着密切的联系。暴力犯罪和财产犯罪的增加,必将影响社会秩序,妨害公众的正常生活,影响社会的正常发展,增加社会的治理成本。

四、有利于国家的繁荣富强

未成年人是国家的未来和希望,他们是国家繁荣富强的重要支撑。国家的繁荣

---

① 杨江澜、王鹏飞:《未成年人犯罪的家庭影响因素分析》,载《中国青年研究》2017 年第 3 期。

② 参见[美]特拉维斯·赫西:《少年犯罪原因探讨》,吴宗宪译,中国国际广播出版社 1997 年版,第 3~4 页。

富强是一个综合工程，要求人力资源、制度供给、思想认知、科技实力、对外关系等各方面都能跟得上、行得通、用得好，任何一个元素的弱化都可能拉低国家繁荣富强的水平。这其中，最为重要的是人的因素，需要人口数量、人口结构、人口素质的综合提升。未成年人最具活力、创造力，保护好、培养好、发展好未成年人，有助于社会各项事业的良好发展，从而促进国家的繁荣富强。

国家的繁荣富强离不开创造、创新。未成年人求知欲强，对新生事物保持着天然的好奇心和新鲜感，他们愿意为此付出精力并积极体验寻求知识增长带来的快乐。未成年人是知识继承、技术创新的引领者。保护未成年人、预防矫治未成年人犯罪，促进他们健康成长，成为国家的合格公民，将为国家的发展注入活力，国家的繁荣富强就有了重要的人力资源支持。

思考题

1. 请概括预防未成年犯罪工作的重要性和主要手段。
2. 请思考家庭应当如何具体地预防未成年人犯罪？

第十七章 高校校规的法律性质

高校校规是高校为实现学校教学、科研、管理及其他事务的正常运转而制定的通行于本校的规章制度，其表现形式通常包括规定、章程、规程、简章、办法、决定、通知等。高校校规主要分为三类，即规范学生、教师以及学校行政管理行为的校规。本章仅探讨规范学生行为的这一类校规。

近几十年，随着我国高等教育体制改革不断深化，高校的办学自主权得以被广泛地承认与巩固，高校在招生、教学、管理以及学位授予等方面展示出了更为积极的作为；与此同时，高校学生就上述问题针对高校提起诉讼的案件也不断发生。这类案件折射出的更深层次的信息就是高校校规的合法性与合理性问题，即高校校规中哪些内容必须由国家立法来规定，高校只能严格执行；哪些内容可以由高校在上位法规定的范围内展开进一步细化；哪些内容可以由高校展开较为自由的自主性规定；高校校规是否具备可诉性，能否接受司法审查。

第一节 高校校规的基础范畴

高校校规因同时内含社会权利与行政权力而导致其范畴较为模糊，尤其是高校校规的分类历来备受争议，这进一步加剧了司法实践中关于教育行政纠纷“同案不同判”的现象。明晰高校校规的基础范畴及分类标准，对于解决因校规而引发的司法纠纷具有基础性意义。

一、高校校规制定权的性质澄清

对高校校规制定权的性质展开澄清是科学界定高校校规范畴的前提，有利于对高校校规展开合理分类，从而形成对高校校规的科学认知。学理上，关于高校校规的制定权存在三种学说。

首先，授权说主张高校制定校规的权力来自《高等教育法》《学位条例》等法律法规及其他规章的授权,[1]它们是高校校规不得违背的上位法。因此,“高校校规在没有上位法的依据或授权之下,不得随意设定减损学生权利或者增加其义务的规范,也不得肆意增加高校权力或者减少其法定职责”[2]。

其次,固有权力说主张校规制定权是高校在发展的历史长河中形成的固有权力,国家法律是确认而非创造了高校的这一权力。[3] 这一学说具体又分为两种言说指向。一方面,部分学者认为,这种固有权力是指大学自治(高校自治)权,因此,“校规的实质合法性基础是由大学的独特地位决定的”[4];另一方面,亦有学者指出,“高校自治抑或大学自治,不具有本源性的价值,其旨在维护和实现学术自由”[5],也即是说,“高校自主权的法源来自作为宪法基本权利的学术自由权利”[6],而非来自高校自治或国家授权。

最后,二元属性说主张:“公立大学……需要承担国家赋予的特定公共职能,行使国家转移的公权力,因此在宪法地位上,公立大学除了作为大学自治权利的享有者以外,还具有公权力行使者的身份。”[7]易言之,高校所享有的权力除属于高校的固有权力(此处指大学自治权)外,部分权力在当下还因披上了公共职能的外衣而具备了法律承认的公权力性质。

在上述三种理论中,授权说与固有权力说都存在明显的理论漏洞。一方面,授权说忽视了高校校规内容的丰富性,因为授权意味着“法无授权皆禁止”,但诸如宿舍管理规定等校规显然没有也不需国家立法授权;同时,这一学说也无法对相关教育立法出台之前的高校校规的性质展开定位,因为诸如《高等教育法》《学位条例》等法律法规皆出台于20世纪八九十年代,按照授权说的观点,此前高校制定校规就属于未授权的非法行为,这显然有违人们对于教育活动的通常理解。另一方面,固有权力说尽管深刻认识到了高校校规制定权的宪法性自治品相与历史逻辑,但是,就我国法治实践而言,毕竟有诸多高校校规进入了司法程序并接受了行政法层面的合法性审查,

---

① 参见刘标:《高校规章制度的行政法学分析》,载《苏州大学学报》2004年第4期。

② 段斌斌:《高校校规的合法与合理——从〈行政诉讼法〉的修订看高校校规的完善》,载《中国人民大学教育学刊》2015年第4期。

③ 参见张冉:《高校校规:大学自治与国家监督间的张力》,载《清华大学教育研究》2011年第6期。

④ 湛中乐:《教育行政诉讼中的大学校规解释——结合甘某诉暨南大学案分析》,载劳凯声编:《中国教育法制评论》(第10辑),教育科学出版社2012年版,第28页。

⑤ 伏创宇:《高校校规合法性审查的逻辑与路径——以最高人民法院的两则指导案例为切入点》,载《法学家》2015年第6期。

⑥ 黄厚明:《基于法律保留原则的高校校规制定权限研究》,载《高等教育研究》2018年第3期。

⑦ 王建学、朱福惠:《论大学自治的宪法保障》,载《高等教育研究》2012年第11期。

这是自治性规范所无法引发的结果；且高校部分权力确实属于行政类法律所明确规定的权力，因而，固有权力说过于理想化，忽视了高校校规的实践面向。

所以，比较而言，二元属性说更能让高校校规制定权获得符合法理和司法实践的规范表达。但是，上述二元属性说将高校校规制定权的首要来源解释为大学自治仍有待商榷。从历史发展来看，尽管源于中世纪的大学自治早于源于文艺复兴和启蒙运动的学术自由而出现，但自后者产生以来，大学自治就逐渐“被解释为大学组织享有的学术自由权，为学术自由权提供制度性保障”①；在功能的层面上，“高校作为人类从事高深学问探究的‘智力活动’与特定‘制度上的架构’天然联系而发展形成的社会组织，应享有学术自由以实现其学问探究与知识传承的社会教育职能，享有不依赖于国家教育立法授权而存在的自治权”②。所以，大学自治仅仅是学术自由的“客观价值秩序”③，是实现学术自由的手段，是学术自由而非大学自治，从本源上赋予了高校制定校规的权力。

在此基础上，现代立法亦赋予部分高校校规制定权以行政权力的属性，此时高校属于被授权组织，是行政机关的下级机关，这一部分校规除了具备自治规范的底色外，还具有抽象行政行为的法律地位。对高校展开上述授权的必要性在于：一方面，作为保障学术自由的手段，大学自治并不意味着高校属于法外之地。根据现代法治原则，自治团体亦不得侵犯团体成员的基本权利，因之，通过授权的方式赋予部分重要的校规以抽象行政行为的法律地位，可以有效地在法律制度内约束该类行为的行使，保障学生的受教育权等基本权利。尽管这种授权在实践中难免会对学术自由产生一定影响，但这是施行法治、依法治教所必须付出的且能够为社会承受的代价。这也就意味着，现代法治时代传统的“特别权力关系理论”已然瓦解，高校校规也当然不是绝对自治的团体规范。另一方面，保证教育质量也是国家的应然责任。当下，教育在经济社会发展进程中的作用更为凸显，高等教育的水准直接关涉社会公共利益与国家利益，因而，国家当然有义务通过立法与授权赋予部分校规以抽象行政行为的地位，并进而以此规范部分相对重要的高校行为，避免因过分依赖高校自主权而导致的对公共利益的忽视。

综上，高校校规制定权在本源上源于学术自由，但国家同时对部分制定行为进行行政授权，赋予高校在特定情况下的“准行政机关”地位，以及部分高校校规抽象行

---

① 刘强：《论大学自治权对学术自由权的僭越与回归》，载《高校教育管理》2019 年第 2 期。

② 贺奇兵：《国家教育立法对高校校规的规范效力》，载《法学》2019 年第 4 期。

③ 王德志：《论我国学术自由的宪法基础》，载《中国法学》2012 年第 5 期。

政行为的属性,这一部分高校校规兼备自治规范与法律规范的双重品格。对高校校规制定权的性质展开上述研讨的意义在于:明确高校校规学术自由的底蕴与品相,进而,国家(尤其是司法机关)应尽可能地对高校学术事务采取尊重、谦让的态度,维护高校的学术自由;同时,在国家认为相对重要并授权的领域,高校亦不得以特别权力关系或大学自治为由对抗司法审查,而应遵循法律保留或法律优先之原则,从而实现司法机关对学生受教育权的兜底保障。

二、高校校规的类别界定

上述关于高校校规二元属性的澄清并未说明高校在授权状态下制定的校规(以下简称授权性校规)与单纯作为自治规范的"自治性校规"的区分界限。在我国法律框架下,基于教育行政法律法规的相关规定,以及大陆法系国家校规的区分传统,笔者认为,授权性校规主要指规定学籍管理与学位授予的校规,规定其他内容的校规则属于自治性校规。

首先,高校校规所关涉的学生权利种类较为丰富,但其中与学生联系最为密切且最重要的权利则是受教育权这一基本权利。《教育法》(第 21 条、第 22 条、第 23 条、第 29 条)、《高等教育法》(第 16 条、第 22 条)、《学位条例》(第 8 条、第 10 条、第 17 条)、《学生管理规定》(第 13 条、第 15 条、第 18 条、第 30 条、第 33 条、第 51 条、第 56 条)对受教育权进行了细致规定,并形成了学籍管理与学位授予两类校规内容。"根据'授权明确性'原理,行政机关被授权制定有关的规范性文件时,被授权的相关事项是明确和具体的。"[①]指导案例 38 号确认了上述行政类法律规范规定的内容属于行政授权,并指出由此形成的关系乃行政法律关系:"根据我国法律、法规规定,高等学校对受教育者有进行学籍管理、奖励或处分的权力,有代表国家对受教育者颁发学历证书、学位证书的职责。高等学校与受教育者之间属于教育行政管理关系。"[②]

其次,高校在进行学籍管理与学位授予时,其与学生的地位显然是不平等的,类似于行政机关与行政相对人之间的法律关系,且学籍管理与学位授予行为亦符合"单方性、强制性"[③]的行政行为特质。这也再次说明学籍管理与学位授予类校规是

---

① 黄厚明:《高校校规的创制研究:基于两种权力观的考察》,载《教育科学》2016 年第 4 期。

② 《指导案例 38 号田永诉北京科技大学拒绝颁发毕业证、学位证案》,载中国法院网,https://www.chinacourt.org/article/detail/2014/12/id/1524355.shtml,最后访问时间:2021 年 7 月 2 日。

③ 任海涛:《司法介入高校学生管理行为的法理分析——以"梅杰留级案"及最高人民法院指导案例为中心》,载《教育发展研究》2018 年第 21 期。

高校在授权状态下发布的校规,此时高校行使的是政府“下放”的权力[①],该类校规的性质属于抽象行政行为。

最后,传统大陆法系国家依据校规与学生基本权利的关联程度,通常将校规划分为“法源性校规”与“自律性校规”。前者直接关涉学生的基本权利,高校运用法源性校规时被视为是在行使行政权;自律性校规不涉及学生基本权利,不具有行政法法源性质,其涉及校内组织管理秩序,纯粹属于高校自治范畴。这种传统也再次印证了我国学籍管理与学位授予类校规的行政法法源性质或抽象行政行为的地位。

学籍管理与学位授予之外的校规则属于自治性校规,它是高校为了保证学术活动自由开展而在秩序管理等方面进行的规定。即便有相关立法对之作出规定,如《教育法》第 29 条规定学校“按照章程自主管理”,但这种规定较为笼统,不符合“授权明确性”原则,因而其并不属于授权规定,仅仅是立法对高校自治权的确认;同时,对这类内容也不宜进行授权,否则高校将完全丧失自由运行及发展的空间。

总之,授权性校规与自治性校规构成了规范学生行为的高校校规的完整面向:

一方面,授权性校规包含学籍管理与学位授予两类内容,且这部分高校校规的运用主要体现为教育惩戒的施行。综合《学位条例》《学生管理规定》及司法判决的有关内容,学籍管理与学位授予类校规的运用体现为:判断应否给予学生重修或补考、课程考核成绩记为无效、留级或降级、警告、严重警告、记过、留校察看、取消入学资格、取消学籍、退学、开除学籍、不授予学历证或学位证、撤回学位的决定。

另一方面,自治性校规通常体现为针对学生的行为规范、课程安排、奖励资助、住宿管理、校园安全及其他日常事务管理等事项的规范,这一类校规尽管也体现了教育的宗旨,但其并不直接涉及学籍管理或学位授予,如不得使用大功率电器、宿舍不得留宿异性等规定。根据《教育法》第 32 条和《高等教育法》第 30 条的规定,高校具备法人资格,因之,其与学生在无涉公民基本权利的事项上可以形成内部管理关系,这部分校规就属于《高等教育法》第 28 条第 6 项规定的“内部管理体制”,高校有权在这些范围内实行自主管理。《教育法》第 29 条、第 44 条,《高等教育法》第 53 条,以及《学生管理规定》第 4 条都肯定了高校的这一权力。在属性上,自治性校规被视为是一种团体章程或社会规范,但由于校规的制定显然缺乏学生的充分参与,因此,该类校规亦具备民法中格式条款的特质,格式条款的一方事先拟定、未与对方协商、重复使用的表征与这类校规不谋而合。总之,高校因其学术机构的特质而享有自治权

---

① 参见秦惠民:《高校管理法治化趋向中的观念碰撞和权利冲突——当前讼案引发的思考》,载《现代大学教育》2002 年第 1 期。

力，自治性校规是大学正常运转的重要制度性规范，它的效力源于对学生权益的维护以及对学生认可的推定。

第二节　高校校规的创制原则

高校校规既应符合法律规范的基本要求，保障学生的法定权益，也要具备科学性、可操作性的特质，避免对学生提出超越常识与理性的苛刻要求。为此，合法性原则、合理性原则以及民主性原则应成为高校创制校规时遵循的基本原则。

一、合法性原则

这里的合法性原则是广义上的合法性原则，其内含法律保留、法律优先及狭义合法性原则。合法性原则不仅是高校创制校规应当遵循的首要原则，而且它也规范地说明了不同类型的高校校规的创制自由度问题。前文已述，授权性校规属于抽象行政行为，因而，相比于自治性校规，授权性校规的制定应受到立法的显著规制，其创制自由度应明显低于自治性校规。立基于重要性理论，合法性原则视域下高校校规的制定应符合如下实践理路：(1)针对直接改变学生在学关系（身份）的学籍管理类授权性校规，高校应遵循法律保留原则，内容上无论是种类还是事由，都只能严格依照立法的规定。(2)针对不直接改变学生在学关系的其他授权性校规，高校应遵循法律优先原则，内容上高校不得新增立法之外的种类，但可以较为自主地设定学籍管理的事由或学位授予的标准。(3)关于自治性校规，高校可以自由设定种类及事由，只要不侵犯学生的法定权利即可。

（一）法律保留原则下的高校校规

如上所述，授权性校规包含学籍管理与学位授予两类校规。其中，学籍管理类校规中的取消入学资格、取消学籍、退学、开除学籍四类惩戒涉及学生在学关系的直接改变，即涉及学生基本权利的直接克减，因而，高校既不能增设取消在学关系的新的惩戒种类，也不能增加上述四类惩戒的适用事由。

上述结论立基于重要性理论，根据其核心要义，“涉及基本政治经济制度，特别是涉及公民基本权利的，必须由立法机关制定法律予以调整”①，即适用法律保留原则。具体到高校校规的问题上，“判断‘重要性’的标准就在于看该项权益是不是学

---

① 罗豪才、湛中乐主编：《行政法学》（第4版），北京大学出版社2016年版，第30页。

生的基本权利或是否与基本权利有着直接的内在关联性”①,“改变了原有的学生与学校之间的‘在学关系’,实际上等于使学生丧失了受教育权……高校应当遵循法律保留”②。

以开除学籍为例,《学生管理规定》第52条前7项列举了7种开除学籍的具体事由,第8项表述虽笼统,但根据重要性理论,只能将其解释为是对前几项的细化与强调,而不是赋予学校自由创制权。在此基础上,高校校规将不属于第52条规定的事由作为开除学籍的事由就不符合法律保留原则。例如,齐齐哈尔工程学院的《学生违纪处分条例》曾规定“在校期间非法同居或发生性关系者,给予开除学籍处分”③,这一规定显然违法,因为同居或发生性关系并不是《学生管理规定》第52条列举的事由。

(二)法律优先原则下的高校校规

对于那些不直接改变学生在学关系的授权性校规,高校在创制过程中应坚持法律优先的原则。授权性校规因具备授权的性质,因而,高校不可以再增设新的种类,但是在事由/标准方面,如若没有相关法律可供依循,则高校可以较为自由地展开创制。所以,问题集中于在事由/标准方面这类校规是否有相关法律可供依循。

其一,对于不直接改变学生在学关系的学籍管理类校规而言,其事由分为学术性事由与非学术性事由。例如,学生因论文抄袭与打架而被处以警告的处分,就分别属于因学术性事由与非学术性事由而引发的惩戒。对此,现行法律并未有相关规定,因而高校可以自主设定事由。当然,立法对这类校规也不宜进行干涉,否则将不当地限缩高校的自主管理权。

其二,授予学位当然需要设置一定学术标准,但对学位的授予应否包含非学术标准则存有争议。通常,高校在学位授予方面坚持的是学术标准与非学术标准(品行标准)的双标准制,而学生则通常不认可非学术标准;在司法实践中,“武某某诉华中农业大学案”的判决认可非学术标准(因作弊而被警告)作为不授予学位证的依据,“王某某诉武汉理工大学案”的判决则否认了学位授予中的非学术标准(因作弊而被留校察看)。上述争议涉及学术自由与依法治教的界限,必须予以澄清:

一方面,高校自主设定学位授予中的学术标准是得到了最高司法机关的认可的,

① 倪洪涛:《大学生学习权司法救济范围再认识》,载《湘潭大学学报(哲学社会科学版)》2008年第2期。

② 魏海深:《司法权介入高校内部治理的类型与强度》,载《河北法学》2018年第12期。

③ 《齐齐哈尔工程学院回应“非法同居开除学籍”:将排查整改》,载腾讯新闻,https://news.qq.com/a/20180322/034130.htm,最后访问时间:2021年7月2日。

最高人民法院在指导案例39号中就指出:“高等学校依照《中华人民共和国学位条例暂行实施办法》的有关规定,在学术自治范围内制定的授予学位的学术水平标准,以及据此标准作出的是否授予学位的决定,人民法院应予支持。”①这亦是学理上的学术自由在教育实践中的具体呈现。

另一方面,关于是否存在学位授予的非学术标准,《国家教育考试违规处理办法》第11条、《学位条例》第2条肯定了这一点。其中,《国家教育考试违规处理办法》第11条规定在“国家教育考试”中作弊的,可以被撤销学位证书;《学位条例》第2条则规定申请学位的人必须“拥护中国共产党的领导、拥护社会主义制度”,问题在于,这一条规定能否包含普通品行标准(如在期末考试中作弊)?国务院学位委员会针对这一条规定曾指出:“其本身内涵是相当丰富的,涵盖了对授予学位人员的遵纪守法、道德品行的要求。”②笔者认为,这一意见既不能必然指导司法,也缺乏足够的合理性:其一,行政机关的解释对司法机关并不具备必然拘束力;其二,《学位条例》第2条从语义上无法推导出遵纪守法或道德品行的要求,一个违纪或品行不端的学生未必就是(且通常也不是)否定党的领导或社会主义制度的人;其三,如果因一般作弊、打架而被处以警告处分都可以导致高校拒绝授予学位,则这种规定显然违背比例原则,惩戒过重,更无从体现学校的育人价值。

尽管如此,笔者认为,除拥护党的领导和社会主义制度外,学位授予依然可以具备特定的非学术标准,确定这一标准的基点就在于开除学籍与不授予学位的必然联系。在实践中,学籍的存续是获得学位的前提,因此,希望获得学位的学生将不得出现《学生管理规定》第52条规定的几种情形,否则将因丧失学籍而无法获得学位。是故,除《国家教育考试违规处理办法》第11条、《学位条例》第2条规定的情况外,高校对学位授予非学术标准的设定必须严格遵照《学生管理规定》第52条的规定,否则就是于法无据、于理不合。在实践中,那些以警告、记过、留校察看等开除学籍以外的处分为依据拒绝授予学位的校规显然缺乏法律与法理支撑。例如,在“马某某诉天津财经大学案”中,天津财经大学校规规定记过处分将导致学生无法获得学位,尽管法院肯定了该校规的合法性,但根据上述分析,法院的判决显然不当地侵犯了学生的受教育权。

---

① 《指导案例39号何某某诉华中科技大学拒绝授予学位案》,载中国法院网,https://www.chinacourt.org/article/detail/2014/12/id/1524367.shtml,最后访问时间:2021年7月2日。

② 《和谐校园呼唤依法治校(2)》,载网易,http://edu.163.com/edu2004/editor_2004/school/050411/050411_188597(2).html,最后访问时间:2021年7月2日。

(三)狭义合法性原则下的高校校规

自治性校规无关学籍管理与学位授予,教育类法律法规对之没有相关规定,高校拥有相当大的自主创制权。这就要求高校在创制过程中不得侵犯学生的婚姻自由、人身自由、表达自由、隐私权等法定权利。例如,禁止学生在校内当众接吻的规定就侵犯了公民的人身自由权;禁止学生在校期间结婚或生育,就违背了《民法典》的相关规定。同时,狭义合法性原则还要求高校不得越权管理,在实践中部分校规规定学生攀折花木、破坏卫生将被罚款的条款就不具备合法性,因为高校不是罚款的法定行政主体,其无权施加罚款这一行政处罚,而只能通过民事赔偿程序解决上述纠纷。

二、合理性原则

在明确了合法性原则的适用范围后,合理性原则就意味着:其一,不直接改变在学关系的学籍管理类校规,在学术性和非学术性事由的制定方面应符合比例原则与权责统一原则;其二,学位授予类校规应设置难易适中的学术标准;其三,自治性校规的设置应符合合理性与常识。

第一,在创制不直接改变在学关系的学籍管理类校规时,比例原则意味着高校应坚持育人理念,在实现教育目的的基础上保证仅对学生产生最小侵害,尽量避免出现轻过重罚、重过轻罚的现象。例如,对首次考试作弊或论文抄袭、影响不大且认错态度良好的学生直接处以留校察看的规定,显然就过于严苛。同时,权责统一原则意味着,高校所能够承担的责任的范围决定了高校可以掌握的权力之大小,即高校只能在其可以负责的领域中掌握权力。例如,高校可以对作弊的学生施以警告,因为高校有能力通过事先告知、考试中的监督,以及事后的教育来应对作弊行为。但是,在实践中部分高校因特殊事由而在假期中规定学生必须汇报行程或不得离开居住地,否则给予处分的做法就是不合理的,因为学校无法对非在校期间的非校内行为展开有效管理,此时出台临时通知对上述行为施以不利后果,显然就是在其无法负责的领域中进行了自我赋权,违背了权责统一原则。

第二,学位授予类校规在学术标准的设置方面不应规定过高的学术标准。我国高校中的学术标准主要分为五类:一是语言标准;二是计算机标准;三是论文(作品)标准,此处的论文包括学位论文和期刊论文(毕业资质论文,主要针对博士生);四是学分(课程)标准;五是《高等学校预防与处理学术不端行为办法》第 27 条列举的七种学术不端情形。由于学分不足将导致学生无法获得学籍进而无法获得学位的当然后果,以及上述七种学术不端情形的明确性,因此,实践中的争议主要集中于前三项标准。上文已述,指导案例 39 号明确承认了高校校规在学位授予学术标准设置方面的自主性,既然如此,高校就应当审慎地运用这一权力,避免设置学生难以达致的学术标准。

当前,绝大部分高校皆会为本校博士生的学位取得设置期刊论文的发表数量及级别标准。应当说,期刊论文于当下已然成为学校及用人单位考察学生学术能力的量化指标,将其作为毕业标准之一具有可操作性与合理性,但数量、级别标准的设置应当“符合比例原则的适当性要求”①,过高的标准或是对博士生提出了强人所难的要求,或是导致部分博士生沉迷于期刊论文发表而无心创作更具体系性与独创性的毕业论文,又或是“使中国学术论文数量呈井喷式上升,但质量堪忧”②。笔者认为,两篇南大核心(CSSCI 期刊,且允许一篇为扩展期刊)的期刊数量及级别标准是较为合适的毕业标准;同时,应当尽量让博士学位毕业论文成为学术考核的主要标准,降低因过于重视期刊论文而导致的对第三方学术评价的依赖。例如,针对语言标准,绝大部分高校将通过英语四级作为授予学位的前提条件,这当然符合提升国际交流能力的现实趋势,但个别高校制定高于国家合格分数的通过标准的做法则有待商榷,因为学生符合国家最低标准便已经达到了国家的要求,高校没有必要再次提升标准。

第三,高校在自治性校规的设置方面拥有极大的自主权,因此高校更应慎重地行使权力,避免出现“法律父爱主义”倾向。在实践中,要求学生清晨叠被子、宿舍书桌无杂物的校规其实已经侵犯了学生的个体自决事务,因为诸如是否保持书桌及床铺整洁等问题实际上是伦理自决议题,与涉他性的道德事务不同,其“属于个体保留的自决空间。……因此必须由他自己去决定。这样才可以确保他的生活是自主的、有尊严的、也是他自己应当负责的”③。更重要的是,基于合理性原则,高校更应当确保校规符合理性和常识,避免出现“奇葩”校规。例如,宿舍垃圾桶内不得有垃圾,检查卫生时晾衣处不得有衣服,男生头发不超过一厘米、女生不能有刘海,等等。④ 这类校规不切实际,流于形式,无从体现高校的人文精神与人性关怀,难以获得学生发自内心的遵从。(见图 17－1)

---

① 黄厚明:《高校学位授予案件司法审查进路研究:基于两种法律性质定位的考察》,载《高教探索》2017 年第 6 期。

② 龚向和、张颂昀:《论硕士、博士学位授予的学术标准》,载《学位与研究生教育》2019 年第 3 期。

③ 杨建:《刑罚规制个体自决事务的限度——以“不优先救母入刑”案为例》,载《学海》2018 年第 6 期。

④ 参见《你一定没见过的奇葩校规!》,载搜狐网,https://www.sohu.com/a/282013452_690969,最后访问时间:2021 年 7 月 2 日。

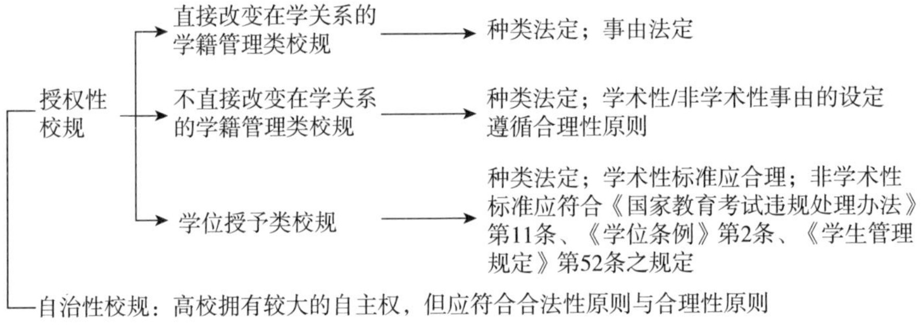

图17－1　不同种类高校校规的创制自由度

三、民主性原则

高校创制校规遵循的民主性原则内含两个面向：在形式上，校规的创制应当通过公开、透明的协商程序；在内容上，校规各项内容的运用应当配以科学的流程规定。

一方面，《高等教育法》第11条规定："高等学校应当面向社会，依法自主办学，实行民主管理。"民主管理必然指向了校规创制程序的民主性。其一，校规的起草应经过深入的调查与论证。其二，在草案形成过程中，高校可以召开听证会听取有关部门、教职员工，尤其是学生的意见。《学生管理规定》第40条指出："学校应当建立和完善学生参与管理的组织形式，支持和保障学生依法、依章程参与学校管理。"高校校规涉及学生切身利益，但大部分高校在制定校规的过程中很少征求学生的意见，这一状况亟待纠正。其三，在审查阶段，应邀请法律专家对其合法性、合理性与可操作性展开论证，并在此基础上进行修改。其四，草案最终应提交校长办公室或校务委员会进行表决，且应当允许学生等利害关系人旁听。其五，校规必须经过公示，如通过校园网、公告栏、校报等手段进行公示，从而达到事前通知的效果，否则不得生效。当然在适用方面，校规原则上不应对公示日期之前的行为溯及既往，尤其是对学生带来不利影响的校规更应无条件禁止溯及既往。

另一方面，高校校规应在内容上明确规定细致的适用程序，维护程序正义。这些程序通常包括事前的告知程序、学生的陈述与申辩权利、学校决定应当送达学生本人、学生对适用校规不服时寻求救济（如申诉）的权利等。很多高校校规都存在重实体而轻程序的现象，这使校规的适用过于随意化与主观化。实际上，在司法实践中，正当的适用程序对高校而言也是非常重要的，如在"于某某诉北京大学案"中，二审法院就指出："正当程序原则是裁决争端的基本原则及最低的公正标准……只要成文法没有排除或另有特殊情形，行政机关都要遵守。即使法律中没有明确的程序规定,行政机关也不能认为自己不受程序限制……应该说,对于正当程序原则的适用,行政机关没有自由裁量权。”

第三节 高校校规的可诉性分析

根据现代法治理念,有权利必有救济。其中,司法救济是众多救济机制中最为可靠的路径。司法权具备程序性、公开性、中立性、职业性以及终局性的特质,这决定了在现代法治国家,唯有司法权才能令纠纷获得最为公正且终极性的处理,这即是司法最终裁判原则。而无论是对于行为还是规范性文件而言,接受司法审查的前提都是其具备可诉性。因而,对高校校规的可诉性展开研判,对于回应现实中的教育纠纷,明晰高校校规的司法审查路径,进而从源头上规范高校校规,维护学生的受教育权,具备现实的理论价值与实践指导功用。

一、自治性校规不具备可诉性

前文已述,自治性校规通常涉及的是有关维系校园秩序、提供生活服务或收取各类费用等事项,它们影响的是学生的人身财产权利,而非受教育权。因而,因自治性校规所引发的法律关系属于平等主体之间的民事法律关系。在民事诉讼中,作为规范性文件的高校校规自然不具备可诉性,但是,高校根据该类校规针对学生所作的具体行为(决定)则具备可诉性。

在实践中,因自治性校规而引发的民事纠纷较为常见。例如,高校管理人员根据校规的规定对学生宿舍展开检查,并没收为校规所禁止使用的大功率电器,这一行为显然侵犯了学生依据宪法及其他部门法所享有的财产权,高校虽有权制止学生的危险行为,但是却没有没收物品的权力。又如,部分高校校规规定违纪学生的姓名应被公布在公告栏中,或者违纪学生应在大会上被点名批评,又或者高校管理人员可以不经通知而直接检查学生宿舍,这些规定都侵犯了学生的隐私权、姓名权等人格尊严。但由于上述权利属于民事权利,因此,学生无法针对校规提起诉讼,但是可以针对侵权行为提起民事诉讼。当然,对学校而言,相关诉讼发生后,其应当及时修改校规,保证校规符合民事法律的有关规定。

二、授权性校规具备行政可诉性

授权性校规具备行政可诉性的逻辑在于,在学籍管理与学位授予方面,作为被授权的组织,高校与学生形成的关系为外部行政法律关系,进而,高校所依据的抽象行政行为自然可以被附带起诉。

一方面，作为被授权的组织，高校对学籍、学位的管理属于行政行为，但行政行为本身并不必然决定高校可以成为行政诉讼被告，除非这一行为属于外部行政行为而非内部行政行为。内部行政行为是行政机关对隶属于自身的公务员作出的管理行为，不具备可诉性。学生虽然是高校这一组织的内部成员，但从性质上看，其与高校无法构成内部行政法律关系，因为学生既非公务员，且其"具备的在学关系与公务员工作性质的隶属关系显然有着本质不同：前者以令学生接受教育为实践指向，其主要受益主体是学生；而后者则以实现行政机关的功能为实践指向，其主要或首要受益主体为行政机关"①。因而，高校的学籍管理与学位授予行为就属于可诉的外部行政行为。

另一方面，由于高校被授权的行为具备可诉性，因而在行政诉讼中，高校作出相关行为的依据，即高校校规就可以被附带地提起审查。《行政诉讼法》第53条第1款规定："公民、法人或者其他组织认为行政行为所依据的国务院部门和地方人民政府及其部门制定的规范性文件不合法，在对行政行为提起诉讼时，可以一并请求对该规范性文件进行审查。"也就是说，尽管学生无法直接针对高校校规提起诉讼，但学生可在针对高校行为提起诉讼时，附带请求法院对高校校规展开审查。

随之而来的更具实践意义的问题就在于，如何确定针对不同种类的授权性校规的司法审查强度。如上所述，高校对于这类校规的内容种类是没有自主设置权的，但是，在种类之下的更为丰富的事由/标准方面，高校享有部分自主权。由于事由/标准被区分为学术事由/标准与非学术事由/标准，因而，对这类校规的司法审查也可以采取上述标准来区分不同的司法审查强度。

第一，针对直接改变在学关系的学籍管理类校规，由于高校对之不享有自主权，因而司法机关应同时进行程序审查与内容审查，后者具体包括合法性与合理性审查。一方面，应审查这类校规的制定是否经历了科学的程序，即是否经过了调查论证；是否听取了有关部门、教职员工，尤其是学生的意见；是否经过了校长办公室或校务委员会的表决；表决后是否进行了公示。同时，审查校规是否包含了事前告知、陈述与申辩、送达程序、救济途径等程序性规定。另一方面，在内容上，应审查高校是否突破了法定内容而增设了种类或事由规定。

第二，针对不改变在学关系的学籍管理和学位授予类校规的非学术性内容，司法

---

① 刘旭东：《"高校教育惩戒"范畴论辩及司法规制——基于司法案例的研究》，载《教育发展研究》2020年第1期。

机关亦应展开程序审查与内容审查，因为对于这类与学术自由不具有相关性的非学术性内容，法院与高校具有同等的审查能力。① 其中，程序审查方式同上，不再赘述；在内容审查方面：一是审查二者是否新设种类规定，如是否新增学籍管理惩戒种类；二是审查学籍管理类校规非学术性事由与其对应种类是否符合比例原则；三是审查学位授予类非学术标准是否是《学生管理规定》第52条规定的事由。

第三，针对不改变在学关系的学籍管理和学位授予类校规的学术性内容，司法机关仅应展开程序审查，并审查二者是否新设种类规定；至于法定种类之下高校设定的学术性事由/标准，司法机关不宜进行审查，这是对高校学术自由的尊重。这一审查理路的背后是"学术尊让"或"司法谦抑"原则，该原则认为学术问题属于高校的"判断余地"，法院对之仅能采取程序或形式审查。② 实际上，指导案例39号就确认了这一原则。最高人民法院案例指导工作办公室在对该案的裁判要点进行释明论证时，进一步指出："在不违反上位法规定的情况下，学校有权决定具体的学术标准要求；法院不是学校管理的专家，应当对高校的学术自治保持尊重。"③

最后需要指出的是，根据行政诉讼附带审查制的要求，司法机关对校规的审查应遵循"非普遍性适用原则"。申言之，法官可以在本案中拒绝适用相关校规，但这一决定并不产生普遍否定效果，即法官无权直接裁定校规无效或撤销校规；同时，被拒绝适用的校规仅在本案中无法生效，日后高校仍可以根据这一校规再次作出决定，当事人不服时需要再次申请附带审查。所以，为避免司法资源的浪费，高校应主动对法官拒绝适用的校规进行修改，维护校规的合法性与合理性。

思考题

1. 简述高校校规的具体种类。
2. 相比于中小学校规，高校校规的特殊性体现在哪里？
3. 简述高校校规需要遵循的合理性原则。
4. 应该如何看待高校的学术自由？
5. 如何对高校的学术活动展开司法审查？

---

① 参见林华：《人民法院在学位撤销案件中如何进行审查——基于司法审查强度的裁判反思》，载《政治与法律》2020年第5期。

② 参见耿宝建：《高校行政案件中的司法谦抑与自制》，载《行政法学研究》2013年第1期。

③ 石磊：《〈何某某诉华中科技大学拒绝授予学位案〉的理解与参照——高等学校在学术自治范围内有依法制定学术评价标准职权》，载《人民司法·案例》2016年第20期。

第十八章　司法介入高校学生管理行为的法理分析

高校学生管理行为系指高校为了完成法律赋予的高等教育任务,而对学生进行各种管理的活动,包括招生政策制定及执行、学生入学资格考查、学生在学期间的各种管理与奖惩行为、决定是否颁发毕业证和学位证等行为。这些行为贯穿学生从报考到离校全过程,这些行为一般都是高校单方面作出的,如果这些行为侵害到学生的正当权益,则学生依据法治与权利救济原则,有权向法院提起诉讼,法院应当受理。但是,在现实生活中,经常发生法院对于学生上述诉讼驳回和不予受理的情况。尊重高校自治是基本原则,但是尊重和保护学生合法诉讼权利也是法治国家的追求之一。司法介入高校学生管理行为的范围究竟多大,我国法律并未明文规定,故对于司法介入的法理分析具有理论与实践双重价值,本章希望提供司法介入高校学生管理行为的法理依据,并提出相关立法建议。

2017 年 8 月,北京市第一中级人民法院对于"梅某诉北京邮电大学案"(以下简称"梅某案")终审裁定书①的公布,在教育法学界又一次引发了广泛热议。

在"梅某案"之前,确实没有见到学生因学校作出"留级"处分而起诉高校的案例,"梅某案"的一审、二审法院都认为高校作出的"留级"处分决定属于高校"内部管理"事项,不属于法院受案范围。但是,笔者认为高校作出的此类管理行为已经侵害了学生受教育权,不仅延缓了学生的学习时间,而且影响学生毕业证、学位证的取得。人民法院不予受理,确实不利于保障学生受教育权、不利于此类矛盾的彻底化解。两个行政裁定书对于不受理该案的理由语焉不详,暴露了我们的立法和司法实践中的弊端。

从 1998 年的"田某案"开始,最高人民法院已经发布了 12 个典型案例②,不断确认高校与学生之间产生的有关"取消入学资格、开除学籍、退学、拒绝授予学位证或

---

① 参见北京市第一中级人民法院行政裁定书,(2017)京 01 行终 541 号;北京市海淀区人民法院行政裁定书(2016)京 0108 行初 1110 号。

② 参见最高人民法院行政审判庭编:《中国行政审判指导案例》第 5、9、93 号案例,中国法制出版社 2010 年版;最高人民法院中国应用法学研究所编:《人民法院案例选(分类重排本)·行政与国家赔偿卷》,人民法院出版社 2017 年版,第 1565、1578、1583、1613、1619、1622、1628、1641、1647 页。

毕业证”等行为属于人民法院受案范围。但是也有例外，如在“梁某诉贵州大学案”(2000年)中，梁某因考试作弊被贵州大学勒令退学，梁某起诉至法院，法院认为，贵州大学是事业单位法人，不是行使国家行政职权的国家机关或者组织，高校勒令学生退学的管理行为不属于行政诉讼范围，法院驳回梁某起诉。[①] 所以，高校的哪些学生管理行为属于人民法院司法管辖范围，因无明确法律规定，而在实践中产生分歧。因此，深入研究高校学生管理行为司法管辖范围的标准问题，并且及时将该标准制定为法律，是非常重要的教育法学研究课题。

我国法院受理的案件包括民事案件、刑事案件、行政案件，如果将高校对学生的管理行为纳入司法审查，只能是行政案件。高校管理学生的行为纳入司法审查范围，应当符合以下条件：第一，高校是行政主体；第二，高校学生管理行为是一种行政行为；第三，高校与学生间是一种行政法律关系。如果这三个条件同时满足，则应当将此类行为纳入司法审查中，人民法院应当按照行政诉讼案件予以受理。下文将对以上诸问题进行分析。

第一节　高校学生管理行为是准行政主体进行的准行政行为

一、有关高校法律地位的各类观点

高校与学生之间发生的纠纷可能引起两类争议，即民事争议、行政争议。二者的区别在于：在民事争议中，双方主体地位平等、意思自治；而在行政争议中则双方地位不平等、高校具有明显优势地位。在本章研究的典型案例中，高校处于绝对优势地位，学生处于被管理、被处分地位，因此此类纠纷只能属于行政争议。

根据大陆法系国家行政法理论，公立学校属于公法人，它们与地方团体和国家一样，本身即具有行政主体资格。[②] 法国行政法理论认为：“法兰西研究院、各高等研究院、大学院校、公立中学和各中高教育学校等公立教育机构则均属于公立公益机构(公法人)。”[③]1976年联邦德国《大学纲要法》第58条规定：“大学为公法社团，同时

① 参见佚名《梁某诉贵州大学案》，载《贵州都市报》2000年11月9日，第4版。

② 参见王名扬：《法国行政法》，中国政法大学出版社1988年版，第127页。

③ ［法］莫里斯·奥里乌：《行政法与公法精要》，龚觅等译，辽海出版社、春风文艺出版社1999年版，第423页。

为国家机构。"该条以明文形式直接规定了大学为公法社团(公法人)。"(德国规定)其在字义上也继受普鲁士一般邦法的规定,同时揭示大学也是国家机构。"①这里的"机关"应该指行政机关。由此可见,大陆法系的理论与实践都认为高校具有行政主体地位。

关于我国的情况,下文将从理论研究、司法实践、法律规定三个角度进行研究。

首先,从我国理论研究来看,在 20 世纪 90 年代之前,如果发生学生对于学校开除学籍、留级等处分不服事件,一般都是通过教育行政机关出面调解、和解等方式解决。随着社会全方面进步、学生权益保护意识加强,就出现了学生希望通过诉讼途径进行维权的案例。学者的研究也随之展开,并形成多种理论。

第一种是"准公权力主体说",认为:"高等学校等事业单位是准公权力主体。高校作为一类准公权力主体,可以对公民合法的、宪法授予的神圣的受教育权、劳动权等造成侵害,客观上充当着公权力的角色,因而应当服从适用公权力主体的法治原则。"②

第二种是"授权组织说",认为:"高校是根据法律、法规、规章授权或行政机关委托承担某类公务的组织。为保障公务的顺利实施,法律、法规或规章常授权或行政机关委托其行使与其所承担的公务有关的对外管理权。这类管理行为代表行政机关作出的,属于公共行政范畴。"③

第三种是"公务法人说",认为:"将学校等事业单位定位于公务法人,并区分公务法人与其利用者之间的不同种类的法律关系,提供全面的司法救济,绝不是称谓的改变,而是在我国现有行政体制及救济制度下,更新行政主体学说,改革现行管理和监督体制,提供全面司法保护的一次有益探索。特别在我国法院诉讼活动区分为民事诉讼和行政诉讼的前提下,重新研究事业单位的性质并准确定位更具有十分重要的意义。"④

第四种是"特殊公法人说",认为:"高校在基于教育法的规定和授权自主进行教育教学管理活动中的地位不同于它接受政府行政管理或参与民事活动时的地位,既不是行政相对人,也不是普通私法人,而是特殊类型的公法人,属于我国的行政主体范畴。"⑤

---

① 李建良:《宪法理论与实践》,台北,学林出版股份有限公司 2000 年版,第 254 页。
② 刘作翔:《法治社会中的权力和权利定位》,载《法学研究》1996 年第 4 期。
③ 薛刚凌:《行政诉讼受案标准研究》,载《法商研究》1998 年第 1 期。
④ 马怀德:《公务法人问题研究》,载《中国法学》2000 年第 4 期。
⑤ 申素平:《高等学校的公法人地位研究》,北京师范大学出版社 2010 年版,第 37 页。

第五种是“事业单位法人说”，认为我国公立大学法人类型为事业单位法人，其特征是大学作为行使公共职能的事业单位，纳入事业编制进行管理，同时具备民事诉讼和行政诉讼的主体资格。治理结构特色是党委领导下的校长负责制，采取属于事业编制的、科层制的行政组织方式。就当前总体情况看，认为我国大学属于事业单位法人比较符合制度现实。①

其次，从我国司法实践来看，在1998年“田某案”判决书中，法官对于高校准行政主体地位予以确认：“（高校）虽不具备行政机关的资格，但是法律赋予它行使一定的行政管理职权。（高校）与相对人之间不存在平等的民事关系，而是特殊的行政管理关系。高等学校对受教育者因违反校规、校纪而拒绝颁发学历证书、学位证书，受教育者不服的，可以依法提起行政诉讼。”②该案件被最高人民法院确立为指导性案例，此后最高人民法院发布的典型案例中，类似案例达12个之多（前文已述）。

最后，从我国法律规定来看，我国法律没有明确规定行政主体的定义，但是行政法学通说认为：“行政主体是指享有国家行政权，以自己名义行使行政权，并能独立承担因此而产生的相应法律责任的组织。”③《行政诉讼法》第26条第1款规定：“公民、法人或者其他组织直接向人民法院提起诉讼的，作出行政行为的行政机关是被告。”该法条虽然规定行政诉讼的被告是“行政机关”，但是从理论和实践上都认为应当包括“法律、法规授权的组织”在内，因为这样做有利于维护和管理相对人的合法权益，更好地监督授权组织依法行使授权，有利于更好地化解矛盾。高校就属于“法律、法规授权的组织”，其在履行教育管理职责过程中，与被管理者之间不是平等的民事法律关系，而是特殊的行政法律关系，因此类管理而发生的诉讼，应当属于行政诉讼受案范围。

《教育法》第22条规定：“国家实行学业证书制度。经国家批准设立或者认可的学校及其他教育机构按照国家有关规定，颁发学历证书或者其他学业证书。”第23条规定：“国家实行学位制度。学位授予单位依法对达到一定学术水平或者专业技术水平的人员授予相应的学位，颁发学位证书。”国务院《学位条例》第8条第1款规定：“学士学位，由国务院授权的高等学校授予；硕士学位、博士学位，由国务院授权的高等学校和科学研究机构授予。”在本章研究的案例中，高校作出的剥夺学生受教育权行为，是高校代表国家行使管理权的行为，在行使该权力过程中引发的争议，可

---

① 湛中乐、苏宇：《论大学法人的法律性质》，载《国家教育行政学院学报》2011年第9期。

② 《最高人民法院指导性案例（2011年12月—2016年5月）》，人民出版社2016年版，第144页。

③ 罗豪才、湛中乐主编：《行政法学》（第4版），北京大学出版社2016年版，第47页。

以适用《行政诉讼法》解决。

综上所述，在不同的法律关系中，高校具有不同的法律主体资格。在政府教育部门对高校进行管理的活动中，高校处于行政相对人地位。同时，高校也会从市场上购买各种商品、服务，在这些活动中，高校具有民事主体地位；从高校对师生进行管理形成的法律关系中，高校是行政主体。因高校学生管理行为而产生的诉讼，原告都是以行政诉讼的方式提起的。

二、高校具有行政主体资格的依据

高校具有行政主体资格的理论依据如下。

第一，学校是法律规定的行政主体。首先，高校是享有国家教育行政权力的法律、法规授权组织。上文已述，从《教育法》《高等教育法》规定来看，高校在招生、学生管理、奖励、惩戒、毕业证书颁发等活动中，其权力行使具有单方性、强制性，完全符合行政权力的典型特征，而不属于民事权利行使（民事权利行使需要地位平等、协商一致）。其次，从高校行使权力目的来看，也符合行政主体的特征，民事主体从事民事活动的价值目标是维护私人利益，而行政主体行使行政权力的目的是维护社会公共利益。高校行使学生处分权时，不是为了高校、其他组织或个人的利益，而是以维护社会公共利益作为目标。因此，高校行使的学生处分权，属于国家法律、法规授予高校行使的国家行政权或公共管理权，而不是民事权利。

第二，高校可以以自己的名义从事学生管理行为。有一些组织虽然也行使教育管理权，但是它们不能以自己的名义行使权力，这样的组织是行政机关内部组织，不是行政主体。高校可以以自己的名义行使以下行政权：首先，可以依法制定以《大学章程》为核心的校内规范性文件体系、制定内部管理规划。其次，可以自主决定成立相应学校内部组织机构以保证高校内部规章制度和决定的实施。最后，高校作出的学生处分行为，都是校内组织机构根据自己内部规章制度独立判断作出的。由此可知，高校是以自己的名义行使对学生的管理权。

第三，高校可以独立承担行政法律责任。从最高人民法院公布的12个典型案例以及司法实践中发生的诉讼案件中可以看到，高校学生以高校为被告向法院提出行政诉讼，法院判决高校承担相应的行政责任。同时，学生可以针对高校管理行为提出行政复议，如果高校管理行为给学生造成损害，高校还可以成为国家赔偿义务主体。

以上三点表明，高校在管理学生过程中，具备行政主体资格。我国高等教育行政权承担者是国家和各级政府，政府为了实现其教育权而创办高校。高校被赋予了很多管理权，高校行使的对内部事务、师生的管理活动，是高等教育行政活动中不可或缺的组成部分。离开了高校管理活动,国家和政府的高等教育目标就不能实现,公民的高等教育权也不能落实。因此,高校理应属于高等教育行政主体的组成部分。

20世纪以来,为了向公民提供更好的社会公共服务,现代国家和各级政府设立了一些专门从事教育、医疗、工商业等工作的机构或组织,国家授予它们在各个领域内的行政管理权,高校就属于此类授权主体。根据我国《行政法》《教育法》《高等教育法》的规定及法学理论,并从司法实践来看,高校属于行政法规定的“法律、法规授权的组织”,高校对学生行使处分权时,其权力行使具有单方性、强行性,是在行使国家法律、法规授予的一种特殊行政管理权(对高等教育活动进行管理的行政权),故我国高校行使学生管理权,是一种准行政主体进行的一种准行政行为,由此而引发的争议,纳入行政诉讼受案范围,在法律规定、法学理论、司法实践中都得到了认可。

第二节　高校与学生之间是特殊行政法律关系

从学术史角度研究,关于高校与学生的法律关系,曾经出现过多种理论,单独的某一种理论都不可能完全体现教育法治精神,只有对这些理论进行全面研究,方能厘清高校与学生之间的法律关系性质。

一、“特别权力关系理论”之内涵

“特别权力关系理论”源于19世纪的德国,由保罗·拉邦(Paul Laband)和奥托·梅耶(Otto Mayer)分别创立。该理论的基本含义是:“为达成公法上特定目的,行政主体在特定范围内对特定行政相对人享有概括性的行政管理权,此种权力不以法律明确授权为前提条件。此种关系排除‘法律保留原则’之适用,行政主体对行政相对人有关基本权利之限制,无须以法律为依据。该理论最初适用于公务员与国家,后来涵盖军人与国家、学生与学校、监狱犯与监狱机关等领域。”①

有学者将特别权力关系特征概括为:当事人地位不平等;概括权力义务关系;有特别规则;对于违反义务者有惩罚之权;不得为权利救济。② 根据以上特征,我们概括学校与学生关系如下。

---

① 翁岳生:《行政法院对特别权力关系之审查权》,台北,月旦出版股份有限公司1984年版,第56页。

② 参见许育典:《学校法制与学校行政》,台北,元照出版有限公司2014年版,第147页;许育典:《跨领域的教育法制与教育行政》,台北,元照出版有限公司2014年版,第220页。

第一,学校与学生地位不平等,学校对于学生具有概括性的支配权力。

第二,学生的义务不特定,学校对学生可苛以不定数量的义务。

第三,学校可以制定校规特别条款,用以限制学生基本权利并设定义务,不受法律保留条款限制。

第四,对于违反上述特别条款之学生,学校可以依职权制定罚则对学生苛责。

第五,学生因上述特别条款而使权利受到限制或侵害时,不得诉讼救济。

从以上五点内容来看,学校根据内部规则,对于学生采取的拒绝入学、考核、惩罚、退学、开除学籍、拒授毕业证或学位证等行为,都是基于特别权力关系行使权力之行为,不管多么不合理,学生都不得申诉或提起诉讼。

该理论的历史局限性明显,19 世纪的德国行政体系不大、行政管辖事项较少,但该理论有利于提高行政效率。随着民主法治观念深入人心,该理论的弊端日益显现,大陆法系国家不断对其加以改造。

二、"特别权力关系理论"之革新

二战之前,"特别权力关系理论"成为大陆法系国家解决高校内部关系的基本理论。"特别权力关系理论"体现的是 19 世纪德国君主立宪时代的国家需求,是"用以阐明公务员与国家关系,借以合理化当时公务员完全效忠德皇的一种理论工具"①。第二次世界大战后,该理论的发源地德国以及其他国家逐步开始摒弃该理论并寻求新理论取而代之。因为"特别权力关系理论"与现代法治国家精神不符,故各国家和地区都对该理论进行了革新②,产生了"修正特别权力关系说""特别法律关系说""一般权利关系说""在学契约关系说"等。下面对典型学说及实践加以介绍。

第一,基础关系和管理关系理论。该理论由德国乌勒(Ule)教授于 1957 年提出,他认为学校与学生之间的关系分为"基础关系"和"经营关系"(亦被译为"管理关系")。③ 基础关系是有关学校与学生关系的建立、变更或消灭的事项(如学生身份资格的取得、丧失、留级等),对于此类事项学生可以提起诉讼。"经营关系"属于纯粹学校内部事务,是学校为了实现教育目的行使内部管理权的措施,如有关学生作息时间安排、考试及成绩评定安排、学生住宿和其他生活、活动管理等。这些校规和管理行为属于内部行政行为,对其不服不得提起诉讼。④ 该理论的优点在于为司法介入

---

① 李惠宗:《教育行政法要义》,台北,元照出版有限公司 2014 年版,第 96 页。

② 参见许育典:《学校法制与学校行政》,台北,元照出版有限公司 2014 年版,第 147 ~ 148 页。

③ 参见陈敏:《行政法总论》,自刊,第 223 页。转引自许育典:《跨领域的教育法制与教育行政》,台北,元照出版有限公司 2014 年版,第 221 页。

④ 参见陈新民:《中国行政法学原理》,中国政法大学出版社 2002 年版,第 63 ~ 66 页。

高校管理提供了可能性，对于保护学生基本权益提供了司法救济途径，较之“特别权力关系理论”有很大进步。但是，该理论的缺陷在于基础关系与管理关系区分难度大，例如学校的考试制度、录取的积极条件和消极条件，一般认为是管理关系中的行为，但是这些制度也会涉及学生能否按时升学、能否被录取等，也会对学生受教育权的实现产生巨大影响。如何区分两类关系，该理论并未明确。

第二，重要性理论。该理论由德国宪法法院于1972年提出，并且在其后的一系列教育行政案例中得到发展，其关键在于将法律保留原则适用于“特别权力关系理论”。该法院认为，“特别权力关系理论”严重违反“权利救济”和法治原则，应当被彻底改造。该理论认为：“凡是涉及当事人宪法基本权利的‘重要事项’，不能由权力行使者来自行决定，必须由立法者以立法方式予以限制。”①该理论比上述“基础性关系理论”更进一步，事关“基础关系”事项自然需要法院管辖；但是在“管理关系”中，凡是涉及公民宪法基本权利的“重要事项”，也具有可诉性。该法院认为重要事项包括“教育内容、学习目标、专业目录、学校基本组织结构（学校类型、教育层次、专业设置、父母和学生参与等），学生法律地位（入学、毕业、考试、升级）以及纪律措施等”。不重要事项包括“每周5个工作日、升级成绩查明、对考试没有影响的考试成绩模拟等”②。

该理论脱胎于“特别权力关系理论”，也存在先天不足，学术界对于“重要性标准”无法达成明确的、一致的认识，在实践中无法操作，因而也渐渐被抛弃。

第三，保护法律地位理论。该理论由日本学者室井力教授提出，他认为：“超过单纯的维护内部纪律范围，将特别权力服从者从特别关系本身排除出来的行为，或涉及有关作为市民在法律上的地位的措施，都将构成司法审查的对象（以学生为例，停学处分不构成司法审查对象，但退学处分则构成司法审查对象）。该场合的救济应通过抗告诉讼谋求解决。”③从上述内容可以看出，室井力教授也是综合了“基础关系理论”和“重要性理论”，可以视为对德国理论的继承和发展。

立足我国社会主义法治国家建设实际，借鉴其他国家和地区经验，探索高校学生管理行为司法管辖范围标准是理论、立法、司法中亟待解决的课题。

三、美国“宪法论”“契约论”原则的确立

在美国历史上，学校与学生关系理论经历了两个阶段。第一阶段的理论是“代

---

① [德]哈特穆特·毛雷尔：《行政法学总论》，高家伟译，法律出版社2000年版，第117页。

② [德]哈特穆特·毛雷尔：《行政法学总论》，高家伟译，法律出版社2000年版，第118页。

③ [日]室井力：《日本现代行政法》，吴微译，中国政法大学出版社1995年版，第40页。

理父母地位说”,该理论主要盛行于18世纪末到20世纪60年代。法院认为学校对学生的管理权类似于父母对子女的监护管理权,是一种概括性、不应受到外界干涉的权力。法院对学校的管理行为表示尊重而不加干涉。在一系列案例中,法院反复重审自己的观点:就像他人无权干涉父母对子女之管教一样,对于学校制定的不合理规定,法院也不应当干涉。受该理论支配,在1954年之前,美国联邦法院受理的与教育有关的案件200余件,法院对这些案件审查的范围强度也有限。①

第二阶段的理论是“宪法论、契约论”,该理论盛行于20世纪60年代以后。② 美国学界和实务界都认为公立学校属于政府机构,宪法有关国家机关与公民之间的规定应当适用于处理学校和学生之间的关系。如果学校在管理过程中发生了侵害公民宪法基本权利的行为,理应适用宪法条款加以保护,这就是“宪法论”。该理论不能解释私立学校与学生之间的关系,于是又产生了“契约论”理论,“契约论”认为私立学校与学生是一种契约关系,学生报考私立学校视为同意了学校的校规(契约),但是私立学校的校规内容不仅是书面文本,“必然还包括宪法与法律的规定内容、双方传统上的行为惯例、法院判例所确定的基本原则等制约因素”③。由此可见,私立学校与学生的“契约”内容必须符合:宪法法律原则、传统习惯、法院判例等社会共识,不能侵害学生基本人权和权利。

美国的“代理父母地位说”类似于德国的特别权力关系说,其不足是显而易见的。而继之而起的“宪法论、契约论”对于思考我国问题具有借鉴价值。

四、我国“内部行政行为与外部行政行为”理论

在“梅某案”中,法院认为:“北京邮电大学作出的留级决定系对其内部事务进行管理的行为,并非行政行为,不属于行政诉讼的受案范围。”④这个判决是根据行政法上“内部行政行为与外部行政行为”理论而作出的。

“内部行政行为是指行政主体在内部行政组织管理过程中所作的只对行政组织内部产生法律效力的行政行为,如行政处分及上级机关对下级机关所下达的行政命令等。外部行政行为是指行政主体在对社会实施行政管理过程中针对公民、法人或

---

① 参见于冠雄:《论学校管理权与学生基本权利的平衡》,载湛中乐主编:《教育行政诉讼理论与实务研究》,中国法制出版社2013年版,第59~69页。

② 参见崔晓敏:《美国高校与学生法律关系的演变——从“代理父母地位说”到宪法论、契约论》,载《高教探索》2006年第4期。

③ 蔡国春:《试论高等学校与学生的法理关系》,载《高等教育研究》2002年第5期。

④ 北京市第一中级人民法院行政裁定书,(2017)京01行终541号。

其他组织作出的行政行为,如行政处罚等。”①只有外部行政行为才可以适用行政复议程序和行政诉讼程序,内部行政行为只能适用内部申诉程序等。

在“田某案”二审判决中,法院认为:“学校有权制定校规、校纪,并有权对在校学生进行教育管理和违纪处理,因此而引起的争议不属于行政诉讼受理范围。”②这个判断没有体现高校学生管理行为的复杂性,因而是不准确的定性。有学者认为,高校在实施学生管理过程中既有内部行政行为,又有外部行政行为。“学生取得学籍遂与高校形成内部行政法律关系。而当学生因违法或违纪丧失学籍和学生身份时,高校与学生之间就是外部行政法律关系。”因此,高校作出的勒令退学、开除学籍行为涉及学生丧失学籍、身份改变,属于行政诉讼受案范围,“而不涉及学生学籍改变的处分行为属于内部行政行为,适用申诉等内部救济程序解决”③。

上述学者的观点确实解决了开除学籍、勒令退学、拒授学位等行为的可诉性问题,但是没有解决“降级、留级”等行为的可诉性问题。笔者认为,凡是侵害到学生基本权利的管理行为都应该具有可诉性,降级、留级侵害了学生按时完成学业、按时获得毕业证和学位证、按时升学或就业等基本权利,这样的管理行为也应该具有可诉性,但是按照“内部行政行为与外部行政行为”理论是无法解决该问题的,因此该理论也不能很好解释高校处分学生行为具有可诉性的认定标准问题,也是需要继续完善的理论。

五、结论

“内部行政行为与外部行政行为”理论仍然不能很好地解决高校管理行为司法管辖问题。

笔者认为,高校对学生进行管理的行为是一种“准行政行为”。原因在于:第一,高校是法律明确规定的特殊行政主体,上文已述。第二,高校学生管理行为是一种单方性、强制性行为,高校不需要与学生平等协商,双方不是横向法律关系,而是纵向的行政法律。第三,高校对学生进行处分,目的不是谋求高校的直接利益,也不是为某个组织或者个人谋求利益,而是谋求公共管理过程中的公共利益。第四,高校与学生形成的行政法律关系是基于学生是受教育者的特点,与一般行政法律关系有所区别。综上,在高校管理学生过程中形成的法律关系是一种特殊的行政法律关系,因高校学

---

① 罗豪才、湛中乐主编:《行政法学》(第4版),北京大学出版社2016年版,第123页。

② 《最高人民法院指导性案例(2011年12月—2016年5月)》,人民出版社2016年版,第144～147页。

③ 陈鹏:《高等学校学生处分权的法理学探析》,载《教育研究》2004年第9期。

生管理行为而发生的诉讼，应当属于司法管辖范围，法院应当受理。

回到“梅某案”来看，北京邮电大学对梅某作出“留级处分”的行为是一种特殊行政行为，大学与梅某之间的法律关系是一种由特殊行政主体（法律、法规授权的组织）行使单方面、强行性准行政权而形成的一种特殊行政法关系，在该处分过程中，梅某处于被动接受的地位。从行为结果来看，留级处分对于梅某按时毕业、按时就业甚至毕业后的就业生活都产生了重大影响。根据现代人权、法治原则的要求，凡是对行政相对人产生重大利害关系的行政行为，都应当纳入司法审查范围，以便保证行政相对人合法利益。因此，本案起诉至法院，法院应当受理，本案未被受理，则不能全面保护梅某的受教育权实现。究竟哪些高校学生管理行为需要纳入司法审查范围，下面进行分析。

第三节 司法介入高校学生管理行为的范围标准与“负面清单”

一、高校学生管理行为的概念分析

高校学生管理行为系指高校基于办学自主权，根据依照法律法规制定的校规校纪，对于报考本校考生或者本校已经录取、在读学生而采取的旨在实现高等教育目的的管理行为。主要包括但不限于：对考生不予录取、取消入学资格（已经被录取但未取得学籍前）、奖惩行为、开除学籍、（勒令）退学、拒绝授予学位证或毕业证等行为。对该概念作如下分析。

第一，从行为主体看，这里的高校包括公立和民办高校。有学者认为公立高校“开除学籍”的行为与民办高校此类行为应当区别对待。[①] 笔者不认同，从高校学生管理行为的性质来看，公立高校、民办高校并无二致，皆为行政法律关系，而非平等主体民事法律关系。民办高校的设立、组织架构、运行管理、招生标准（招生规模、录取分数等）、学费标准、课程体系、终止解散等都受到行政法等公法监管，高校与学生因管理而形成的法律关系是公法关系而非私法关系。

从司法实践来看，结论亦然。最高人民法院第39号指导案例的被告就是华中科

① 参见周禄涛、陈桂蓉：《公立学校开除学籍处分的司法救济微探》，载《复旦教育论坛》2017年第5期。

技大学武昌分校[①],该校官网介绍,2015年4月28日,教育部(教发函〔2015〕88号)同意华中科技大学武昌分校转设为独立设置的民办普通本科学校。转设后,校名为武昌首义学院。[②] 该校自设立之初都是高校与企业合作办学,都属于民办高校而非公立高校。

第二,从概念外延来看,学生管理行为的范围大于"学生惩戒行为""学生处分行为",因为"惩戒行为""处分行为"无法涵盖高校招生行为、奖励行为等,为了更加全面地对学生救济权进行保护,笔者使用了"管理行为"的概念。

第三,从行为依据来看具有合法性。首先,高校是法律法规授权的、有权对学生受教育权进行管理或者剥夺的合法主体;其次,高校作出该行为时,有明确的法律法规、校规校纪依据;最后,高校依据正当程序实施该行为。

第四,从行为后果来看,此类行为对学生具有重要影响。例如,虽然高校不予录取、开除学籍等行为剥夺的是该学生在本校受教育的资格,但是按照中国高考制度、研究生培养制度,如果被本校剥夺受教育权,再通过考试进入其他高校学习的可能性非常小,即使有可能也会代价很大(比如需要一年时间复习)。相比于被行政机关罚款等行为后果,高校学生管理行为对学生人生的影响则非常巨大,因此更应当为相对人(学生)提供行政诉讼途径保护相对人权利。

第五,从保护学生基本权利的角度来看,法律应当提供最充分的保护。学校作出的此类决定,都必须经过校长办公会或者校长授权的专门组织研究通过。对于此类决定,学生既可以进行申诉,也可以向人民法院提出行政诉讼,法院应当受理。当然,司法介入高校学生管理行为的标准应当具体明确,下面将一一分析。

二、司法介入高校学生管理行为的范围

从以上概念分析可以看出,高校学生管理行为的范围和内容十分广泛,笔者在本文第一、第二部分研究的基础上进行分析,认为以下行为应当属于司法管辖范围。

1. 侵犯学生受教育权实现的管理行为

现代法律以保护公民权利为核心,教育法保护公民基本权利— 受教育权。该权利乃宪法所赋予,因此所有管理行为不得以损害该权利实现为代价。任何有害于该权利实现的高校管理行为皆应纳入司法管辖范围,具体依据以下标准。

---

① 参见《最高人民法院指导性案例(2011年12月—2016年5月)》,人民出版社2016年版,第148~151页。

② 参见武汉首义学院官网,http://www.wsyu.edu.cn/info/iList.jsp?cat_id=11691,最后访问时间:2017年11月29日。

第一，取消学生入学资格之行为。高校非私人公司，其招生行为是代表国家行使合格人才选拔之权，学生正式取得学籍之前，一般会经过考试、成绩认定、入学资格审查，在此过程中发生的高校管理行为应纳入司法管辖范围。由以下两案例可知，此类诉讼皆被法院受理，表明实务中认定其属于司法管辖范围。一是2002年杭某案①，杭某考取南京理工大学研究生，学校因杭某隐瞒本科违纪及越轨行为而作出取消其研究生入学资格，杭某提起诉讼，学校无正当理由逾期未提供证据和依据而败诉。二是2006年林某某案②，林某某报考厦门大学博士研究生，最终成绩排名倒数第一（共25人）未被录取而提起诉讼，一审、二审法院均判决维持学校录取决定，驳回起诉、上诉。

第二，“改变学生在学身份”之管理行为。自取得入学资格时，学生即获得该校学籍并与该高校产生法定权利义务关系，对于此种权利义务关系的改变，必然会影响学生受教育权的正常实现。在人民法院经典案例中此类案件占多数，又分为两类：第一类是有关“退学、开除、取消学籍”的案例，如1998年田某案③、2010年甘某案④。在现实中，“拒发派遣证”等行为也应当属于此类行为。当高校作出上述行为时，对于学生受教育权及与此联结之就业权构成阻碍，故法院对于上述管理行为理应受理。从司法实践来看，虽无法律明文规定，基于20年来典型案例积累，理论界、司法界对于此类管辖范围基本达成共识。

第三，妨碍学生在校正常学习及相关利益之管理行为应当纳入司法管辖范围。在大学中，学生除了享有依法依习惯之受教育权之外，还享有其他与之相关的权益。主要包括：按时正常升级、获得“优秀学生”称号、依校规评定获得奖学金或获得免试推荐攻读上一级学位（含硕博连读等）。如果高校管理行为侵害了学生上述权利，就对于学生完整享有受教育权构成侵害。如某校规定，本校学生获得保送研究生资格后，必须选择本省高校（该校是本省排名第一的学校），如果有学生因自己丧失保送外省高校研究生资格而起诉，则法院应当受理，因为该行为限制该学生自由选择受教育机会的权利，对其人生具有重大影响，应当属于对受教育权的侵害。

---

① 参见最高人民法院中国应用法学研究所编：《人民法院案例选（分类重排本）·行政与国家赔偿卷》，人民法院出版社2017年版，第1578~1582页。

② 参见最高人民法院中国应用法学研究所编：《人民法院案例选（分类重排本）·行政与国家赔偿卷》，人民法院出版社2017年版，第1628~1635页。

③ 参见《最高人民法院指导性案例（2011年12月—2016年5月）》，人民出版社2016年版，第144~147页。

④ 《中国行政审判指导案例》（第3卷），中国法制出版社2010年版，第59~64页。

2.侵害学生其他宪法基本权利的管理行为

从司法实践来看,已有案例基本都是高校侵害学生“受教育权”而产生的纠纷。但是,从人权与法治国家理念出发,高校管理学生的行为还有可能侵害学生其他宪法基本权益,未来立法与司法应当将其纳入司法管辖范围。具体而言,可分为以下几方面。

第一,侵害学生生命权、健康权或其他基本人身权的管理行为。笔者从行政法基本理论出发,论述了高校在对学生进行管理过程中形成的是一种“准行政关系”,高校采取的管理行为应当符合行政法基本原则(合法原则、合理原则、程序正当、诚实守信、高效便民、权责统一等)。例如,此前有高校因学生作弊,而采取处罚措施,让学生冒烈日在操场上跑步,给学生带来人身伤害。此关系显然非民事法律关系,学生无权选择不跑(双方地位不平等)。因此,学生就此提出诉讼,法院应当受理,且应当作为行政案件受理,而不是仅仅依照民事法律关系处理。尽管在实践中,此类案件多依据民事法律关系处理,但是从法理上是讲不通的。此类情况应当在适宜时候由立法予以规定。

第二,侵犯学生名誉权、人格尊严等精神性权利的管理行为。随着社会发展,人们对精神性权利越来越重视。高校管理行为亦可侵害此类权利,如学校对于学生进行全校通报批评、对学生校内荣誉称号予以撤销等行为,如果学生认为行为违法违规则可以提起诉讼,法院不应以“内部管理事项”为由拒绝受理。

第三,侵犯学生言论、出版、结社、集会等政治权利和自由以及人身自由、宗教信仰等宪法基本权利。“少年强则国强,少年自由则国自由。”大学生群体是青少年群体中的佼佼者,高校理应鼓励并尊重他们解放思想、参与社会公共生活。如果学校为了维护学校声誉而采取不当措施,一旦学生提起诉讼,则法院应当受理之。例如,2018年上半年,某高校发生“疑似性骚扰事件”,有学生依法依规向学校相关部门提出信息公开申请无果。学生在自媒体上合法发表个人意见。该学校管理者先后采取删帖、约谈、半夜请家长、没收通信设备、禁足等措施。此类行为严重侵害了学生基本政治权利和自由。再如,有的高校要求学生在课上宣誓“洁身自好、杜绝婚前性行为”,该做法侵害了学生基本思想自由。就法理而言,类似行为如果被起诉至法院,应当属于法院受理范围。未来立法与司法实务必须对此类案件有新的认识与态度。

三、司法介入高校学生管理行为的“负面清单”

本章研究目的,一方面要维护学生基本权利,另一方面要维护高校内部自主权行使。下面将研究司法不应当介入高校学生管理行为的“负面清单”,以保护高校正常行使内部管理权。

1. 司法不应介入纯粹纪律性处分。“国有国法，校有校规。”学生违规行为必然会受到处分。处分行为是实现教育目的、维护高校正常秩序的必要手段。处分作用有二：一则对当事人起到惩戒、教育作用，引导其更好发展；二则对于其他学生起到警醒与威慑作用。有学者认为“为处罚学生，将其调动到另一个班级”的班级管理行为超出了纪律处罚之限度，也应当给予学生提起行政救济的机会。① 这种观点值得商榷，笔者认为，该行为并未侵害学生“受教育权”，司法介入会造成司法资源浪费，且操作性不强。对于一般的纪律性处分，如因违反课堂纪律而对其进行批评、要求其作书面或口头检讨，甚至将其调离班级的行为，都属于维护正常教学秩序的行为，且该处分有利于保护其他学生受教育权实现。如果学生要起诉此类行为，则需要证明处分行为侵害了其受教育权实现或者其他宪法基本权利，否则法院不予受理，以此保证学校管理者、教师进行正常的教学。

2. 司法不应介入，各类考试分数评定行为。凡是学校学习必有考试，而考试成绩与学生评奖学金、评优秀称号及未来升学、就业有直接关系，故备受瞩目。但是，成绩评定属于高校教师独立行使之判断，如果允许司法介入，则影响教师独立评判的地位，也可能有学生以诉讼为要挟，胁迫老师为自己评定较高成绩，显然不利于教学目的之实现。凡学校组织之期中考试、期末考试分数评定标准，允许高校拥有自主权限。有学者提出，如果学生对自己考试分数有异议，可以按照学校的规章提起复核或申诉程序，而不能以此为案由提起行政诉讼。② 法院遇有此类诉讼亦不应受理。

3. 司法不应介入高校必要的安全管理、生活管理行为。高校为了实现安全校园建设，必然采取一些强制性措施。其中，备受争议者当属“未经允许进入学生宿舍进行安全检查”的行为。一种观点认为，宿舍构成宪法所保护之“住宅”或民法保护之“私人空间”，未经本人允许，任何人不得私自进入。而另一种观点认为，为了维护全部师生安全，法律应当允许高校对学生宿舍进行安全检查。笔者同意后者观点，学生在宿舍使用违章电器设备，十分常见，此种行为威胁全体学生之生命、财产安全。法理学基本原理之一是“秩序与自由关系原理”，为了维护全体学生生命、财产安全，可以限制个人部分自由（宿舍隐私权）。故法律应当允许高校工作人员对学生宿舍进行安全检查，但是如若翻看学生书本、书包等私人物品则当属违法。法律理应在公共安全与个人自由之间选择一个平衡点。司法对于合理的安全管理、生活管理行为不

① 参见许育典：《跨领域的教育法制与教育行政》，台北，元照出版有限公司 2014 年版，第 223 页。

② 参见张静：《学生权利及其司法保护》，中国检察出版社 2004 年版，第 23～45 页。

应介入。

按照传统“特别权力关系”“父母代理说”等理论,高校对学生具有概括性管理的权力,学生不应当就此管理行为提出诉讼。第二次世界大战后,随着法治国家、人权保护、宪法权利等理论和实践的发展,各国立法与司法实践皆确认高校实施的可能侵害学生受教育权之管理行为,应当属于司法管辖范围。从1999年开始,我国也形成了大量案例。但是,笔者认为,高校侵害了学生其他宪法基本权利的行为也应纳入司法管辖范围。当然,纯粹纪律性处分、考试成绩评定、必要生活管理等行为,如果无相关证据,则司法不应介入。该问题虽然在理论上已经能够自洽,但是我们未来要做的事情,是将该理论上升为立法规定,再将立法规定落实于司法实践。既可保护学生权利,又有利于保护高校自治之实现。

回到“梅某案”来看,北京邮电大学对梅某作出“留级处分”的行为是一种特殊行政行为,大学与梅某之间的法律关系是一种由特殊行政主体(法律、法规授权的组织)因行使单方面、强行性准行政权而形成的一种特殊行政法关系,在该处分过程中,梅某处于被动接受的地位。从行为结果来看,留级处分对于梅某按时毕业、按时就业甚至毕业后的就业、生活都产生了重大影响,根据现代人权、法治原则的要求,凡是对行政相对人产生重大利害关系的行政行为,都应当纳入司法审查范围,以便保证行政相对人合法利益。因此,本案起诉至法院,法院应当受理。本案中法院未受理,则不能全面保护梅某的受教育权实现。

思考题

1. 高校是否具有行政主体地位?
2. 高校在何种情形下具有行政主体地位?
3. 谈谈高校具有行政主体资格的理论依据。
4. 哪些高校学生管理行为需要纳入司法审查范围?
5. 哪些高校学生管理行为不应纳入司法审查范围?

附　　录

案例1　教育法学科的领域性

——乡政府起诉家长拒绝履行义务教育案

【基本案情】

2002年寒假结束后，某中学的老师们发现，该校部分学生未按时返校。发现情况后，老师到未返校学生家中做工作。随后，部分学生返校就读。但一些家长得知仍有部分学生未返校后，又让自己返校的孩子回家。为此，学校与乡政府沟通，由司法所牵头，进行法律宣传教育。在落实这些措施的基础上，虽有十几名学生返校，但仍有43名学生辍学。43名学生的家长以经济拮据、孩子不想读书等理由推诿搪塞。乡政府进而采取罚款等措施。即使如此，仍有家长坚持不让孩子返校学习。为此，乡政府经过咨询，将43名学生的家长起诉到人民法院，诉请法院判决43名学生的家长让孩子返校学习，继续接受义务教育。

法院公开审理了43起案件中的40起，庭外调解3起。基于《未成年人保护法》《义务教育法》的规定，以及家长不送孩子就读学习的事实，判决40名被告在裁判文书生效后3日内，送未成年子女返校，完成九年义务教育。①

【案例评析】

1. 该案涉及未成年人受教育的权利和义务。我国《宪法》第46条第1款规定："中华人民共和国公民有受教育的权利和义务。"可知受教育既是公民的权利，又是公民的义务。受教育权意味着公民可以接受教育，对应地，受教育权要求义务主体履行义务。这不仅意味着国家有义务保证适龄儿童或青少年接受义务教育，还意味着父母、监护人等亲权人有义务保障适龄儿童或青少年接受义务教育。相应地，国家、社会、亲权人等不得侵犯未成年人的受教育权。同时，受教育也是公民的义务。但基于义务教育的完成主要依赖于适龄儿童或青少年的亲权人，因此，履行受教育的义务主要是落实亲权人保障未成年人接受教育。

---

① 参见徐兴旺、曾文革主编：《教育法案例评析》，对外经贸大学出版社2010年版，第55～56页。

2. 受教育权受到宪法、行政法等不同部门法的保护。对受教育权的保障,不仅要依赖于《宪法》的基本权利规定,还依赖于行政法等其他部门法。不仅该案,在校园侵权、取消学籍等教育法相关案件中,需要综合运用宪法、民法、刑法、行政法等其他部门法的调整手段,处理教育法问题。这一特征充分体现教育法的领域性特征。所谓教育法领域性特征,是指教育法区别于传统的法律部门,既涉及民事问题,也涉及刑事问题、行政问题等其他部门法问题。因而很难将教育法归属于某一传统部门法。并且,作为新兴法领域,教育法的问题域呈开放性、变化性、动态性、综合性等特征。对于教育法问题的处理,教育法并不限缩于某种特定类型的调整手段,更多的是以问题为导向,综合运用各种部门法手段处理问题。

案例2　立法设定教育法律责任的目的

——升学作弊案

【基本案情】

案件一:2021 年 6 月 8 日,高考数学考试期间,一名考生躲过安检将手机带入考场,随后用手机拍摄高考数学试题,并上传到某 APP 平台,试图通过 APP 平台的"搜题""答题"功能获得题目答案。上传后被该 APP 平台工作人员发现,工作人员立即向有关部门举报,并将后台截图和数据等线索打包提供给相关部门核查。在引发网络舆论后,教育部第一时间责成有关单位调查。有关单位于当日作出通报:依据《国家教育考试违规处理办法》(教育部 33 号令)第 9 条规定,对违规考生作出给予取消此次考试资格,其所报名参加考试的各阶段、各科成绩无效的处理,并根据后续调查结果作出进一步处理。

案件二:2021 年 6 月 5 日上午,专升本考试开考后,某公司工作人员梁某指使考点学校某学院监考教师张某某等人在监考期间拍摄试题,并将作出的试题答案发给梁某。收到答案后,梁某立即通过多次传达的方式,最终由陈某某将答案抄写在该学院考点 BC 栋三楼厕所第一个蹲位的门板上。目前,公安机关已刑拘梁某等 5 人,已取保候审冯某某等 6 人。其中,梁某为上述公司工作人员,张某某等 6 人为上述学院教职工,另 4 人为兼职配合招生的学生。①

---

① 案件一信息来自 https://baijiahao.baidu.com/s?id=1701993861736563756&wfr=spider&for=pc;最后访问时间:2021 年 8 月 13 日;案件二信息来自 https://mp.weixin.qq.com/s/ZJf6U2OyO5nJOPJcj1VURA,最后访问时间:2021 年 8 月 13 日。

【案例评析】

1. 教育公平是社会公平的核心之一。为保证教育公平,《教育法》以及相关部门法通过明文规定教育权利与教育义务的方式提供保障措施。但教育公平的实现不仅需要将体现为教育公平的教育权利、教育义务明确规定下来,还需要明确教育法律责任。教育法律责任的类型是多样的,根据不同标准,可以作出不同划分,根据主体类型分为个人教育法律责任、单位教育法律责任;根据责任类型分为民事类教育法律责任、行政类教育法律责任、刑事类教育法律责任;等等。

2. 教育法律责任的承担本质上体现了教育公平。我国实证法领域包括诸多教育法律责任规定。就本案涉及的作弊(教育)法律责任的规定,规定在诸多规范性文件中,包括但不限于《民办教育促进法》、《国家教育考试违规处理办法》(教育部令第33号)、《普通高等学校招生违规行为处理暂行办法》(教育部令第36号)、《学生管理规定》(教育部令第41号)等规范性文件。以第一个案件的处理为例,教育局对案件一中的考生作出"取消此次考试资格,其所报名参加考试的各阶段、各科成绩无效的处理",是依据《国家教育考试违规处理办法》第9条的规定,属于依法追究法律责任。通过对作弊(教育)法律责任的追究,维护了教育公平。

3. 法律对于教育法律责任的规定不断完善。2021年修改《教育法》做了如下修改:"在招收学生工作中滥用职权、玩忽职守、徇私舞弊的,由教育行政部门或者其他有关行政部门责令退回招收的不符合入学条件的人员;对直接负责的主管人员和其他直接责任人员,依法给予处分;构成犯罪的,依法追究刑事责任。"

"盗用、冒用他人身份,顶替他人取得的入学资格的,由教育行政部门或者其他有关行政部门责令撤销入学资格,并责令停止参加相关国家教育考试二年以上五年以下;已经取得学位证书、学历证书或者其他学业证书的,由颁发机构撤销相关证书;已经成为公职人员的,依法给予开除处分;构成违反治安管理行为的,由公安机关依法给予治安管理处罚;构成犯罪的,依法追究刑事责任。"

"与他人串通,允许他人冒用本人身份,顶替本人取得的入学资格的,由教育行政部门或者其他有关行政部门责令停止参加相关国家教育考试一年以上三年以下;有违法所得的,没收违法所得;已经成为公职人员的,依法给予处分;构成违反治安管理行为的,由公安机关依法给予治安管理处罚;构成犯罪的,依法追究刑事责任。"

"组织、指使盗用或者冒用他人身份,顶替他人取得的入学资格的,有违法所得的,没收违法所得;属于公职人员的,依法给予处分;构成违反治安管理行为的,由公安机关依法给予治安管理处罚;构成犯罪的,依法追究刑事责任。"

"入学资格被顶替权利受到侵害的,可以请求恢复其入学资格。"

案例3　校内申诉的重要意义

——勒令退学校内申诉案

【基本案情】

2017 年 5 月中旬,某大学的郑某和童某因盗窃同寝室同学物品而被勒令退学。他们认为学校处分过重,自己的行为并非要将他人财物据为己有,而是为了报复同学,因此向学校学生申诉处理委员会递交了申诉书。

学生申诉处理委员会调查后认为,依据有关规定,对两位学生给予勒令退学的处分是适当的,但是,考虑到具体情节,学校还是应当酌情减轻处分,给予他们改过自新的机会。校务会认真听取了这些意见,最终撤销原处分决定,改为留校察看一年。校党委副书记说:"学校做出的任何决定都应该以事实为依据,以法律为准绳,同时还要考虑到学校教书育人的宗旨。"①

【案例评析】

1. 校内申诉受立法的肯定与保护。2017 年 9 月 1 日,新修订的《学生管理规定》正式实施,该规定第六章规定了校内申诉的具体内容,其第 59 条规定:"学校应当成立学生申诉处理委员会,负责受理学生对处理或者处分决定不服提起的申诉。学生申诉处理委员会应当由学校相关负责人、职能部门负责人、教师代表、学生代表、负责法律事务的相关机构负责人等组成,有条件的学校,可以聘请校外法律、教育等方面专家参加。学校应当制定学生申诉的具体办法,健全学生申诉处理委员会的组成与工作规则,提供必要条件,保证其能够客观、公正地履行职责。"所以,《学生管理规定》特别强调学生权利的保护,校内申诉程序符合立法精神与具体规定。

2. 学校应制定较为完善的校内申诉程序。《学生管理规定》规定学校的告知、送达、陈述与申辩等义务,更加强调对学生程序利益的保障。例如,第 61 条第 1 款规定:"学生申诉处理委员会对学生提出的申诉进行复查,并在接到书面申诉之日起 15 日内作出复查结论并告知申诉人。情况复杂不能在规定限期内作出结论的,经学校负责人批准,可延长 15 日。学生申诉处理委员会认为必要的,可以建议学校暂缓执

---

① 参见卢珺编著:《教育法律纠纷案例与实务》,清华大学出版社 2018 年版,第 117 页。

行有关决定。”所以,学校不能仅仅停留于制定申诉程序的阶段,还应当确保申诉程序的细致可行,充分照顾到学生的各项利益。

案例4　在家教育的合法性

——北京市石景山区儿童侯某某抚养权纠纷案

【基本案情】

2006年4月,王某因为不赞同前夫侯某对儿子侯某某选择在家教育而向北京市石景山区人民法院提起了诉讼,要求行使对孩子的抚养权。这成为我国首例由家庭教育引发的抚养权官司。2006年9月19日,石景山区人民法院就此案作出一审判决。法院认为:虽然无法证明原告关于孩子身心健康受到被告不良影响的主张成立,但是家庭教育权毕竟不够系统和全面,法院会延伸庭审工作,督促有关部门,尽力解决孩子入学问题。据此,驳回了原告要求变更抚养关系的诉讼请求。2006年10月9日,因对一审判决不服,王某向北京市第一中级人民法院提起上诉。2006年12月26日上午,北京市第一中级人民法院对该案作出终审判决,维持了父亲侯某的抚养权,同时法院对这种“封闭式教育”说“不”,要求侯某尽快解决孩子上学的问题。

【案例评析】

1. 该案涉及未成年人是否有在家接受教育的权利

在家教育最初源于19世纪60年代的美国。约翰·霍尔特(John Holt)致力于推动在家教育作为公立教育之外的选择,主张由真实世界构成理想教室,依儿童的兴趣自主学习。在家教育的法理基础是父母教育权的理论。根据1948年《世界人权宣言》第26条第3项的规定:“父母有优先权利选择子女的教育方式。”1966年的《经济、社会及文化权利国际公约》第13条第3项也规定:“本公约各缔约国应承诺尊重父母及法定监护人的自由,使其能自由选择公立学校以外符合国家最低教育标准的私立学校,并确保子女接受符合其信仰的宗教及道德教育的自由。”由于我国《宪法》第49条第3款规定:“父母有抚养教育未成年子女的义务,成年子女有赡养扶助父母的义务。”并未明确父母的家庭教育权利,这就导致在教育法律的制定中,对未成年人是否有在家接受教育的权利也并未明确。

2. 在家教育权是否受到法律的保护

《义务教育法》(1986 年)第 5 条规定:“凡年满六周岁的儿童,不分性别、民族、种族,应当入学接受规定年限的义务教育。条件不具备的地区,可以推迟到七周岁入学。”第 11 条规定:“父母或者其他监护人必须使适龄的子女或者被监护人按时入学,接受规定年限的义务教育。适龄儿童、少年因疾病或者特殊情况,需要延缓入学或者免予入学的,由儿童、少年的父母或者其他监护人提出申请,经当地人民政府批准。”《义务教育法》(2006 年)将这 2 条修改为新的第 4 条和第 11 条,并将延缓入学或者免予入学的理由修改为“适龄儿童、少年因身体状况”。从《义务教育法》的这一修改来看,一方面,立法者对于延缓入学或者免予入学的理由作了严格限缩,仅仅局限于未成年人的身体状况;另一方面,也正是因为有这一例外的存在,在家教育并没有被法律所完全禁止。虽然到目前为止,司法实践并没有赋予父母在家教育的自由,但是随着社会的发展,应有条件地允许在家教育这一教育形态的存在,充分实现未成年人的受教育权。

案例 5　民办学校招生须取得办学许可证

——郑某诉江苏省无锡市锡山区教育局案

【基本案情】

2003 年 7 月,原告郑某向被告江苏省无锡市锡山区教育局提出办学申请,随后,郑某在未经教育局批准的情况下,擅自租赁校舍、制作招生简章,招收二百多名外来农民工子女,举办了无锡市锡山区的一所外来民工子弟小学。2003 年 8 月,教育局作出行政处罚决定书,责令郑某停止招生行为,但郑某并未因此停止招生办学行为。同年 9 月,教育局向郑某发出整改通知书,责令终止招生,规范教育设施设备,尽快达到本地村办小学建设的基本标准和办学条件要求,并对教师资格、校园安全、交通安全、食品卫生安全等问题提出了整改意见。2004 年 5 月,教育局对郑某擅自违法办学并经过整改后仍未达到办学条件的违法行为,根据《民办教育促进法》第 64 条的规定决定立案查处。7 月,教育局以违反法定程序为由撤销原行政处罚决定;同日,教育局向郑某送达行政处罚听证通知书,随后依法举行了听证。8 月,教育局以郑某擅自举办民办学校,经责令限期整改仍未达到办学条件为由,作出了行政处罚决定。

郑某不服提起诉讼,法院最终认为被告教育局行政处罚决定书事实清楚、证据充分,适用法律正确,符合法定程序。[①]

【案例评析】

1. 办学是国家特许行为,需要经过教育局的审批。教育局是审批机关,作为教育行政机关,其应当对正式设立的民办学校发给办学许可证。办学许可证是我国民办学校依法设立并开展教育活动的合法凭证。办学许可证由教育局颁发,除此以外,其他任何单位或者个人都不得颁发、收缴或者吊销。

2. 民办学校办学必须取得教育局颁发的办学许可证。办学许可证是民办学校的身份证,不具备办学许可证的民办学校就不具备合法身份。在上述案件中,郑某在未经教育局同意的情况下,非法制作招生告示,擅自办学,属于违法行为。教育局作为教育行政机关,最终对其处以行政处罚,事实认定清楚,适用法律正确,是公正合理的。

案例6 高校的法律地位

——田某诉北京科技大学拒绝颁发毕业证、学位证案

【基本案情】

原告田某为北京科技大学学生。1996 年 2 月,田某在电磁学课程的补考过程中,去上厕所时写有公式的纸条掉出,被监考教师发现,监考教师当即停止了田某的考试。被告认定田某的行为属作弊行为,并根据本校第 068 号通知作出退学处理决定,但未给田某办理退学手续,田某继续以该校大学生的身份参加正常学习及学校组织的活动。

1998 年 6 月,田某所在院系向被告报送田某所在班级授予学士学位表时,被告有关部门以田某已按退学处理、不具备北京科技大学学籍为由,拒绝为其颁发毕业证书,进而未向教育行政部门呈报田某的毕业派遣资格表。田某认为自己符合大学毕业生的法定条件,北京科技大学拒绝给其颁发毕业证、学位证是违法的,遂向北京市海淀区人民法院提起行政诉讼。

北京市海淀区人民法院判决北京科技大学在本判决生效之日起 30 日内向田某

---

① 参见徐兴旺、曾文革主编:《教育法案例评析》,对外经贸大学出版社 2010 年版,第 236 ~238 页。

颁发大学本科毕业证书；北京科技大学提出上诉，北京市第一中级人民法院驳回上诉，维持原判。

【案例评析】

1. 高校是法律法规授权的组织

根据我国法律、法规规定，高等学校对受教育者有进行学籍管理、奖励或处分的权力，有代表国家对受教育者颁发学历证书、学位证书的职责。高等学校与受教育者之间属于教育行政管理关系，受教育者对高等学校涉及受教育者基本权利的管理行为不服的，有权提起行政诉讼，高等学校是行政诉讼的适格被告。

2. 高校的校规应当合法

高等学校依法具有相应的教育自主权，有权制定校纪、校规，并有权对在校学生进行教学管理和违纪处分，但是其制定的校纪、校规和据此进行的教学管理和违纪处分，必须符合法律、法规和规章的规定，必须尊重和保护当事人的合法权益。本案原告在补考中随身携带纸条的行为属于违反考场纪律的行为，被告可以按照有关法律、法规、规章及学校的有关规定处理，但其对原告作出退学处理决定所依据的该校制定的第 068 号通知，与《学生管理规定》第 29 条规定的法定退学条件相抵触，故被告所作退学处理决定违法。

案例 7　教育行政部门是否可以“限聘”教师

——尹某诉株洲市教育局“限聘”处理意见案

【基本案情】

尹某于 1996 年 12 月 30 日取得教师资格证书，原为株洲市第二中学在聘语文高级教师。2001 年 6 月，尹某出版其个人文学作品集《人世老枪》，该书中有“世上的一切都必须为我服务，不然，这一切都没有意义”，“天下最大的谎话，就是‘毫不利己，专门利人’。我的真心话就是‘专门利己，毫不害人’”等言论。尹某在其教学过程中曾向学生推销这本书。株洲市教育局发现尹某上述行为后，立即组织专人对有关情况进行了查处。2001 年 8 月，株洲市教育局向市辖各县、市区教育局、城区各中学下发了通报，同意株洲市第二中学解聘尹某，株洲市所有学校不得聘用尹某当教师。尹某认为株洲市教育局处理不合法，于是向株洲市中级人民法院提起行政诉讼，状告株洲市教育局。

法院认为,株洲市教育局对尹某的不合规言论和行为有约束的义务和权力。但是,聘用教师属于学校自主权,被告株洲市教育局以行政命令的方式,对原告尹某的受聘权进行限制,是超越行政职权的行为。①

【案例评析】

1. 非义务教育阶段公立学校教师为公务雇员,与学校签订聘任合同,学校拥有自主用人权。非义务教育阶段公立学校的教师为公务雇员,基于公务雇员身份,非义务教育阶段公立学校与教师签订聘任合同,依照法律授权和聘任合同对教师实施管理,政府负责资格审查和宏观调控、监督。这正是当前我国事业单位人事聘用制改革的重要举措。在这一改革背景下,学校拥有自主的用人权,教育局无权要求学校禁止聘用特定人员。株洲市教育局的上述行为是超越职权的行为,该具体行政行为违法。

2. 政府有权对教师违规行为进行查处。尽管学校拥有用人自主权,但是,政府负责教师的资格审查和宏观调控、监督,因此,当教师出现行为或言论不合规的情形时,教育部门有权予以制止。在本案中,被告株洲市教育局作为地方人民政府的教育行政部门,其行使一个地区的教育行政管理职责,当然有权对尹某的不合规的言论以及向学生推销书籍这一不合规的行为展开查处。

案例8　家长任意干预学校教育教学秩序应承担哪些责任?

——周某、卢某聚众扰乱社会秩序获罪案

【基本案情】

2002年5月的一天,某中学初一学生黄某因与同学肖某打架,受伤严重,虽经抢救但因伤势过重抢救无效死亡。学校在事情发生后,及时安抚家长情绪,并组织专门人员处理此事。但家长周某、卢某在与学校协商赔偿问题无果的情况下,不顾校方阻拦,私自将学校校门砸开,并将黄某的尸体抬进校园,停放在教学楼大厅,致使全校无法上课。在经过侦查、移交审查起诉后,检察院以聚众扰乱社会秩序罪将周某、卢某起诉至法院。

法院认为,被告人周某、卢某因黄某死亡索要高额赔偿,给学校施加压力,无视国家法律,被告人周某积极煽动抬尸进校园,被告人卢某积极参与抬尸进校园,二被告

---

① 参见徐兴旺、曾文革主编:《教育法案例评析》,对外经济贸易大学出版社2010年版,第263~264页。

人的行为严重影响了学校的正常教学秩序和学生的身心健康，造成恶劣的社会影响，情节严重，构成聚众扰乱社会秩序罪，根据二被告人的犯罪情节和悔罪表现，依法对周某、卢某判处有期徒刑一年，缓刑一年。①

【案例评析】

1. 作为未成年人的监护人，其有义务对未成年人的侵权行为承担责任。未成年人侵犯他人权利时，其监护人有义务对此承担责任。在本案中，黄某与肖某打架导致自己受伤过重身亡，肖某的监护人有义务对此承担民事赔偿责任；学校当然也应当承担补充责任。当然，死者的监护人也有权利通过各种合法的渠道要求相关责任者承担应有责任。

2. 监护人的维权行为不能侵犯他人利益。尽管监护人有权要求侵权者承担责任，但其维权的手段必须也是合法的，否则就应当接受法律制裁。在上述案件中，周某、卢某在赔偿问题未能达成一致的情况下，没有采取其他合法渠道，而是直接将黄某尸体抬至校园，严重影响了正常的上课秩序。根据我国《刑法》第 290 条的规定，聚众扰乱社会秩序罪，是指聚众扰乱社会秩序，情节严重，致工作、生产、营业、教学、科研和医疗无法进行，造成严重损失的行为。对首要分子，处三年以上七年以下有期徒刑；对其他积极参加的，处三年以下有期徒刑、拘役、管制或者剥夺政治权利。因此，法院认定周某、卢某构成聚众扰乱社会秩序罪，符合法律规定。

总之，监护人尽管负有维护未成年学生权利的义务，但是，这种维权行为必须以合法的形式展开；否则，就应当承担相应的法律责任。

案例 9　未成年人保护

——小学教师强奸案

【基本案情】

杨某某、糜某某原系湖南某小学教师。2001 ~ 2020 年 4 月，杨某某在泸溪县两所小学任教期间，利用其与被害人系亲戚、师生等特定关系，采用欺骗、利诱、强迫等手段，先后强奸 9 名未成年女性，其中 8 人系未满 14 周岁幼女，并伙同糜某某轮奸一名年仅 12 岁的女学生。

---

① 参见徐兴旺、曾文革主编：《教育法案例评析》，对外经济贸易大学出版社 2010 年版，第 96 页。

同时,被告人杨某某、糜某某还利用老师身份,趁教育、管理学生之机,在教室、办公室等场所猥亵多名未成年女学生。

2017 年,有学生家长向该校校长包某某、副校长印某某反映杨、糜二人猥亵儿童行为。二人在收到线索举报后未调查核实,也未向公安机关报案。此后,杨某某、糜某某继续作案。

2020 年 5 月 16 日,被害人黄某甲、黄某乙到泸溪县公安局报案称多次遭到杨某某强奸、猥亵。公安机关立案侦查后发现了杨、糜二人的其他犯罪事实。

2020 年 8 月 11 日,杨某某、糜某某因犯强奸罪、猥亵儿童罪分别被判处死刑、有期徒刑 17 年。①

【案例评析】

1. 杨某某、糜某某的法律责任。杨某某、糜某某作为小学教师,具有保护未成年人权益的职责,然而他们却将黑手伸向了自己的学生。2001 ~ 2020 年 4 月,杨某某在泸溪县两所小学任教期间,利用其与被害人系亲戚、师生等特定关系,先后强奸 9 名未成年女性,其中 8 人系未满 14 周岁幼女,并伙同糜某某轮奸一名年仅 12 岁的女学生。同时,他们还在教室、办公室等场所猥亵多名未成年女学生。

显然,杨某某、糜某某的行为违反了《未成年人保护法》,已经触犯了《刑法》,构成了严重的犯罪。根据《刑法》规定,并结合本案情况,杨某某、糜某某奸淫女学生的行为,构成数个强奸罪。其中轮奸、奸淫幼女多人的,属于奸淫幼女情节恶劣的法定刑升格,奸淫未满 14 周岁的幼女,属于从重情节。多次猥亵女生或者猥亵女生多次的,属于猥亵儿童"其他情节恶劣",猥亵儿童应当从重处罚。2020 年 8 月 11 日,杨某某、糜某某因犯强奸罪、猥亵儿童罪分别被判处死刑、有期徒刑 17 年。法院的判决合法合理,有力地打击了侵犯未成年人性权益的行为。

2. 学校的责任。学校是未成年人学习、生活的重要场所,负有教育、保护未成年人的重要责任。学校应当开展各种安全教育,建立各种安全制度,教育学生提高自我安全意识。在发生了侵犯学生权益的事件时,应当严格遵守法律、法规和自身职责采取相应行动、实施应对方案。学校应当彻底抛弃"出事怕担责、丑事不外扬、尽量内部解决"的躲避思维、侥幸心理。正是两所学校、教育行政部门对杨某某、糜某某行为的视而不见、不加干预,未第一时间向教育行政部门、公安机关报告,才使得两人实施对未成年女生的侵害长达 20 年之久、强奸人数多达 9 人。如果两人所在学校在第

① 参见《小学教师强奸 9 名学生获死刑,学校负责人因隐瞒不报被追责》,载微信公众号"校园法治网",2021 年 6 月 1 日。

一起事件发生后积极作为,及时报告,杨某某、糜某某被清除出教师队伍,进而被绳之以法,也就没有了相应的性侵行为发生。因此,两所学校、教育行政部门对这些恶劣的校园性侵事件存在重大渎职问题,相关人员应当接受法律处罚。

"针对学校负责人对学生家长反映性侵害未成年人犯罪线索置之不理,致使两名教师继续多次作案,造成严重危害后果和恶劣社会影响的问题,泸溪县人民检察院及时将相关线索移交纪检监察部门,并安排精干力量提前介入相关调查,在公安、检察、监察机关的通力合作、密切配合下,依法追究了学校负责人的刑事责任。同时,纪委监委启动追责问责,按规定免去了县教体局分管校园安全的副局长职务。"显然,检察院、纪委监委、法院对相关人员的处理、判罚是恰当的。